الكتاب
في تعلّم العربية

الجزء الثاني

Al-Kitaab
fii Ta^{c}allum al-^{c}Arabiyya:
A Textbook for Arabic

Part Two

The production of this textbook and all accompanying audio and video tapes was supported by a grant from the National Endowment for the Humanities, an independent federal agency.

Video materials that comprise the listening comprehension component of this book were provided by the British Broadcasting Corporation, Dubai Television, the Egyptian Union for Television and Radio, and Syrian Television.

الكتاب
في تعلّم العربية

الجزء الثاني

Al-Kitaab
fii Ta^c^allum al-^c^Arabiyya:

A Textbook for Arabic

Part Two

Georgetown University Press, Washington, D.C.
© 1997 by Georgetown University Press. All rights reserved.
Printed in the United States of America
10 9 8 7 6 5 4 3   1997
THIS VOLUME IS PRINTED ON ACID-FREE OFFSET BOOK PAPER

Library of Congress Cataloging-in-Publication Data

Brustad, Kristen.
    al-Kitāb fī taʿallum al-ʿArabīyah = al-Kitaab fii taʿallum al-ʿArabiyya:
    A textbook for Arabic / Kristen Brustad, Mahmoud Al-Batal, Abbas
    Al-Tonsi .
        p.   cm.
    ISBN 0-87840-350-7 (paper)
    1. Arabic language--Textbooks for foreign speakers--English.
I. Al-Batal, Mahmoud. II. Tūnisī, ʿAbbās. III. Title.
PJ6307.B78   1997
492' .782421--dc21

                                                    97-2858

TABLE OF CONTENTS

PREFACE

TO THE STUDENT

أهلا وسهلا إلى الجزء الثاني من سلسلة « الكتاب في تعلم العربية »!

Welcome to a new level of Arabic study! This book is designed to help you move from an intermediate level of skill, with which you can understand and express familiar topics and daily life, to a more advanced one, with which you can read and discuss topics of general and professional interest, including many aspects of Arab culture. You will notice that the structure and focus of Al-Kitaab Part Two differ from those of Part One in several respects:

1. The basic texts of Part Two come from printed rather than audiovisual media. This change in media will affect the way you approach each lesson. In particular, you need to pay greater attention to the relationship between the written and aural/oral aspects of language. In Part One, the story was presented orally, so you did not need to think about pronunciation other than to listen and imitate, and you could concentrate on comprehension. Now, you must not only read for comprehension, but also pay much more attention to the grammar, and drill yourself on pronunciation. It is important to **read examples and sentences aloud while you study and do the drills,** so that you continue to reinforce all of your language skills.

2. A substantial amount of vocabulary is presented in each lesson. There are also more drills focused on vocabulary, and these precede the reading itself. The purpose of these drills is to help you learn the vocabulary **before** rather than **during** reading. Do not let the process of reading the text become one of flipping back and forth to the new vocabulary section. It is a natural part of the learning process to forget vocabulary and have to look it up again; however, do not stop your reading to look up words. Use the context of the text to help you remember, and look up words you have forgotten between readings.

3. While you will continue to work on listening, speaking, and writing skills with these materials, reading skills and cultural knowledge constitute the central focus of Part Two. A substantial portion of each lesson consists of preparation for reading by building vocabulary and setting the context, and graded questions that revolve around the content and form of the reading itself. These questions are designed to guide you through various levels of comprehension, from general meaning to details.

4. Throughout Part One, you developed the skill of guessing meaning from context, along with the help of grammatical clues. Now, as your grammatical knowledge expands, so will your analytical skills. You will be expected to absorb and apply many details of grammatical structure. To help you do this, we have included analytical exercises on the reading texts. We consider these exercises to be among the most important activities in the book.

5. You will notice that everything is longer in this book: the texts, the sentences, the questions, the charts, and the drills. This length reflects your progress in language proficiency and is designed to push you toward an advanced level of skill. Of course, these exercises will demand increased concentration and mental effort on your part; your reward for this extra effort will be increased fluency in Arabic.

Keep in mind that the intermediate level is perhaps the most tedious in learning any language. You must review constantly and pay more attention to detail, and things are not completely new and fresh like they were last year when you were seeing them for the first time. You can keep up your motivation by reading outside of class on your own, with and without a dictionary. You are ready to begin reading and listening to anything you like: explore your school's library or look for Arabic newspapers and magazines. Watch Arabic news broadcasts or listen to the radio where available. This exposure to "real world" Arabic will help you to maintain your interest and stay motivated, as well as reinforce what you learn in class.

The following are a few strategies we believe will help you gain the most benefit from this textbook:

1. The vocabulary and the basic text of each lesson have been recorded for you on the audiotape. **Listen to the vocabulary and the text on tape the very first time you look at them.** Listening to the vocabulary while studying it will help you remember it, and listening to the text on your first reading will force you to read through without stopping and concentrate on overall meaning without worrying about individual words.

2. **Study the vocabulary** of each lesson until you can recognize it easily **before you begin reading the text.** Cultural background on the topics of the texts, presented in Arabic as much as possible, will help you learn the vocabulary as well as prepare you for reading the texts. In addition, personalize the vocabulary by using it to write on your own. Keep a journal, write stories, opinion pieces, or just sentences. Use as many verbs as you can and practice conjugating them in a context that is meaningful to you.

3. **Read each text at least two or three times**. It is important that you complete the first reading while listening to the tape **without stopping** and **without looking up words** either in the vocabulary list or in the dictionary. On the first reading we expect you to understand only the main ideas presented. Go back and review vocabulary before doing the second reading, but again, do not interrupt yourself once you have started. Your comprehension will improve with each reading even without looking up words, and you must develop this skill to become a fluent reader in Arabic. Make rereading the texts **aloud** part of your study; it will reinforce your speaking skills. You will want to make notes on the texts, but **do not write English definitions of words on the text itself,** because you will remember the English words rather than the Arabic.

4. **Pay attention to grammatical details,** which are essential to both comprehension and production. The grammatical questions following each text are designed to help you understand the text in detail and to review old grammar in new contexts. Your knowledge of Arabic grammar will improve if you **go over the text carefully with the help of these exercises after you have understood its meaning,** and the analytical skills that you develop through this type of exercise will help you become a fluent reader. To paraphrase an old adage: "It's what you learn after you have understood the meaning that counts."

5. The grammar presented in this book builds upon the grammar that was presented in Part One. Take time to review old grammar as necessary. The appendices in this book include a number of charts that summarize case endings, conjugations, and other reference charts that you may find useful. In particular, pay great attention to, and spend time practicing **out loud,** the أوزان of both nouns and verbs. **Identify the وزن of every new verb you learn.** Practice using verbs of different أوزان . Pair up verbs and nouns of the same وزن . This will help you to remember how to pronounce and spell words correctly, remember their meaning, and guess the meanings of new but related words thus increasing your passive vocabulary many times over. A substantial amount of the grammar presented in this book rests upon the foundation of الأوزان , and knowledge of them is essential to working at an advanced level of Arabic.

Upon completion this book إن شاء الله you should be able to:

1. With the help of a dictionary, understand the main points of any non-technical text,

2. Carry out basic research: identify important sources and understand main ideas,

3. Use your grammatical skills to identify the meaning of unfamiliar words,

4. Initiate and sustain discussion of topics of general interest,

5. Understand the general ideas of lectures on familiar topics,

6. Be able to write essays and opinion pieces on topics you have studied,

7. Recognize and produce the main grammatical structures of formal Arabic, and

8. Talk about a number of important figures and ideas in Arabic cultural history.

نتمنى لكم تجربة ممتعة وكل نجاح في دراسة اللغة العربية!

تقديم

حضرات الزميلات والزملاء ،

يسعدنا ان نقدم اليكم الجزء الثاني من ***الكتاب في تعلم العربية*** الذي يأتي تكملة لسابقيه ***ألف باء: مدخل الى حروف العربية وأصواتها*** و***الكتاب في تعلم العربية، الجزء الأول*** والذي نطمح من ورائه الى متابعة الاسهام في خدمة ميدان الدراسات العربية بوضع مواد تعليمية تستجيب لحاجات طالباتنا وطلابنا وتوفر لزميلاتنا وزملائنا منهجاً متكاملا يمكنهم الاستعانة به في تدريسهم للغة في المراحل المتوسطة .

أولاً : في الأهداف والمنهج

يهدف الكتاب، بشكل عام، الى تعزيز كافة المهارات اللغوية عند الطلاب والى الوصول بهذه المهارات الى درجة من الكفاءة اللغوية تتراوح بين المستوى المتوسط – المتقدم والمستوى المتقدم بحسب المهارة والقدرات الخاصة للطالب. وقد حددنا أهدافنا بالنسبة لكل مهارة ومنهجنا في تناولها على الشكل التالي :

أ . القراءة :

تمثل مهارة القراءة أساسا ينطلق منه الكتاب في تقديم مختلف مواده ومُرتَكَزا تقوم عليه المهارات الأخرى . وبهذا فان هذا الجزء من ***الكتاب*** يختلف عن الجزء الأول الذي اتّخذ مهارة الاستماع منطلقا له. وليس معنى هذا التحول ان مهارة الاستماع لم تعد مهمة في هذه المرحلة ، بل على العكس، فهي ما زالت في رأينا في طليعة المهارات التي ينبغي العمل على تعزيزها ، وهي ما زالت تشكّل الأساس الذي يقوم عليه ***كتاب المحادثة*** المصاحب لهذا الجزء (والذي نأمل في ان يبصر النور قريبا) والذي تستمر فيه قصة مها وخالد من الجزء الأول بشكل حوارات تجرى بالعامية المصرية . ولكن ما جعلنا ننطلق من مهارة القراءة هنا هو اقتناعنا بان الطلاب في هذه المرحلة بحاجة الى نقلة نوعية تساعدهم على بلوغ أعتاب المستوى المتقدم وبأن مهارة القراءة ، بما توفره من امكانيات لتوسيع المفردات واغناء الفهم وتعزيز الصحة اللغوية، هي خير وسيلة لبلوغ هذا الهدف .

ويركز الكتاب على مهارة القراءة بانواعها المختلفة: فهناك القراءة الدقيقة التي تهدف الى فهم النص بكافة دقائقه وتفاصيله وتراكيبه، وهناك القراءة السريعة التي ترمي الى استخراج المعلومات الأساسية من النص، وهناك القراءة الجهرية التي تركز على سلامة النطق والتي قمنا بربطها ببعض النصوص الرئيسية. وقد جعلنا في طليعة اهدافنا فيما يختص بمهارة القراءة التركيز على مبدأ ان التعامل مع اي نص ينبغي ان يتم على مراحل بحيث تكون هناك قراءة أولى وثانية وثالثة تتوسع مع كل منها دائرة فهم الطالب للنص واستيعابه له.

وقد تم اختيار موضوعات نصوص القراءة الرئيسية في كل درس من هذا الجزء بحيث تتناغم مع موضوعات ***كتاب المحادثة*** الذي أشرنا اليه . فانطلاقا من ان موضوع المشهد الأول في كتاب المحادثة هو سفر مها وعائلتها الى مصر فقد قمنا باختيار نص يتناول رحلات ابن بطوطة وأسفاره ، وانطلاقا من ان المشهد الثالث في ***كتاب المحادثة*** يتناول حوارا بين مها وخالد حول الجرائد في مصر فقد جعلنا محور الدرس الثالث في هذا الجزء نصا عن بدايات الصحافة العربية وهكذا مما يخلق نوعا من اللُّحمة الموضوعية بين الكتابين. وقد حرصنا في اختيارنا لنصوص القراءة على مبدأ التنوع رغبة في تعريض الطلاب الى موضوعات وانواع واساليب مختلفة ، وقمنا بتطعيم بعض الدروس بنصوص من التراث العربي بحيث يشعر الطالب من جهة بانه قادر على التعامل معها ويتضح لديه من جهة اخرى مدى استمرارية اللغة في ماضيها وحاضرها. كذلك فقد التزمنا بمبدأ الأصلية في اختيارنا للنصوص واقتصرت التعديلات التي قمنا باجرائها على حذف بعض المقاطع من النصوص الطويلة. وقد حاولنا ، في اعادة طباعتنا للنصوص ، المحافظة على الشكل الأصلي لكل نص بقدر الامكان .

ولاننا من المؤمنين باهمية المفردات في تعزيز قدرة الطالب على القراءة فقد اوليناها جانبا كبيرة من الأهمية وجعلنا العمل عليها مدخلا للتعامل مع النص وقمنا باعداد تمارين متنوعة لها تهدف الى تعزيز اكتساب الطالب لها .

ب . الثقافة

تمشيا مع النهج الذي سرنا عليه في الجزء الأول من ***الكتاب*** فقد حرصنا في هذا الجزء ايضاً على التعامل مع الثقافة على انها مهارة وثيقة الصلة باللغة ينبغي ايلاؤها قدراً كبيرا من الاهتمام. لذا فقد جعلنا الثقافة ركنا أساسيا في كل درس وقمنا باختيار نصوص ذات أبعاد ثقافية وقمنا بتقديم شروحات ثقافية تهدف الى مساعدة الطلاب على فهم النصوص ومدلولاتها الثقافية وتتيح لهم الاطلاع على جوانب مختلفة من الثقافة العربية .

جـ . الاستماع

يهدف هذا الجزء من ***الكتاب*** كذلك الى تنمية مهارة الاستماع لدى الطلاب. ومن هنا، فقد قمنا بتضمين كل درس نصاً للاستماع والفهم حول موضوع وثيق الصلة بمحورالدرس وحرصنا، ما أمكن، على استخدام مواد أصلية مأخوذة من بعض المحطات التلفزيونية العربية كي يتعرض الطالب الى اللغة في سياقاتها الطبيعية. وبالاضافة الى نشاطات الاستماع المعدة لأغراض الفهم فقد حرصنا على ان يشتمل كل درس على نشاط للاستماع الدقيق هدفه تعزيز المفردات والعبارات التي يكون الطلاب قد تعلموها في سياقات مسموعة بعد ان يكونوا قد تعرضوا لها في السياقات المقروءة .

د. الكلام

ان تركيز الكتاب على تنمية ذخيرة الطالب من المفردات عن طريق القراءة يهدف ايضاً الى تحقيق هدف آخر نطمح اليه ويتصل بمهارة الكلام وهو توسيع دائرة المواضيع التي يمكن للطالب التعبير عنها وتنمية قدرته على الانتقال في هذا التعبير من مستوى الجملة الى مستوى الفقرة بكل ما يتطلبه ذلك من قدرة على الربط واستخدام التراكيب المركّبة. وعلى ذلك فقد قمنا بتضمين كل درس نشاطا للمحادثة هدفه مناقشة موضوع متصل بمحورالدرس بشكل يتيح للطلاب التعبير عن آرائهم

واستخدام ما تعلموه من مفردات وتراكيب. وبالنظر الى ان هذا الجزء يركز على اللغة الفصحى فقد تم فيه اختيار نشاطات للمحادثة تتلاءم مع الفصحى علماً باننا حرصنا في ***كتاب المحادثة*** على اختيار نشاطات للمحادثة اكثر تلاؤما مع العامية نظرا لصلتها الوثيقة بموضوعات الحياة اليومية، وبذلك يتعرض الطالب للغة في سياقاتها المختلفة في نفس الوقت ويتضح له كيف ان هذه السياقات تتعايش مع بعضها البعض ضمن نفس الاطار اللغوي والثقافي والاجتماعي.

وهنا تجدر الاشارة الى ان قرارنا بفصل ***كتاب المحادثة*** عن هذا الجزء من ***الكتاب*** كان مردّه رغبتنا في السماح لمن لا يتفق معنا من الزميلات والزملاء في توجهنا ازاء قضية الفصحى والعامية بالاستفادة من المواد المتضمَّنة في هذا الجزء دون الحاجة الى استخدام مواد العامية علما باننا ما زلنا مؤمنين بضرورة تعريض الطلاب الى العامية منذ المرحلة الابتدائية وبشكل تدريجي يسمح لهم بادراك مدى عمق الصلة بين الفصحى والعامية ويساعدهم على تطوير قدراتهم في كلا الدائرتين .

هـ . الكتابة

وقد هدفنا في هذا الجزء ايضا الى اعطاء الكتابة حقها من الاهتمام فأفردنا لها في كل درس نشاطا مرتبطا بالمحور الذي يقوم عليه. وانطلاقا من التوجه العام الذي يستهدف تنمية قدرة الطلاب على الارتقاء من مستوى الجملة البسيطة الى مستوى الجملة المركبة والفقرة فقد قمنا باقتراح نشاطات كتابية تستلزم التعبير على مستوى الفقرة وبدأنا بتشجيع الطلاب على استخدام ادوات الربط لما لها من دور في توفير اللحمة العضوية لأجزاء النص وقمنا في بعض نصوص القراءة بلفت أنظارهم الى بعض الخصائص الأسلوبية في الكتابة التي يحسن بهم ملاحظتها في هذه المرحلة املا في ان يتم تفعيلها حين يبلغون المستوى المتقدم من الكفاءة .

و . القواعد

لا تمثل القواعد ، في نظرنا ، مهارة لغوية كالمهارات التي سبق ذكرها ولكنها، مع ذلك، مكوّن أساسي ينتظم المهارات جميعا ويلعب دوراً في تشكيل مستوى الكفاءة اللغوية لدى الطالب . ومن هنا فقد وضعنا نصب أعيننا في هذا الجزء رفع درجة الصحة اللغوية في المهارات المختلفة بحيث يتمكن الطالب من القراءة والكتابة والاستماع والكلام بمقدار أكبر من الدقة . وقد قصدنا في تعاملنا مع القواعد ان تكون موظَّفة في خدمة المهارات والوظائف اللغوية المختلفة وان تأتي تابعة للمادة لا مُحدِّدة لها. ولذلك ، فلم يكن اختيارنا لنصوص القراءة مستندا على القواعد والتراكيب التي فيها ولكنه تمّ على أساس مدى ملاءمة هذه النصوص لمستوى الكفاءة العام لدى الطلاب ومدى غناها من الناحية الثقافية .
وقد حرصنا في تقديمنا للقواعد في هذا الجزء على مبدأ التراكم التصاعدي الذي كنا قد اعتمدناه في الجزء الأول فقمنا في هذا الجزء بتفعيل وتوسيع بعض القواعد التي تم تقديمها في الجزء الاول بشكل محتصر بهدف تعريض الطالب لها فقط وصرنا هنا نتوقع من الطالب استخدامها بشكل أكثر دقة ، كما قمنا في تقديمنا للتراكيب الجديدة بالاشارة الى تلك التراكيب التي يُتوقَّع من الطالب التمكن منها وتلك التي يُتوقع منه تمييزها فقط حين ترد في النصوص أملا في ان يُصار الى تفعيلها في مراحل لاحقة .

ثانياً : في تنظيم الدروس واسلوب تناولها

يحتوي هذا الجزء من ***الكتاب*** على عشرة دروس تغطي بنشاطاتها المختلفة ما يقرب من مئة وثلاثين ساعة داخل الصف . وقد تم تنظيم كل درس منها على الشكل التالي :

أ . المفردات :

يتم تقديم المفردات في كل درس في قسمين: القسم الأول ويندرج تحت عنوان «تذكروا ولاحظوا» وهو يضم المفردات الجديدة التي وردت في النص والتي سبق للطالب التعرض لكلمات أخرى مشتقة من نفس جذرها وكذلك المفردات التى سبق له التعرض لها ولكن بمعنى آخر. والهدف من تخصيص هذه المفردات بقسم مستقل هو تعويد الطالب على تعلم المفردات الجديدة وتخمين معانيها بالاستفادة مما تقدمه اللغة في النواحي الصرفية والاشتقاقية . اما القسم الثاني فيأتي تحت عنوان «من القاموس» وهو يضم الكلمات الجديدة التي اخترناها من النص والتي ارتأينا انها أساسية لفهم النص. وقد قمنا بادراج هذه المفردات الأساسية في هذين القسمين للاشارة الى انها هي الكلمات التي ينبغي تفعيلها والعمل على تعزيزها بحيث تصبح جزءا من مفردات الطالب. وبالاضافة الى هذه المفردات الأساسية فقد أوردنا تحت قسم القراءة الثانية في كل نص عددا من المفردات التي ارتأينا انها ستساعد الطالب على فهم النص دونما حاجة للتوقف عندها زو تعزيزها. وتجدر الاشارة هنا ايضا الى اننا لم نركز على كل كلمة جديدة في النص فهناك كلمات غير اساسية للهدف الذي نسعى اليه من النص وقد تركناها في النص عمدا انطلاقا من قناعتنا بان الطالب يجب ان يكون قادرا على التعامل مع النص بقدر من التخمين من جهة واستخدام القاموس بمفرده استخداما فعالا من جهة اخرى.

وهنا نود ان نقترح على الزميلات والزملاء تخصيص وقت كاف في الصف للعمل على المفردات قبل تقديم النص واستخدامها في سياقات مختلفة عبر الاجابة عن اسئلة تتطلب من الطلاب استخدام هذه المفردات، او اجراء محادثات قصيرة تشتمل على مجموعات منها. كما نود ان نقترح ايضا ان يقوم الطلاب بدراسة المفردات الجديدة في البيت والاستماع الى كيفية نطقها على الشريط بحيث يكونون مستعدين لاستخدامها في الصف. وقد اوردنا بعد المفردات الجديدة في كل درس تمارين متنوعة تهدف الى تعزيز هذه المفردات ونرى هنا ان يصار الى اعطاء بعض هذه التمارين كواجب بيتي بهدف زيادة مدى استعداد الطلاب لاستخدام هذه المفردات وتهيؤهم للعمل عليها داخل الصف. وقد يمكن القيام ببعض تمارين المفردات في الصف وخاصة نشاط «أجيبوا عن هذه الأسئلة» او «اسألوا زملاءكم» الذي يتطلب محادثة بين الطلاب . وبذا يتدرب الطلاب على المفردات عن طريق كتابتها والاستماع اليها على الشريط في البيت وقراءتها ثم يأتون الى الصف مستعدين لاستخدامها مع الاستاذ والزملاء ثم يشاهدون هذه المفردات في النص فتزداد رسوخا لديهم . وقد تبين لنا من خلال تجربتنا الشخصية في تدريس هذه المواد انه من الضروري تخصيص ما يتراوح بين حصة وحصتين للعمل على المفردات قبل البدء بالعمل على النص .

ب . العبارات الجديدة :

والى جانب المفردات الجديدة قمنا باختيار عدد من العبارات التي وردت في النص والتي رأينا ضرورة تدريب الطلاب على استخدامها فقمنا بشرح كل عبارة منها بالانكليزية وقدمنا مثالا او مثالين على السياقات المختلفة التي يمكن ان ترد فيها ثم أتبعنا هذا بتمرين كتابي يقوم الطالب فيه باستخدام كل واحدة من هذه العبارات في جملة. وهذا التمرين يمكن ان يعطى ايضا كواجب بيتي لتعزيز فهم الطالب لهذه العبارات الجديدة .

جـ . الثقافة :

بعد ان يتم تقديم المفردات والعبارات الجديدة نقترح ان يجري العمل على بعض النواحي الثقافية التي من شأنها ان تضيئ جوانب من النص وتسهل بذلك فهمه على الطلاب. وتحقيقا لهذه الغاية فقد اوردنا في قسم الثقافة الذي يسبق النص شروحات وتعليقات على بعض المظاهر الثقافية او الشخصيات التاريخية المذكورة في النص. ونود ان نقترح على الزميلات والزملاء استغلال هذه الزاوية الثقافية في اعداد تقديمات شفوية وابحاث موجزة يقوم الطلاب بالعمل عليها فرديا او في مجموعات صغيرة خارج الصف مستخدمين الموسوعات والمصادر المتوفرة ثم يقومون بتقديم ما توصلوا اليه في الصف بشكل يؤدي الى ربط الثقافة باللغة.

د . النص :

تم وضع الأسئلة حول كل واحد من النصوص على اساس ان يقوم الطلاب بقراءتها اكثر من مرة، فهناك اسئلة عامة يقوم الطالب بالاجابة عنها بعد القراءة الاولى واخرى اكثر تفصيلا يجيب عنها بعد القراءة الثانية. كما تم وضع الأسئلة على اساس ان يتم العمل عليها خارج الصف بحيث تتهيأ للطالب فرصة الاستماع الى النص مسجلا على الشريط ثم قراءة النص بشكل متأنٍ . وهنا نود ان نقترح على الزملاء ان يشجعوا طلابهم وطالباتهم على التعود على قراءة النصوص عدة مرات وعلى عدم اللجوء الى القاموس بشكل مستمر للبحث عن معاني المفردات الجديدة وعلى محاولة تخمين معاني المفردات من السياق باستخدام ما قد تكوّن لديهم من قدرات على التحليل الصرفي والنحوي. كما انه يجب لفت انظار الطلاب الى ان اعادة قراءة النص من شأنها ان تتيح لهم فرصة اكتشاف العلاقات القائمة بين المعنى والتراكيب والتركيز على المعنى وعلى الطريقة التي يستخدمها الكاتب للتعبير عن هذا المعنى .

وقد خصصنا بعد اسئلة القراءة الاولى والثانية قسما لدراسة القواعد والتراكيب في النص وركزنا فيه على تشجيع الطلاب على تخمين معاني المفردات وايضا على استخراج تراكيب سبق لهم ان تعلموها بحيث تتم عملية التدرب على القواعد بشكل تطبيقي. وكذلك ادرجنا في هذا القسم تدريبات على ترجمة بعض مقاطع النص او قراءتها قراءة جهرية بعد تشكيلها لمعرفة مدى المام الطالب بتفاصيل النص ودقائقه . وفيما يتصل بالقراءة الجهرية فاننا نرى انها يجب ان تجرى بعد انتهاء العمل على المفردات والعبارات الجديدة وبعد الانتهاء من مناقشة معاني النص وتحليل بعض الأجزاء فيه. كما نود ان نقترح اجراء القراءة الجهرية الفردية خارج الصف حتى تكون فائدة الطالب منها اكبر او اجراءها داخل الصف في مجموعات صغيرة بحيث تتاح للجميع فرصة المشاركة في هذا النشاط .

هـ . القواعد :

في هذا القسم قمنا بتقديم القواعد الجديدة المستقاة من النص ، وقد حرصنا على تقديم القواعد بلغة غير معقدة بحيث يسهل على الطالب فهمها دونما حاجة الى شروحات مطولة من الاستاذ(ة). ونود ان نقترح هنا ان يُشجّع الطلاب على دراسة القواعد في البيت وان لا يُصار الى انفاق وقت طويل في شرح القواعد في الصف لان ذلك سيحرم الصف من وقت يمكن استخدامه لممارسة اللغة والتدرب على تراكيبها عن طريق الكلام والقراءة والاستماع . وقد وجدنا من خلال خبرتنا الشخصية انه من المفيد في هذه المرحلة تخصيص وقت قصير من الحصص المخصصة لتمرينات القواعد للتدرب على تصريف الافعال الجديدة من صحيحة ومعتلة. وقد يلاحظ الزملاء هنا ان تقديم الأفعال في الكتاب وخاصة المعتلة منها يتم بشكل تدريجي مما يوجب العمل عليها بشكل مستمر، وخير طريقة، في رأينا، لبلوغ هذا الهدف ليست بالشروحات المطولة ولكن بالتدرب الشفوي المستمر في الصف على التصريف بحيث تترسخ هذه التراكيب الفعلية في اذهان الطلاب .

و . نصوص القراءة الاضافية :

يتضمن كل درس نصا خصصناه لاغراض القراءة السريعة . والهدف من هذه النصوص هو تعزيز قدرة الطلاب على القراءة السريعة وعلى استخراج معلومات من نصوص تتضمن مفردات وتراكيب لم يسبق لهم التعرض لها من قبل وبالتالي دفعهم الى مستوى من الفهم يفوق مستواهم اللغوي الحالي . وفائدة هذا النشاط هي انه يولّد عند الطالب شعورا بالثقة في قدرته على الفهم ويشجعه على التعامل مع النصوص دون الاعتماد على القاموس ويعزز لديه القدرة على التخمين. ونود التشديد هنا على ان تضمين نصوص القراءة هذه في الدروس لم يتم بقصد التعامل معها على انها نصوص «اساسية» تجري قراءتها قراءة جهرية في الصف أو تُستخدم كمصدر لتدريس مزيد من المفردات أو يقوم الطلاب بترجمتها ، فهذا ابعد ما يكون عن الغاية التي قصدناها منها لان القيام باستخدام النصوص بهذا الشكل من شأنه ان يولّد لدى الطلاب شعورا بالاحباط والعجز ازاءها.

ز . نصوص الاستماع :

يشتمل كل درس على نصين للاستماع : واحد مخصص لاغراض الاستماع الدقيق يقوم الطالب خلاله بالاستماع الى نص مسجل على الشريط ويركز على المفردات والعبارات التي يكون قد تعلمها. ونقترح ان يخصص نشاط الاستماع هذا للعمل خارج الصف بحيث يقوم الطالب بالاستماع الى الشريط مرات عديدة مركزا على الكلمات والاصوات التي يسمعها وعلى كيفية كتابتها. وتسهيلا على الزميلات والزملاء فقد قمنا باعداد كتيب يشتمل على كل النصوص المتضمنة في هذا القسم ويمكن لمن يرغب منهم الحصول عليه من الناشر. اما النوع الآخر من الاستماع فهو مخصص لاغراض الفهم العام ويشتمل على مقتطفات من محاضرات وبرامج تليفزيونية مختلفة . ويتضمن كل درس في قسم الاستماع عددا من الاسئلة التي نقترح استخدامها لمعرفة مدى فهم الطلاب لمحتوى البرنامج. وهنا ايضا نقترح ان يصار الى استخدام مبدأ التكرار الذي اشرنا اليه في معرض حديثنا عن مهارة القراءة مع التنبه الى ان الهدف من نشاط الاستماع هذا ليس فهم كل شيء ورد في النص ولكن التركيز على العناصر التي هي في متناول الطالب. وبسبب طبيعة هذا النشاط فينبغي القيام به في الصف بحيث

يقوم الطلاب بالاستماع الى النص عدة مـرات ويقوم الاستاذ(ة) بتوجيه النشاط نحو العناصر التي يعتقد انها في متناولهم ويتدرج النشاط من الاستماع العام الى التركيز على بعض العبارات والجمل التي تضم مفردات وتراكيب يعرفها الطلاب .

حـ . المحادثة :

في نهاية كل درس قسم خاص بالمحادثة اردنا منه اتاحة الفرصة امام الطلاب لنقل ما تعلموه من مفردات وتراكيب من عالم النص والكتاب الى عالمهم الخاص. وقد اقترحنا في كل درس نشاطا يُؤدّى في الصف، وتتراوح نشاطات المحادثة التي اقترحناها بين التقديمات والمناظرات والمواقف التي تستلزم تفاعلاً بين الطلاب في مجموعات صغيرة . وقد تبين لنا من خلال خبرتنا ان مثل هذه النشاطات تؤتي افضل ثمارها حين يُعطى الطلاب وقتا للاستعداد لها مع حثهم على على استخدام المفردات والتراكيب الجديدة .

ط . الكتابة :

يأتي القسم الخـاص بالكتـابة في نهاية كل درس كتتويج للنشاطات المختلفة التي تضـمنها الدرس. وقد اقترحنا في كل نشاط كتابي عددا من العبارات التي يمكن للطلاب استخدامها في كتابتهم، ونود هنا ان نقترح على الزملاء ان يشـجعوا طلابهم على الاهتمام بالكتابة كميدان يعبرون فيه عن آرائهم ومشاعرهم وان يلفتوا انظارهم الى ضرورة استخدام ادوات الربط واتباع مبدأ اعادة الكتابة والتفكير في المضمون والشكل الأكثر ملاءمة للتعبير عن هذا المضمون .

وأخيراً، فاننا ، اذ نضع هذا الكتاب بين ايديكم ، ندرك ان اي مادة تعليمية لا يمكن ان تفي بكل الاغراض وتلبي كافة الاحتياجات والاهتمامات وان المحور الاساسي في تدريس اللغة انما هو المدرس القادر على تطويع اي مادة وتكييفها لتتلاءم مع احتياجات طلابه ، واملنا هو ان تجدوا في هذا الكتاب ما يمكن ان يستجيب لاحتياجاتكم ويعكس تطلعاتكم ، ولكم منا جزيل الشكر على ثقتكم .

المؤلفون

ACKNOWLEDGMENTS

We would like to express our deep gratitude to all the institutions and individuals who made the production of this book possible. The National Endowment for the Humanities provided much of the funding for the project through a grant made to the School of Arabic at Middlebury College from 1991 to 1995. The Language Schools of Middlebury College provided matching funds, facilities, and staff and technical support. Dubai Television, the Egyptian Union for Television and Radio, Syria Television, and the British Broadcasting Corporation graciously granted permission for us to use some of their audiovisual materials. We also thank Mahmoud Ibrahim Abdallah, Salem Aweiss, Hanaa al-Kilany and Zeinab Taha for allowing us to include portions of their lectures at Middlebury College in these materials.

We are grateful to the many people who have helped with different phases of the project. These materials have benefited from comments and feedback provided by colleagues who undertook preliminary field tests, among them Mahmoud Ibrahim Abdallah, Malik Balla, Michael Cooperson, Muhammad Eissa, Liljana Bubonjic Elverskog, Michael Fishbein, William Granara, Hanaa al-Kilany, Nada Saab, and Christopher Stone. Raji Rammuny read versions of the manuscript and gave valuable comments and suggestions. Nuha Bakr, Mary Nachtrieb, and Adriana Valencia prepared the glossary and helped with research, typing and editing. Adriana Valencia contributed to the preparation of the appendices. Michael Cooperson designed and illustrated the story-writing exercise in Chapter Six. Ghada Muhanna helped edit the glossary and proofread the final manuscript.

Ian Albinson's patient assistance was instrumental in the production and reproduction of audio and video tapes at Middlebury College. Neil Fried of Chelsea Studios, Atlanta, produced the final audio tapes with great enthusiasm and technical expertise. We appreciate all the support John Samples, Director of Georgetown University Press, and Patricia Rayner, Production Manager, have given to this project.

Finally, we would like to express our thanks to all the students and colleagues who accepted the challenges and problems of working with "raw" materials while under development. We are grateful for their patience and support, and we have been inspired by their enthusiasm.

مع خالص شكرنا وتقديرنا لكم جميعا

١ـ ابن بطوطة وأطول رحلة في التاريخ

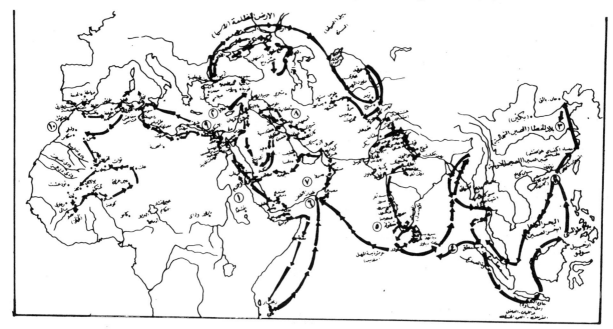

(١) هنا يعود ابن بطوطة إلى الشام مخترقا مصر من الجنوب إلى الشمال ثم يخترق الشام مرَة ثانية ويدخل بلاد الروم (آسيا الصغرى) عند علايا (٢) ، (٣) من خان بالق (بكين) يعود ابن بطوطة بنفس الطريق الذى ذهب به فى الصين إلى زيتون ثم إلى سمطرة (جاوة الصغرى) (٤) ، (٥) من سمطرة يعود ابن بطوطة إلى جنوب الهند (كولم) ومن كولم إلى ظفار (٦) ، (٧) من ظفار يعود ابن بطوطة مارًا بمسقط ثم هرمز ثم إلى شيراز ويخترق غرب إيران مارًا بأصفهان وتستر ومشهد ثم صرصر ثم بغداد (٨) ، (٩) من بغداد يتجه إلى الشام ثم مصر وهنا يحج الحجة السادسة ويعود إلى مصر ويأخذ قرقورة (سفينة) تونسية إلى سردانية على سفينة قطلونية تنس ثم تلمسان ثم تازا ثم فاس (الجمعة أواخر شعبان ٧٥٠) (١٠)

في هذا الدرس:

الثقافة : من التاريخ الإسلامي

القراءة : ابن بطوطة

نص من "رحلة ابن بطوطة"

تاريخ مدينة دمشق

الاستماع: اليمن

مدينة غزة بين الماضي والحاضر

التراكيب : كم؟ ١١-٩٩

الكلام عن الماضي

الفعل المضعّف

تذكروا ولاحِظوا :Notice

آخِر	<—	ج. أواخِر	last ones (often: years or days)
أوّل	<—	ج. أوائِل	first ones (often: years or days)
بَلَد ج. بِلاد / بُلدان	<—	بَلْدة	مدينة صغيرة
ترجمة	<—	تُرْجِمَ	was translated
حفِظ ، يحفَظ	<—		(also) to keep, preserve
في الحقيقة	<—	حَقيقة ج. حَقائق	truth, reality, fact
خَليفة ج. خُلَفاء	<—	الخِلافة	caliphate
التَسجيل	<—	سَجَّلَ ، يُسَجِّل	to record
مَشهور ج. ـون	<—	اِشْتَهَرَ بـ	to be famous for; known as
صاحِب ج. أصحاب	<—		(also) owner, possessor, holder of...
		صاحب البيت ؛ صاحب شركة ؛ صاحب الرأي	
طويل ؛ أطوَل	<—	طُول	length, height
اِعتبَر ، يَعتبِر	<—	يُعتَبَر	is considered
علِم ، يعلَم	<—	العِلم ج. العُلوم	science, knowledge, learning
	<—	عالِم ج. عُلَماء	learned person, scientist
	<—	مَعلومات	information
اِنقطَع ، يَنقطِع	<—	قَطَعَ ، يَقطَع	to cut, cut across (a distance)
اِنتَقَل ، يَنتقِل ، الانتقال	<—	تَنَقَّلَ ، يَتَنَقَّل	to move around
مُهِمّ ؛ أهَمّ	<—	اِهتَمّ بـ ، يهتَمّ بـ ، الاِهتِمام بـ	to be interested in
(سنة) هِجرية ؛ ميلادية	<—	هـ . ؛ م .	

من القاموس ⊙

people (of); family	أَهْل ج. أَهالٍ / أَهالي

سأَقضي العطلة بين أَهلي وأَصدقائي .

أُحب هذه المدينة وأَهلها !

to reach, attain (number, place)	بَلَغَ ، يَبلُغ ، البُلوغ

يبلغ عدد السُكّان في لبنان أَكثر من ٣ ملايين نسمة .

تركوا عمّان في الصباح وبلغوا دمشق في الساعة السادسة مساءً .

بلغني خبر وفاة ابن عمي وأَنا في أُوروبا .

state, condition	حال ج. أَحْوال

ocean; environment	مُحيط ج. -ات

في العالم ٥ محيطات هي : المحيط الأَطْلَسيّ والمحيط الهادئ والمحيط الهِنْدي والمحيط المُتَجَمِّد *frozen* الشَّمالي والمحيط المتجمّد الجنوبي .

نشأَ نجيب محفوظ وعاش في محيط ثقافي عربي إِسلامي .

during	خِلال

trip, journey, also: flight	رِحلة ج. رَحَلات
great traveler, explorer	رَحّالة (مذكر ومؤنث) ج. رَحّالون
to travel, to set out, depart	رَحَلَ ، يَرحَل ، الرَّحيل / التَّرحال

time (abstract)	الزَّمَن / الزَّمان

market, marketplace	سوق ج. أَسْواق

orientalist, one who studies the Middle East	مُسْتَشرِق ج. -ون

(a) people	شَعْب ج. شُعوب

الشعب الأَمريكي ؛ الشعب العربي ؛ الشعوب الاوروبية

China	الصّين

was printed	طَبِعَ
printing, edition	طَبْعة ج. طَبَعات
age, era	عَصْر ج. عُصور
The Middle Ages	العُصور الوُسْطى
great	عَظيم ج. عُظَماء / عِظام
to present, offer	قَدَّمَ ، يُقَدِّم ، التَّقْديم
century	قَرْن ج. قُرون
to aim at, have in mind (a meaning or a place)	قَصَدَ ، يقصِد ، القَصد
to undertake, carry out	قامَ بـ ، يَقوم بـ ، القِيام بـ

قام الرئيس بزيارة فرنسا الأسبوع الماضي .

to explore	اِسْتَكشَفَ ، يَسْتَكشِف ، الاِسْتِكشاف
entire, whole	كامِل
to extend, stretch (for a distance or period of time)	اِمْتَدَّ ، يَمْتَدّ ، الاِمتِداد

امتدّ الاجتماع اربع ساعات ونصف .
تقع الصَحراء الكُبرى في شمال أفريقيا وهي تمتدّ من مصر إلى المغرب .

was published	نُشِرَ
to look at	نَظَرَ إلى ، يَنظُر إلى ، النَّظَر إلى
view	مَنْظَر ج. مَناظِر
description	وَصْف ج. أوْصاف
to fall; happen, occur, be located	وَقَعَ ، يَقَع ، الوُقوع

وقع الكتاب من يدي .
وقعت الحرب العالمية الاولى سنة ١٩١٤ .
تقع مدينة تونس في شمال شرق تونس .

تمرين ١ **أكملوا الجدول التالي بالأفعال الجديدة:** **Write in all vowels.**

أوزان الأفعال			
الوزن	الماضي	المضارع	المصدر
	نظر الى		
	بلغ		
	وقع		
	قام بـ		
	سجّل		
	قدّم		
	تنقّل		
	اشتهر بـ		
	اهتمّ بـ		
	امتدّ		
	استكشف		

تمرين ٢ **اختاروا الكلمة المناسبة :**

١. ــــــــــ العالم العربي بين المحيط الأطلسي والخليج *Gulf* العربي (الفارسي) .

أ. يتوقّف ب. يمتدّ جـ . يبلغ د. ينتهي

٢. أمس ذهبنا الى ــــــــــ واشترينا بعض الملابس.

أ. السوق ب. المقهى جـ . النادي د. المتحف

٣. تمّت كتابة القرآن في ــــــــــ الخليفة الثالث عثمان بن عفّان.

أ. عصر ب. موعد جـ . فصل د. تاريخ

٤. ــــــــــ الطائرة الرحلة بين عمّان ونيويورك في حوالي ١٣ ساعة .

أ. تستأنف ب. تكتشف جـ . تقطع د. تقصد

٥. في هذه المقالة ــــــــــ ممتاز لمدينة بغداد القديمة.

أ. رأي ب. استكشاف جـ . قرار د. وصف

٦. نُشرت آخر ــــــــــ من هذا الكتاب عام ١٩٩٥.

أ. صحيفة ب. طبعة جـ . منحة د. حقيقة

٧. أختي ــــــــــ بدراسة اللغات القديمة.

أ. تعلم ب. تشعر جـ .تلتحق د. تهتمّ

٨. كتاب "ألف ليلة وليلة" من الأعمال ــــــــــ في تاريخ الأدب العربي.

أ. الغالية ب.الإضافية جـ . العظيمة د. العاطفيّة

٩. ــــــــــ من شباك غرفتي جميل جدا.

أ. المحل ب. المنظر جـ المعنى د. الوصف

١٠. نرغب في زيارة اليمن ونريد الحصول على بعض ــــــــــ عنها.

أ. المعلومات ب. الزوّار جـ الصفات د. الموضوعات

١١. ــــــــــ الواجب الى الاستاذة ولكنه لم يكن كاملا.

أ. حددّت ب. بلغت جـ قدّمت د. فصلت

١٢. هل تعرف اسم ــــــــــ هذه السيارة ؟

أ. صاحب　　ب. زميل　　جـ. مدير　　د. ساكِن

١٣. ــــــــــ هو شخص أجنبي متخصّص في دراسة اللغة والثقافة والأدب في العالَمَين العربي والاسلامي.

أ. الرحّالة　　ب. المتفوق　　جـ. العالِم　　د. المستشرق

١٤. كان العرب في ــــــــــ القديم يعيشون في مناطق مختلفة في الجزيرة العربية.

أ. العام　　ب.الزمان　　جـ. القرن　　د. الموعد

١٥. عندما ــــــــــ إليها ، عرفت أنها تقصد ما تقول .

أ. بلغت　　ب. لمّحت　　جـ. انتقلت　　د. نظرت

تمرين ٣　**اختاروا الكلمة المناسبة من هذه الكلمات :**

قطع	البحر	أسواق	المحيط	يُعْتبر	يقع
القرن	تشتهر	عصر	يبلغ	يهتمّ	عاصمة

المغرب

المغرب بلد عربي كبير ــــــــــ في شمال افريقيا بين ــــــــــ الأبيض المتوسط و ــــــــــ الأطلسي. و ــــــــــ عدد سكانه حوالي ٢٧ مليون نسمة، و ــــــــــ المغرب هي مدينة الرباط ، ومن مدنه المشهورة الدار البيضاء ومراكش وفاس التي ــــــــــ بـ ــــــــــ ـها القديمة التي يقصدها الكثير من الزُوّار والسيّاح .

دخل الاسلام المغرب في ــــــــــ السابع الميلادي في ــــــــــ الخليفة الأموي عبد الملك ابن مروان . ومن المغرب ــــــــــ المسلمون البحر الى اسبانيا حيث أقاموا دولة اسلامية في الأندلس. وفي المغرب قضى المفكر الكبير ابن خلدون ، الذي ــــــــــ واحدا من أعظم أهل الفكر في التاريخ الاسلامي، جزءا من حياته .

تمرين ٤ **أجيبوا عن الأسئلة :**

١. أين تقع المدينة التي ولدت فيها؟ بِمَ (بماذا) تشتهر؟ كم يبلغ عدد السكان فيها؟ متى كانت آخر مرة قمت فيها بزيارتها؟

٢. من هو/هي أعظم إنسان/ة تعرفونه/ها ولماذا؟

٣. ستقومون برحلة إلى الشرق الاوسط قريبًا ، فما هي بعض المعلومات التي تحتاجون إليها قبل الرحلة ؟ ما هي بعض الأماكن التي تريدون أن تقوموا بزيارتها خلال تلك الرحلة؟

٤. لماذا تهتمّ/ين بدراسة العربية ؟ ما هي المواضيع الأخرى التي تهتم/ين بها ؟

٥. ما أجمل منظر رأيته في حياتك ؟

٦. متى وقعت الحرب الأهلية في أمريكا؟ في عصر أي رئيس وقعت؟ كم سنة امتدّت؟

٧. هل تسجل/ين بعض البرامج التليفزيونية على الفيديو؟ أي برامج ؟

٨. متى تقدّمون هدايا لأهلكم وأصدقائكم؟ ماذا تقدمون لهم عادةً؟

٩- ما رأيك في برنامج استكشاف الفَضاء *space* الأمريكي؟ هل يُعتبر برنامجًا ناجحًا؟

١٠- متى كانت آخر مرة قضيت فيها يومًا كاملاً في المكتبة؟

عبارات جديدة

أ ـ صاحِب الفَضْلُ الأوّل في (+ المصدر) (the person who) deserves the most credit for

- والدتي هي **صاحبة الفضل الأول في** اهتمامي بالموسيقى.
- كان الخليفة المأمون **صاحب الفضل الأول في** ترجمة العلوم ونقلها إلى العربية في العصر العباسي .

ب ـ على يد ... at the hands of

- درس الدكتور طه حسين **على يد** عدد من المستشرقين الذين كانوا يدرّسون في جامعة القاهرة في اوائل هذا القرن.
- حفظت القرآن الكريم **على يد** عمّي الشيخ أحمد، الله يرحمه.

جـ ـ لَـولا ... لَـ (ما) ... (+ الماضي) if not for . . . (then) . . .

- **لولا** البترول **لَكانت** السعودية بلداً فقيرا.
- **لولاك لَما** عرفت معنى الحب الحقيقي !

تمرين ٥ **اكتبوا هذه العبارات في جمل :**

١- ____ .

٢- ____ .

٣- ____ .

الثقافة

من التاريخ الإسلامي

المَماليك (م. مَملوك)	Mamluks, slaves brought to Egypt as soldiers by Muslim rulers in the twelfth century from Russia, the Balkans, and Central Asia. Eventually they rose to power, and the first of two Mamluk states was established in 1250. The Mamluks ruled for over 250 years, fought off the Mongols and the Crusaders, and extended their rule to parts of Greater Syria.

المماليك البُرجِيّة : دولة المماليك الثانية ؛ حكموا مصر من عام ١٣٨٢م. إلى عام ١٥١٧ م.

السُلطان ناصِر بن قَلاوون (١٢٨٥ – ١٣٤١) : اسم سلطان من سَلاطين المماليك .

الصوفِيّة (م. صوفيّ)	Sufis (collective plural), Muslims who practice a mystical form of Islam
طَريقة صوفيّة	a Sufi order
زاوِية ج. زَوايا	(lit., corner) a small mosque serving as the headquarters of a Sufi order
وَلِيّ ج. أَوْلِياء	holy person, one who is close to God; in popular religion, a "saint," one revered for piety and good works
بَرَكة ج. بَرَكات	blessing
يَتَبَرَّك بـ	to seek the blessings of (someone/ something holy)

تمرين ٦ **قبل القراءة**

للمناقشة:

– ماذا تعرفون عن التاريخ الاسلامي في العصور الوسطى؟ الى أين امتد العالم الاسلامي؟

– ماذا تعرفون عن ماركو بولو ؟

تمرين ٧   القراءة الأولى

اقرأوا النص مع الاستماع الى الشريط -- بدون توقف وبدون قاموس !

Read through the entire text as you listen to the tape, without stopping and without looking up any words. Concentrate on finding the answers to these questions:

١ـ من هو ابن بطوطة ؟ متى عاش ؟ أين عاش ؟

٢ـ ما هي بعض المناطق التي سافر إليها واستكشفها ؟

٣ـ ما هو الكتاب الذي يتكلم فيه ابن بطوطة عن رحلاته ؟
أين وكيف اشتهر هذا الكتاب؟

٤ـ ما هي أعظم مدينة في رأيه ؟ متى قام بزيارتها ؟

ابن بطوطة وأطول رحلة في التاريخ

هو ابو عبد الله محمد اللواتي الذي يشتهر باسم ابن بطوطة ، ولد سنة ٧٠٣ هـ /١٣٠٤ م ، بدأ أطول رحلة قام بها رحالة في العصور الوسطى ، يبلغ طولها ٧٥ ألف ميل ، أي ثلاثة أضعاف ما قطعه الرحالة الإيطالي ماركو بولو ، وتنقل في أفريقيا وآسيا وأطراف اوروبا ، زار خلالها ٤٤ بلدا ، واستغرقت رحلاته ٢٩ عاما ، تزوج فيها ٢٣ مرة ، وأنجب سبعين ولدا وبنتا .

خرج ابن بطوطة من بلدته طنجة قاصدا الحج وعاد الى فاس بالمغرب وقد بلغ عمره الخمسين عاما وعاش حتى الثالثة والسبعين ، يعيش خلال رحلته بين الناس، يرحل مع القوافل ويقيم في الزوايا ويزور اهل العلم ، ويتبرك بالأولياء ، ويجتمع بالصوفية ويقضي ايامه متجولا في الأسواق . امتدت رحلته من المُحيط الأطلسي غربا الى بحر الصين شرقا ، وصدرت رحلاته في كتاب «تُحفة الأنظار في غَرائِب الأمصار وعَجائِب الأسفار» [1].

وحفظ لنا ابن بطوطة في كتابه حقائق ومعارف لولاه لمحاها الزمن، فلم يترك لنا أي رحالة شرقي أو غربي في العصور الوسطى مثل ذلك التراث الواسع الذي تركه لنا ابن بطوطة عن أوصاف وأحوال البلاد التي زارها . ويعتبر ابن بطوطة صاحب الفضل الأول في استكشاف بعض المناطق الأفريقية جنوب غرب الصحراء ، وأهمها مالي ومدينة تنبكتو، وهو يقدم معلومات إضافية عن أحوال شعوبها، ولم يستطع الأوروبيون الوصول إلى تلك المنطقة قبل أواخر القرن الثامن عشر، على يد الرحالة البريطاني منجو بارك والرحالة الفرنسي رينيه كاييه .

ويسجل ابن بطوطة في رحلته [كتابه] أن أعظم منظر وقعت عليه عيناه منذ خروجه من طنجة كان القاهرة التي زارها في عصر المماليك البرجية ، وهي مقر الخلافة الاسلامية ايام السلطان ناصر بن قلاوون ، ويقول عنها إنها أعظم حواضر الاسلام.

واهتم المستشرقون منذ أوائل القرن الماضي برحلة ابن بطوطة ، فنشرت منها أجزاء، ثم نشرت الرحلة بعدها بالكامل في ترجمة فرنسية سنة ١٨٥٩ ، وطبعت في القاهرة وبيروت عدة طبعات ، ثم ترجمت إلى الالمانية سنة ١٩١١.

من مجلة "الهلال" ، اكتوبر ١٩٩٣

---

[1] لكن معظم الناس يعرفون الكتاب باسم «رحلة ابن بطوطة» أو «الرحلة» .

تمرين ٨ القراءة الثانية

لاحظوا هذه العبارات ثم اقرأوا النص مرة ثانية وأجيبوا عن الأسئلة :

ثلاثة أضْعاف	three times (comparing quantity)
وقد بلغ عمرُه ...	having reached the age of ... (lit., his age having reached)
مَقَرّ	seat, headquarters
تُراث	heritage
قافِلة ج. قَوافِل	caravan
تَجَوَّلَ في	to circulate, roam around in
مَحا	to erase
حاضِرة ج. حَواضِر	مدينة كبيرة

١- لماذا يُعتبَر ابن بطوطة شخصًا مهمًا؟ (اذكروا ٤ أسباب)

أ -

ب -

جـ -

بين الصين والصين

د -

٢- ماذا كان ابن بطوطة يفعل في رحلاته ؟ كيف كان يعيش ؟

قارَن - compare

مألوف

سؤال ≠ جواب/اجابة

ألف = to be accustomed to

٣- خمّنوا معنى هذه الكلمات (بالعربية إذا استطعتم):

أ - استَغرَقَت رحلاته ٢٩ عامًا = ________________

ب - أنجَبَ سبعين ولدًا وبنتًا = ________________

٤- ماذا ستتذكرون عن ابن بطوطة بعد قراءة هذه المقالة؟

تمرين ٩ دراسة القواعد والتراكيب في النص

The purpose of this exercise is to help you understand the details of the grammar and structure of the text, and to focus on the relationship of content to form. The questions in this section will prompt you to review structures you have already studied and to see what you can discover about structure and style on your own.

1. Remember that الماضي describes an event that happened once in the past and that المضارع describes a continuous or habitual event. Look at each verb in the second paragraph, and compare the uses of الماضي and المضارع in them. Which ones refer to one-time actions and which to habitual or continuous ones? How might you translate these verbs into English to give the sense of what is conveyed in Arabic? How do you know that these المضارع verbs refer to past actions?

2. Paragraph 2: Guess the meaning of قاصدًا in the first sentence from the meaning of قصد , the context, and your knowledge of المنصوب . To whom or what does قاصدًا refer?

   In the same paragraph, find a similar construction—a word that is منصوب , and appears to answer the question كيف؟ . To whom or what does it refer?

3. Paragraph 3: In the first line, note the pairing of حَقائق ومَعارف . Note that these two words are parallel in both form and meaning. Since you know حقائق to be a plural, and you know its meaning, what can you tell about معارف ?

4. Paragraph 3: In the phrase لولاه لمحاها الزمن , to what does ها refer? Translate the sentence:

حفظ لنا ابن بطوطة في كتابه حقائق ومعارف لولاه لمحاها الزمن ، فلم
يترك لنا أي رحالة شرقي أو غربي في العصور الوسطى مثل ذلك التراث
الواسع الذي تركه لنا ابن بطوطة عن أوصاف وأحوال البلاد التي زارها.

5. الجملة الاسمية : الفعل والفاعل

a. Look at the structure of the first sentence in each paragraph: which ones are جملة اسمية and which are جملة فعلية ?

b. For each جملة فعلية in paragraphs 3 and 5, identify the verb, الفعل , and the subject, الفاعل .

c. What can you conclude about the frequency of الجملة الفعلية in narrative texts?

6. Prepare paragraph 2 for reading aloud: vowel the entire passage. Every noun, adjective, and verb should have المرفوع , المنصوب , or المجرور .

القواعد

★ كم ؟ ١١-٩٩ + المنصوب

You have learned that المنصوب case ending on a noun or adjective in formal Arabic can indicate its role as adverb or direct object, or signal the answer to the questions كيف ؟ ماذا ؟ متى ؟ . To this general description of المنصوب we will now begin to add more details. Arabic grammar distinguishes between different kinds of constructions that use المنصوب , and you will learn them over the course of this book.

One construction that uses المنصوب involves the expression of certain quantities. Remember that the interrogative particle كم؟ must be followed by a **singular indefinite noun** in المنصوب to specify how many **of what?**

أمثلة : كم طالبًا في الصف ؟ كم بلدًا زرت ؟

The **singular noun** in المنصوب case is also used to specify quantities between 11 and 99.

أمثلة : في الصف واحد وعشرون طالبًا زرت أحد عشر بلدًا .

Think of المنصوب here as answering the question ماذا؟ and specifying the item being enumerated. In Arabic grammatical terminology, this is called التَمْييز *specification.* You will learn more contexts for التَميِيز later.

تمرين ١٠ كم ؟

اسألوا زملاءكم :

1. How many books she or he read last year, and how many movies she or he saw.
2. How many days there are until vacation.
3. How many shirts/pants/dresses she or he has bought this year.
4. How many times she or he looks at his/her watch each day.
5. How many states/cities/countries he or she has visited.
6. How many days this year she or he has been absent from work or school.
7. How many hours she or he usually spends writing a paper (بَحث).

★ زمن الفعل : الماضي والمضارع

In working on the ابن بطوطة text above, you noticed that both الماضي and المضارع may be used to describe past events. Remember that any habitual or continuous action, even one that occurred in the past, must be expressed using a مضارع verb. Except for the verb كان , the use of الماضي is generally limited to one-time events that took place in the past.

You have seen many examples of كان being used in combination with مضارع verb to express a past continuous or habitual action, such as:

I used to write ...	‏كنت أكتب لها بعض الرسائل .	١ـ
She used to send ...	‏كانت ترسل لي بعض الصور التي رسمتها.	٢ـ
They were studying ...	‏كانوا يدرسون في نفس الكلية .	٣ـ

Contrast the above examples with the following:

I wrote her ...	‏كتبت لها بعض الرسائل.	٤ـ
She sent me ...	‏أرسلت لي بعض الصور .	٥ـ
They studied ...	‏درسوا في نفس الكلية .	٦ـ

The difference in meaning between the two sets of examples is one of frequency or duration: sentences 1-3 describe events that recurred or took place over a long period of time, whereas sentences 4-6 describe one-time events. In other words, the difference between الماضي and المضارع is not limited to tense or time, but includes the nature of the action as well. A time line provides the clearest illustration of this distinction. On the time line below, five events in a hypothetical life are depicted: three as points and two as thick bars atop the time line itself.

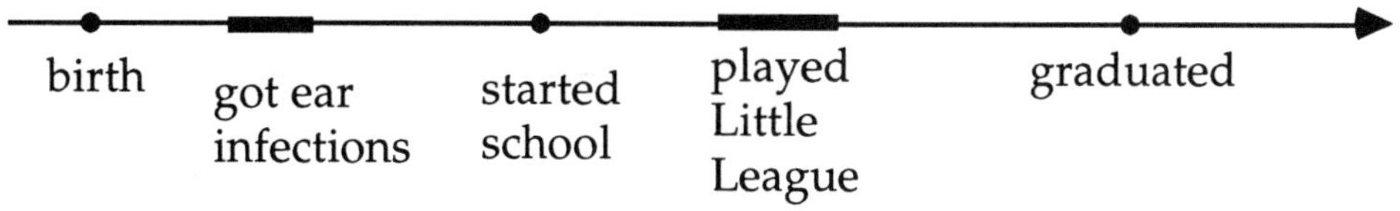

birth	got ear infections	started school	played Little League	graduated

In English, all of these events are described using the past tense. In Arabic, the three events depicted above as points occurred once at a particular point in time, and are described with الماضي . However, the events depicted above with bars occurred more than once over a period of time, and so المضارع may be used to emphasize the habitual or continuous nature of such events. **Remember:** Arabic uses a combination of verbs to describe past habitual or continuous actions and events: (1) a verb in الماضي that sets the time frame of the sentence, and (2) a verb in المضارع that describes the habitual or progressive event. In sentences 1-3 above, the verb كان sets the time frame as past, and the verbs أكتب , ترسل and يدرسون describe the actions that were taking place within that time frame.

Now study the following excerpt from the ابن بطوطة text:

عاش حتى الثالثة والسبعين، يعيش خلال رحلته بين الناس يرحل مع القوافل
ويقيم في الزوايا ويزور أهل العلم...

In the above sentence, the main verb عاش sets the time frame as the past, and the verbs يعيش, يرحل, يقيم, and يزور refer to continuous or habitual actions taking place within that time frame. (Note that الماضي need not be repeated; one verb is enough to set the time frame for an entire passage.) One way to translate these subordinate verbs would be: *living during his travels among the people, setting off with caravans, living/staying in zaawiyas and visiting learned people, ...* Note that Arabic uses مضارع verbs to express these actions. This use of المضارع is called الحال, because it describes **how** he was living. Study the following examples and identify in them the main verb in الماضي that sets the stage and the time frame, and the subordinate verb in المضارع that depicts a continuous action:

أ ـ خرجت من البيت هذا الصباح أحمل كتبًا كثيرة .

ب ـ عاش سنتين لا يخرج من بيته بسبب المرض .

جـ ـ جلسنا نستمع إلى الأخبار .

We will study الحال in more detail later. For now, you are expected to understand sentences that contain المضارع in the contexts presented above.

تمرين ١١ وصف الماضي

Describe these past continuous actions using المضارع :

١ـ خرجت من البيت هذا الصباح _____ .

٢ـ جلسنا في الحديقة _____ .

٣ـ عاشت كل حياتها _____ .

٤ـ ذهبت الى بيت أصدقائي ووجدتهم _____ .

٥ـ دخلوا الى الصف _____ .

تمرين ١٢ أكملوا القصة بالشكل المناسب للأفعال :

في الصيف الماضي ________ أشعر بتعب شديد بعد شهور طويلة من العمل
(كان + أنا)

في البنك، فـ________ أنا وزوجتي والأولاد أن ________ و________ اجازتنا في
قرّر ذهب قضي

اللاذقية، وهي مدينة صغيرة ________ على البحر و________ بطقسها الجميل.
وقع اشتهر

________ بالسيارة و________ الرحلة بين دمشق واللاذقية في ٤ ساعات و________
سافر قطع بلغ

اللاذقية في السابعة مساء فـ________ الى الفندق مباشرةً لأننا ________ تعبانين جدا
ذهب كان

و________ .
نام

________ العطلة جميلة جدا فـ________ ________ كل يوم متأخرين
كان (كان + نحن) صحا

و________ الفطور معا ثم ________ الى البحر و________ و________ في الشمس
أكل نزل سبح جلس

و________ . وبعد الظهر ________ ________ الى الفندق لـ________ الغداء
قرأ كان رجع تناول

و________ قليلا ثم ________ الى البحر و________ هناك لـ________ منظر الشمس
نام رجع بقي شاهد

الجميل وقت الغروب. يا الله، ما أحلى ذلك المنظر!

★ الفعل المضعّف *Doubled or Geminate Verbs*

You have learned several verbs whose جذر contains a doubled consonant:

ظَنَنتُ　　مرَّ　　يحبّ　　أعدّ　　يهتمّ　　امتدَّت　　استعدّ

You have learned to conjugate verbs such as مرّ by memorizing the conjugation charts given when these verbs were introduced. Here, we will explain the rules for conjugating these kinds of verbs, and you will then be expected to be able to derive conjugations for all new doubled verbs by applying these rules. When conjugating these verbs and others like them, you need to remember one rule: in formal Arabic, **no more than two consonants may occur in succession** without an interposed vowel. In the case of doubled verbs, this means that شدّة **and** سكون **may not occur together on the same consonant.** You also need to **know all of the** أوزان **patterns**.

By now you have noticed that doubled consonants tend to gravitate together. Compare these verbs with their أوزان :

مَرّ　<—　فَعَل　　　　ظَنّ　<—　فَعَل

أَعَدّ　<—　أَفْعَل　　　　يُحِبّ　<—　يُفعِل

اِهْتَمّ　<—　اِفْتَعَل　　　　اِستَعَدّ　<—　اِستَفعل

Notice that the doubled consonants in these verbs have collapsed together: rather than مَرَرَ , the verb becomes مرّ ; instead of اِستَعدَدَ , the verb is اِستَعَدّ , and so forth. In each case, the short vowel separating the doubled consonant has been elided. Long vowels, however, cannot be elided, and that is why المصدر of these verbs follow the normal patterns:

مُرور　<—　فُعول　　　　اِهْتِمام　<—　اِفْتِعال

إعْداد　<—　إفْعال　　　　اِستِعداد　<—　اِستِفعال

Notice also that some أوزان are not affected by the collapse of doubled consonants:

قَرَّرَ　<—　فَعَّلَ　　　　تَخَصَّصَ　<—　تَفَعَّلَ

You can see from these examples that the شدة in وزن فعّل and وزن تفعّل prevents the collapse of the doubled consonant, because a collapse would leave three consonants in a row.

To summarize: doubled root consonants will collapse whenever possible, that is, unless they are separated by a long vowel, or when that collapse would result in three consonants in succession.

Now we will examine how the « شدة + سكون » rule affects the conjugation of doubled verbs in المضارع and الماضي .

المضارع

Study the chart of the verb اهتمّ on the next page, and note that the doubled consonant collapses in all مـضـارع stems except those for أنـتنّ and هـنّ . Since the subject pronoun ending for these two forms, ـنْ َ, begins with a consonant, the resulting forms for أنتنّ and هنّ would be تـهـتـمّـْنَ and يـهـتـمّـْنَ . However, these forms contain شـدة + سـكـون , resulting in three successive consonants: ـمـ + ـمـ + ـنَ . Thus the doubled consonant separates, and the verbs revert to their normal وزن :

أنـتنّ : تَـهـتَـمِـمْـنَ —> تَـفـتَـعِـلـنَ   هنّ : يَـهـتَـمِـمْـنَ —> يَـفـتَـعِـلـنَ

The endings for المضارع المجزوم are also affected by the « شـدة + سـكـون » rule. You know that the normal مـجـزوم ending for most singular forms is سـكـون (for example, لم أذهَـبْ). However, a سـكـون on these stems in doubled verbs would result in شـدة + سـكـون . This problem is solved by replacing سـكـون in these cases with a فتحة:[1]

لم يمـرَّ   لم تَمتدَّ   لم تُحبَّ   لم أُعدَّ   لم نَستعدَّ

الماضي

As in المضـارع , doubled consonants in الماضي collapse whenever possible. You are familiar with the doubled stems of الماضي in the verbs مـرّ ، امـتـدّ and others. However, the شـدة + سـكـون rule prohibits doubled consonants from collapsing when the pronoun subject begins with a consonant. For example, the subject pronoun for أنا is ـتُ , but the form اهـتـمّـْتُ is prohibited by the شـدة + سـكـون rule. The two ـمـ's separate in this case, leaving the correct form اهـتَـمَـمْـتُ . Determine which other stems are affected by this rule by completing the following conjugation:

هو:	اهتمّ + َ =	اهتَمَّ	أنتَ :	اهتمّ + ْتَ =	اهتَمَمْتَ
هما:	اهتمّ + ا =	________	أنتما:	اهتمّ + ْتما =	________
هم :	اهتمّ + وا =	________	أنتم :	اهتمّ + ْتم =	________
هي :	اهتمّ + َت =	________	أنتِ :	اهتمّ + ْتِ =	________
هما	اهتمّ + َتا =	________	أنتنّ	اهتمّ + ْتُنّ =	________
هنّ	اهتمّ + ْنَ =	________	نحن	اهتمّ + ْنا =	________

---

[1]In Classical Arabic, and in poetry in particular, an alternative form of المجزوم also occurs, in which the *sukuun* is retained but the doubled consonant splits. For example, لم يمرّ would be لم يمرُرْ . You should be aware of this variant so that you can recognize it when you see it.

The following chart gives the full conjugation for the verb اهتمّ بـ . Use it as a model for conjugating doubled verbs. We suggest that you **memorize** the common forms, and **learn to derive** the rest by using the شـدة + سكون rule: first, write out each form with the consonant doubled, then check for شـدة + سكون . If you find three consonants in a row, split the doubled consonant to get the correct form.

اهتمّ بـ

الوزن: اِفْتَعَلَ **المصدر: الاِهْتِمام بـ**

الضمير	الماضي	المضارع المرفوع	المضارع المنصوب	المضارع المجزوم
هو	اِهْتَمَّ بِـ	يَهْتَمُّ بِـ	يَهْتَمَّ بِـ	يَهْتَمَّ بِـ
هما	اِهْتَمّا بِـ	يَهْتَمّان بِـ	يَهْتَمّا بِـ	يَهْتَمّا بِـ
هم	اِهْتَمّوا بِـ	يَهْتَمّون بِـ	يَهْتَمّوا بِـ	يَهْتَمّوا بِـ
هي	اِهْتَمَّتْ بِـ	تَهْتَمُّ بِـ	تَهْتَمَّ بِـ	تَهْتَمَّ بِـ
هما	اِهْتَمَّتا بِـ	تَهْتَمّان بِـ	تَهْتَمّا بِـ	تَهْتَمّا بِـ
هُنَّ	اِهْتَمَمْنَ بِـ	يَهْتَمِمْنَ بِـ	يَهْتَمِمْنَ بِـ	يَهْتَمِمْنَ بِـ
أنتَ	اِهْتَمَمْتَ بِـ	تَهْتَمُّ بِـ	تَهْتَمَّ بِـ	تَهْتَمَّ بِـ
أنتما	اِهْتَمَمْتُما بِـ	تَهْتَمّان بِـ	تَهْتَمّا بِـ	تَهْتَمّا بِـ
أنتم	اِهْتَمَمْتُم بِـ	تَهْتَمّون بِـ	تَهْتَمّوا بِـ	تَهْتَمّوا بِـ
أنتِ	اِهْتَمَمْتِ بِـ	تَهْتَمّين بِـ	تَهْتَمّي بِـ	تَهْتَمّي بِـ
أنتما	اِهْتَمَمْتُما بِـ	تَهْتَمّان بِـ	تَهْتَمّا بِـ	تَهْتَمّا بِـ
أنتنّ	اِهْتَمَمْتُنَّ بِـ	تَهْتَمِمْنَ بِـ	تَهْتَمِمْنَ بِـ	تَهْتَمِمْنَ بِـ
أنا	اِهْتَمَمْتُ بِـ	أَهْتَمُّ بِـ	أَهْتَمَّ بِـ	أَهْتَمَّ بِـ
نحن	اِهْتَمَمْنا بِـ	نَهْتَمُّ بِـ	نَهْتَمَّ بِـ	نَهْتَمَّ بِـ

تمرين ١٣ **أكملوا الجدول لتصريف فعل "أحبّ"** : *Write all the vowels!*

أحبّ

الوزن: ______________ **المصدر: الحُبّ / المَحَبّة**

الضمير	الماضي	المرفوع	المنصوب	المجزوم
هو	أَحَبَّ	يُحِبُّ		
هما				
هم				
هي				
هما				
هنّ				
أنتَ				
أنتما				
أنتم				
أنتِ				
أنتما				
أنتنّ				
أنا				
نحن				

تمرين ١٤ اسألوا زملاءكم :

١- بأي موضوعات يهتمّون ؟ وهل تغيّرت اهتماماتهم منذ كانوا صِغاراً ؟

٢- متى وكيف بدأوا يهتمّون بالشرق الاوسط ؟

٣- كيف يستعدون للامتحانات؟ كيف استعدّوا للصف اليوم ؟

٤- هل يُعدّون الأكل في البيت ؟ متى كانت آخر مرة أعدّوا فيها العشاء ؟

٥- هل مرّوا بكافتيريا الجامعة اليوم ؟ بِمَ يمرّون كل يوم عندما يذهبون من البيت الى الجامعة؟

٦- هل يظنّون أنّ الجو سيكون جميلا غداً ؟

تمرين ١٥ اختاروا واحدا من هذه الافعال وأكتبوه في الشكل الصحيح :

اهتمّ أعدّ استعدّ مرّ ظنّ أحبّ

١- (أنا) ــــــــــــه من أول نظرة !! ♡♡

٢- الأم ــــــــــــ بأولادها كثيراً وتشجّعهم في كل شيء .

٣- أظنّ أنه من اللازم أن ــــــــــــ لرحلتك قبل أن تسافري !

٤- هل ســــــــــــ لنا العشاء اليوم ، أو نأكل في المطعم ؟

٥- هل يمكنك أن تقول لنا متى وكيف بدأ ــــــــــــك بالأدب المقارن ؟

٦- مشكلتها أنها لا ــــــــــــ كثيرا بدراستها ودائما تتأخر في تقديم الواجب.

٧- عندما زرت أقارب والدي في لبنان، رحّبوا بي و ــــــــــــ بي كثيراً .

٨- طلبوا مني أن ــــــــــــ بالسوق وأشتري لهم بعض الاشياء .

٩- إذا ــــــــــــ للمقابلة جيداً ، فستكون فرصتك اكبر في الحصول على الوظيفة.

١٠- أين كنت أمس ؟ ــــــــــــ أنك ستساعدينني في العمل !

تمرين ١٦	نشـاط قراءة

لاحظوا هاتين الكلمتين :

جَنّة — paradise

حانوت ج. حَوانيت — shop

اقرأوا هذا النص وأجيبوا :

١- لماذا تُعتبر دمشق مدينة مشهورة ؟

٢- من أسماء دمشق القديمة : أ -

ب -

جـ -

٣- اذكروا بعض الرحالين والجغرافيين العرب الذين كتبوا عن دمشق:

أ -

ب -

جـ -

٤- اكتبوا الأسواق المذكورة في هذا النص وشيئًا عن كل واحد منها:

أ -

ب -

جـ -

د -

٥- اذكروا ثلاثة أماكن تاريخية مشهورة في دمشق وشيئًا عن كل واحد منها:

أ -

ب -

جـ -

6. This text contains several lists of items one can find in the various marketplaces. Although you do not know many of the words in these lists, you can use the ones you do know to gain a sense of the kinds of items mentioned. Find two of these lists and try to guess their contents from words you can identify.

دمشق أقدم مدينة مأهولة في التاريخ

دمشق بأسماء التاريخ

تعتبر مدينة دمشق أقدم عاصمة تاريخية في العالم. وقد اطلقت على المدينة اسماء عديدة اشهرها دمشق ، وهي تسمية قديمة ... ومن اسمائها ايضا "جيرون" نسبة إلى جيرون بن سعد بن عاد بن ارم بن سام بن نوح. وعرفت في كثير من النصوص الادبية باسم جلق. وقال اليعقوبي عنها في كتاب البلدان: مدينة جليلة قديمة، وهي مدينة الشام في الجاهلية والاسلام، وليس لها نظير في كثرة انهارها وعمارتها. ويصفها ابن بطوطة قائلا: ودمشق هي التي تفضل جميع البلدان حسنا وتتقدمها جمالا.. وكل وصف وان طال فهو قاصر عن محاسنها. وقال ابن جبير في ذكرها: اما دمشق فهي جنة المشرق، ومطلع نوره المشرق.

وتشتهر دمشق باسواقها القديمة مثل سوق الحميدية ومدحت باشا والصالحية وغيرها، كذلك هناك عدد كبير من الكنائس والأديرة والمساجد والمدارس والابواب والخانات.

سوق الحميدية

سوق الحميدية أشهر أسواق دمشق الشعبية، وهو يمتد على خط مستقيم من الغرب (حيث كان باب النصر) وحتى الجامع الأموي ويعود تاريخه إلى عام ١٨٨٣ خلال العهد العثماني وحكم السلطان عبد الحميد الذي سمي السوق باسمه. وحوانيت السوق تشتهر بجميع انواع البضائع ولا سيما الملابس والأقمشة والحلويات والصناعات التقليدية كالبروكاد والموزاييك والنحاس.

سوق مدحت باشا

وهذا السوق انشأه والي دمشق مدحت باشا عام ١٨٧٨ وهو يعلو الشارع الروماني المستقيم ويشتهر بالعباءات الصوفية والكوفيات والعقل. وفي منتصفه يصبح سوق مدحت باشا مكشوفا حتى الباب الشرقي. ويقول بعض علماء الآثار بأنه حيث يبدأ هذا الجزء المكشوف يقع المكان الذي بدأت فيه دمشق قبل آلاف السنين. وفي هذا الجزء يوجد مكتب عنبر وهو من أجمل البيوت الدمشقية التي انشئت في القرن التاسع عشر وأصبح منذ ١٨٨٧ مدرسة ثانوية في العهد العثماني والفرنسي. كما أن في نهاية السوق العديد من الكنائس الجميلة والعريقة وأهمها كنيسة (حنانيا) التي تعود للعهد البيزنطي.

سوق الحرير

انشأه درويش باشا عام ١٥٧٤ ، ويقع مدخله في آخر سوق الحميدية بالقرب من الجامع الأموي وتشتهر حوانيته ببيع الأقمشة والعطور ولوازم الخياطة النسائية كما أن فيه عددا من الخانات القديمة التي أصبحت هي الأخرى مجمعا لعدد من الحوانيت الشهيرة.

سوق البزورية

يصل بين سوق مدحت باشا وقصر العظم. وهو يشتهر بحوانيته الصغيرة التي تغص بأنواع البهارات والعطور واللوز والفستق والفواكه المجففة والأعشاب الطبية وحلويات الأعراس والمناسبات كالسكاكر والشوكولاته.

وفي وسط السوق يقع حمام النوري وهو أحد الحمامات العامة المتبقية من مائتي حمام كانت في دمشق منذ القرن الثاني عشر وظلت قيد الاستعمال حتى وقت قريب. كما أن فيه خان أسعد باشا الشهير الذي بناه صاحب قصر العظم في منتصف القرن التاسع عشر وهو الآن في صدد تحويله إلى مركز سياحي هام وفندق.

ويؤدي السوق إلى سوق صغير آخر هو سوق الصاغة الذي تباع فيه أنواع المجوهرات والحلي الذهبية والفضية. ويطل عليه الباب الجنوبي للجامع الأموي.

من جريدة «الأنباء» ١٩٩١/١٢/٢٨

تمرين ١٧ نشاط استماع

استمعوا إلى هذا النص على الشريط واكتبوا الكلمات الناقصة :

Listen to the tape and complete the text. Pay attention to both the meaning and grammar of the sentences for help. Listen for a new word, meaning "tribe," in the text. You will hear both the singular and the plural; identify الجذر and listen for the وزن or syllabic pattern, which will be familiar to you from other nouns you know.

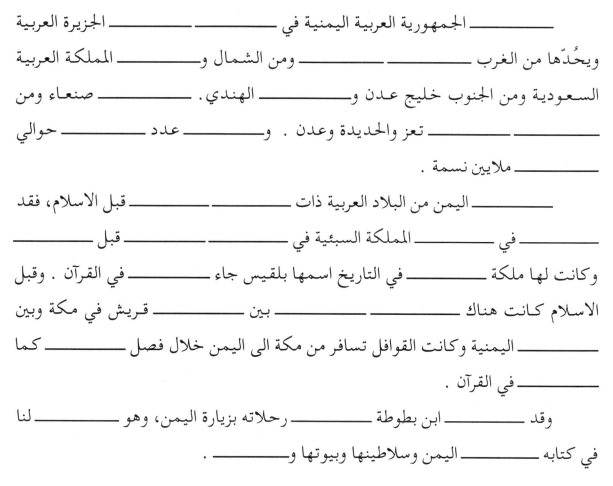

اليمن

ــــــــــــ الجمهورية العربية اليمنية في ــــــــــــ ــــــــــــ الجزيرة العربية ويحُدّها من الغرب ــــــــــــ ــــــــــــ ومن الشمال و ــــــــــــ المملكة العربية السعودية ومن الجنوب خليج عدن و ــــــــــــ الهندي. ــــــــــــ صنعاء ومن ــــــــــــ ــــــــــــ تعز والحديدة وعدن . و ــــــــــــ عدد ــــــــــــ حوالي ــــــــــــ ملايين نسمة .

ــــــــــــ اليمن من البلاد العربية ذات ــــــــــــ ــــــــــــ قبل الاسلام، فقد ــــــــــــ في ــــــــــــ المملكة السبئية في ــــــــــــ ــــــــــــ قبل ــــــــــــ وكانت لها ملكة ــــــــــــ في التاريخ اسمها بلقيس جاء ــــــــــــ في القرآن . وقبل الاسلام كانت هناك ــــــــــــ ــــــــــــ بين ــــــــــــ قريش في مكة وبين ــــــــــــ اليمنية وكانت القوافل تسافر من مكة الى اليمن خلال فصل ــــــــــــ كما ــــــــــــ في القرآن .

وقد ــــــــــــ ابن بطوطة ــــــــــــ رحلاته بزيارة اليمن، وهو ــــــــــــ لنا في كتابه ــــــــــــ اليمن وسلاطينها وبيوتها و ــــــــــــ .

تمرين ١٨ نشاط قراءة ثقافية : من "رحلة" ابن بطوطة

تعلموا هذه الكلمات :

شَجَر ج. أشجار	trees
جَبَل ج. جِبال	mountain
مَركَب ج. مَراكِب	ship, boat

اقرأوا هذا النص من "رحلة ابن بطوطة" وأجيبوا :

١ـ من هو الشخص الذي يتحدث ابن بطوطة عنه هنا ؟ ماذا نعرف عن أجداده ؟

٢ـ المدينتان اللتان زارهما في اليمن هما ______________ و______________ .

٣ـ تشتهر مدينة صنعاء بـ______________ .

٤ـ كان الناس يجيئون الى مدينة عدن من ______________ .

٥ـ كيف تختلف مدينة صنعاء عن مدينة عدن ؟

أ -

ب -

٦ـ خمّنوا *Guess* معاني هذه الكلمات :

تُجّار = ______________ هل هي مفرد أو جمع ؟ كيف نعرف ذلك؟

والماء على بُعد منها = ______________

(Hint: what adjective is related to this word?)

ذكر سلطان اليمن

وهو السلطان المجاهد نور الدين علي ابن السلطان المؤيّد هِزَبْر الدين داود ابن السلطان المظفّر يوسف بن علي بن رسول ، شُهِرَ جَدّه برسول لأن أحد خلفاء بني العبّاس أرسله إلى اليمن ليكون بها أميراً ، ثمّ استقلّ أولاده بالملك ...

وأقمت في ضيافة سلطان اليمن أيّامًا وأحسن إليّ وأركبني ، وانصرفت مسافراً إلى مدينة صنعاء ، وهي قاعدة بلاد اليمن الأولى ، مدينة كبيرة حسنة العمارة ، بناؤها بالآجرّ والجِصّ ، كثيرة الأشجار والفواكه والزرع ، معتدلة الهواء طيّبة الماء ؛ ومن الغريب أن المطر ببلاد الهند واليمن والحبشة إنّما ينزل في أيام القيظ ، وأكثر ما يكون نزوله بعد الظهر من كلّ يوم في ذلك الأوان ، فالمسافرون يستعجلون عند الزوال لئلا يصيبهم المطر ، وأهل المدينة ينصرفون إلى منازلهم لأن أمطارهم وابلةٌ متدفّقة .

ومدينة صنعاء مفروشة[١] كلّها ، فإذا نزل المطر غسل جميع أزقّتها وأنقاها . وجامع صنعاء من أحسن الجوامع ، وفيه قبر نبيّ من الأنبياء ، عليهم السلام .

ثمّ سافرت منها إلى مدينة عَدَن مَرسى بلاد اليمن على ساحل البحر الأعظم، والجبال تحفّ بها ، ولا مدخل إليها إلاّ من جانب واحد ، وهي مدينة كبيرة ، ولا زرع بها ولا شجر ولا ماء ، وبها صهاريج يجتمع فيها الماء أيّام المطر ، والماء على بعد منها ، وهي شديدة الحرّ ... وهي مرسى أهل الهند تأتي إليها المراكب العظيمة من كنبايت وتانَه وكولم وقالقوط وفندراينه والشاليات ومنجرور وفاكنور وهنور وسندابور وغيرها ؛ وتجار الهند ساكنون بها ، وتجار مصر أيضًا .

---

[١] مفروشة : أي بالبلاط .

من كتاب «رحلة ابن بطوطة» ، ص. ٢٤٩ – ٢٥١
دار بيروت للطباعة والنشر ، ١٩٨٥

تمرين ١٩ نشاط استماع

من « غزة بين الماضي والحاضر »
محاضرة للدكتور سالم عويس
معهد اللغة العربية بكلية ميدلبري، ١٩٩٥

قبل الاستماع

- أين تقع مدينة غزّة؟ ماذا سمعتم أو قرأتم عنها؟

لاحظوا هاتين الكلمتين :

سَيِّء	bad
قافِلة ج. قَوافِل	caravan

شاهدوا الفيديو وأجيبوا:

١ـ يتكلم المحاضر في هذا الجزء من المحاضرة عن

أ.

ب.

جـ.

٢ـ يقول المحاضر عن مدينة غزة اليوم انها

٣ـ ما هي بعض الشعوب التي ذكرها المحاضر ؟

شاهدوا الفيديو مرة ثانية وأجيبوا:

٤ـ يقول المحاضر ان الرحالة الدمشقي زار غزة ، متى كان ذلك ؟

٥ـ مَن الشخص الآخر المشهور الذي زار غزّة؟

٦ـ لماذا كانت غزة مهمّة للتجارة في التاريخ القديم؟

٧ـ ماذا يقصد المحاضر بـ« الغرب »؟

تمرين ٢٠ نشاط محادثة : تقديم شفوي في الصف

لمن الفضل في نجاحك ؟

تحدّث/ي عن شخص ساعدك بشكل خاص في الدراسة أو في الحياة .

عبارات مُفيدة :

صاحب الفضل الاول في ..	على يد	لولا ـ .. لـ ..	بلغ
قدّم (شيئا لِشخص)	اهتمّ بـ	أذكر / أتذكر أنّ	عظيم

تمرين ٢١ نشاط محادثة

رحلة حول العالم (في مجموعات من اثنين)

لو كنتما ستقومان برحلة حول العالم، كما فعل ابن بطوطة، فما هي البلاد التي ترغبان في المرور بها؟ وكيف سيكون برنامج رحلتكما؟

تمرين ٢٢ نشاط كتابة

اكتبوا وصفًا لأجمل رحلة قمتم بها :

إلى أين سافرت؟ كم من الوقت استغرقت الرحلة؟ ما هي الاماكن التي زرتها؟ لماذا استمتعت بها؟ ما هي أحلى مناظر رأيتها؟ إذا كانت هناك فرصة اخرى، فهل ترغب/ين في القيام بهذه الرحلة مرة ثانية؟ لِمَ / لم لا؟

٢ ــ أعياد واحتفالات

في هذا الدرس:

الثقافة:	رمضانيّات ، أكلات رمضان
	الأعياد في العالم العربي
القراءة:	ذكريات رمضانية من الشام
	أعياد المسيحيين
الاستماع:	عيد الفصح
	من الأعياد في مصر
التراكيب:	اسم الفاعل واسم المفعول
	سقوط «ن» في الإضافة

تذكروا ولاحظوا :

أكل ، يأكُل ، الأكل	<—	مَأكولات	foods
اِجتمَعَ مع / بـ	<—	جَمَعَ ، يَجمَع ، الجَمع	to gather, collect
	<—	تَجَمَّعَ	to gather
جَميعًا	<—	جَميع ؛ الجَميع	all; everyone
تَحَدَّث عن / مع	<—	حَدَّثَ ـه (عن)	to speak to, tell someone
		كان جدي، الله يرحمه، دائما يحدّثني عن طفولته.	
	<—	حَديث ج. أحاديث	speech; Prophetic Hadith
اِختَلَف من / عن	<—	اِخْتَلَفَ على	to disagree on, about
تَذكّر	<—	ذِكْرى ج. ذِكرَيات	memory
ما زال (ما زِلتُ)	=	لا يَزال ، ما يَزال	
شَرِبَ ، يَشرَب ، الشُّرب	<—	مَشروب ج. -ات	drinks
	<—	شَراب	sweet drink made from fruit syrup, served on special occasions
اِشتَرَك في	<—	شارَكَ ـه في	to join (someone) in, share with, participate with (someone) in
		هل تحب أن تشاركنا في تناول الغداء ؟	
الصَّلاة	<—	صَلَّى ، يُصَلّي	
مَطبَخ ؛ طَبَخَ ، يَطبُخ ، الطَبخ	<—	مَطْبوخ	cooked
طَلَبَ ، يَطلُب ، الطَلَب	<—	مَطْلوب	sought, asked for, in demand
اِستَعَدَّ لِـ	<—	اِسْتِعداداً لِـ	in preparation for
		رتّبنا البيت استعداداً للحفلة.	

عِندَ	<—		at (place, time); in the view, practice of

الاجتماع سيكون عندي في المكتب.
الصلاة والصوم من الواجبات الدينية عند المسلمين.
يتحدث ابن بطوطة عن العادات التي لاحَظَها *noticed* عند الشعوب التي زارها.

اِعْتادَ ، يَعتاد (أنْ)	<—	عادة ج. ـات	custom, habit
فَطَر ، يفطُر ، الفُطور	<—	أفْطَرَ	to break one's fast
أقام ، يُقيم ، الإقامة	<—	أقام احتفالاً	to set up, put on (a celebration)
الماضي	<—	مَضى ، يَمْضي	to pass (said of time, = مَرَّ)
	<—	مَضى على	to pass since ...

مضى على زواج أبي وأمي ثلاثون سنة .

مِن (+ الجمع)	<—		among

من هواياتي المفضلة السينما والتصوير.

نَظَر ، ينظُر ، النَظَر إلى	<—	اِنْتَظَرَ (ه)	to wait for (someone/something)

أنتظر وصول الطائرة.
أنتظر أنْ يجيء صديقي .

اِنتقَلَ ؛ تَنقَّل	<—	نَقَلَ ، يَنقُل ، النَقل	to move (something)
يَجِب	<—	واجِب ج. ـات	duty, obligation

«فمَن شَهِدَ منكُمُ الشَّهرَ فلْيَصُمْهُ
ومَن كانَ مريضاً أو على سَفَرٍ فعِدَّةٌ
من أيّامٍ أُخَرَ»

القرآن الكريم ، البقرة ١٨٥

من القاموس 🔲

earth, land, ground	أَرْض ج. أَراضٍ/ الأراضي
to follow (e.g., someone), pursue; be attached to	تَبِعَ ، يَتْبَع
neighbor	جار ج. جيران
to prepare (e.g., food, a lesson)	حَضَّرَ
to celebrate	اِحْتَفَلَ بِـ
party	حَفلة ج. حَفَلات
concert	حفلة موسيقيّة
عندما	حينَ
quarter (of a city)	حَيّ ج. أَحْياء
light (in weight or density)	خَفيف (≠ ثَقيل)
store, shop	دُكّان ج. دَكاكين
livelihood, "daily bread" (provided by God)	رِزْق
to decorate	زَيَّنَ ، يُزَيِّن ، التَزْيين
basic	أَساسيّ
Damascus/Greater Syria	الشّام / بِلاد الشّام
to make, produce	صَنَعَ ، يَصْنَع ، الصُنْع
industry, production	الصِّناعة
to hit, strike	ضَرَبَ ، يَضرِب ، الضَّرْب
drum	طَبْلة ج. ‑ات

road	طَريق ج. طُرُق / طُرُقات
way (abstract), method, means	طَريقة ج. طُرُق
to take off, start off, go off	اِنْطَلَقَ
holiday, feast-day, day of celebration	عيد ج. أَعْياد
birthday	عيد ميلاد
Christmas	عيد الميلاد
rich	غَنِيّ ج. أَغْنِياء
other than ... ; not/non-/un- (+ adjective)	غَيْر

هذا غيرُ ممكنٍ / غيرُ ضروريٍّ / أنا غيرُ مُستعدٍّ / المسلمون وغيرُ المسلمين

others (other than those)	غيرُها / غيرُهم / غيرُ ذلك
poor	فَقير ج. فُقَراء
art	فَنّ ج. فُنون
to do (something) in an artistic or creative way	تَفَنَّنَ في
eve of (a holiday)	ليلة (العيد)
eve of Ramadan	ليلة رمضان
New Year's Eve	ليلة رَأس السنة
money	مال ج. أَمْوال
to call (someone), call out	نادى ، يُنادي ، المُناداة / النِداء
type, kind (of), variety	نَوْع (من) ج. أنْواع
varied, various	مُتَنَوِّع
meal, main dish	وَجْبة ج. وَجَبات
to put, place	وَضَعَ ، يَضَعَ ، الوَضْع

تمرين ١   اكتبوا كلمة من الكلمات الجديدة في الفراغ :

١ـ الحُمّص والتّبولة والكُبّة من ـــــــــــ اللبنانية المشهورة .

٢ـ يحتفل كثير من الأمريكيين بِـ ـــــــــــ ـــــــــــ في ٢٥ ديسمبر من كل سنة.

٣ـ الرسم والموسيقى هما من ـــــــــــ التي احبُّها .

٤ـ بالنسبة لي ، أحسن ـــــــــــ لمذاكرة المفردات هي أن أكتب كل كلمة ١٠ مرات.

٥ـ كان عمره عشرين سنة ـــــــــــ التحق بالجيش .

٦ـ انتقلت إلى شقة جديدة منذ شهر ولكني لم أتعرف على أي واحد من ـــــــــــي حتى الآن .

٧ـ المتخصصون في علم الإنسان يدرسون ـــــــــــ الشعوب في الثقافات المختلفة.

٨ـ أين كنت يا هَناء ؟ ـــــــــــكِ ساعة امام المكتبة ولكنك لم تجيئي !!

٩ـ ـــــــــــ الطفل أخاه الصغير فبدأ الصغير يَبكي *cry*.

١٠ـ لا أستطيع أن أجد جواز سفري ولا أتذكّر أين ـــــــــــهُ .

١١ـ إذا كنت تفكر في الإقامة في باريس ، فستحتاج الى كثير من ـــــــــــ لأن الحياة فيها غالية جداً.

١٢ـ اليوم عيد ميلادي ، وأتمنى أن ـــــــــــني في الاحتفال به .

١٣ـ ـــــــــــ أسبوع واحد فقط على بداية الدراسة وعندي واجبات كثيرة !

١٤ـ أي ـــــــــــ من الأكل تفضّلين – الأكل الصيني أو الأكل الهندي ؟

١٥ـ ـــــــــــ جداً، كأنها ماء فقط!

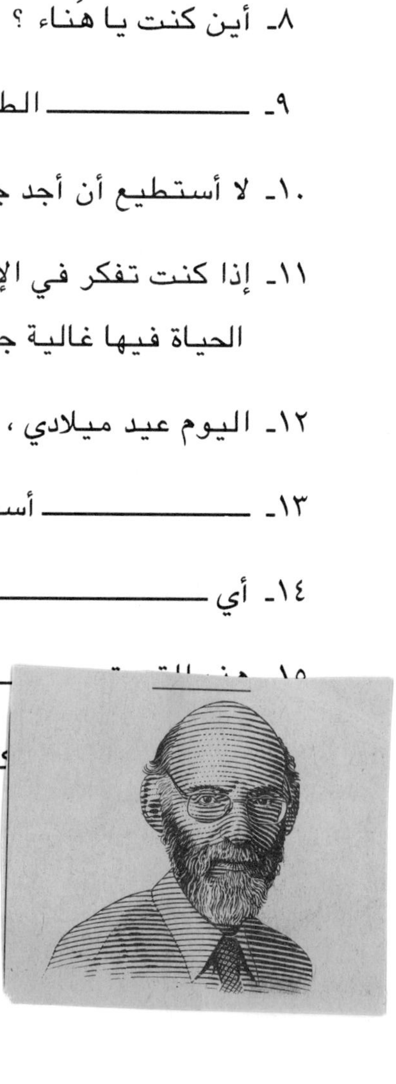

كل المسلمين ، والقصد منها مساعدة الناس ـــــــــــ .

تمرين ٢ اختاروا الكلمة المناسبة لكل جملة :

الأعياد	الطبلة	نختلف	يزيّن	الغنية	أساسي
خفيفة	أموال	صناعة	حدّثت	يتجمّعون	نَقْل
انطلقت	تحضير	مطبوخة	ذكريات	يشاركون	الدكّان

١- أظنّ أن الصداقة شيء ———— في حياة كل إنسان.

٢- عندما كنت صغيرة ————ني جدتي كثيراً عن دمشق وعادات أهلها.

٣- أحب الفلافل وأرغب في تعلّم طريقة ————ها .

٤- قرأنا عن ———— في العالم العربي وكيف يحتفل الناس بها .

٥- بدأ أهل الحي ———— أمام بيت أم علي حين سمعوا خبر وفاة ابنها .

٦- مدينة ديترويت مشهورة بـ———— السيارات.

٧- ———— الطائرة بنا من مطار الكويت في الصباح وبلغنا عمّان عند الظُّهر.

٨- ابننا الصغير عادل غير سعيد في مدرسته ولذلك فإننا نفكر في ————ه الى مدرسة أخرى.

٩- في رأيي أن مساعدة البلدان الفقيرة واجب على كل البلدان ———— .

١٠- زميلتي تهتمّ بالموسيقى الشرقية وهي الآن تأخذ دروسا في لعب ———— .

١١- ———— الناس في العالم العربي بيوتهم وشوارعهم في الأعياد.

١٢- يتحدّث أحمد أمين في كتاب «حياتي» عن ————ه عندما كان شابا في الجامعة.

١٣- نحن ———— على أشياء كثيرة ، ولكننا أصدقاء .

١٤- أشتري الفواكه عادةً من ذلك ———— الصغير في آخر الشارع.

تمرين ٣ أجيبوا عن هذه الأسئلة :

١- ما هي الوجبة الأساسية بالنسبة لك؟ أين تأكلها/تأكلينها عادة؟
من يشاركك فيها؟

٢- متى عيد ميلادك ؟ أين ستحتفل/ين به؟ من يشاركك الاحتفال بهذا العيد عادة ؟

٣- ما هو فنّك المفضل ؟

٤- كم سنة مضت على تخرّجك من المدرسة الثانوية؟

٥- ما هي، في رأيك، أجمل ذكريات طفولتك ؟

٦- ما هي في رأيك أحسن طريقة للدراسة ؟

٧- هل تنتظر رسالة من أحد هذه الايام؟ هل تنتظر زيارة صديق/ة أو قريب/ة؟

٨- متى انتقلت الى بيتك أو شقتك؟ كيف نقلت أشياءك؟

٩- ما هي الأعياد الأخرى التي تحتفل/ين بها ؟ هل هي أعياد دينية أم غير دينية؟
ماذا يصنع الناس فيها؟ كيف يزيّن الناس بيوتهم في هذه الأعياد؟

١٠- هل هناك مشروبات خاصة لهذه الأعياد؟ ما هي المأكولات التي يحضّرها الناس؟

١١- ماذا يفعل الناس بشجرة الميلاد؟

تمرين ٤

أوزان الأفعال الجديدة: أكملوا الجدول **Write in all vowels.**

المصدر	المضارع	الماضي	الوزن
		تبع	
		جمع	
		صنع	
		ضرب	
		مضى	
		نقل	
		وضع	
		حدّث	
		حضّر	
		زيّن	
الصلاة		صلّى	
		شارك في	
		نادى	
		أفطر	
		أقام	
		تجمّع	
		انطلق	
		احتفل بـ	
		انتظر	

عبارات جديدة 🔲

(a day/a week/a year) before	أ ــ قبل ... بــ (يوم / أسبوع / سنة ...)
(a day/a week/a year) after	بعد ... بــ (يوم / أسبوع / سنة ...)

نُشرت رحلة ابن بطوطة **بعد** وفاته **بقرون** .

وصل الأوتوبيس الأول **قبل** موعده **بعشر دقائق** .

each other	ب ــ بعض(ــهم) البعض / بعض(ــهم) بعضًا

في الهند عدد كبير من اللغات التي تختلف عن **بعضها البعض**.

يا أولادي! أتمنى لكم أن تحبوا **بعضكم بعضا** وأن تساعدوا **بعضكم البعض**.

as also, just as, in addition	جـ ــ كما أنّ (+ جملة اسمية)

خلال إقامتنا في المغرب قمنا بزيارة مدينة طنجة الواقعة على المحيط الاطلسي **كما أننا** قمنا بزيارة المناطق الجبلية في الشمال.

يهتم علم الإنسان بدراسة أحوال الشعوب وعاداتها **كما أنه** يقدم لنا أيضا معلومات عن طرق عيشها.

has always been (was and still is)	د ــ كان وما زال

كان السيّد البدوي **وما زال** يعتبر واحدًا من أعظم الأولياء في مصر.

مدينة طرابلس في لبنان **كانت وما تزال** تشتهر بصنع الحلويات العربية الممتازة.

تمرين ٥	اكتبوا هذه العبارات في جمل :

١- _____

٢- _____

٣- _____

٤- _____

إمام المسجد — prayer-leader: responsible for prayers and general care of the mosque

مِدْفَع ج. مَدافِع — cannon: in large cities, fired at the moment of sunset to signal the end of the daily fast

الحَكَواتي — professional storyteller who performs at night during celebrations

المُسَحِّراتي / المُسَحِّر — "wake-up man": one whose job it is to wake people up during Ramadan for the pre-dawn meal, السَّحور

صلاة التَّراويح — a special set of prayers performed after the evening prayer during Ramadan by Sunni Muslims

الزَّكاة — alms: one of the five pillars of Islam, a percentage of one's wealth to be donated to the poor
(2.5% of personal property and 10% of agricultural produce)

الفِطْرة — special alms given to the poor in Ramadan

ليلة القَدْر — 27th of Ramadan, the night on which God revealed the Quran; this chapter of the Quran, سورة القدر , is dedicated to it:

ترتيبها ٩٧ — سُورَةُ الْقَدْرِ — آياتها ٥

بِسْمِ اللَّهِ الرَّحْمَٰنِ الرَّحِيمِ

إِنَّا أَنزَلْنَٰهُ فِي لَيْلَةِ الْقَدْرِ (١) وَمَا أَدْرَىٰكَ مَا لَيْلَةُ الْقَدْرِ (٢)
لَيْلَةُ الْقَدْرِ خَيْرٌ مِّنْ أَلْفِ شَهْرٍ (٣) تَنَزَّلُ الْمَلَٰٓئِكَةُ وَالرُّوحُ
فِيهَا بِإِذْنِ رَبِّهِم مِّن كُلِّ أَمْرٍ (٤) سَلَٰمٌ هِيَ حَتَّىٰ مَطْلَعِ الْفَجْرِ (٥)

من أكلات رمضان والعيد

مُقَبِّلات *Appetizers*

سَلَطة ج. -ات	*salad*
فَتّوش	*a kind of salad with toasted pita bread*
جُبْن	*cheese*
زَيتون	*olives*
لَبَن	*yoghurt*
شوربة	*soup*

مَأكولات

فول	*fava beans*
مَحشي ج. مَحاشي	*stuffed (vegetables)*
كوسا	*zucchini squash*
باذنجان	*eggplant*
فَتّة	*dish made with rice and meat*
رُزّ / أرُزّ	*rice*
لوبيا	*green beans or green bean stew*
بامية	*okra or okra stew*

فَواكِه *Fruits*

مُشْمُش	*apricots*
تُفّاح	*apples*

حَلَوِيّات *Desserts*

مُرَبّى	*jam*
قَمَر الدين	*apricot pudding*
الكُنافة	*a kind of pastry often made with cheese*
قَطايف	*a kind of pastry with sweet syrup*
مَعمول	*a kind of pastry with pistachios or walnuts*
كَعك	*a kind of cookie*
النَّمورة / البَسْبوسة	*a kind of pastry made from semolina*

مَشروبات

تَمْر هندي	*tamarind*
عرق سوس	*licorice root*
شَراب الوَرْد	*rose water*

تمرين ٦ قبل القراءة

للمناقشة

ماذا تعرفون عن رمضان؟ ما هما الوجبتان اللتان يأكلهما المسلمون في هذا الشهر؟

تمرين ٧ القراءة الأولى

١- من يتحدث في هذه المقالة؟ عمَّ يتحدثان؟ هل يتحدثان عن الماضي أو اليوم؟ كيف نعرف ذلك ؟

٢- ماذا يفعل المسحراتي ؟

٣- كيف يمضي يوم المرأة في رمضان ؟

٤- ما هي العادات الدينية الخاصة برمضان ؟

٥- ماذا يفعل الناس في ليلة القدر ؟

لا يختلف اثنان على معنى الصوم، وكيفية القيام به عند المسلمين في مشارق الارض ومغاربها ، ولكن كيفية استقبال هذا الشهر الكريم تختلف من بلد إلى آخر. فكيف يستقبل مسلمو بلاد الشام هذا الشهر؟ وما هي العادات التي يتبعونها؟

ذكريات رمضانية من الشام

...وصلنا إلى دكان محمد غالب السمان في سوق «البزورية» في دمشق ، ووجدنا معه الشيخ عبد الكريم الهندي، الملقب بـ«أبي النور»، وهو إمام مسجد «بيت سحم» في دمشق. عن ذكرياتهما الرمضانية حدثانا، فقالا:

– كان الناس يستعدون لاستقبال الشهر الفضيل قبل مجيئه بأسابيع، فيجمعون المأكولات المتنوعة للفطور والسحور، وكأن ذلك واجب على جميع الناس، أغنياء وفقراء، وكانت بعض الحارات تزين طرقاتها، وتتفنن في ذلك، ويسهر بعض الناس ليلة رمضان عند بعضهم البعض، أو يذهبون إلى المساجد ، أو يشاركون الطرق الصوفية في الاحتفال بالشهر الكريم . ويبقى الجميع ساهرين حتى السحور، حين ينطلق المسحراتي – كان لكل حي مسحره الخاص – فيطرق الأبواب، أو يضرب على طبلته، وينادي على الناس بأسمائهم، ويتبعه الأطفال أحياناً.

يتكون السحور من الأكلات الخفيفة كالجبن والزيتون واللبنة وقمر الدين، وشراب التمر هندي ومربى المشمش، أو التفاح. وبعد السحور يذهب بعض الأفراد الى المسجد لصلاة الصبح، ويستمعون إلى احاديث بعض العلماء الأفاضل.

وكان عبء تحضير أكلات رمضان وما زال يقع على سيدة البيت، حيث كان يومها يمضي وهي تحضر المشروبات والأكلات والحلويات التي تتفنن في صنعها... وكانت تصنع مشروبات العرق سوس والتمر هندي وشراب الورد وقمر الدين ، وغير ذلك ، وتضع على الطاولات بجانب ذلك أنواع الشوربة المختلفة والسلطات و«الفتوش»، ثم الأطعمة المختلفة من محاشي الكوسة والباذنجان، والفول والفتة والمقبلات، ثم الرز المطبوخ مع الفاصوليا أو البامية، وغير ذلك .

وكان الأطفال يتجمعون في ساحات الأحياء، وينتظرون انطلاق دوي المدفع ، لينقلوا بشارة الإفطار للأهل.

والناس يفطرون على لقيمات، ثم يصلون صلاة المغرب، في المسجد أو في البيت، وبعضهم كان يتناول كل فطوره ثم يقوم للصلاة.

ثم إن الناس يتبعون وجبة الفطور الأساسية بالحلويات والفواكه، ثم يشربون الشاي. ومن أنواع الحلويات المطلوبة في رمضان القطايف والنمورة والكنافة وغيرها .

ويخرج الناس بعد ذلك إلى المساجد لصلاة العشاء والتراويح، أو لحضور بعض دروس القرآن، أو لزيارة الأهل والأقارب والمعارف، أو للسهر في المقاهي والاستماع لـ«الحكواتي».

ومن العادات في شهر رمضان «السكبة» حيث يتولى الأقارب والجيران تبادل بعض الوجبات الرئيسية قبل الإفطار، كما أن الزكاة وفطرة رمضان كانت وما زالت توسع على الفقراء الرزق.

ومن أهم الليالي في رمضان ليلة ٢٧ منه، أي ليلة القدر، ففيها يتجمع الناس في المساجد، يتلون القرآن، وتتولى بعض الطرق الصوفية إقامة الاحتفالات، ويبقى الناس ساهرين حتى السحور.

بعد ذلك فإن النساء يقمن بعمل المعمول والكعك والحلويات استعداداً ليوم العيد، ويبدأ الناس بشراء الملابس الجديدة، وحلويات العيد.

تمرين ٨ القراءة الثانية

لاحظوا هذه الكلمات ثم اقرأوا مرة ثانية وأجيبوا :

حارة ج. ـات	neighborhood; شارع صغير
عِبْء ج. أعْباء	burden
ساحة ج. ـات	open square, space, courtyard
دَوِيّ	roar, reverberation
بِشارة	good news
لُقْمة	bite (of food)
لُقَيْمة	لقمة صغيرة
تُوَسِّع (ـه) على	extends (something) to someone

١ـ ممَّ يتكون الإفطار؟ والسحور؟

٢ـ ما هي بعض الأشياء التي يقوم بها الناس بعد الإفطار؟

٣ـ ماذا يفعل الأطفال في رمضان؟

٤ـ ما هي بعض العادات الاجتماعية الخاصة برمضان؟

٥ـ متى وكيف يبدأ الناس يستعدّون للعيد؟

٦- خمّنوا معنى هذه الكلمات --بالعربية إذا استطعتم :

أ - في مَشارِق الأرض ومَغاربها ______________________

ب - (المسحراتي) يَطرُق الأبواب ______________________

جـ - (الناس) يَتلون القُرآن ______________________

د - ويبقى الناس ساهرين حتى السحور ______________________

هـ - ..لزيارة الأهل والأقارب والمعارف ______________________

(Remember that lists usually contain synonyms or related words.
Use this information together with the جذر to guess the meaning.)

٧- للمناقشة في الصف: بعد قراءة هذه المقالة، ماذا تستطيع أن تقول عن علاقات الناس في كل حي في الماضي؟

تمرين ٩ دراسة القواعد والتراكيب في النص

1. Study the following sentence from the text:

أ - ومن أهم الليالي في رمضان ليلة ٢٧ منه ، أي ليلة القدر .

You can see that this sentence is a جملة اسمية :   أين المبتدأ؟   أين الخبر؟

Find two other sentences in the text that have the same structure. Vowel all three sentences and translate them into English.

ب - ______________________________________ .

جـ - ______________________________________ .

2. In the last two paragraphs, find two words whose endings as written in the text indicate المنصوب and give the reason for the ending. Vowel both paragraphs in preparation for reading aloud.

3. Find the two paragraphs in the text that discuss women. How do the two passages differ grammatically?

Note that in Arabic, a definite, singular noun may be used in a generic sense. Thus, المرأة العربية can refer to Arab women in general, المرأة الأمريكية to American women, الرجل to men in general, and so forth. Think of two other examples of your own:

أ -

ب -

4. Find three sentences which contain كان + المضارع and give the meaning of each. Where does the subject of each sentence occur relative to the two verbs?

5. Study the following and identify the وزن of each verb:

ت - ب - ع		ج - م - ع	
to follow (s.o./s.th., literal)	تَبِعَ	to collect (s.th.)	جَمَعَ
to follow (s.th.) with (s.th.) ـه بـ	أَتْبَعَ	to gather together, gather	تَجَمَّعَ
to follow (e.g., instructions)	اِتَّبَعَ	to meet (with s.o.)	اِجتَمَعَ (مع)

Now choose the correct وزن of these verbs to complete each of the following, and **vowel your answers** completely:

١- أ - بعد الصف ، الطلاب ______________ في مقهى قريب من الجامعة .

ب - ______________ رئيسة الجامعة الجديدة مع الطلاب لأول مرة أمس .

جـ- من هوايات أخي الصغير أن ______________ بطاقات بريدية جميلة .

٢- أ - خالد ______________ الفطور بتدخين سيجارة .

ب - عندما رجعت إلى البيت ، كان هناك رجل ______________ ني في الشارع .

جـ- لم ______________ الطريقة الصحيحة لتحضير الشوربة فلم نستطع أن نأكلها.

Think about how the meanings of the preceding verbs are related. First, note that جمع represents the basic meaning of ج-م-ع, and that it takes a direct object. Second, notice that تجمّع is reflexive (refers to *-self*) and intensive (involving a number of people). Finally, اجتمع is reflexive and abstract. Similarly, تبع represents the basic meaning of ت-ب-ع , while أتبع takes a causative meaning (*make X follow Y*), and اتّبع takes an abstract object. In the case of تبع , note that all three of these verbs share the same consonant frame in المضارع — يتبع —but are pronounced quite differently. In order to read them correctly, you must pay attention to the context and determine the correct وزن . Pronouncing words correctly when reading aloud takes some thinking and preparation on your part. To speed up this process, you should be practicing the أوزان aloud constantly, working toward the goal of recognizing **and** being able to pronounce all of the أوزان smoothly. **Remember also to pay attention to prepositions**, because they help you identify both meaning and وزن.

For each جذر , you should be able to identify a basic meaning, and recognize that the other verbs of the same جذر relate to it. While it is not always possible to predict with certainty the meaning of a particular جذر in a given وزن , you will gradually learn to associate certain kinds of meaning with certain أوزان . We will be introducing the relationships between the various أوزان gradually, but in the end, you must do most of the work. You can best learn الأوزان by identifying the وزن of every new verb you learn and relating it to other verbs and nouns of the same جذر .

Now vowel, read aloud, and translate the following passages from the text:

أ ـ (فقرة ٢ *paragraph*) كان الناس ... يجمعون المأكولات المتنوعة للفطور والسحور.

ب ـ (فقرة ٥) كان الأطفال يتجمعون في ساحات الأحياء.

جـ ـ (فقرة ١٠) يتجمع الناس في المساجد.

د ـ (فقرة ٢) المسحراتي ... ينادي على الناس بأسمائهم ، ويتبعه الأطفال أحياناً.

هـ ـ (فقرة ٧) الناس يتبعون وجبة الفطور الأساسية بالحلويات والفواكه.

و ـ (introduction) ما هي العادات التي يتبعونها؟

القواعد

★ اسم الفاعل واسم المفعول

active participle	اسم فاعِل
passive participle	اسم مَفعول

By now you have seen a number of nouns and adjectives derived from verbs, including the following:

ب		أ	
مَشغول	من شغَل (I) :	ساهِر(ين)	من سَهِر (I) :
مَطبوخ	من طَبَخ (I) :	قاصِد(اً)	من قَصَد (I) :
مَطلوب	من طَلَب (I) :	مُمكِن	من يُمكِن (IV) :
مَشروب(ات)	من شَرِب (I) :	مُتَنَوِّع	من يَتَنَوَّع (V) :
مَأكول(ات)	من أكَل (I) :	مُتَخَصِّص	من يَتَخَصَّص (V) :
مفضَّل	من يُفَضِّل (II) :	مُختَلِف	من يَختَلِف (VIII) :
مُنتَصَف	من يَنتَصِف (VIII) :	مُستَشرِق	من يَستَشرِق (X) :

You should be able to see that these nouns and adjectives are related in meaning to the verbs from which they are derived, and that some of them are closely related in form as well. Note that the وزن of the noun or adjective depends on the وزن of the verb from which it is derived. For example, all of the words in Column أ that are derived from (I) وزن فعل share the pattern فاعل. Similarly, all of the words in Column ب that are derived from وزن فعل share the pattern مَفعول. The Arabic name for the words in Column أ is اسم الفاعل, and in Column ب, اسم المَفعول, after these patterns. You can also see that all the words derived from the other verbal أوزان (II-X) contain the prefix مُـ and closely resemble the مضارع stem of the verb.

The basic meanings of these two classes of words are:

اسم الفاعل —> the person or thing that **does** or **is doing**

اسم المفعول —> the thing that has had something **done** to it

These two classes of words correspond roughly to what are called in English active (فاعل) and passive (مَفعول) participles. However, the meanings and usages of اسمَ الفاعل and اسم المفعول in formal Arabic[1] differ from those of participles in English in two main ways.

(1) While English uses participles to express progressive actions, Arabic tends to use المضارع . For example, the English sentence *he is working* corresponds to Arabic يعمل (**not** هو عامل).

(2) اسم فاعل and اسم مفعول can function as both nouns and adjectives, and thus have a broader range of possible meanings than the English participles. For example, متخصص can mean *specializing* or *specialist,* depending on the context.

You will develop a sense of the meaning of participles by seeing them in context. Here are some examples:

كتب	->	كاتِب	someone who writes, a writer	نجيب محفوظ كاتب مصري .
	->	مَكتوب	something that has been written	هذه الجملة مكتوبة بالعربية.
فهم	->	فاهِم	someone who understands	أنا فاهم !
	->	مَفهوم	something that is understood	هل هذا مفهوم؟
صنع	->	صانِع	someone who makes, maker	الرئيس هو صانع القرار .
	->	مَصنوع	something that has been made	هذه السيارة مصنوعة في كوريا.
سجّل	->	مُسَجِّل	something that records, a tape recorder	اشترى مسجِّلة «سوني».
	->	مسَجَّل	something that is recorded	البرنامج مسجَّل على شريط فيديو.
اشترك	->	مُشتَرِك	someone that joins, participates	نحن مشتركون في النادي.
	->	مُشتَرَك	something that is joint, shared	هذه من العادات المشتركة.
استأجر	->	مُستأجِر	someone who rents, renter, lessee	من مستأجر الشقة ؟
	->	مُستأجَر	something that is rented, leased	هل هذه الشقة مستأجرة؟

[1] Their usage is slightly different in spoken Arabic, where they retain more of a verbal meaning. You will learn more about this later.

Remember: participles follow *all* of the agreement rules for adjectives, and *almost always* take regular human plurals ‎ون-/‎ين-‎ and ‎ات-‎ .

You have two incentives to learn these patterns well: (1) they enable you to recognize these kinds of words and guess their meaning, if you know something about the ‎جذر‎ , and (2) they enable you to pronounce these words correctly, even if they are new to you.

Learn the derivation patterns for ‎اسم فاعل‎ and ‎اسم مفعول‎ in all ‎أوزان‎ :

اسم الفاعل واسم المفعول			
		الوزن	
اسم المفعول	اسم الفاعل	المضارع	الماضي
مَفعول	فاعِل	يفعل	فعَل
مُفَعَّل	مُفَعِّل	يُفَعِّل	فعَّل
مُفاعَل	مُفاعِل	يُفاعِل	فاعل
مُفعَل	مُفعِل	يُفعِل	أفعل
مُتَفَعَّل	مُتَفَعِّل	يَتَفَعَّل	تفعَّل
مُتَفاعَل	مُتَفاعِل	يَتَفاعَل	تفاعل
مُنفَعَل	مُنفَعِل	يَنفَعِل	انفعل
مُفتَعَل	مُفتَعِل	يَفتَعِل	افتعل
مُستَفعَل	مُستَفعِل	يَستَفعِل	استفعل

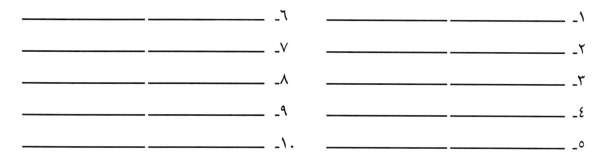

تمرين ١٠ معرفة اسم الفاعل واسم المفعول

In your vocabulary lists, find ten words you already know that are اسم فاعل or اسم مفعول , and give the verbs from which they are derived:

١- ______________ ______________   ٦- ______________ ______________

٢- ______________ ______________   ٧- ______________ ______________

٣- ______________ ______________   ٨- ______________ ______________

٤- ______________ ______________   ٩- ______________ ______________

٥- ______________ ______________   ١٠- ______________ ______________

تمرين ١١ فهم اسم الفاعل واسم المفعول

Expand your vocabulary by identifying the وزن and deriving the pronunciation and meaning of the following اسماء فاعل ومفعول :

١- أخي متزوج، ولكن أختي لم تتزوج بَعد *yet*.

٢- انتقلت صديقتي إلى فرنسا بعد التخرج، وهي الآن مقيمة في باريس .

٣- فريق كرة القدم يحتاج الى مشجعين ومشجعات .

٤- قالت المتحدثة باسم البيت الأبيض أن الرئيس سيسافر إلى اليابان قريباً.

٥- هل انت مهتَمّ بالأدب العربي القديم؟

٦- هناك كثير من العادات المشتركة بين المجتمعات العربية .

٧- مدينة الخرطوم عاصمة السودان من المدن الواقعة على نهر النيل .

٨- الحمد لله، الولادة تمّت بسلامة والمولود وأمه بخير .

٩- في رمضان تجد الشوارع الرئيسية مزيّنة بالأضواء الملوّنة .

١٠- المقصود من الواجبات هو مساعدة الطلاب على حفظ المفردات وتعلم القواعد .

١١- في هذا الفصل سنقوم بقراءة عدد من الأعمال الأدبية المترجمة من العربية .

تمرين ١٢ استخراج اسم الفاعل واسم المفعول

Complete the sentences by forming اسم الفاعل from the verbs given.

١- في السنوات الأخيرة ، قلّ عدد الـ ______ كثيرًا . (يدخّن)

٢- يجب على كل ______ الوصول إلى المطار قبل انطلاق الرحلة بساعتين. (يسافر)

٣- لقد أصبح من الصعب أن يجد الـ ______ ون وظائف مناسبة بعد التخرج. (يتعلم)

٤- أخو صديقي يعمل ______ اً في جريدة "أخبار اليوم" المصرية . (يصوّر)

٥- سأقابلك أمام المكتبة، وسأكون ______ ةً قميصًا أبيض وأزرق . (يلبس)

٦- هذا المسلسل التليفزيوني مشهور جدا ويشاهده كل اسبوع أكثر من خمسمائة ألف ______ . (يشاهد)

٧- هل أنتم ______ إلى وسط المدينة ؟ هل يمكن أن تشتروا لي بعض الأشياء ؟ (يذهب)

٨- يُعتبر محمد أركون من أهم الـ ______ العرب في القرن العشرين. (يفكر)

٩- كان الازدحام كبيرا في الشوارع بعد الظهر ولذلك وصلت إلى البيت ______ اً. (يتأخر)

١٠- لم أحضر حفلة العشاء في بيت صديقتي أمس ولذلك فهي الآن ______ جدا مني. (يغضب)

١١- تستقبل أوستراليا في كل سنة أعدادا كبيرة من الـ ______ العرب . (يهاجر)

١٢- من برامج الراديو الموسيقية المعروفة في البلاد العربية برنامج اسمه « ما يطلبه الـ ______ ون ». (يستمع)

١٣- عندما كنت في لبنان عملت ______ اً لمدير شركة تجارية صغيرة . (يساعد)

★ سقوط «ن» في الإضافة

You have seen two examples of المثنّى and جمع المذكر occurring as non-final words in الإضافة :

مسلمو بلاد الشام = مسلمون + بلاد الشام   عيناه = عينان + ه

Note that the final ن in the words عينان and مسلمون has been dropped because these words occur as the first terms of إضافة . **Remember: whenever the endings** ان/يْن **and** ون/ين **occur as the first word in** الإضافة**, the** ن **drops.** Learn the forms resulting from this rule given in the chart. Note in particular that the possessive pronoun ـي swallows the plural ending ـون completely, and that شدة + فتحة is added to distinguish the plural, مدرّسيَّ , from the singular, مدرّسي .

جمع المذكر السالم		المثنى	
المنصوب والمجرور	المرفوع	المنصوب والمجرور	المرفوع
مدرّسيَّ	مُدرِّسيَّ	عينَيَّ	عيناي َ
موظّفيها	موظّفوها	عينَيْك	عيناك
مسلمي الشام	مسلمو الشام	والدَيْ صديقي	والدا صديقي

تمرين ١٣ "ن" في الإضافة

Form إضافات with the following pairs of words and use them in sentences of your own. Remember to use correct case endings.

١ـ مدرّسون / اللغات الأجنبية : ________________________ .

٢ـ يدان / المرأة : ________________________ .

٣ـ والدان / أنا : ________________________ .

٤ـ مهندسون / الشركة : ________________________ .

٥ـ محبّون / الموسيقى العربية : ________________________ .

٦ـ أختان / أنت : ________________________ .

٧ـ مسلمون / البوسنة *Bosnia* : ________________________ .

تمرين ١٤ نشاط استماع

تعلموا هذه الكلمات :

مَسيحيّ ج. ـون	Christian
صَليب	cross
بَيضة ج. بَيْض (collective)	egg
كَنيسة ج. كَنائس	church

في العالم العربي عدد كبير من المسيحيين من مختلف المذاهب ، بينهم الأقباط والموارنة والارثوذكس والكاثوليك والبروتستانت والكلدان والآشوريون والأرمن والسريان، ومعظمهم يقيمون في مصر ولبنان وسوريا والاردن والعراق وفلسطين. هذا النص عن عيد الفصح الذي يحتفل به المسيحيون، فاستمعوا اليه واكتبوا الكلمات الناقصة :

عيد الفصح

في أوائل ______ من كل عام ______ المسيحيون في العالم العربي بعيد الفصح ______ ______ أيضا بـ « عيد القيامة » أو « ______ ______ ».

وعيد الفصح ______ ______ متعددة تبدأ بـ « ______ الرماد » مرورا بـ « ______ ______ » أو « الجمعة الحزينة » و « ______ النور » وانتهاءً بـ « ______ ______ ».

وفي الجمعة العظيمة يذهب الناس إلى الكنيسة ______ وبعد ______ ______ من الكنيسة ويسيرون في ______ وهم ______ الصليب ويتذكرون آلام السيد المسيح .

ويوم السبت ______ ______ بـ ______ الكعك وسلق البيض و ______ وجبة العيد يوم الأحد . و ______ الأطفال ___ تلوين البيض و ______ لـ « المفاقسة » ، وهي لعبة يحمل فيها الولد بيضة ويضرب بها ______ ______ ______ ويكسرها .

______ يوم الأحد ___ هو يوم ______ ______ بالعيد وبقيامة السيّد المسيح وفي ______ ______ يذهب المسيحيون إلى الكنيسة ______ وهم يلبسون الملابس الجديدة و ______ الأطفال الملابس ______ ، ويتبادل الناس عبارات التهنئة و ______ مع ______ هم و ______ هم .

تمرين ١٥ أوزان الفعل

A. Complete the chart **with vowels:**

الجذر	فَعَلَ	فَعَّلَ	أفعَلَ	تَفَعَّلَ	افتَعَلَ
مثال: ج م ع	جَمَعَ	جَمَّعَ	أجمَعَ	تَجَمَّعَ	اجتَمَعَ
١- ح د ث					-----
٢- ن ق ل		-----	-----		
٣- خ ر ج					-----

B. Complete the following sentences using the appropriate أوزان of the verbs in the chart. The number of each set of sentences corresponds to the number in the chart. Pay attention to context and **use the dictionary for help with the meanings.**

١- أ - هل ________ تغييرٌ في عدد الطلاب الذين يدرسون اللغة العربية ؟

ب - ________ الحرب العالمية الأولى تغييرات كثيرة في الشرق الأوسط .

جـ - كان جدّي دائماً ________ ني عن أيام شبابه .

د - ________ ابن بطوطة في كتابه عن عادات بعض الشعوب التي زارها .

٢- أ - ________ من شقتهما القديمة إلى شقة أكبر بعد ولادة طفلهما الأول .

ب - ________ عائلتنا كثيراً من بلد إلى بلد لأن أبي كان يعمل دبلوماسياً .

جـ - قررتْ أن ________ ابنها من مدرسته إلى مدرسة اخرى أقرب إلى البيت .

٣- أ - بعد ________ من الجامعة بسنة ، وجدت وظيفة مناسبة في شركة سياحية.

ب - كل عام ، الجامعات العربية ________ آلافاً من الطلاب في أقسام الهندسة .

جـ - ________ المصريون الإنجليز من مصر في عام ١٩٥٢ .

د - سأكون في انتظارك عندما ________ من الصف .

تمرين ١٦ نشاط قراءة

اقرأوا المقالة التالية وأجيبوا عن الأسئلة:

١ـ موضوع الخبر هو ________ لأستاذة ألمانية اسمها ________،

وهي تشتهر بأنها ________،

ومن اهتماماتها ________،

وقد كتبت ________.

٢ـ على كم شهادة دكتوراه حصلت ؟ ________ في كم جامعة ألمانية عملت ؟ ________

٣ـ خمّنوا معاني هذه الكلمات : شهادة = ________ نالت = ________

5. In paragraphs 1 and 3, find all جمل فعلية and identify in each الفعل , الفاعل , and المفعول به *object.*

بمناسبة بلوغها السبعين

تكريم المستشرقة الالمانية آن ماري شيمل

بون : من احمد كمال حمدي

اقامت جامعة فردريش فيلهلم في بون، التي تعتبر من اقدم الجامعات الالمانية واعرقها، حفل تكريم للمستشرقة الالمانية البروفسورة آن ماري شيمّل، بمناسبة بلوغها السبعين، ومساهمتها الكبيرة في تطوير علم الاستشراق والعلوم الاسلامية في جامعة بون وعدة جامعات اوروبية وآسيوية.

والدكتورة آن ماري شيمّل هي أستاذة العلوم والثقافات الاسلامية في جامعة هارفارد الامريكية ايضاً ، وتعمل منذ عام ١٩٩٠ أستاذة زائرة في جامعة بون، وهي تتحدث ١٨ لغة اجنبية منها العربية والفارسية والاردو وعدة لغات آسيوية، درست اللغتين العربية والفارسية منذ سنوات طويلة ونالت شهادتي دكتوراه وشهادة الاستاذية، كما عملت في الابحاث الثقافية والعلمية الاسلامية في جامعتي بون وماربورج الالمانيتين وعدة جامعات تركية، قبل ان تعينها جامعة هارفارد في اواخر الستينات الماضية استاذة للعلوم الاسلامية لديها، وخاصة في ميدان العلوم الاسلامية في الهند وباكستان.

وقد نشرت البروفسورة شيمّل خلال حياتها الجامعية العلمية الطويلة سلسلة كبيرة من الكتب والابحاث المتعلقة بالدراسات العربية والتركية والثقافة الاسلامية، باللغات الالمانية والانجليزية والتركية، تركزت بصورة رئيسية على ثلاثة مبادئ رئيسية هي: الاصول الاسلامية الكلاسيكية، والفلسفة والتصوف الاسلاميين، ومظاهر الفن الاسلامي وخاصة فن الخط العربي.

من جريدة «الشرق الأوسط» ١٩٩٢/٥/١٤

تمرين ١٧ **نشاط قراءة**

لاحظوا هذه الكلمات:

صار	أصبح
أعطى ، يُعطي	to give
شُموع (م. شَمعة)	candles

اقرأوا النص وأجيبوا عن الأسئلة:

١ـ الأعياد المذكورة في هذه المقالة هي :

٢ـ خمّنوا معنى «تعدد مذاهب المسيحيين» = ________________
ما هي المذاهب المذكورة في النص؟

٣ـ اذكروا بعض الأعياد المشتركة بين المسيحيين العرب والمسيحيين الغربيين :

٤ـ اذكروا بعض العادات المشتركة بين المسيحيين العرب والمسلمين :

٥ـ ماذا يقول النص عن الصوم عند المسيحيين؟

٦ـ هل كاتبة النص مسيحية أو مسلمة؟ كيف عرفت ذلك ؟

٧ـ ماذا تعلمت عن المسيحيين العرب من هذا النص؟

أعياد المسيحيين

... وكنا وما نزال نأنس بأعياد اخوتنا المسيحيين ونعطيها مثل اهتمامنا لاعياد المسلمين ونتبادل معهم الزيارات في مناسباتهم ومناسباتنا، حتى اختلطت بعض التقاليد فصارت عامة ومنها شجرة الميلاد التي تضعها بيوت مسلمة كثيرة في عيد الميلاد وتبقيها حتى رأس السنة الميلادية.

وفي الأعياد يكون المسيحيون قد تجمعوا في كنائسهم حسب مذاهبهم المتعددة، وفي دمشق من هذه المذاهب كثرة من الروم الأرثوذكس وأقل منهم من الروم الكاثوليك الشرقيين، وأقل من هؤلاء اللاتين الغربيون والسريان الأرثوذكس والسريان الكاثوليك والانجيليون (البروتستانت) والأرمن الأرثوذكس والكاثوليك. وقد حضرت وحضر الكثيرون من المسلمين هذه الاحتفالات في الكنائس سواء في الأعياد أو في مناسبات الزواج والوفاة، فالأخوة تجمع الناس كلهم .

وأبرز الأعياد عيد الميلاد، ويجتمع المسيحيون فيه في منتصف ليلة الرابع والعشرين من شهر كانون الأول من كل عام في كنائسهم ليستمعوا إلى القداس، وعندما صار عندنا إذاعة وتلفزيون صارت هذه المناسبة تنقل- وغيرها من المناسبات المسيحية- عن طريق الاذاعة والتلفزيون ويأنس بها الناس جميعًا.

وفي يوم ٢٥ كانون الأول تعطل دوائر الحكومة جميعًا ويزور الناس كلهم والمسلمون قبل غيرهم اخوانهم أصحاب العيد مهنئين ومتناولين الحلوى. وكنا أحيانًا نفرح بتعدد مذاهب المسيحيين لأن هذا يجعل لكل طائفة عيد ميلادها فالشرقيون يعيدون في يوم والغربيون في يوم آخر، ونحن نعطل مع هؤلاء وأولئك.

وعيد رأس السنة ليس عيدًا مسيحيًا في الواقع ولو أن الغرب المسيحي اعطانا اياه على اعتبار ان المسلمين يحتفلون برأس سنتهم الهجرية. ولكن رأس السنة صار الآن موضع احتفال عدد كبير من الناس ويسهرون له ومن مآكله المشهورة الديك الحبش أو الديك الهندي، وتبقى شجرة الميلاد فيه مزينة بالأشكال والألوان والأنوار، وعندما تدق الساعة الثانية عشرة أي يحين منتصف الليل صار بعضهم الآن يطفئ الأنوار ويتبادلون قبلات التهنئة إذا كانوا من الأقرباء والأصدقاء الحميمين، ولكنها عادات وافدة وليست أصيلة.

وعيد الفصح أساسه ان المسيحيين يصومون أنواعًا عديدة من الصيام، فهم لا يأكلون اللحم والدهن وما يخرج من الحيوان من حليب وبيض في أيام الأربعاء والجمعة ويكتفون بأكلات الزيت، ولذلك يسمون النوع من هذه الأكلات (صيامي). أما الصوم الكبير الذي يدوم سبعة أسابيع فيكون في الربيع وينتهي بعيد الفصح. وفي عيد الفصح (يفطر) المسيحيون فيأكلون اللحوم والدهون ومن علاماته بيضة الفصح المسلوقة التي يلونونها ويوزعونها على الأصدقاء من كل الطوائف، وصارت تقليدًا فولكلوريًا حتى صاروا يصنعون الشوكولاتة على شكل بيض الفصح.

وهناك عيد الشعانين (الشعانين هي أغصان الزيتون) وهو يكون في يوم الأحد السابق لعيد الفصح وفيه يحمل الأولاد الشموع المزينة باغصان الزيتون ويسيرون في موكب ويطوفون حول الكنيسة بضع مرات، وتباع في هذا العيد كميات ضخمة جدًا من الشموع الكبيرة الملونة المزينة وله بهجة عند الاطفال لانهم يلبسون فيه ما يشتريه الأهل من ألبسة جديدة.

من كتاب «حديث دمشقي ، ١٨٨٤-١٩٨٣» لنجاة قصّاب حسن، ص. ٢١٧-٢٢١

تمرين ١٨ — نشاط استماع

عن «العادات والتقاليد الاجتماعية في مصر»
محاضرة للاستاذ محمود ابراهيم عبد الله
معهد اللغة العربية بكلية ميدلبري ١٩٩٥

شاهدوا الفيديو وأجيبوا:

١ـ المحاضِر هنا يُحدّثنا عن ثلاثة أعياد واحتفالات هي :

أ .

ب .

جـ .

٢ـ متى يحتفل الناس بكل واحد منها؟

شاهدوا الفيديو مرة ثانية وأجيبوا:

٣ـ ماذا يفعل الناس في العيد الأول؟

أ .

ب .

٤ـ ماذا قال المحاضِر عن تاريخ العيد الثاني؟

٥ـ كيف يحتفل المصريون بهذا العيد؟

أ .

ب .

جـ .

٦ـ ماذا يفعل الناس في الاحتفال الأخير الذي ذكره المحاضر؟

الثقافة الأعياد في العالم العربي:

عيد الفِطر	١ شوّال (بعد رمضان)
عيد الأضحى	١٠ ذو الحجة
عيد الفِصح/عيد القِيامة	(يختلف موعده من سنة إلى سنة)
عيد الميلاد	عند الكاثوليك: ٢٥ ديسمبر/كانون الاول عند الارثوذكس : ٧ يناير/كانون الثاني
المَولِد النبوي/مولد النبي	١٢ ربيع الأول
عيد الأم	٢١ مارس/آذار
عيد العُمّال *workers*	١ مايو/أيار
عيد رأس السنة الميلادية	١ يناير/كانون الثاني
عيد رأس السنة الهجرية	١ مُحَرَّم
العيد الوطني/عيد الاِستِقلال *independence*	(يختلف من بلد الى بلد)

كل عام وانتم بخير!

تمرين ١٩ **نشاط كتابة**

الأعياد في بلدك

هناك عدّة مجلاّت عربية تهتمّ بالثقافات العالمية، منها مثلا مجلة «العربي». اكتب/اكتبي لواحدة من هذه المجلات مقالة تصف/ين فيها كيفية احتفال الناس ببلدك بالأعياد. يريد قرّاء المجلة أن يعرفوا ما هي أهمّ الأعياد، وكيف يقوم الناس بالاحتفال بها، وما هي العادات الخاصة بهذه الأعياد.

عبارات مفيدة

بعضهم البعض　　استعدادًا لـ　　كما أنّ　　يقيم احتفالاً

تمرين ٢٠ نشاط محادثة

Interview a classmate and report back:

متى عيد ميلاده/ها؟ كيف يحتفل/تحتفل به عادة؟ أين وكيف احتفل/ت به آخر مرة؟ من شاركه/ها فيه؟ وهذه السنة أين سيحتفل/ستحتفل به؟ وما هي الهدايا التي يتمنّى/تتمنّى الحصول عليها؟

تمرين ٢١ نشاط ثقافي

"السبوع"

شاهدوا البرنامج عن احتفال المصريين بعيد اسمه «السُّبوع» ، وتحدثوا عن الاشياء التي شاهدتموها: من يحتفل بهذا العيد ، ولماذا؟ ما بعض العادات التي يقومون بها؟ ماذا يقدّم الناس في هذا العيد؟ ماذا يأكلون؟

تمرين ٢٢ نشاط استماع

تعلموا هذه الأغنية ، تغنّيها "صباح" :

سنة حِلوة يا جميل ،

سنة حِلوة يا جميل ،

سنة حِلوة يا حبيبي ،

سنة حِلوة يا جميل!

٣ . مع الصحافة العربية

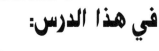

في رسالة وجهها الى المؤتمر الدولي للماء

الحسن الثاني: تحدي الماء سيكون حاسما خلال السنوات المقبلة

وزير الخارجية المصري عمرو موسى (الى اليمين) في حديث مع نظيره الايراني علي اكبر ولايتي اول من امس في فندق ماريوت بمسقط اثناء حضورا القمة غير العادية لمنظمة المؤتمر الاسلامي (أ ف ب)

«حماس» تعتبر حملة الاعتقالات الجديدة ضد عناصرها «علامة سلبية»

مسافر من مخلفات حرب الكويت تشتعل حريقا في حقل نفطي

مساعد وزير الخارجية المصري بدأ زيارة للسعودية

الغاء 10 ملحقيات ثقافية يمنية بالخارج

السلطة تكشف أحد وجوه حرب التحرير رئاسة لجنة مراقبة الانتخابات

استطلاع للرأي يتوقع مشاركة 78% من الجزائريين في اقتراع يونيو

حذر من التعامل مع القنوات غير الرسمية

السفير السعودي في القاهرة: لن نمنح تأشيرات الحج إلا للداخلية المصرية

جولة جديدة من المباحثات لتحديد العلامات الحدودية بين السعودية واليمن

التقرير الطبي أشار لعدم وجود خلايا سرطانية

الملك حسين بصحة جيدة وسيجري عملية جراحية صغيرة

في هذا الدرس:

القراءة: بدايات الصحافة العربية

الصحافة النسائية العربية

تذكروا ولاحظوا :

اسم	← سَمَّى ، يُسَمّي	to name
	← سُمِّيَ ، يُسَمَّى	to be named
بَدَأَ ، يبدأ ، البَدء	← بِداية ج. -ات	beginning
جاء ، يجيء ، المَجيء	← جاءَ بـ	to bring
حَكَم ، يحكُم ، الحُكم	← حُكومة ج. -ات	government
خَرَج ، يخرُج ، الخُروج	← أَخْرَجَ	to bring out, produce; force out
دَرَجة	← الدَرَجة الثانية	second class or rate
سُلطان	← سُلْطة ج. سُلُطات	power
شَعب	← شَعْبيّ	popular
صَحيفة ج. صُحُف	← الصِّحافة	(the) press; journalism
صورة	← بصورة **+ صفة** هذه السنة ، سنحتفل بالعيد بصورة مختلفة !	in a . . . way, form
ضَروريّ	← أُضْطُرَّ إلى	to be forced to
طَبِعَ	← طَبَعَ ، يَطبَع ، الطِّباعة	to print
	← مَطْبَعة ج. مَطابِع	print shop, printing press
عَصر ج. عُصور	← عَصْريّ	modern, contemporary
مَرّ ، يمُرّ ، المُرور	← اِسْتَمَرَّ	to continue
نُشِرَ	← اِنْتَشَرَ	to spread
نَظَر ، ينظُر ، النَظَر	← وِجْهة نَظَر ج. وِجهات نَظَر	point of view
تَوَلّى ، يَتَولّى	← والٍ / (الـ)والي ج. وُلاة	ruler, governor

من القاموس 📼

جاء	أتى ، يَأْتي ، الإتيان
to found, establish (= أنشأ)	أسَّسَ ، يُؤَسِّس ، التَّأسيس
foundation, establishment, (commercial) firm	مُؤَسَّسة ج. ‐ات
following	تالٍ / (الـ)تالي

زرنا البَتْراء في اليوم التالي لوصولنا الى الأردن.

to occupy	اِحْتَلَّ
to serve	خَدَمَ ، يَخدِم ، الخِدمة
to use	اِستَخدَمَ
nation, state	دَولة ج. دُوَل
international	دَوْليّ / دُوَليّ
official	رَسميّ
to concentrate, focus on	رَكَّزَ على
agriculture	زِراعة
previous to, earlier than	أسْبَق من
previous, former	سابِق

الرئيس السابق / المديرة السابقة

project, plans (abstract)	مَشْروع ج. مَشْروعات / مَشاريع
to come out, be issued or published	صَدَرَ ، يَصدُر ، الصُّدور
natural	طَبيعيّ
nature	طَبيعة

to develop (s.th.)	طَوَّرَ ، يُطَوِّر ، التَّطوير
to develop (intransitive)	تَطَوَّرَ ، يَتَطوَّر ، التَطوُّر

اهتمّ جمال عبد الناصر بتطوير الصناعة في مصر.

تطوّر الاقتصاد الياباني كثيرًا بعد الحرب العالمية الثانية.

to appear	ظَهَرَ ، يَظهَر ، الظُّهور
appearance; (pl.) manifestations	مَظهَر ج. مَظاهِر
to express	عَبَّرَ عن
expression	عِبارة ج. –ات / تعبير ج. –ات
military (adjective)	عَسْكَريّ
prevailing, dominant	غالب

الرأي الغالب ؛ التفكير الغالب

to overcome, prevail, defeat (e.g., in a game)	غَلَبَ ، يغلِب
to advance, progress	تَـقَدَّمَ
عندما ، حين	لَمّا (+ الماضي)
(it) was founded	أُنْشِئَت
to found, establish, erect	أَنْشَأَ ، يُنْشِئ ، الإنْشاء
regularity, orderliness	اِنْتِظام

أقوم بتمرينات رياضية بانتظام .

system, order	نِظام ج. أنظِمة / نُظُم
to aim to	هَدَفَ ، يَهدُف لِـ / إلى
goal, aim	هَدَف ج. أهداف
thus	هٰـكَذا
modest, humble	مُتَواضِع ج. –ون

تمرين ١ اختاروا الكلمة المناسبة لكل جملة :

أركّز	زراعيّة	السابقين	عسكرية	يزيّن
نظام	يغلب	المطبعة	الصّحافة	المشروع
يسمّي	يأتي	انتشرت	التالي	الطبيعيّة
المجتمع	ظهر	رسمية	أعبّر	تصدر

١- ــــــــ نوادي الفيديو بشكل كبير في القاهرة في السنوات الأخيرة .

٢- ــــــــ الأمريكيون مدينة نيويورك بـ "The Big Apple".

٣- من اللازم أن ــــــــ اكثر على دراستي هذه السنة لأحصل على تقدير "ممتاز".

٤- مُنى تهتمّ بالسياسة الدولية وتتمنّى أن تعمل في ــــــــ بعد التخرُّج .

٥- ــــــــ الاسلام في مكة أولاً ثم امتدّ الى الجزيرة العربية كلها .

٦- عندما أنتهي من كتابة الكتاب سأرسله الى ــــــــ .

٧- جمال عبد الناصر وأنور السادات من رؤساء مصر ــــــــ .

٨- اهتمّ الفنّ الانطباعي *Impressionist* برسم المناظر ــــــــ بصورة جديدة .

٩- ــــــــ كثير من المسيحيين من كل بلدان العالم الى القدس للاحتفال بعيد الفصح .

١٠- في اليوم الأول لوصولي نمت جيدا ولكن في اليوم ــــــــ صحوت في منتصف الليل ولم استطع النوم بعد ذلك .

١١- هناك مناطق ــــــــ كبيرة في ولايات الجنوب الامريكي .

١٢- تقدّم الولايات المتحدة كل سنة مساعدات ــــــــ كبيرة الى الجيش المصري.

١٣- صديقي أحمد يلعب الشطرنج بشكل ممتاز وهو دائما ــــــــ ني .

١٤- كان من اللازم أن ينتهي هذا ــــــــ في شهر نوفمبر ولكن يبدو انه سيتأخر إلى أوائل السنة الجديدة.

١٥ـ في الحقيقة ، لا أعرف كيف ــــــــــــ لكم عن شكري على مساعدتكم لي .

١٦ـ أقامت الحكومة اللبنانية عدة احتفالات ــــــــــــ في ذكرى مرور قرن على ولادة جبران خليل جبران.

١٧ـ مجلة «المسرح» مجلة فنية ثقافية ــــــــــــ مرّتين كل شهر.

١٨ـ ــــــــــــ الحكم في ثلاث من الدول العربية ملكي ، أي يحكمها ملك .

تمرين ٢   أجيبوا عن هذه الأسئلة :

١ـ متى أُنشئت الجامعة التي تدرس فيها؟ هل هي جامعة حكومية ام خاصة؟ من أسَّسها ؟

٢ـ ما هدفك من الدراسة في الجامعة ؟

٣ـ هل تأتي الى الجامعة كل يوم ؟ كيف تأتي ؟

٤ـ ما هي مشاريعك للصيف؟ للسنة القادمة ؟

٥ـ هل ستستمرّ في الدراسة في الصيف القادم ؟ لِمَ (لماذا) / لِمَ لا؟

٦ـ هل تستخدم/ين الكمبيوتر في دراستك؟ كيف تستخدمه/ينه؟

٧ـ ما هي أكبر صحيفة في الولايات المتحدة ؟ اين تصدر ؟

٨ـ هل يسمّيك أفراد عائلتك أو أصدقاؤك باسم آخر ؟ ما هو؟

٩ـ ما هي الأشياء التي تقوم بها بانتظام؟

١٠ـ ما هي وجهة نظرك في مشاركة النساء في الخدمة العسكرية؟

تمرين ٣ **اختاروا الكلمة المناسبة :**

أسّسوا	بداية	حكومات	احتلّ	خدمة
دول	السلطة	اضطرّوا	التقدّم	لمّا
استمرّ	إنشاء	الهدف	والٍ	وجهة نظر

استقلال الدول العربية

في ــــــــــ القرن العشرين لم يكن هناك ــــــــــ عربيّة كما هي الحال اليوم ولكن المنطقة العربية كانت جزءاً من الامبراطورية العثمانية ، وكان في كل مدينة ــــــــــ تركي تابع لإسطنبول التي كانت عاصمة الخلافة. وكان كثيرون من العرب يرغبون في الانفصال عن الدولة العثمانية و ــــــــــ دولة عربية تكون ــــــــــ فيها للعرب.

و ــــــــــ انتهت الحرب العالمية الأولى ، ــــــــــ البريطانيون والفرنسيّون المنطقة العربية و ــــــــــ فيها عدداً من الدول الجديدة كالعراق والاردن ولبنان وأقاموا في هذه الدول ــــــــــ تابعة لهم. وقالت بريطانيا وفرنسا إنّ ــــــــــ من هذا الاحتلال كان مساعدة البلدان العربية على التطوّر و ــــــــــ ولكن الهدف الحقيقي كان غير ذلك بالنسبة للعرب، فمن ــــــــــ هم كان الهدف الاول والأخير للاحتلال ــــــــــ مَصالِح *interests* فرنسا وبريطانيا. وبالرغم من أن هذا الاحتلال ــــــــــ زمنا غير قصير فإن البريطانيين والفرنسيين ــــــــــ أخيرا الى الخروج من البلدان العربية التي كانوا يحتلونها وحصلت هذه البلدان على حريتها واستقلالها.

تمرين ٤ أوزان الفعل

Complete the chart with the new verbs from this chapter. **Write all vowels.**

اسم الفاعل	المصدر	المضارع	الماضي	الوزن
(الـ)مُسَمّي			سَمّى	II فعّل
مُؤَسِّس		يُؤَسِّس		
			رَكَّز	
	التَّطوير			
مُعَبِّر				
				IV أفعل
	الإنشاء			
		يُخرِج		
	التَّقَدُّم			
مُضطَرّ[1]			اِضطَرّ	VIII افتعل
مُحتَلّ[1]				
		يَنتَشِر		
	الانتِظام			
مُستَمِرّ	الاستِمرار			X استفعل
			اِستَخدَم	

[1]Note that اسم الفاعل and اسم المفعول forms for doubled verbs of this وزن are identical.

تمرين ٥ مراجعة الفعل المضعّف : استمرّ

Complete the following chart and write all vowels:

المصدر: ________ اسم الفاعل ________

الضمير	الماضي	المضارع المرفوع	المضارع المنصوب	المضارع المجزوم
هو	اِسْتَمَرَّ			
هما	اِستَمَرّا			يَستَمِرّا
هم			يَستَمِرّوا	
هي		تَستَمِرُّ		
هما	اِستَمَرَّتا			
هنّ	اِستَمْرَرْنَ			
أنتَ			تَستَمِرَّ	
أنتما		تَستَمِرّانِ		
أنتم		تَستَمِرّونَ		
أنتِ			تَستَمِرّي	
أنتما	اِستَمْرَرْتُما		تَستَمِرّا	
أنتنّ				تَستَمْرِرْنَ
أنا				أَستَمِرَّ
نحن		نَستَمِرُّ		

تمرين ٦ دراسة وزن "فعّل" ووزن "تفعّل"

You have learned two pairs of verbs consisting of وزن فعّل and وزن تفعّل:

حدّث - تحدّث	- حدّثني أبي عن رحلته الى الإمارات.
	- تحدّثنا أنا وأبي عن مشاريعي في الصيف القادم.
طوّر - تطوّر	- محمد علي طوّر مصر اقتصاديا وعلميا .
	- الزراعة لم تتطور في السنوات الماضية .

These pairs of verbs demonstrate the relationship between these two verb forms: وزن فعّل almost always takes a direct object whereas تفعّل does not; thus حدّث means *to speak to (someone)* and تحدّث means *to speak*. The related meanings of فعّل and تفعّل are more clearly seen in the second pair: طوّر means *to develop (something)*, and تطوّر means *to develop (itself)* You can see from this pair that فعّل usually carries a transitive meaning: *to make or cause (someone/something) to*; whereas the meaning of تفعّل is reflexive of فعّل . In some cases this reflexive meaning is conveyed in English with a passive: تطوّر can also be translated as *to be or become developed*. Using this information, derive verbs of both وزن فعّل and وزن تفعّل from the roots given and complete each sentence with the appropriate وزن:

أخر:
١- ________ في الوصول الى الجامعة بسبب الازدحام في الشوارع .
٢- الطقس المطر ________ وصول الطائرة .

غير:
٣- ________ رأيها وقررت أن تشترك في الاستعداد للاحتفال .
٤- ________ هذه المنطقة كثيرا منذ كنت هنا آخر مرة !

أسس:
٥- ________ حركة الإخوان المسلمين في مصر على يد حَسَن البنّا .
٦- سـ________ الحكومة مركزاً جديدا للأبحاث الطبّية خلال العام القادم.

شجع :
٧- هي دائما ________ طلابها على استخدام مراجع عربية في أبحاثهم.
٨- كان يحبها لوقت طويل ولكنه كان يخجل من التعبير لها عن حبه وأخيراً ________ وعبّر لها عن مشاعره .

ذكر:
٩- من فضلك ، هل يمكنك أن ________ ني بموعد اجتماعنا غداً؟
١٠- لم ________ أنّ يوم أمس كان عيد ميلاد سامي .

عبارات جديدة

أ ــ في حينِ (أنّ) whereas

- يحتفل الامريكيون بعيد العمل في شهر سبتمبر **في حين** تحتفل معظم شعوب العالم به في أول شهر مايو.
- في أمريكا يترك الشاب او البنت بيت العائلة بعد المدرسة الثانوية عادة، **في حين أننا** نجد أن معظم الشباب والبنات العرب لا يتركون بيت العائلة إلاّ بعد الزواج.

ب ــ من حيثُ in terms of, regarding

- جامعة القاهرة هي اكبر الجامعات العربية **من حيث** عدد الطلاب.
- اظنّ أن مطعم «الباشا» هو أحسن مطعم في بيروت **من حيث** الخدمة وأنواع الأكل التي يقدّمها.

جـ ــ بالرَّغْمِ من / على الرغمِ من ... (فـ / فإنّ) despite ...

- **بالرّغم من** طول الرحلة **فإننا** لم نشعر بأي تعب.
- **على الرّغم من أنني** أقيم في لندن منذ سنة **فإنني** لم أعتد على الحياة فيها حتى الآن.

د ــ مع أنَّ... (فـ / فإنّ) ... although, despite the fact that ...

- **مع أنّ** الدكتور طلب منه التوقّف عن التدخين **فإنّه** ما زال يدخن حوالي ١٥ سيجارة يوميا.
- صدرت المجلة في موعدها **مع أنّ** المطبعة توقّفت عن العمل لمدة ثلاثة ايام.

هـ ــ ومع ذلك (فـ / فإنّ) ... nonetheless, nevertheless, in spite of that, ...

- خرج العرب من الأندلس (اسبانيا الاسلامية) في اواخر القرن الخامس عشر، **ومع ذلك فإن** تأثيرهم *influence* في الثقافة الاسبانية استمرّ زمنا طويلا.

و ــ وفوقَ هذا (ذلك) كلِّه (فـ / فإنّ) ... moreover, ...

- تونس مدينة جميلة جدا فهي تقع على البحر وجوّها لطيف جدا وفيها الكثير من الآثار والاسواق القديمة **وفوق هذا كله** فليس فيها ازدحام القاهرة.
- ابن سينا عالم مشهور عاش في القرن العاشر الميلادي وكان متخصصا في دراسة الطب والفلسفة ومهتمّا بالفكر الصوفيّ **وفوق ذلك كله** كان يهتمّ بعلم اللغة.

تمرين ٧ **والآن اكتبوا هذه العبارات في جمل.**

الثقافة من التاريخ العربي الحديث

محمد علي (١٧٦٩-١٨٤٩)

حكم مصر من عام ١٨٠٥ إلى عام ١٨٤٩ م. ، من أصل ألباني، ولد في اليونان *Greece*، وأصبح ضابطا في الجيش العثماني، وعُيّن واليًا على مصر عام ١٨٠٥ . وهو يُعتبر مُؤسِّس مصر الحديثة *modern*، فقد قام بعدد من الإصلاحات ، وطوّر مصر علميًا وثقافيًا وزراعيًا وعسكريًا، كما أرسل طلابًا مصريين إلى فرنسا لدراسة الطب والهندسة والعلوم والفنون العسكرية .

الامبراطورية العثمانية

أنشأها عثمان الاول (١٢٨١-١٣٢٤ م.) في شمال غرب الاناضول واستمرّت حتى عام ١٩٢٢ م. والعثمانيون دخلوا مصر وسوريا على يد السلطان سليم الاول الذي تولى الخلافة سنة ١٥١٧ . وامتدت الامبراطورية إلى العراق وأجزاء من الجزيرة العربية في الشرق وامتدت كذلك إلى تونس والجزائر في الغرب . وقد حكم العثمانيون جزءًا كبيرا من العالم العربي لِمدّة أربعة قرون . وكثير من المؤرخين العرب يعتبرون الوجود العثماني نوعًا مَن الاحتلال الأجنبي ، رغم أن العثمانيين كانوا مسلمين، وهؤلاء المؤرخون ينظرون إلى هذا الجزء من التاريخ العربي على أنه عصر «سُبات» أو نوم ، لم تقم خلاله حركة فكرية أو أدبية أو علمية .

Nonetheless, Ottoman rule left its own cultural mark on Egypt and the Arab east. Ottoman Turkish titles such as باشا and (بيه) بيك are still widely used in Egypt, although they no longer refer to specific ranks or positions. In the urban dialects of Cairo, Beirut, and Damascus, the pronunciation of certain words containing ض and ذ (among others) is also thought to be the result of Ottoman Turkish influence: the word ضابط, for example, is pronounced *ZaabiT* with an emphatic *z*. Finally, like their Mamluk predecessors, the Ottomans invested heavily in architecture, and their buildings and monuments have contributed to the architectural character of many Arab cities.

تمرين ٨ **قبل القراءة:**

للمناقشة:

ما هي أهَمِّية *importance* الصحافة في أي مجتمع؟ ما هي طبيعة العلاقة بين الصحافة والحكومة في بلدكم؟ كيف يجب أن تكون في رأيكم؟

تمرين ٩ القراءة الأولى

١- أين ومتى ظهرت الطباعة في البلاد العربية؟ وأين ومتى ظهرت الصحافة فيها لأول مرة؟

٢- من أنشأ أول صحيفة باللغة العربية ؟ لماذا لم تستمرّ طويلا ؟

٣- ما هما نوعا الصحافة المذكوران هنا؟ أيّهما ظهر أولاً ؟

٤- أكملوا هذا الجدول بأسماء الجرائد المذكورة في المقالة :

اسم الصحيفة	سنة إنشائها	البلد/المدينة	رسمية أم شعبية؟
١-			
٢-			
٣-			
٤-			
٥-			
٦-			
٧-			
٨-			

بدايات الصحافة العربية

كان ظهور الطباعة في البلاد العربية اسبق من ظهور الصحف المطبوعة. فقد انشئت أول مطبعة عربية في مدينة حلب السورية في مطلع القرن الثامن عشر، في حين ظهرت أول صحيفة عربية بمدينة القاهرة في مطلع القرن التالي. وكانت هذه الصحيفة تسمى "التنبيه"، وكان ظهورها على أيدي الفرنسيين الذين احتلوا مصر في ذلك الوقت، وجاءوا معهم بمطبعة كاملة. ولكن صحيفة "التنبيه" هذه لم تستمر طويلا. فقد توقفت بعد أشهر قليلة حين اضطر الفرنسيون الى الجلاء عن مصر.

ومع أن البلدان العربية كانت في ذلك الوقت تابعة للامبراطورية العثمانية فقد عرفت الطباعة والصحافة قبل أن تعرفها الآستانة او استنبول، عاصمة الامبراطورية.

ولما تولى محمد علي حكم مصر عام ١٨٠٥ قام بتأسيس دولة عصرية في البلاد، وكانت الصحافة احد مظاهر هذه الدولة. ففي عام ١٨٢٢ انشأ محمد علي صحيفة رسمية باسم "جرنال الخديو"، ثم طورها بعد ست سنوات، وغير اسمها إلى "الوقائع المصرية"، وانشأ بعدها جريدة عسكرية واخرى تجارية وزراعية. وكانت هذه الصحف جميعها تحرر باللغتين العربية والتركية، وتركز على اخبار الدولة ومشروعاتها. وكانت فوق هذا كله صحفا رسمية حكومية لا دخل للشعب في تحريرها أو وجهة نظرها.

اما في البلاد العربية الأخرى فكانت الصحافة الرسمية ايضا اسبق في الظهور من الصحافة الشعبية. ففي الجزائر انشأ الفرنسيون صحيفة "المبشر" عام ١٨٤٧. وكانت تحرر بالعربية والفرنسية، وتهدف لخدمة اهداف الاحتلال. وفي تونس انشئت اول صحيفة عربية عام ١٨٦٠ باسم "الرائد التونسي"، وكانت رسمية ايضا، وفي العراق انشأ الوالي التركي مدحت باشا عام ١٨٦٩ أول صحيفة عربية باسم "الزوراء"، وهو اسم من اسماء مدينة بغداد.

وهكذا كانت بداية الصحافة العربية رسمية حكومية تعبر عن اهداف السلطات الحاكمة اجنبية أو وطنية.

ومع ذلك لم تتأخر الصحافة الشعبية العربية طويلا عن الظهور. ففي مصر ظهرت صحيفة "السلطنة" عام ١٨٥٧. وفي العام التالي ظهرت أول صحيفة شعبية في الشام، وهي "حديقة الأخبار" التي صدرت في بيروت. وبعد عامين آخرين، اي في عام ١٨٦٠، ظهرت صحيفة "الجوائب" اول صحيفة شعبية في عاصمة الخلافة العثمانية. و بعدها توالى ظهور الصحف الشعبية في الأقطار العربية الأخرى.

ومن الطبيعي ان نجد هذه الصحافة الرسمية والشعبية على السواء في صورة متواضعة من حيث المظهر والاخراج والتحرير وانتظام الصدور. ولكن الأهم من هذا كله ان البداية الرسمية والحكومية ما زالت ـ حتى اليوم ـ سمة غالبة في الصحافة العربية، وان الصحافة الشعبية ـ بالرغم من تقدمها وانتشارها ـ مازالت تأتي في الدرجة الثانية بعد الصحافة الرسمية.

من مجلة «الشرق الاوسط» ١٩٩٠/٥/٢٢

تمرين ١٠   القراءة الثانية

لاحظوا هذه الكلمات ثم اقرأوا مرة ثانية وأجيبوا :

مَطْلَع	بداية
الجَلاء عن	evacuation (by an occupying force) ≠ الاحتلال
التَحْرير	writing; editing
تَوالى	جاء واحداً بعد الآخر
على السَّواء	alike
سِمة ج. سِمات	characteristic

١- لماذا يُعتبَر محمد علي شخصًا مهمًا في تاريخ الصحافة؟

٢- لماذا أنشأ الفرنسيون صحفًا في البلاد التي احتلوها ؟

٣- كيف تختلف الصحافة الرسمية عن الصحافة الشعبية؟

٤- ما هي صورة الصحف العربية اليوم ؟

٥- خمّنوا معاني هذه الكلمات :

كانت هذه الصحف جميعًا تُحَرَّر باللغتين العربية والتركية. = ______________

كانت صحفًا رسمية حكومية لا دَخلَ للشعب في تحريرها أو وجهة نظرها.

= ______________________

وبعدها توالى ظهور الصحف الشعبية في الأقطار العربية الأخرى. = ______________

تمرين ١١ دراسة القواعد والتراكيب في النص

1. Using what you know about اسم فاعل and اسم مفعول, give the derivation and meaning of the following:

أ - الصحف المطبوعة

ب - البلاد العربية كانت تابعة للامبراطورية العثمانية

جـ - السلطات الحاكمة

2. Translate into English:

أ - أما في البلاد العربية الاخرى فكانت الصحافة الرسمية أسبق في الظهور من الصحافة الشعبية.

ب - ومن الطبيعي أن نجد هذه الصحافة الرسمية والشعبية على السواء في صورة متواضعة من حيث المظهر والاخراج والتحرير وانتظام الصدور.

3. In paragraphs 1 and 4, where can you see المرفوع case ending on nouns? Why is المرفوع ending used in these cases?

4. In paragraph 4, find the phrase that means "one of the names of Baghdad."

   Using this construction as a model, write a sentence of your own containing the phrase "one of the ...":

5. Mark all ان in the text as أنْ or أنّ or إنّ . What grammatical clues help you distinguish among them?

6. Beginning with paragraph 2, study how each paragraph begins. Within each paragraph, what connectors are used to link the sentences? What patterns can you discern?

7. Vowel paragraphs 3 and 5 in preparation for reading aloud.

القواعد

★ الفعل المبني للمجهول *The Passive*

passive (lit., unknown) voice	المَبْني للمَجهول

Arabic has several means available to express the passive voice, and there are some differences between Arabic and English in expressing passive ideas. For example, Arabic does not use the passive in as many contexts as English does. The passive in Arabic is not normally used to express an agent, that is, to say *"was (done)* ***by someone.****"* Arabic usually uses an active construction with topicalized word order to express this idea. For example, one Arabic equivalent to *This school was founded by Gamal Abd al-Nasser* would be:

هذه المدرسة أنشأها جمال عبد الناصر.

Here, هذه المدرسة functions as the **topic** of the sentence, whereas جمال عبد الناصر is the grammatical subject of the verb أنشأ .

Another way in which Arabic expresses a kind of passive, or action that has no agent, is with the وزن انفَعَل, which can be derived from some verbs of the وزن فعل . The verb انشغل , for example, is derived from شغل :[1]

to be occupied, preoccupied انشَغَل <— to occupy, preoccupy شَغَل

Note that وزن انفعل can **only** be derived from وزن فَعَل , that not all فعل verbs have corresponding انفعل , and that most, but not all, انفعل verbs have a passive meaning.

A second construction that often carries a passive meaning is تمّ + المصدر :

This movie was produced ...	تمّ إخراج هذا الفيلم سنة ١٩٩٠ .
Everything has been prepared.	الحمد لله ، تمّ ترتيب كل شيء .

In addition, Arabic has a passive voice that can be formed from active, transitive verbs of all أوزان . This passive is formed by changing the internal vowels of a verb. You already know a number of passive verbs, among them:

نُشِرت وُلِدتُ طُبِعَت يُعتبَر تُسمّى تُحَرَّر

You know that, since most texts are unvowelled, and most verbs do not show internal vowelling, you need to rely on **context**—meaning and grammar—to tell whether or not a given verb should be read in the passive. Keep in mind that recognizing a verb as passive is one step, and knowing how to pronounce that passive verb correctly is

---

[1] وزن انفعل is the regular passive in certain dialects and occurs less frequently in formal Arabic.

another. You must learn to do both, and that entails learning the vowel patterns for passive verbs in the various أوزان . The following charts give one example each for الماضي and المضارع . Learn them and use them as models for deriving the passive of new verbs.

احفظوا :

الماضي		
(أنا) وُلِدْتُ		(نحن) وُلِدْنا
(أنتَ) وُلِدْتَ	(أنتما) وُلِدْتُما	(أنتم) وُلِدْتُم
(أنتِ) وُلِدْتِ		(أنتنّ) وُلِدْتُنَّ
(هو) وُلِدَ	(هما) وُلِدا	(هم) وُلِدوا
(هي) وُلِدَت	(هما) وُلِدَتا	(هنّ) وُلِدْنَ

المضارع		
(أنا) أُسَمّى		(نحن) نُسَمّى
(أنتَ) تُسَمّى	(أنتما) تُسَمَّيانِ	(أنتم) تُسَمَّوْنَ
(أنتِ) تُسَمَّيْنَ		(أنتنّ) تُسَمَّيْنَ
(هو) يُسَمّى	(هما) يُسَمَّيانِ	(هم) يُسَمَّوْنَ
(هي) تُسَمّى	(هما) تُسَمَّيانِ	(هنّ) يُسَمَّيْنَ

Note that some verbs can be identified as passive even without the internal vowels. Compare the following pairs of verbs and identify which verb is passive and which is active. How does the form of the verb indicate which is which?

الماضي : أنشأ <—> أنشئ   **المضارع :** تسمي <—> تسمى

It remains for you to memorize the internal vowel patterns for each وزن . Note that the internal vowels for each stem follow certain patterns. In the following diagrams, each vowel represents a syllable, and the vowels in parentheses apply to longer أوزان that have three internal syllables.

المضارع : ـُ ـَ (ـَ) ______ **الماضي :** ـُ (ـُ) ______ ـِ

To see how these patterns work, match the internal vowels of the following verbs with the patterns given above:

two syllables	يُطبَع	المضارع :	two syllables	وُلِد	الماضي :
three syllables	يُعتَبَر		three syllables	أُعتُبِر	

These patterns apply to all verbs (even verbs whose جـذر contains a vowel or a doubled consonant show only slight, predictable modifications). Memorize the following verbs, which are some of the most commonly used in the passive voice, and use them as models to derive others:

المبني للمجهول		الفعل
المضارع	الماضي	
يُنشَر	نُشِر	نَشَرَ
يُوجَد	وُجِد	وَجَدَ
يُقال	قيلَ	قالَ
يُؤَسَّس	أُسِّسَ	أَسَّسَ
يُشاهَد	شوهِدَ	شاهَدَ
يُنشَأ	أُنشِئَ	أَنشَأَ
يُعتَبَر	أُعتُبِرَ	اِعتَبَرَ
يُستَخدَم	أُستُخدِمَ	اِستَخدَمَ
يُتَرجَم	تُرجِمَ	تَرجَمَ

تمرين ١٢ | استخدام المبني للمجهول

اكتبوا الشكل الصحيح للفعل في كل جملة :

١ـ لا ـــــــــ ـــــــــ العامية في الكلام فقط ولكن في بعض الكتابات الادبية ايضًا. ؛ (استخدم)

٢ـ ـــــــــ ـــــــــ مدينة القاهرة في عام ٩٦٩ م . (أنشأ)

٣ـ ـــــــــ ـــــــــ إنّ شعوبا اخرى قطعت المحيط الاطلسي وبلغت أمريكا قبل كولومبوس. (قال)

٤ـ ـــــــــ ـــــــــ هذه البناية "بناية السادات". (سمّى)

٥ـ ـــــــــ نجيب محفوظ من أحسن الكتاب العرب المعاصرين. (اعتبر)

٦ـ ـــــــــ الامم المتحدة بعد الحرب العالمية الثانية. (أسس)

٧ـ في شمال المغرب ـــــــــ ـــــــــ مناطق جَبَلية فيها مناظر طبيعية جميلة. (وجد)

٨ـ قال لي الميكانيكي اليوم إن إصلاح سيارتي لن يتم قبل الاسبوع القادم ولذلك سـ ـــــــــ إلى استئجار سيارة. (اضطرّ)

٩ـ بالرغم من استمرار الحرب الأهلية أكثر من ١٥ سنة فما زالت معظم الكتب العربية ـــــــــ و ـــــــــ في بيروت. (طبع ، نشر)

١٠ـ كانت المدينة المنورة ـــــــــ باسم «يَثرِب» قبل هجرة النبي محمد إليها . (عرف)

١١ـ من العادات الجديدة في الأعراس weddings أنْ ـــــــــ الحفلات على الفيديو. (صوّر)

١٢ـ بعض أعمال الكاتب اللبناني جبران خليل جبران ـــــــــ أصلا بالإنكليزية ثم ـــــــــ إلى العربية . (كتب ، ترجم)

تمرين ١٣ جمل بدون فاعل *agent*

اكتبوا جملة لكل فعل، مستخدمين فيها اسم المفعول أو المبني للمجهول :

أمثلة : استخدم : العامية العامية تُستَخدَم في الحياة اليومية .

طبخ : لحم لا آكل اللحم إلا إذا كان مَطبوخًا جيدًا .

١ـ ترجم : كثير من القصص القصيرة ________________________

٢ـ قدّم : الهدية ________________________

٣ـ عرف بـ : الحيّ الذي أسكن فيه ________________________

٤ـ ذكر : قصة «يوسف» ________________________

٥ـ كتب : المقالة ________________________

٦ـ انتظر : وصول الأصدقاء ________________________

٧ـ نقل : الصف ________________________

٨ـ نشر : كتاب جديد ________________________

٩ـ سجّل : المعلومات ________________________

١٠ـ شاهد : الكاتبة المشهورة ________________________

١١ـ اضطرّ : أنا ________________________

١٢ـ حفظ : التراث العربي ________________________

★ «كان» وأخواتها

The verb كـان and its "sisters," as they are called, constitute a group of verbs that mark the time or duration of actions, states, and events. The sisters of كـان number approximately twelve verbs, of which you have learned the following:[1]

كانَ ، يكون
لَيسَ
ما زالَ ، لا يزال / ما يزال
أصبَحَ ، يُصبِح to reach a state

Arabic grammar accords these verbs status as a grammatical category with its own terminology, which is related to the terminology used for الجملة الاسمية , because **sentences that contain these verbs constitute a type of** جملة اسمية . Compare the sentences in column (١) with those in column (٢):

(١)	(٢)
أ - هذه الصحفُ رسميةٌ حكومية .	كانت هذه الصحفُ رسميةً حكومية
ب - هذه آخرُ طبعةٍ للكتاب.	ليست هذه آخرَ طبعةٍ للكتاب.
جـ - طفلُنا ينامُ طوال الليل .	أصبح طفلُنا ينامُ طوال الليل.
د - اقتصادُ البلدِ يتطوّرُ.	لا يزالُ اقتصادُ البلدِ يتطوّرُ.

The sentences in (١) are verbless جمل اسمية . You should be able to identify المبتدأ and الخبر in each. The counterparts to these جمل اسمية in (٢) contain كان وأخواتها , each of which specifies the time frame of or negates its counterpart in (١).

The sentences in (٢) contain the same subjects and predicates as those in (١). The predicate in both kinds of sentences is called خبر . However, the subject of كان وأخواتها is called اسم (not مبتدأ). Learn the following terms:

subject	اسم (كان وأخواتها)
predicate	خبر (كان وأخواتها)

[1]Some Classical Arabic grammars include a larger number of verbs in this category.

Look again at the sentences, and note the differences in case endings between (١) and (٢). The subjects of both sets have المرفوع ending, but the predicates have different case endings. In the verbless sentences in (١), the خبر takes المرفوع ending, but the خبر of the sentences in (٢) takes المنصوب . **Remember:** اسم كان takes المرفوع ending, but خبر كان takes المنصوب (the same case that the objects of regular verbs take). The following chart summarizes these endings:

الجملة الاسمية مع كان وأخواتها	الجملة الاسمية
الاسم --> مرفوع	المبتدأ --> مرفوع
الخبر --> منصوب	الخبر --> مرفوع

Finally note that the خبر of كان وأخواتها may consist of a مضارع مرفوع verb. Look once more at the sentences above, this time at the pairs in (جـ) and (د), and note that the خبر of each consists of a verb in المضارع المرفوع . Read the following examples and identify the verbal خبر of each:

١- كنا نذاكرُ معًا للامتحان حتى الصباح.

٢- ما زالوا يعملون في المشروع الصناعي الجديد.

٣- هل أصبحت تعرفين طريقة تحضير الكنافة؟

Remember: كان وأخواتها may be followed by المضارع المرفوع . They do **not** take أنْ .

تمرين ١٤ الجملة الاسمية مع كان وأخواتها

Identify in the following sentences أخوات كان , الاسم , and الخبر , and vowel them:

١- هل كانت المعلومات التي قدّمتها لي كاملة ؟

٢- أصحاب الشركة ليسوا راغبين في تطوير أي مشاريع جديدة الآن .

٣- كانت الصحيفة تصدر أسبوعيا ثم أصبحت صحيفة يومية.

٤- ما زالت ذكريات العلاقة غالبة على تفكيري .

٥- نظام الحكم الملكي ما زال قائما في ثلاث من الدول العربية .

٦- لا يزال بعض مسيحيي الشرق يستخدمون اللغة السريانية في صلواتهم .

تمرين ١٥ كان وأخواتها وزمن الفعل

Expand the following by using كان وأخواتها to negate or specify the time frame of these actions or states. Write case endings on your sentences to show اسم وخبر كان .

مثال: الأرض غير مزروعة : ما زالت الأرضُ غيرَ مزروعة .

١- الخدمة العسكرية واجبة على كل فرد : ______

٢- المجلة تصدر بانتظام : ______

٣- مرض «الأيدز» ينتشر: ______

٤- «الفلافل» من الأكلات الشعبية : ______

٥- الناس يقصدون الزوايا والأولياء للتبرّك : ______

تمرين ١٦ أكملوا الجمل التالية مستخدمين الشكل الصحيح للفعل:

١- على الرغم من أني كنت أشعر بالتعب ، فقد ______ في العمل . (استمرّ)

٢- لم ______ حرب ١٩٦٧ طويلا . (استمرّ)

٣- أظن أنهما لن ______ في حياتهما الزوجية مدة طويلة بسبب كثرة المشاكل بينهما . (استمرّ)

٤- لم ______ أن أقول لهم الحقيقة حتى لا يغضبوا . (أحبّ)

٥- هل يمكن أن ترسل لي هذه الرسالة إذا ______ بمكتب البريد ؟ (مرّ)

٦- ضربت سيارتي سيارة اخرى فـ ______ إلى شراء سيارة جديدة . (اضطرّ)

٧- أصبحت ______ بالسياسة بعد سفري الى الشرق الاوسط . (اهتمّ)

٨- بعد خروج الأتراك من سوريا قام الفرنسيون بـ ______ ها . (احتلّ)

٩- أتى أصدقائي للعشاء في بيتي فـ ______ لهم بعض المأكولات العربية. (أعدّ)

١٠- اشترينا كل ما نحتاج اليه ______ لرحلتنا الى الجبال. (استعدّ)

تمرين ١٧ نشاط قراءة

تعلموا هذه الكلمات والعبارات:

دَوريّة ج. -ات	periodical
فَتاة ج. فَتَيات	بنت ، شابة
فَتَحَ *open* الباب أمام ...	
لَعِبَ دَوراً *role* في ...	
إلى حَدٍّ *extent* كبير	

عرفت المرأة العربية الصحافة مبكرًا قبل الدعوة لتحرير المرأة، بل إن الصحافة النسائية لعبت دورًا في تحرير المرأة وتنبيهها الى دورها الصحيح في بناء الأسرة والمجتمع. وكانت أول دورية نسائية ظهرت في العالم العربي تلك التي أنشأتها هند نوفل في مصر باسم «الفتاة» عام ١٨٩٢م ، تعرّف هند نوفل المجلة بقولها: «إنها ... ستهتم بما يتصل بحالة المرأة ومركزها الطبيعي في الأزمنة الغابرة والقرون المتوسطة، وما وصلت إليه في هذا العصر، عصر التمدن والآداب سواء كان في العلم والآداب أو الطباع والأخلاق، أو في الملابس والأزياء، أو التربية، أو بكل ما هو لازم لها من الخياطة والرسم والتصوير، مع ترتيب المنزل وتربية الأولاد». وهكذا فتحت مجلة "الفتاة" لهند نوفل الباب أمام الصحافة النسائية في العالم العربي.

وقد شهد النصف الأول من القرن العشرين تطورًا في الصحافة النسائية من ناحية تنوعها وانتشارها، وبلغ عددها ٦٢ صحيفة ومجلة منها ٣٠ مجلة وجريدة في مصر. نذكر منها ما يلي:

-«أنيس الجليس» (١٨٩٨-١٩٠٨ م) لصاحبتها ورئيسة تحريرها الكسندرا أفرينو. اهتمت بوسائل تربية الأطفال وبالأزياء، وتأثرت الى حد كبير بالعادات والتقاليد الأوروبية.

-«السيدات» (١٩٠٣-١٩٣٠). أصدرتها روز حداد، وكانت تقلد المجلات التي تصدر في بريطانيا، تخصصت بالترتيب المنزلي والمطبخ وكيفية إعداد المائدة وموائد الشاي وأصنافها، واهتمت أيضًا بتزيين المرأة وأزيائها، ونادت بتعليم الفتاة. وكانت توزع في بلاد الشام خارج مصر، وفي أمريكا اللاتينية حيث يتواجد المهاجرون السوريون.

-«فتاة الشرق» (١٩٠٦-١٩٣٩). أصدرت هذه المجلة لبيبة هاشم وهي من رواد الحركة النسائية في مصر، وكانت تقوم بتحرير المجلة وإخراجها، وترجمة المواد الأجنبية، كما كانت تقوم بتوزيعها بنفسها. ونادت بتعلّم البنات واهتمّت باللغة العربية وتربية الأطفال والمشاكل الاجتماعية، واهتمّت بوظيفة المرأة في البيت مثل أعمال المطبخ والخياطة وترتيب أثاث البيت.

-«ترقية المرأة» -(١٩٠٨). صدرت هذه المجلة عن جمعية ترقية المرأة. وأصدرتها السيدة فاطمة راشد زوجة المفكر محمد فريد وجدي صاحب جريدة الدستور والتفسير الشهير للقرآن الكريم، وقد اعتمدت على نشر الدعوة الإسلامية بين النساء، وكانت تصدر شهريًا .

-«الجنس اللطيف» (١٩٠٨-١٩٢١). أصدرتها ملكة سعد، وانتقدت فيها اهتمام المرأة بالزينة وإهمالها تنمية قدراتها العقلية. وكتبت في العدد الأول تقول: «إن هدف هذه المجلة هو ان تأخذ المرأة مكانها كإنسانة تعرف أن الحرية ليست التزين بالملابس الفاخرة، لكن الحرية هي أن نعرف ما لنا وما علينا من حقوق». واهتمت المجلة بتربية الأبناء ومعاملة الزوج كزميل وشريك.

وانتشرت بعد ذلك المجلاّت النسائية في العالم العربي وحملت معظمها أسماء نسائية مثل «شذا» و«ريما»، و«سحر»، ومعظم هذه المجلات تصدر في لبنان حيث يبلغ عدد الدوريات النسائية الشهرية والأسبوعية التي تصدر في لبنان ١٤ دورية. وفي الكويت تتعدّد المجلات النسائية كمجلة «أُسرتي» التي صدرت في الستينات عن دار «أجيلي» للطباعة والنشر، وفي السعودية تصدر مجلة «سيدتي» عن دار الشرق الأوسط ومجلة «الشرقية». وفي السودان صدرت مجلة «نساء السودان» عام ١٩٨٣م. عن الاتحاد الاشتراكي، وكتبت فيها صحفيات سودانيات. وفي قطر تصدر مجلة «الجوهرة» شهريا منذ يناير (كانون الثاني) عام ١٩٧٧م. عن مؤسسة العهد للصحافة والطباعة والنشر وتهتم بشؤون المرأة وقضاياها. وفي العراق يتولى الاتحاد العام لنساء العراق إصدار الصحف النسائية. وفي الأردن ظهرت مجلة «فتاة الغد» في الخمسينات بحكم زيادة عدد الصحف والدوريات المتخصصة في تلك الفترة. وتصدر في اليمن الديمقراطية مجلة «نساء اليمن» عن الاتحاد العام لنساء اليمن وتوزع منها الفا نسخة وتطبع بمطابع المؤسسة العامة للطباعة والنشر. وفي الإمارات العربية المتحدة تصدر مجلة «زهرة الخليج».

من كتاب «دراسات في الصحافة المتخصصة»، د. صلاح عبد اللطيف ود. غازي زين عوض الله
المجموعة الاعلامية للطباعة والنشر والتوزيع، جده ، ١٤١١ ه.

أسئلة :

١- اكتبوا عنوانًا مناسبًا لهذا النص .

٢- أكملوا الجدول التالي بمعلومات من المقالة :

اسم المجلة	صاحبتها	مكان صدورها	اهتماماتها
١-			
٢-			
٣-			
٤-			
٥-			

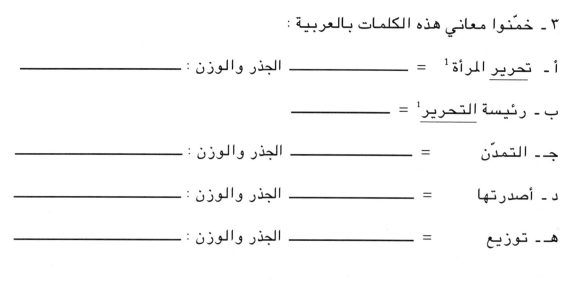

٣ - خمّنوا معاني هذه الكلمات بالعربية :

أ - تحرير المرأة[1] = ____________ الجذر والوزن : ____________

ب - رئيسة التحرير[1] = ____________

جـ - التمدّن = ____________ الجذر والوزن : ____________

د - أصدرتها = ____________ الجذر والوزن : ____________

هـ - توزيع = ____________ الجذر والوزن : ____________

٤- كيف تطورت الصحافة النسائية من بداية هذا القرن إلى اليوم ؟

٥- ما هي المعلومات التي تقدَّم في آخر فقرة *paragraph* ؟

٦- ما المعلومات الجديدة التي عرفتها عن الصحافة النسائية العربية من هذا النص؟

٧- دراسة القواعد في النص:

a. Copy and vowel the passages containing numbers in paragraph 2:

b. Find two examples of the construction كان + فعل مضارع and translate:

---

[1]Note that تحرير has two different meanings. How do the contexts of these two phrases help you to distinguish them?

تمرين ١٨ دراسة المفردات

أ ـ اختاروا الكلمة المناسبة لكل جملة :

١ـ بدأت ــــــــــ الايرانيَّة في عام ١٩٧٩ على يد عدد كبير من رجال الدين .

أ. الذكرى ب. السُلطة جـ. الثورة د. البركة

٢ـ والدتها ــــــــــ جداً فهي تملك الكثير من الأراضي والبنايات .

أ. متواضعة ب. فقيرة جـ. عصرية د. غنيّة

٣ـ ستقوم الحكومة التونسية بعدد من المشاريع التي ــــــــــ الى تشجيع السياحة وتطويرها في كل المناطق .

أ. تُلَمّح ب. تقدِّم جـ. تمتدّ د. تهدف

٤ـ ارغب في شراء "كومبيوتر" ولكني لا أعرف كيف ــــــــــهُ .

أ. أتبع ب. أستخدم جـ. أصنع د. أحضِّر

٥ـ عبد الكريم طالب ذكي ولكنه بحاجة الى أن ــــــــــ أكثر على دراسته .

أ. يشتهر ب. يتطور جـ. ينادي د. يركّز

٦ـ انقطعت الطريق بين بيروت ودمشق بسبب الثلج، ولذلك سنضطرّ أن ننتظر حتى ــــــــــ مرة اخرى.

أ. تُنقَل ب. توصَف جـ. تُفتَح د. توضَع

٧ـ عندي أفكار عن هذا الموضوع ولكني لا أعرف كيف ــــــــــ .

أ. أُعبّر عنها ب. أشرف عليها جـ. أنادي عليها د. اهتمّ بها

٨ـ إذا كنتم ترغبون في الاشتراك في الرحلة إلى الاسكندرية فمن اللازم أن ــــــــــ أسماءكم هنا .

أ. تبلغوا ب. تصفوا جـ. تسجّلوا د. تحدّثوا

٩ـ ركّزت المُحاضِرة في حديثها على ــــــــــ الصحافة في المجتمعات الديموقراطية.

أ. دور ب. طريقة جـ. طبعة د. منظر

١٠- ذكر وزير الزراعة انَّه ، ابتداءً من اول يناير القادم ، لن يُسمح بقطع ______ في المنطقة الجنوبية من البلاد .

أ. المحيطات ب. الجبال جـ. الأشجار د. الأحياء

١١- ______ نجيب محفوظ أول مجموعة قصصية له عام ١٩٣٨ .

أ. ضرب ب. أصدر جـ. نظر د. زَيَّن

١٢- يحتفل الامريكييون بعيد الاستقلال في الرابع من يوليو وتُقام في هذا اليوم من كل سنة احتفالات رسمية و______ .

أ. اجتماعيّة ب. عاطفيَّة جـ. زراعيَّة د. شعبية

ب ـ اختاروا المعنى المناسب للكلمة التي تحتها خط :

١٣- أهم شيء بالنسبة لي ، هو أن استطيع التعبير عن وجهة نظري بحريَّة .

أ. رأيي ب. حقيقتي جـ. حالي د. شعوري

١٤- وقعت الحرب العالمية الأولى في أوائل القرن العشرين .

أ. وضعت ب. أقامت جـ. حدثت د. أتت

١٥- انا مشغولة جدا صباح السبت، فمن اللازم أن أنزل الى السوق لشراء بعض الأشياء ثم أحضّر الغداء وآخذ الأولاد الى النادي وفوق هذا كله من اللازم ان آخذ سيارتي الى الكاراج لإصلاحها .

أ. بالإضافة الى هذا ب. لذلك جـ. هكذا د. مع هذا

١٦- تعتبر دمشق من أقدم المدن في العالم إذ يعود تاريخ إنشائها الى القرن العاشر قبل الميلاد .

أ. تأسيسها ب. إخراجها جـ. انطلاقها د. استكشافها

١٧- مضى على اكتشاف « البنسيلين » اكثر من مئة عام .

أ. تمَّ ب. غيَّر جـ. مرَّ د. تأخَّر

تمرين ١٩   استخدام اسم الفاعل والمصدر

In order to complete these sentences, you must decide whether the context calls for اسم الفاعل or المصدر. Use the correct form:

١ـ هناك آراء كثيرة في كيفية ــــــــــــ الاسلام بسرعة إلى آسيا وشمال أفريقيا. (انتشر)

٢ـ «الكوكايين» ــــــــــــ في الأحياء الشعبية في المدن الكبيرة في الولايات المتحدة . (انتشر)

٣ـ يعتبر جورج واشنطن من ــــــــــــ الولايات المتحدة الامريكية. (أسّس)

٤ـ تمّ ــــــــــــ الدولة العباسية سنة ٧٥٠م. على يد أبي العباس السفاح. (أسّس)

٥ـ عندما أبلغ الصف ــــــــــــ في اللغة العربية إن شاء الله ، سأبدأ بقراءة كتب التاريخ القديمة. (تقدّم)

٦ـ خلال إقامتي في سوريا حدث ــــــــــــ كبير في فهمي للغة العربية. (تقدم)

٧ـ لا أحب ــــــــــــ عن أي موعد . (تأخّر)

٨ـ بدأنا نأكل العشاء قبل وصولك لأنك جئت ــــــــــــ . (تأخّر)

٩ـ اشتهر جرجي زيدان بكتابة الروايات التاريخية ، وهو ــــــــــــ مجلة «الهلال» المصرية في أوائل القرن العشرين. (أنشأ)

١٠ـ يريد أهل البلدة القيام بـ ــــــــــــ كنيسة جديدة وهم الآن يجمعون الاموال لهذا المشروع. (أنشأ)

تمرين ٢٠   الإضافة في المقارنة

Form إضافات with the pairs in parentheses and compare them in sentences:

١ـ (موظفون/الشركات الخاصة) (موظفون/الحكومة):

٢ـ (والدان/صديقتي) (والدان/انا):

٣ـ (مسيحيون/مصر) (مسيحيون/لبنان):

٤ـ (عينان/أختي) (عينان/أمي):

تمرين ٢١ — نشاط استماع

لاحظوا هاتين الكلمتين :

حَوّاء — Eve

أزْياء — ملابس

والآن استمعوا إلى الشريط واكتبوا الكلمات الناقصة :

مجلة «حواء»

ـــــــ مجلة «حواء» من أكبر المجلات ـــــــ المعاصرة وـــــــ حيث ـــــــ العدد الأول منها في ـــــــ يناير/كانون الثاني عام ـــــــ، وبدأت ـــــــ تحت اسم «حواء الجديدة» عن ـــــــ دار الهلال. وكانت رئيسة تحريرها في ذلك الوقت السيدة أمينة السعيد التي تعتبر ـــــــ ـــــــ تحرير لمجلة نسائية معينة لأنه قبل ذلك كان ـــــــ المجلات سواء كانوا ـــــــ أو رجالا هم رؤساء التحرير .

وظلت المجلة ـــــــ ـــــــ حتى عام ١٩٥٧ ثم تحولت إلى مجلة ـــــــ باسم «حواء» فقط، وأضيفت إليها ـــــــ جديدة ـــــــ بها حتى الآن ، ومن هذه الأبواب: «ـــــــ حواء» وفيه ردود على ـــــــ القراء ، «مشاكل ـــــــ على الشاشة» وهو ملخص لقصة فيلم وإبراز دور المرأة فيه ، «مع حواء في شهر» وهي أخبار ـــــــ عن أنشطة المرأة في مختلف المجالات، «حول العالم مع المرأة» وهو عبارة عن ـــــــ ومقالات ـــــــ عن ـــــــ ـــــــ، «القصص» و ـــــــ المجلة ـــــــ عربية ومترجمة وقصصاً قصيرة، «الأزياء» وتقع صفحاتها عادة في ـــــــ المجلة في نحو ـــــــ – ـــــــ صفحات وـــــــ الصور ـــــــ إلى جانب ـــــــ و ـــــــ، وبذلك ـــــــ الأزياء ١٥٪ من صفحات المجلة وهي ٥٢ صفحة، «الأطباق» ويهتم ـــــــ و ـــــــ الوجبات الغذائية، «موضوعات ـــــــ حول الأطفال والتربية»، و«رسالة أوروبا» وتتناول أحداثاً وـــــــ من ـــــــ الأوروبية.

من كتاب «دراسات في الصحافة المتخصصة » ، د. صلاح عبد اللطيف ود. غازي زين عوض الله ، المجموعة الإعلامية للطباعة والنشر والتوزيع ، جدة ، المملكة العربية السعودية ، ١٤١١ هـ .

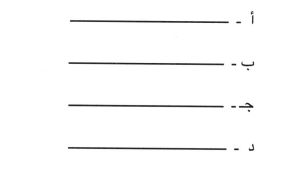

تمرين ٢٢   نشاط استماع

من برنامج « حدث في مثل هذا اليوم »
من التليفزيون المصري

تعلموا هذه الكلمة :

ثَوْرة ج. -ات   revolution

قبل المشاهدة :

للمناقشة : ماذا حدث في مصر في يوم ٢٣ يوليو عام ١٩٥٢ ؟ من قام بذلك ؟

شاهدوا الفيديو :

١ـ ماذا حدث في عام ١٩٥٣ ؟

شاهدوا الفيديو مرة ثانية :

٢ـ اكتبوا أسماء الناس المشهورين الذين ذُكروا في البرنامج :

أ - ______________

ب - ______________

جـ - ______________

د - ______________

٣ـ ماذا قيل عن طباعة هذه الصحيفة اليوم ؟

شاهدوا الفيديو مرة ثالثة :

٤ـ ما كان سبب إنشاء الجريدة ؟

تمرين ٢٣ نشاط قراءة ومحادثة

توزع أعداد مختلفة من صحيفة أو صحف عربية على الطلاب ، يطلب منهم معرفة الأقسام والأبواب المختلفة في الصحيفة وأي معلومات اخرى يستطيعون إخراجها منها . ثم يقدّمون ما وجدوا للصف .

تمرين ٢٤ نشاط محادثة : الصحافة الجامعية

تحدث/ي مع زميل لك في الصف عن الصحافة في جامعتكم، لتعرف/ي:

ماذا يقرأون من الصحف والمجلات التي تصدر في الجامعة؟

ما هي صحيفتهم المفضلة ؟

لماذا يفضلونها على غيرها؟

ما هي الأبواب (الأقسام) التي يحبون قراءتها؟

من أين يحصلون على الصحف؟ بكم يشترونها؟

هل يعرفون أحداً يعمل كاتباً أو محرراً في إحدى الجرائد؟

إذا كانت عندهم فرصة للكتابة في إحدى الجرائد ، عن أي موضوع سيكتبون؟

لو أصبح /ت رئيس/ـة التحرير لإحدى هذه الجرائد، ما هي التغييرات التي سيقوم/ستقوم بها؟

تمرين ٢٥ نشاط كتابة

استخدام أدَوات الرَبط *connectors*

On the next page you will find a list of sentences containing information about an important figure of the nineteenth century. Using connectors, join the sentences into coherent paragraphs (marked by spaces). Use pronouns to replace repetitive phrases and parallel constructions to link the short sentences into longer ones. You may want to use some of these أدوات الربط :

و	فـ	مع أنّ (فإنّ)	ولذلك فـ	وهكذا
ثمّ	حيث	كما (+ فعل)	كما أنّ	وهناك

رِفاعة رافِع الطَّهطاوي

(١٨٠١-١٨٧٣)

يعتبر رفاعة رافع الطهطاوي من رجال النهضة العلمية الحديثة في مصر.
يعتبر رفاعة رافع الطهطاوي من الاوائل الذين شاركوا في تطوير الصحافة العربية .
ولد الطهطاوي في بلدة طهطا .
نشأ الطهطاوي في اسرة فقيرة في طهطا .
تعلم الطهطاوي القراءة والكتابة في طهطا .
انتقل الطهطاوي إلى القاهرة .
التحق الطهطاوي بالجامع الأزهر .
درس الطهطاوي اللغة العربية والدين الإسلامي في الأزهر.

عُيِّن الطهطاوي إماما للطلاب المصريين الذين أرسلوا إلى فرنسا للدراسة هناك.
أقام الطهطاوي في فرنسا بين ١٨٢٦ و١٨٣٦ .
درس الطهطاوي على يد كبار المستشرقين في فرنسا.
كان الطهطاوي رجل دين.
اهتمّ الطهطاوي بالعلوم والآداب الغربية.

لما رجع الطهطاوي إلى مصر بدأ يعمل في الصحافة .
عمل الطهطاوي محرراً في صحيفة «الوقائع المصرية».
حين رجع الطهطاوي إلى مصر كتب كتاباً بعنوان «تخليص الابريز في تلخيص باريز».
وصف الطهطاوي في كتاب «تلخيص باريز» حال النساء في فرنسا والدور الذي يلعبنه في الحياة العامة .
تحدث الطهطاوي في كتاب «تلخيص باريز» عن مختلف أنواع النشاطات التي تقوم بها المرأة الفرنسية .
ركز الطهطاوي في كتاب «تلخيص باريز» على أهمية تعليم البنات .
ركز الطهطاوي في كتاب «تلخيص باريز» على ضرورة مشاركة النساء في الحياة العامة.
ترجم الطهطاوي عددا كبيرا من الكتب العلمية من الفرنسية إلى العربية .
يعتبر الطهطاوي واحداً من المفكرين الذين شاركوا في تطوير الفكر العربي في بداية هذا القرن .

٤ـ مَهَمّة الجامعة

في هذا الدرس:

الثقافة:	من الأدب والفكر العربيين
القراءة:	مهمة الجامعة
	ندوة عن تاريخ الجزيرة العربية
الاستماع:	الجزائر تحت الاحتلال الفرنسي
	تاريخ الجامعات الاسلامية
التراكيب:	اسم المكان
	جمع التكسير والممنوع من الصرف
	إن وأخواتها
	الأفعال «رأى» و«دعا» و«مشى»

تذكروا ولاحظوا :

sociology	(علم) الاِجْتِماع	<—	اِجتِماعيّ
society	مُجْتَمَع ج. -ات	<—	
beauty	جَمال	<—	جَميل
aesthetics	علم الجمال	<—	
carrier	حامِل ج. -ون / حَمَلة	<—	حمل ، يحمِل ، الحَمْل
to graduate (someone)	خَرَّجَ	<—	تَخَرَّجَ
to take (someone)	يَذهَب بـ	<—	ذهب ، يذهَب ، الذَهاب
reference (e.g., book)	مَرْجِع ج. مَراجِع	<—	رَجَعَ
center	مَرْكَز ج. مَراكِز	<—	رَكَّز على
politics	السِّياسة	<—	سِياسيّ
	طَلَبة = طلاب	<—	طالب ج. طلاب
normal, usual, ordinary	عاديّ	<—	عادةً ، عادة ج. عادات
to prefer something over	فَضَّلَ ـه على	<—	مُفَضَّل
thought (abstract)	الفِكْر تاريخ الفكر الإسلامي	<—	فِكرة ج. أفكار
to discover	اِكتَشَفَ	<—	اِستَكشَفَ
seminar, symposium	نَدْوة ج. نَدَوات	<—	نادٍ / النادي ج. نوادٍ / النوادي
theory	نَظَرِيّة ج. -ات	<—	نَظَرَ ، يَنظُر ، النَظَر
(also) to take up (e.g., topic)		<—	تَناوَلَ
within reach of	في مُتَناوَل ...	<—	
to be wide enough for	اِتَّسَعَ لـ ، يَتَّسِع	<—	واسِع

من القاموس

أَمَنَ ، يُؤمِن ، الإيمان بـ / أنّ	to believe in/that
بَحَثَ عن ، يبحَث عن ، البَحث عن	to look for, search for
بَحث (علمي) ج. أبحاث	research; research paper
كتبت بحثًا عن تطور الزراعة في الجزائر تحت الاحتلال الفرنسي .	
بَعْثة ج. بَعَثات	mission, delegation, group of exchange students
بعثة دراسية ، بعثة ديبلوماسية	
تِلْميذ ج. تَلاميذ	pupil, student
ثَوْرة ج. -ات	revolution
جَعَلَ ، يَجعَل ، الجَعْل	to make, cause to
تشجيع أساتذتي لي جعلني أهتمّ بدراسة الفن الإسلامي .	
جعلت الحكومة يوم ٨ مارس يوم عطلة للاحتفال بعيد المعلّم .	
حَديث	modern, new
الفنّ الحديث ، الأدب الحديث ، العصر الحديث	
حَرَكة ج. -ات	movement
اِختَرَعَ	to invent
خَطِر / خَطير	dangerous; serious
دَعا إلى ، يَدعو الى ، الدَعْوة الى	to invite to, call for
دَعوة ج. دَعَوات	invitation; call
بدأ النبي محمد الدعوة إلى الإسلام وهو في الأربعين من عمره .	
وصلتني أمس بطاقة دعوة لحفلة استقبال عند رئيس الجامعة .	
رَأى ، يَرى ، الرُؤْية	to see

spiritual	روحيّ
spirit, soul	روح ج. أرواح
to be or become more (than)	زادَ (عن) ، يَـزيد ، الزِيـادة
diploma, degree	شَـهادة ج. -ات
genius	عَبْقَريّ ج. عَباقِرة
palace	قَـصْر ج. قُـصور
seat	مَقْعَد ج. مَقاعِد
to lead; to drive, fly (e.g., car, plane, etc.)	قادَ ، يَقود ، القِيـادة
leader	قـائِد ج. قـادة
enough	كافٍ / الكافي
to suffice	كَفى ، يَكفي ، الكِفايـة
to walk	مَشى ، يَمْشي ، المَشي
to discuss	نـاقَـشَ
discussion	مُـناقَـشة ج. -ات
rebirth, renaissance	نَـهْضة
mission, function, important task	مَهَمّة ج. مَهامّ
to distribute	وَزَّعَ
connection, link, tie, bond	صِلة ج. -ات
to send, dispatch (a delegation)	أَوْفَدَ ، يُوفِد ، الإيفاد
delegation	وَفْد ج. وُفود

إنّ اللهَ جميلٌ يُحِبُّ الجمال

تمرين ١ اكتبوا الكلمة المناسبة في الفراغ :

ندوة	الحركات	قصر	مقعد	المركز
الاختراع	خرّجت	توزيع	حملة	نناقش
يمشي	جمال	عبقري	اِكتشف	جعلوا

١- أحب هذه المنطقة الجبلية بسبب طقسها و ________ مناظرها .

٢- لا يمكنك الحصول على هذه الوظيفة إلا إذا كنت من ________ شهادة الماجستير .

٣- أُسست الكليّة الحربيّة في لبنان في الأربعينات من هذا القرن و ________ حتى الآن ما يزيد عن عشرة آلاف ضابط .

٤- مع أنَّ جدي قد بلغ الثانية والثمانين فإنه ما زال ________ مثل أي شاب .

٥- كان يا ما كان في قديم الزمان ، كان هناك ملك عظيم اسمه هارون الرشيد يسكن في ________ كبير في مدينة بغداد .

٦- ألْبِرت أيْنشتاين عالم فيزيائي ________ أضاف الكثير الى الفكر الانساني .

٧- كان الحكواتي جالساً على ________ ـه في وسط المقهى وكان الناس جالسين حوله يستمعون اليه باهتمام كبير .

٨- هناك مشاكل كثيرة بيننا ومن اللازم أن نجلس و________ ـها معًا .

٩- عندما احتلّ الفرنسيون الجزائر ________ الفرنسية اللغة الرسمية في البلد.

١٠- أقامت كلية الاقتصاد في جامعة الرباط ________ لمناقشة السياسة الاقتصادية الجديدة ، وقد شارك فيها عدد من المتخصّصين والخبراء .

١١- ________ أولادي طريقة جديدة لتلوين البيض لعيد الفصح .

١٢- لا اعرف كيف تستطيعين ________ وقتك بين العمل والدراسة والموسيقى! هل تكفي ساعات النهار لكل هذه الأشياء؟!

١٣- مدينة الرباط هي عاصمة المغرب ولكن مدينة الدار البيضاء هي ________ الاقتصادي في البلاد .

١٤- ستركز المحاضرة على ________ الاسلامية التي ظهرت في مصر في السنوات الأخيرة .

تمرين ٢ اختاروا الكلمة المناسبة:

١- سمعت عن هذا الفندق أنّه من الدرجة الاولى وأن الخدمة فيه ممتازة ولكني ، بعد الإقامة فيه ، وجدت أنه ______ جداً .

أ. اجتماعي　　ب. عصري　　جـ. عادي　　د. متنوّع

٢- على الرغم من أنها تعمل في وظيفتين فإن المال الذي تحصل عليه لا ______ اسرتها .

أ. يقطع　　ب. يصنع　　جـ. يزيّن　　د. يكفي

٣- قيادة السيّارة بعد شرب الكحول شيء ______ جداً .

أ. طبيعي　　ب. خطير　　جـ. أساسي　　د. خفيف

٤- بالرّغم من أن هذه الغرفة تبدو صغيرة فإنها ______ كثير من الناس .

أ. تتّسع لِـ　　ب. تتكوّن من　　جـ. تحتفل بـ　　د. تضطر إلى

٥- عندما تكتب بحثا علميا فمن الضروري أن تذكر كل ______ التي استخدمتها في البحث .

أ. الحقائق　　ب. المراجع　　جـ. الأنواع　　د. الذكريات

٦- هناك اختلاف كبير على ______ تطوُّر الطبيعة التي جاء بها «داروين» في القرن التاسع عشر .

أ. نظرية　　ب. تجربة　　جـ. ذكرى　　د. سلطة

٧- اهتمّ محمد علي باشا والي مصر بتطوير الزراعة والتعليم في مصر فأرسل كثيراً من الطلاب المصريين في ______ للدراسة في اوروبا .

أ. دوريات　　ب. حكومات　　جـ. وجبات　　د. بعثات

٨- وصل الى عمّان أمس ______ اسرائيلي رسمي لمناقشة موضوع السلام.

أ. مركب　　ب. وفد　　جـ. شعب　　د. مشروع

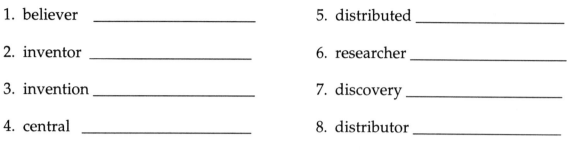

تمرين ٣ | كيف نقول بالعربية :

1. believer _____   5. distributed _____

2. inventor _____   6. researcher _____

3. invention _____   7. discovery _____

4. central _____   8. distributor _____

والآن استخدموا هذه الكلمات في جمل.

تمرين ٤ | أجيبوا عن هذه الاسئلة :

١ـ هل عندك سيارة؟ متى اشتريتها؟ لِكم شخصٍ تتّسع؟ هل يقودها أحد غيرك؟

٢ـ هل تمشي/ن الى الجامعة ام تذهب/ين بالسيارة / بالاوتوبيس؟

٣ـ متى كانت آخر حفلة ذهبت اليها؟ من دعاك اليها؟ مع من ذهبت الى تلك الحفلة؟ من رأيت هناك؟

٤ـ طلبت الجامعة منك أن تدعو ٤ أشخاص فقط الى حفلة تخرّجك بعد شهر، فمن ستدعو؟ لماذا؟ على أي شهادة ستحصل/ين إن شاء الله؟

٥ـ إذا حضر أصدقاء من الشرق الاوسط لزيارتك فأين ستذهب/ين بهم؟

٦ـ اذكر/ي لنا ٣ أشياء تفضّل/ينها على ٣ أشياء أخرى.
ما الأشياء التي تجعلك سعيداً؟
اذكر/ي لنا شيئا تؤمن/ين به .

٧ـ ما هي المواضيع التي تناقشها الجرائد والأخبار في هذه الأيام؟

٨ـ من هو الفريد نوبل؟ كريستوفر كولومبوس؟ الأخَوان «رايت»؟

تمرين ٥

أكملوا الجداول التالية بالأفعال مشى ودعا ورأى. Write all vowels.

The charts give you enough information to derive the rest of the forms.

مشى

الضمير	الماضي	المضارع المرفوع	المضارع المنصوب
هو	مَشى	يَمشي	يمشيَ
هما	مَشَيا	يَمشيانِ	يَمشيا
هم	مَشَوا	يَمشونَ	
هي	مَشَت		
هما			
هُنَّ	مَشَيْنَ	يَمشينَ	
أنتَ	مَشَيْتَ		
أنتما	مَشَيْتُما		تَمشيا
أنتم			تَمشوا
أنتِ			
أنتما		تَمشيانِ	
أنْتنَّ		تَمشينَ	تَمشينَ
أنا			
نحن			

دَعا

الضمير	الماضي	المضارع المرفوع	المضارع المنصوب
هو	دَعا	يَدعو	يَدعوَ
هما	دَعَوَا	يَدعوانِ	يَدعوَا
هم	دَعَوا	يَدعونَ	يَدعوا
هي	دَعَت		
هما			
هُنَّ	دَعَوْنَ	يَدعونَ	
أنتَ	دَعَوْتَ		
أنتما	دَعَوْتُما		تَدعوَا
أنتم			تَدعوا
أنتِ		تَدعينَ	
أنتما		تَدعوانِ	
أنْتنَّ			تَدعونَ
أنا			
نحن			نَدعوَ

رَأى

الضمير	الماضي	المضارع المرفوع	المضارع المنصوب
هو	رَأى	يَرى	يَرى
هما	رَأيا	يَرَيانِ	يَرَيا
هم	رَأوا	يَرَوْنَ	يَرَوا
هي	رَأت		
هما			
هُنَّ	رَأَيْنَ	يَرَيْنَ	يَرَيْنَ
أنتَ	رَأَيْتَ		
أنتما	رَأَيْتُما		تَرَيا
أنتم			
أنتِ		تَرَيْنَ	تَرَيْ
أنتما		تَرَيانِ	
أنْتنَّ			تَرَيْنَ
أنا			أرى
نحن			

عبارات جديدة

أ ـ لا بُدَّ (من) أنْ = يجب أن ، من اللازم أن

– اذا كنت تريد الإقامة في القاهرة لأكثر من أسبوع **فلا بُدَّ من أن** تسجّل اسمك في قسم البوليس.

– **لا بُدَّ أن** تستخدم عدداً أكبر من المراجع في بحثك.

ب ـ (فـ ...) مَثَلاً for example, for instance

– هناك صفات مشتركة بين المدن العربية القديمة ففي كل مدينة **مثلا** نجد انّ الشوارع تقود الى وسط المدينة حيث يوجد قصر الحاكم والمسجد .

– في السنوات العشرين الأخيرة حدثت تغيّرات كبيرة في العلاقات العائلية في مجتمعنا فالأقارب **مثلاً** لا يزورون بعضهم بعضاً كما كان الحال من قبل .

ج ـ أيّامَها in those days

– هاجر خالي محمد وأسرته الى كندا في أواخر سنة ١٩٧٠ وكنت **أيامها** طفلاً صغيراً.

– ماتت عمّتي ، الله يرحمها ، في ربيع عام ١٩٩٣ وأذكر أننا كنا **أيامها** نستعدّ لعودة جدي من الحج .

د ـ على الأقلّ (≠ على الأكثر) at least

– أفهم انك لا تريد أن تتكلم معي ولكن يمكنك ان تقول لي «صباح الخير» **على الأقلّ**!

– أريدكم ان تبدأوا بتحضير العشاء الآن، وسأعود لمساعدتكم بعد نصف ساعة أو ساعة **على الأكثر**.

تمرين ٦ **والآن اكتبوا هذه العبارات في جمل.**

الثقافة من الأَدب والفِكر العربيَين

أَمينة السَعيد

كاتبة وصحفية مصرية من أول النساء اللواتي تخرجن من الجامعة في مصر، عينت رئيسة تحرير لمجلة «حواء» .

سُهَير القَلَماوي

من أوائل الأستاذات الجامعيات المصريات ، حصلت على الدكتوراه في الأدب العربي وكتبت عددا من الدراسات والأبحاث في الأدب العربي .

عَبّاس محمود العَقّاد (١٨٨٩-١٩٦٤)

شاعر وكاتب وصحفي كتب عددا كبيرا من الدراسات حول أعلام الإسلام ، منها «عبقرية محمد» و«عبقرية عمر» بالإضافة إلى عدة مجموعات شعرية .

طه حُسين (١٨٨٩-١٩٧٣)

أديب مصري يعرف بـ «عميد» *dean* الأدب العربي ، درس في الأزهر وفرنسا وحصل على أول شهادة دكتوراه تمنحها الجامعة المصرية (جامعة القاهرة الآن). عمل على نشر التعليم وأسس جامعتي الاسكندرية وعين شمس، كما كتب العديد من الدراسات الأدبية والروايات . ومن أشهر أعماله الأدبية "الأيام" وهي قصة حياته .

أحمد أمين (١٨٨٦-١٩٥٤)

مفكر ومؤرخ مصري عمل في المجمع العلمي العربي وكتب سلسلة من الكتب حول تاريخ الإسلام منها «فجر الإسلام» و«ظهر الإسلام» ونشر عدداً من المقالات في مجلتي «الرسالة» و«الثقافة».

مصطفى كامل (١٨٧٤-١٩٠٨)

صحفي مصري من القاهرة ، درس الحقوق في فرنسا وتشبع بروح الحرية هناك ثم رجع إلى مصر بفكرة تحرير البلاد من الحكم الأجنبي ، فأنشأ جريدة "اللواء" ودعا إلى الاستقلال .

الجامع الأزهر

أسس سنة ٩٧٢م. ليكون مركز الدعوة الفاطمية في مصر وشمال أفريقيا. سمّي بالأزهر نسبة إلى فاطمة الزهراء بنت النبي محمد وزوجة الإمام علي. وكانت الدراسة في الأزهر تركز على العلوم الدينية كالتفسير والفقه والحديث وكذلك على العلوم اللغوية كالنحو والأدب والبلاغة. أصبح الأزهر جامعة بالمعنى الحديث في القرن العشرين وكانت هذه الجامعة تتكون من كليات الشريعة وأصول الدين واللغة العربية، وبعد عام ١٩٦١ أضيفت إليها كليات الطب والهندسة والعلوم والتجارة والدراسات الإنسانية.

عصر النهضة

النهضة تعني «الولادة من جديد» وعصر النهضة في العالم العربي بدأ مع بدايات القرن التاسع عشر وشهد حركات فكرية واسعة هدفت إلى تطوير الفكر والأدب واللغة. ومن مظاهر النهضة العربية انتشار الطباعة وظهور الصحافة وإنشاء المدارس والجامعات والاهتمام بالتراث العربي وظهور فنون أدبية جديدة لم تكن معروفة من قبل كالرواية والقصة القصيرة والمسرحية.

تمرين ٧ **قبل القراءة:**

نشاط محادثة للتقديم في الصف :

ابحثوا في مَوسوعة *encyclopedia* أو اسألوا شخصاً متخصصاً في التاريخ العربي عن واحد من هذه الأحداث : حركة مصطفى كامل ، أو ثورة ١٩١٩ ، أو ثورة ١٩٣٦، وقدّموا المعلومات التي وجدتموها إلى الصف .

تمرين ٨ **القراءة الأولى**

١ـ ما هو الاختلاف الكبير الذي يذكره الكاتب بين الجامعة في الماضي والجامعة اليوم؟

٢ـ كيف يصف الكاتب العلاقة بين الأساتذة والطلاب في الماضي ؟

٣ـ ما هي بعض مشاكل الجامعة اليوم التي يذكرها الكاتب ؟

أ ـ

ب ـ

جـ ـ

مهمة الجامعة

زرت كلية الآداب بجامعة عين شمس ، وعلمت أن عدد طلابها الآن هو ١٦ ألف طالب وطالبة! وتذكرت كلية الآداب في أوائل الثلاثينات عندما كان عدد طلبتها يزيد قليلاً عن مائة، وعندما كان عدد الطالبات لا يزيد عن خمس طالبات، أذكر منهن أمينة السعيد وسهير القلماوي!

وكنت أيامها طالبا في كلية الحقوق، وكنت أرى أيامها الدكتور منصور فهمي أستاذ علم الجمال يمشي في الكلية باحثا عن تلميذه الوحيد حتى يعثر عليه في الحوش، ويأخذه من يده ليذهب به إلى غرفة المحاضرة !

وكان أجمل ما في الدراسة العلاقة الشخصية بين الأستاذ وطلبته. كان الأستاذ يعرف اسم كل طالب. وكان الأساتذة يدعون الطلبة لتناول الشاي في بيوتهم، وكانت هذه الصلة الروحية هي التي تصنع الحياة الجامعية الحقيقية .. والآن لا يستطيع أي أستاذ أن يعرف طلبته، فهو يتحدث بالميكروفون! ولا بد أن يسكن الأستاذ في قصر ليستطيع أن يتسع لعدد طلبة الفصل!

وأخطر من هذا أن مكتبات الكليات ليس فيها العدد الكافي من الكتب لتخدم هذا العدد الهائل من الطلبة ..

وبعض عباقرة هذه الأيام يفضلون الكم على الكيف .. فهم يفضلون كلية تخرج ألف متخرج عادي على كلية تخرج العقاد وطه حسين وأحمد أمين وثلاثة من العباقرة مثلاً! ولكن من الممكن أن نجعل الجامعة تخرج الأعداد وتخرج العبقريات في نفس الوقت إذا شجعنا النبوغ، وأوفدنا البعثات، وحصلنا على أحدث المراجع، وجعلنا الجامعة هي مركز حرية الفكر في البلد، تخرج منها الأفكار الجديدة، وتناقش فيها الآراء الحديثة، ونقيم فيها ندوات السياسة والأدب والاجتماع.

إن مهمة الجامعة أن تخرج كل عام ألف كتاب على الأقل، في كل علم وفن وصناعة. وأن تكون هذه الكتب في متناول الناس. وليست مهمة الجامعة إخراج حملة شهادات يوزعون على المكاتب والمصالح ، ولا يجدون مقاعد يجلسون فوقها، ولا مكاتب يعملون فيها!

مهمة الجامعة أن تقود التقدم في البلد ، منها تخرج النظريات الجديدة والاختراعات المبتكرة والاكتشافات الحديثة..

إن حركة مصطفى كامل خرجت من مدرسة الحقوق ، وثورة ١٩١٩ خرجت من الأزهر، وثورة الصناعة المصرية خرجت من كلية التجارة ، وثورة ١٩٣٦ خرجت من كلية الطب!

ونحن نؤمن أن النهضة الجديدة لا بد أن تخرج من كل جامعة وكلية في كل بلد عربي!

من كتاب «الـ ٢٠٠ فكرة» لمصطفى أمين، ص. ١٢٣-١٢٤
العصر الحديث للنشر والتوزيع ، القاهرة ، ١٩٨٧

تمرين ٩ القراءة الثانية

لاحظوا هذه الكلمات ثم اقرأوا مرة ثانية وأجيبوا :

حَوش	courtyard
عَثَرَ ، يَعثُر على	to stumble upon, find
النُبوغ	giftedness, exceptional talent
اِبتَكَرَ	to originate, create

١ـ ما هي الأشياء التي يجب القيام بها حتى تخرّج الجامعة الأعداد والعباقرة ؟

٢ـ ما رأي الكاتب في مهمة الجامعة ؟

٣ـ ما هي العلاقة بين الجامعة والثورة في التاريخ المصري؟

٤ـ اكتبوا وصفًا قصيرا للجامعات المصرية اليوم من المعلومات المقدّمة هنا :

٥ـ خمّنوا معنى: العدد الهائل = ______________ .

تحت أي جذر توجد هذه الكلمة في القاموس؟ ابحثوا عنها الى أن تجدوها.

(Hint: the root is **not** ل – ء – هـ . What else could it be?)

تمرين ١٠   دراسة القواعد والتراكيب في النص

1. Find in the text three جمل اسمية containing كان وأخواتها , and identify the اسم and خبر of each. Vowel the sentences and read them aloud.

2. Find two examples of جملة صفة . **Remember:** pay close attention to any **indefinite noun** (a) followed by a verb, or (b) followed by a sentence containing a pronoun that agrees with that noun.

3. In paragraphs 5 and 6, find two verbs whose contexts indicate that they are passive. Vowel and translate the sentences in which these verbs occur.

4. Study the following sentence from the text and identify in it اسم فاعل :

كنت أرى أيامها الدكتور منصور فهمي أستاذ علم الجمال يمشي في الكلية باحثا عن تلميذه الوحيد حتى يعثر عليه في الحوش، ويأخذه من يده ليذهب به إلى غرفة المحاضرة !

a. What case ending does it have? Why?

b. Explain the use of المضارع of the verb يمشي .

c. Now use المضارع to write a similar sentence about someone you saw doing something:

رأيت ____

5. We have introduced to you the idea of parallelism and its importance in Arabic style. Remember that parallelism occurs on many levels: single words, phrases and sentences. Find three examples of parallel construction in the text:

Parallel constructions occur frequently in expository writing because they add style, coherence, and cohesion to the argument, making the text more persuasive.[1] Parallelism can be an important clue to meaning: if you have understood one segment, you can then make an educated guess as to the meaning of a second parallel word or phrase and use your dictionary to better advantage. To see how, find the word المصالح in paragraph 6. What does its parallel noun tell you about the وزن and the meaning? Is it singular or plural? Look up the word in the dictionary. How can you tell which of the meanings given is the correct one here?

6. Determine the وزن of and vowel all verbs whose جذر is خ – ر – ج in the text (be prepared to read the sentences aloud with endings). What clues help you distinguish among the various أوزان and their meanings?

---

[1] Parallelism is also used in English rhetoric, especially in contexts such as political speeches.

القواعد

★ اسم المكان « مَفعَل(ـة) »

You have learned many words of the « مَفعَل(ة) » وزن, among them:

مدرسة مكتب مكتبة مطبخ مقهى مطعم مطبعة

All of these words are formed by fitting the جذور of nouns or verbs into وزن مَفعَل or مَفعَلة, and they all carry the basic meaning *the place of (meaning of* الجذر*)*. Thus the words listed above are derived from these nouns and verbs:

دراسة —> مَدرَسة ج. مَدارِس	كتب —> مَكتَب ج. مَكاتِب ، مَكتَبة ج. -ات
طبخ —> مَطبَخ ج. مَطابِخ	قهوة —> مَقهى ج. مَقاهٍ / المَقاهي
طعام —> مَطعَم ج. مَطاعِم	طبع —> مَطبَعة ج. مَطابِع

You can also see from this list that the plural of وزن مفعل(ة) is regularly مَفاعِل.

The addition of ة is unpredictable. In some cases, such as مكتبة, it is used to derive an additional place noun from a root whose مفعل pattern already carries a different meaning. In theory, an اسم مكان can be derived from any appropriate root; however, in practice, it is not often used to coin new words. Knowing the « مَفعَل » pattern will help you guess the meaning of new words whose جذر you already know and pronounce them correctly.

تمرين ١١

أ ـ ابحثوا عن اسم المكان في هذه الجمل وخمنوا معناه :

١- في الجزائر مَصانِع كبيرة للغاز الطبيعي والفوسفات .

٢- بدأت الحكومة السعودية تنشئ مزارع لتربية الدجاج وإنتاج البيض .

٣- بعد أن رجع من السعودية اشترى متجرا صغيرا في السوق ليعيش منه .

ب ـ اكتبوا اسم المكان من هذه الكلمات :

٤- السباحة : في النادي الذي أشترك فيه هناك ________ صغير .

٥- اللعب : وفي النادي أيضا ________ كبير لكرة القدم .

٦- الدخول : لا أعرف كيف أجد ________ هذه البناية .

★ جمع التكسير والممنوع من الصرف

By now you have internalized most of the patterns of جـمـع الـتَـكْـسـيـر *broken plurals.* For each group of nouns below, write الـوزن , then write the singular of each noun between the parentheses, as in the example. You should be able to find and identify the following أوزان :

مَفاعِل　　مَفاعيل　　أفعِلاء　　فُعَلاء　　فَعائِل　　أفاعِل

أفاعيل　　تَفاعِل　　تَفاعيل　　فَواعِل　　فَعاعيل

الوزن:

جرائد (جريدة)
حقائق (　　　)
نصائح (　　　)
دقائق (　　　)
قلائل (　　　)
أوائل (　　　)
رسائل (　　　)

الوزن:

طوابق (　　　)
حوادث (　　　)
جوامع (　　　)
عواصم (　　　)

الوزن:

فقراء (　　　)
لطفاء (　　　)
وزراء (　　　)
رؤساء (　　　)
أدباء (　　　)
خلفاء (　　　)
علماء (　　　)

الوزن:

مطابع (　　　)
مراكز (　　　)
مطاعم (　　　)
مساجد (　　　)

الوزن:

دكاكين (　　　)
شبابيك (　　　)

الوزن:

أذكياء (　　　)
أغنياء (　　　)

الوزن:

تواريخ (　　　)

الوزن:

أسابيع (　　　)

الوزن:

مشاريع (　　　)

الوزن:

تجارب (　　　)

الوزن:

أقارب (　　　)

Note that the أوزان you listed above share a common element: they all consist of three or more syllables. These plural أوزان belong to a set of nouns and adjectives that take special grammatical endings **when they are indefinite.** When these nouns are definite, with الـ or in an إضافة, they take regular case endings. The nouns and adjectives that belong to this set are called:

diptote: noun prevented from taking regular case endings	مَمنوع من الصَّرف

The case endings that these nouns and adjectives take **when they are indefinite** are:

المرفوع	المنصوب والمجرور
ــُـ	ــَـ

Note that these endings do not contain the تنوين that usually occurs in indefinite case endings, and that المجرور ending is فتحة, not كسرة. Study the following example from the text:

وليست مهمة الجامعة إخراج حملة شهادات يوزّعون على المكاتبِ
والمصالح، ولايجدون مقاعدَ يجلسون فوقها ، ولا مكاتبَ يعملون فيها !

In this sentence, the indefinite nouns مقاعد and مكاتب are direct objects of the verb يجدون, and they must take المنصوب ending. Since they are both broken plurals with three syllables, they are ممنوع من الصرف and take only فتحة without تنوين.

تمرين ١٢ **اكتبوا الكلمة في الشكل الصحيح مستخدمين** case endings :

١- مع أني لا أكتب ________ عادة ، فإني أكتب دائمًا إلى صديقة طفولتي. (رسالة)

٢- لا توجد ________ كثيرة في الأحياء الحديثة بمدينة الرباط ، ربما لأن الفرنسيين هم الذين أنشأوها. (مسجد)

٣- عملي يَضطَرّني أن أقيم في البحرين عدةَ ________ من كل سنة . (أسبوع)

٤- مررت بـ________ صعبة كثيرة في حياتي . (تجربة)

٥- ليست في غرفة صفنا ________ كافية لكل الطلاب ! (مقعد)

٦- خرّجت الجامعة الأمريكية في بيروت ________ و________ و________ كثيرين . (رئيس) (وزير) (أديب)

★ إنّ وأخواتها : إنّ وأنّ ولأنّ ولكنّ وكأنّ

You know that the particle إنّ is used to introduce a sentence complement to the verb قال . In the text مهمة الجامعة , you can see another of its uses: to identify and highlight the topic of a sentence or paragraph:

إنّ مهمة الجامعة أن تخرج كل عام ألف كتاب .

إنّ حركة مصطفى كامل خرجت من مدرسة الحقوق .

When it occurs at the beginning of a sentence, as it does in these examples, إنّ indicates that the noun that follows it is the topic of the sentence. إنّ is frequently used in expository texts (as opposed to narrative ones) because the topic or topics under discussion (rather than actions or events) are the focus of the text.

Grammatically, إنّ belongs to a group of particles called إنّ وأخواتها .[1] This group includes أنّ , لأنّ , لكنّ , and كأنّ , all of which must be followed by جملة اسمية headed by a topic noun or pronoun. The parts of this kind of جملة اسمية are called:

subject of the إنّ clause	اسم إنّ (وأخواتها)
predicate of the إنّ clause	خبر إنّ (وأخواتها)

The case ending of اسم إنّ differs from that of المبتدأ in that the former takes the case ending المنصوب (as you know, المبتدأ takes المرفوع ending). The case ending of الخبر إنّ retains the normal المرفوع ending. **Remember:** إنّ وأخواتها put the following noun or pronoun in المنصوب . The chart below summarizes these rules:

الجملة الاسمية مع إنّ وأخواتها	الجملة الاسمية
الاسم —> منصوب الخبر —> مرفوع	المبتدأ —> مرفوع الخبر —> مرفوع

Identify اسم إنّ and خبر إنّ in the following sentences and explain the case endings:

إنّ مهمةَ الجامعةِ إخراجُ ألفِ كتابٍ كل عام على الأقلّ .

سأترك وظيفتي لأنّي غيرُ سعيدٍ فيها. (Remember that ني is the منصوب of أنا)

لم أكن أعرف أنّ الشخصَيْن اللذين قابلناهما أمس عراقيان .

[1] Do not confuse أنْ with the particles in this group!

تمرين ١٣ إنّ وأخواتها

Identify اسم انّ و الخبر in each sentence and mark the appropriate case endings:

١ـ ذكرت كل الصحف أن الأحوال جيّدة الآن في الكويت بعد انتهاء الحرب .

٢ـ مع أنّ الرحالين العرب لم يقطعوا المحيط الاطلسي فإنهم أضافوا الكثير إلى علم الجغرافيا .

٣ـ كانت البنات في مدرستنا متفوقات على الأولاد ، ربما لأن أمهاتهن لم يسمحن لهن بالخروج كثيرا .

٤ـ هل تعرفون أن يوم الخميس القادم عطلة رسمية في كل المدارس ؟

٥ـ على الرغم من أنه ذكي جدا ، فإنه غير ناجح في حياته .

٦ـ تقول كاتبة المقالة إن التطور «الخطير» الذي يشغل الحكومة هذه الأيام هو أن الحركات الإسلامية أصبحت منتشرة في كل المحيطات الاجتماعية.

تمرين ١٤ الجملة الاسمية مع إنّ وأخواتها

Complete the following sentences with an appropriate جملة اسمية , using the correct endings for الاسم and الخبر :

١ـ قرأت أنّ ________________________________ .

٢ـ تأخرت في الوصول لأنّ ________________________ .

٣ـ طلبنا منها أن تأتي ولكنّ ______________________ .

٤ـ يقولون إنّ ___________________________________ .

٥ـ تظنّ بعض النساء أنّ __________________________ .

٦ـ بالرغم من ______________ فإن ______________ .

تمرين ١٥ استخدموا الشكل الصحيح للفعل

١ـ هل ________ منظرًا أجمل من هذا في حياتكم ؟! (رأى)

٢ـ أحب أن ________كم جميعًا لتناول العشاء عندنا في البيت . (دعا)

٣ـ أنا تعبانة جدا لأني ________ أمس أكثر من ميلين . (مشى)

٤ـ أتمنى أن ________ كل أقاربي في الاحتفال بعيد ميلاد جدتي . (رأى)

٥ـ أظن أنها لا تحب أن ________ لأنها تذهب الى كل مكان بسيارتها. (مشى)

٦ـ ماذا ________ عندما كنت في مصر يا جميلة ؟ (رأى)

٧ـ كثير من الناس ________ كل يوم للرياضة . (مشى)

تمرين ١٦ اسم الفاعل واسم المفعول

Expand your vocabulary by deriving verbs from the following اسماء فاعل ومفعول .
Give الوزن والمضارع and the meaning of each verb:

مشغول	________	مسرِع	________
مملّ	________	ممتِع	________
موظّف	________	والد	________
متخصِّص	________	لازم	________
متفوِّق	________	مفضَّل	________
متأخِّر	________	مناسِب	________
قادم	________	محيط	________
مقبول	________	المقارَن	________

تمرين ١٧ نشاط استماع

Listen to the following passage on tape and write in الـ where you hear it:

الجزائر تحت الاحتلال الفرنسي

عاشت جزائر تحت احتلال فرنسي مدة طويلة من زمن تزيد عن مئة وثلاثين سنة انتهت عام ١٩٦٢ بـ حصول جزائر على حريتها و استقلالها.

يرجع تاريخ وجود فرنسي في جزائر إلى عام ١٥٦٣، حين كانت جزائر ولاية عثمانية. وفي ذلك وقت بدأ اهتمام فرنسي رسمي بـ جزائر فأرسلت فرنسا أول بعثة ديبلوماسية لها إلى جزائر وبدأت بين بلدين صلات تجارية و اقتصادية.

وفي أوائل قرن تاسع عشر كانت فرنسا، كغيرها من دول أوروبية قد حققت تقدّما اقتصاديا كبيرا بسبب ثورة صناعية وبدأت تبحث عن أسواق جديدة و مناطق استراتيجية لوجودها سياسي و عسكري في آسيا و أفريقيا، فقررت احتلال جزائر وحدث ذلك عام ١٨٣٠ حين دخل فرنسيون مدينة جزائر واحتلوها ثم احتلوا مناطق اخرى في بلاد.

وكان فرنسيون ينظرون إلى جزائر على أنها جزء من فرنسا و امتداد طبيعي لها ولذلك قاموا بـ تشجيع فرنسيين على هجرة إلى جزائر.

وقد أثّرت هذه هجرة فرنسية على أحوال اقتصادية في جزائر وقلّلت من فرص عمل أمام جزائريين، ولذلك اضطر عدد كبير منهم الى هجرة إلى فرنسا لـ عمل هناك. وكان فرنسيون يتصرّفون في جزائر وكأنهم هم أصحاب بلاد حقيقيون ففي حين أنهم أنشأوا مدارس رسمية و خاصة وشجعوا اوروبيين على دخولها، فإنهم لم يسمحوا لـ جزائريين مثلا بـ التحاق بهذه مدارس.

وقد رفض جزائريون وجود فرنسي بينهم وقاموا بـ ثورات كثيرة تهدف إلى إخراج محتلين من بلادهم، وقد مات في هذه ثورات ما يزيد عن مليون جزائري و جزائرية ولذلك تعرف ثورة جزائرية بـ « ثورة مليون شهيد »

من كتاب «تاريخ العرب الحديث»، د. زاهية قدورة،
ص. ٤٩١–٥٢٥، دار النهضة العربية، بيروت، ١٩٨٥.

تمرين ١٨ اكملوا الفراغات بالكلمة المناسبة :

القرن	شهادة	دعا	استمرّت	يؤمن
نشر	ناقش	أتى	استخدام	الإصلاح
عبّر	تلميذ	على يد	المفكّرين	الفكر
المجتمعات	تصدر	وجهة نظر	روحية	الطريق

الامام محمد عبده (١٨٤٩ – ١٩٠٥)

يُعتبر الامام محمد عبده واحداً من أشهر رجال عصر النهضة في العالم العربي وواحداً من أهم ______ في تاريخ ______ الاسلامي .

ولد الامام في مصر في منتصف ______ التاسع عشر والتحق بالجامع الأزهر حيث درس العلوم اللغوية والدينية ______ شيوخ الأزهر. وفي سنة ١٨٧٧ تخرّج من الأزهر وحصل على ______ «العالمية» (الدكتوراه). وفي سنة ١٨٨٢ تعرّف الامام على مفكر مسلم آخر كان له تأثير *influence* كبير في حياته وهو السيد جمال الدين الأفغاني . وكان الافغاني في ذلك الوقت قد ______ الى القاهرة للتدريس فيها ، ودرس عبده على يد الافغاني الفقه والفلسفة وأصبح ______ ه المفضّل ونشأت بين الرجلين علاقة روحية وفكرية قويّة ______ سنوات طويلة .

اهتمّ الإمام بفكرة ______ الديني والسياسي والاجتماعي وكان ______ بأنّ ______ الى الاصلاح هو التعليم ، فـ ______ الى تعليم البنات والى أخذ العلوم من الغرب و ______ ها في تطوير المجتمعات الاسلامية . وقد ______ الإمام عن آرائه الاصلاحية وعن ______ ه في مشكلات ______ الاسلامية في عدد من المقالات التي ______ ها في عدد من الصحف والمجلات التي كانت ______ في ذلك الوقت وكذلك في عدد من الكتب.

تمرين ١٩ نشاط قراءة

تعلموا هذه الكلمة:

نظّم — to organize

اقرأوا المقالة التالية وأجيبوا عن الأسئلة:

١- ما هو خبر المقالة؟

٢- أين ستُقام الندوة؟ كم قسمًا سيشارك في تنظيمها؟

٣- من سيحضر الندوة؟

٤- كم بحثًا سيناقَش في الندوة؟ كم يومًا ستستمرّ ؟

٥- كم عدد الندوات التي أقيمت قبل هذه الندوة؟ ما كان موضوع كل ندوة منها؟

٦- كيف يمكن الحصول على المعلومات التي قدمت وستقدم في هذه الندوات؟

٧- ابحثوا في النص عن كلمة جديدة تعني :

تناول (موضوع) = ____________________

عصر = ____________________

historians = ____________________

ضمن سلسلة الدراسات التاريخية في جامعة الملك سعود

ندوة عالمية عن تاريخ الجزيرة العربية

الرياض: مكتب «الشرق الاوسط»

تستعد جامعة الملك سعود في الرياض لاستقبال نخبة من الباحثين والمؤرخين العرب والاجانب، للمشاركة في الندوة العالمية الرابعة، ضمن سلسلة ندوات «دراسات الجزيرة العربية»، التي تناقش موضوع «الجزيرة العربية في العصر الاموي».

وترجع تلك الاستعدادات المبكرة للندوة، التي ستنعقد في شهر مارس (آذار) المقبل الى الاهمية التي يتميز بها موضوع الندوة، والرغبة في تحقيق النتائج العلمية المرجوة من تنظيمها.

وقد صرح الدكتور عبد الرحمن الطيب الانصاري عميد كلية الآداب في الجامعة ان قسمي التاريخ والآثار في الكلية يشتركان في الاشراف على تنظيم الندوة، وقال – في لقاء مع «الشرق الاوسط» – انه تم توجيه الدعوة الى المتخصصين والمهتمين بهذه الحقبة من تاريخ الجزيرة العربية، لمناقشة ٤٠ بحثا تتناول جوانبها المختلفة على مدى اسبوع كامل في جلسات صباحية ومسائية.

واشار الى ان باحثين من اساتذة دراسات الشرق الاوسط بالجامعات العربية والاوروبية والامريكية سيشاركون فيها، وانهم ينتمون الى المملكة العربية السعودية ومصر والاردن وسورية والكويت والامارات، وكذلك الى الولايات المتحدة وبريطانيا والنمسا واستراليا.

وتناقش الندوة موضوعات تعالج مختلف مناطق الجزيرة العربية مثل الحجاز ونجد واليمن والبحرين وعمان خلال حقبة الامويين، وتلقي الضوء على تأثير الفتوحات الاسلامية على الكثافة السكانية في الجزيرة العربية، وانعكاساتها الاقتصادية والسياسية والثقافية.

وتعتبر الندوة احد مظاهر تزايد الاهتمام بتاريخ الجزيرة العربية في الاوساط العلمية، بعد نجاح الندوة العالمية الثالثة التي تبنتها جامعة الملك سعود في عام ١٩٨٣، وكانت من انجح الندوات، إذ انها انتجت رصيدا من المراجع العلمية، صدر بعضها في الجزءين الاول والثاني من المجلد الثالث في سلسلة دراسات تاريخ الجزيرة العربية، الذي يحمل اسم «الجزيرة العربية في عصر الرسول والخلفاء الراشدين».

واضاف عميد كلية الآداب ان هذه المراجع المهمة تحظى بتقدير الباحثين في مختلف انحاء العالم.

وقال ان «دراسات تاريخ الجزيرة العربية» هو عنوان سلسلة جديدة من الدراسات، تضم الابحاث التي قدمت في الندوات العالمية التي نظمتها كلية الآداب حول الموضوع.

وجدير بالذكر ان الندوة الاولى كانت حول «مصادر تاريخ الجزيرة العربية» في عام ١٩٧٧ م (١٣٩٧ هـ)، بينما تناولت الندوة الثانية «الجزيرة العربية قبل الاسلام» عام ١٩٧٩ م (١٣٩٩ هـ)، وعالجت الندوة الثالثة موضوع «الجزيرة العربية في عصر الرسول والخلفاء الراشدين» في عام ١٩٨٣ م (١٤٠٤ هـ).

من جريدة «الشرق الاوسط» ١٩٩١/١١/١٧

تمرين ٢٠ نشاط قراءة وترجمة: اقرأوا وأجيبوا عن الأسئلة

١- موضوع المقالة : ______________________

2. Find all verbs derived from the root ل - ق - ي , and identify الوزن of each. In which context(s) does each وزن occur? Use the dictionary to find their meanings.

3. Translate the article into English. Before you begin, make sure to identify the parts of each sentence and any parallel constructions. Remember also that و may sometimes be translated into punctuation marks.

لاحظوا هذه المفردات:

خَلفِيّة	background
جَوانِب (م. جانب)	aspects

مي يماني في محاضرة عن العائلة العربية

القت الدكتورة مي يماني المحاضرة في جامعة اوكسفورد في بريطانيا، محاضرتين في واشنطن خلال شهر نيسان الجاري.

المحاضرة الأولى التي القتها الدكتورة يماني استاذة علم الانسان في جامعة اوكسفورد تمت بدعوة من مركز ماردیان الدولي، وهو مركز يركز ابحاثه ودراساته على محاولة استيعاب وتفهم الحضارات والثقافات العالمية المختلفة، ويضم في عضويته عددا من النواب والشيوخ ورجال السلك الدبلوماسي والمثقفين والاعلاميين.

وحملت المحاضرة عنوان "العائلة والحياة الاجتماعية للمرأة في المملكة العربية السعودية".

والقت الدكتورة يماني محاضرتها الثانية بدعوة من مركز الدراسات العربية المعاصرة في جامعة جورج تاون في واشنطن وكانت تحت عنوان "فن الحديث في المملكة العربية السعودية".

ولم تقتصر هذه اللقاءات على المحاضرات، بل تطرقت الى نقاش شامل تناول جوانب وخلفيات موضوعي المحاضرتين.

الدكتورة مي تلقت بعد المحاضرتين سلسلة دعوات لالقاء مزيد من المحاضرات حول جوانب الحياة في الشرق الأوسط في جامعات امريكية عدة بين شهري حزيران وتموز المقبلين.

من مجلة «المجلة»،
العدد ٥٣٤ ، ١٩٩٠/٥/٨

تمرين ٢١ نشاط كتابة

استخدموا هذه العبارات والمفردات الجديدة في جمل :

١ـ ________________ ولكن على الرغم من ذلك،

________________________________ .

٢ـ ________________ استعداداً لـ ________ .

٣ـ ________________ كما أنّ ________ .

٤ـ لولا ________________ .

٥ـ تُعتبر ________________ من حيث ________ .

٦ـ ________________

فـ ______ مثلاً ________________ .

٧ـ من الطبيعي أن ________________ .

٨ـ ________________ ومع ذلك فما زال ________

________________________________ .

٩ـ ________________ فلا بُدَّ أنْ

________________________________ .

١٠ـ ________________ في حين أنك

________________________________ .

تمرين ٢٢ نشاط استماع

من برنامج «صور من الحضارة الاسلامية»
من التليفزيون المصري

شاهدوا الفيديو :

١ـ ما موضوع هذا البرنامج ؟

٢ـ ما هي أسماء بعض الحضارات *civilizations* والمدن المذكورة في البرنامج ؟

٣ـ أين أنشئت أول جامعتين أوروبيتين ؟

شاهدوا الفيديو مرة ثانية :

٤ـ رتّبوا هذه الجامعات العربية الإسلامية مع تاريخ إنشائها وموقعها :

أ ـ ٨٣٠ م .	فاس	جامعة الأزهر
ب ـ ٨٧٠ م .	القاهرة	جامعة القرويين
جـ ـ ٩٧٠ م .	بغداد	دار الحكمة

٥ـ ما هي العلاقة بين الاندلس والجامعات الاوروبية ؟

٦ـ ما هو موضوع : الصورة الاولى ؟

الصورة الثانية ؟

الصورة الثالثة ؟

تمرين ٢٣ نشاط محادثة بالفصحى

حادثة شاهدتها أو وقعت لك

Describe an event you saw or something that happened to you while you were out walking one day. Remember to use الفعل المضارع to describe progressive actions and اسم الفاعل المنصوب to describe states and circumstances where appropriate. You may want to use phrases such as these:

كنت جالسًا / جالسةً / ماشيًا /ماشيةً / ذاهبًا الى . . .

رأيت رجلاً يقرأ / يحمل / يجرى / يبحث عن / يحدّث . . .

كان يبحث عن / يقود سيارة / ينتظر / يتبع / يصنع . . .

تمرين ٢٤ نشاط كتابة

ما هي أخطر مشكلة تُواجِه *faces* الجامعة اليوم في رأيك ؟ اكتب/ي مقالة تعبر/ين فيها عن وجهة نظرك .

عبارات مفيدة :

لا بد أنْ	في حين ...
من حيث ...	وفوق هذا كلّه
أخطر من هذا أنّ / من الخطير أنْ	مع أنّ / على الرغم من ... (فإنّ ...)

٥ ـ شخصيات من الأدب العربي الحديث

في هذا الدرس:

الثقافة:	صور أدبية وتاريخية
القراءة:	وفاة توفيق الحكيم
	ديزي الأمير
الاستماع:	جامعة الدول العربية
عن كتاب للكاتبة السورية سلمى الكزبري	
التراكيب:	الوصف والمقارنة: الإضافة غير الحقيقية
	أفعل التفضيل
	التمييز
	وزن «فُعلى»

تذكروا ولاحظوا :

أدب ج. آداب	<—	أديب /ة ج. أُدَباء	litterateur, writer
ثورة ج. -ات	<—	أثارَ ، يُثير ، الإثارة	to stir up, arouse
بِجانبِ	<—	جانِب ج. جَوانِب	side; aspect
حقيقة	<—	حَقَّقَ	to realize, achieve
خاصّ ؛ متخصص في	<—	خَصَّصَ	to set aside, designate
تَذَكَّر	<—	مُذَكِّرات	memoirs; notes
مَسرَح ج. مسارح	<—	مَسرَحيّة ج. -ات	play (on stage)
شخص ج. أشخاص	<—	شَخصيّة ج. -ات	personality, character
مشهور ؛ اشتهر بـ	<—	شُهرة	fame
صفّ ج. صفوف	<—		(also) rank, file, line
صورة	<—	صَوَّرَ	to depict, illustrate; film, take pictures
الطِباعة ؛ مَطبَعة	<—	اِنْطِباع	impression
ظهر ، الظهور	<—	أظهَرَ	to reveal, demonstrate
عَدَد ج. أعداد	<—	عَدَّ ، يَعُدّ	to count, reckon, consider
عَصر ج. عُصور ؛ عصريّ	<—	مُعاصِر ج. -ون	contemporary
قرأ ، القراءة	<—	قارِئ ج. قُرّاء	reader
قريب	<—	تَقْريبًا	approximately
مكان ج. أماكن	<—	مَكانة ج. -ات	position, status
لَوْن ج. ألوان	<—		(also) type, kind, "flavor"
اِمتدّ	<—	مُدّة	period (of time)
نَوَى ، يَنوي	<—	نِيّة ج. -ات	intention
وفاة ج. وفَيات	<—	تُوُفِّيَ	passed away

من القاموس

أيَّدَ ، يُؤَيِّد ، التأييد	to support
بارز ج. ـون (بَرَزَ ، يَبرُز ، البُروز)	prominent
جائزة ج. جَوائِز	prize, award
اِحْتَرَمَ	to respect
حِوار ج. ـات	dialogue
حاوَلَ	to try, attempt
دارَ حَوْلَ ، يدور حول	to revolve around
دَوْر ج. أدوار	role
مَرْحَلة ج. مَراحِل	stage, phase
رائِد ج. رُوّاد	pioneer
رِواية ج. ـات	novel
رِوائِيّ ج. ـون	novelist
ريف ج. أرْياف	countryside, rural area
مُسْتَوى ج. مُسْتَوَيات	level
سيرة ذاتيّة (ج. سِيَر)	autobiography
سيرة ج. سِيَر	tale, epic, biography
ذات ج. ذَوات	self, same (= نفس)
صِراع ج. ـات	struggle, conflict
ضَجّة	noise, outcry; controversy
أُعْجِبَ بـ	to be pleased with, to admire, to like
أعْجَبَ (ـه)	to please (someone)
عازِب / أعْزَب ج. عُزّاب	bachelor

عَدُوّ ج. أعْداء	enemy
لعلّ (من أخوات إنّ)	perhaps
عالَجَ	to treat (subject; disease)
عِلاج	treatment
عَنيف	violent
العُنْف	violence
فَقَدَ ، يَفْقِد ، الفَقْد	to lose
فَوريّ	immediate, instant
فَوْرًا / على الفَوْر	
قَتَلَ ، يقتُل ، القَتل	to kill
قَضِيّة ج. قَضايا	issue
قانون ج. قَوانين	law, statute
قامَ على ، يقوم على	to be based on
لَقَب ج. ألْقاب	nickname or title based on a personal characteristic or achievement
أنْتَجَ	to produce
مَنْصِب ج. مَناصِب	وظيفة
النَقْد (نَقَدَ ، يَنقُد)	criticism
هاجَمَ ، المصدر: المهاجمة / الهُجوم	to attack
واصَلَ ، يُواصل ، المواصلة	to continue
اتَّصَلَ بـ ، يَتَّصِل بـ ، الاتِّصال بـ	to contact, get or be in contact with
سأتَّصِل بك بالتليفون غداً لأخبرك بموعد وصولي.	
مَيسور ج. ـون	comfortable, well-off

تمرين ١ ما معنى ... ؟

أ ـ Give a synonym of the underlined word:

١ـ كاتب مشهور ≈ ____________

٢ـ أعتبرها أختا لي ≈ ____________

٣ـ الزواج يؤَسَّس على الحب ≈ ____________

٤ـ عندهم مال كافٍ ≈ ____________

٥ـ حصلت على وظيفة جيدة ≈ ____________

٦ـ المقالة لم تتناول الموضوع ≈ ____________

٧ـ ربّما هما مسافران ≈ ____________

٨ـ نمت حوالي ساعة ≈ ____________

٩ـ أُعجِبت بشخصيتها ≈ ____________

ب ـ Give the opposite of

١٠ـ دولة صديقة ≠ ____________

١١ـ نسكن في المدينة ≠ ____________

١٢ـ أخي متزوج ≠ ____________

١٣ـ توقّف عن الدراسة ≠ ____________

١٤ـ وجدت قلمها ≠ ____________

١٥ـ الادب الكلاسيكي ≠ ____________

١٦ـ وُلِد في المكسيك ≠ ____________

تمرين ٢ خمنوا معاني الكلمات والعبارات التي تحتها خط :

١ـ شكسبير من أشهر الكتاب المسرحيين في تاريخ الأدب الإنكليزي .

٢ـ يُعَدّ جمال عبد الناصر من أهم القادة السياسيين العرب في القرن العشرين .

٣ـ رتّبت لنفسي برنامجًا جديدًا فيه وقت مخصّص للرياضة ثلاث مرات في الأسبوع .

٤ـ لا يمكنني أن أذاكر وأشاهد التليفزيون في الوقت ذاته .

٥ـ هل وجدت المحاضرة مثيرةً للاهتمام ؟

٦ـ الثقافة الأمريكية قائمة على حرية الفرد .

٧ـ ما زلت أظنّ أنه حَسَن النيّة وأن هدفه هو مساعدة الناس.

٨ـ على الرغم من مُضيّ سنة على موته فإن القاتل لم يُكتشف الى الآن.

تمرين ٣ الأفعال الجديدة

أكملوا الجدول التالي بالأفعال الجديدة: Write all vowels.

الوزن	الماضي	المضارع	المصدر	اسم الفاعل	مضارع المبني للمجهول	اسم المفعول
فَعَّلَ	حقّق					
	خصّص					
					يُصَوَّر	
			المُحاولة		----	----
		يُعالِج				
	هاجَمَ					
					يُواصَل	
				مُثير		
		يُظهِر			----	----
			الإعجاب			
						مُنتَج
				مُحتَرِم		

تمرين ٤ **إملأوا الفراغات بالكلمات التالية :**

انطباعات	العنف	شهرة	جانب	سيرة
المسرحيات	يُظهر	الريف	هاجم	فورًا
القوانين	لعلّ	معالجة	حقّق	رواية
المعاصر	روّاد	النقد	الإنتاج	محاولة

١- تطوّر التعليم الرسمي في اليمن و ______ تقدمًا كبيرًا بعد الثورة .

٢- كانت بداية الحرب العالمية الثانية في سنة ١٩٣٩ عندما ______ الجيش الألماني بولندا واحتلّها كلها .

٣- ستبدأ الرحلات من المطار الجديد ______ بعد حفلة الافتتاح الرسمية .

٤- أظنّ أن ______ الذي نراه في الافلام السينمائية والبرامج التلفزيونية شيء خطير جدا بالنسبة للأولاد .

٥- ادوارد سعيد ناقد أدبي ومفكّر معروف أصبحت له ______ واسعة بعد نشر كتابه «الاستشراق» .

٦- استخدام الطرق الحديثة في الزراعة يساعد على زيادة ______ .

٧- يتناول هذا الكتاب الدور الذي لعبه ______ الأدبي في تاريخ الأدب العربي .

٨- يظهر لنا هذا البحث أنّ هجرة الناس من ______ الى المدينة تسبب مشاكل اقتصادية كثيرة .

٩- تدعو بعض الحركات الاسلامية المعاصرة إلى اتّباع الشّريعة الاسلامية وتَرْك ______ المدنية *civil* الاوروبية التي تستخدمها معظم الدول الاسلامية اليوم.

١٠- يُعدّ جبران خليل جبران من أبرز ______ الأدب العربي في أمريكا .

١١- الدكتورة سَمَر طبيبة مشهورة ولها خبرة طويلة في ______ الأمراض النسائيّة.

١٢- انا أعرف أن وفيق يحب اولاده كثيرًا ولكن مشكلته هي أنه لا يعرف كيف ______ هذا الحب لهم .

١٣- لما بدأ «بابا نويل» *Santa Claus* يوزّع الهدايا، تجمّع الاولاد حوله من كل ______ .

١٤- «الأيّام» كتاب مشهور للدكتور طه حسين يقدّم لنا فيه ______ ه الذاتيّة .

١٥- يصف لنا ابن بطوطة في كتابه البلاد التي رآها خلال رحلته ، كما يصف ــــــــــــــهـ عن أهل تلك البلاد .

١٦- كتب الأديب المصري المشهور نجيب محفوظ أكثر من ٤٠ ــــــــــــــ ومجموعة قصصية .

١٧- في كل مرة ازور فيها نيويورك احاول مشاهدة اكبر عدد ممكن من ــــــــــــــ في «برودواي» .

١٨- اتّصلت بها ٤ مرات ولكني لم أجدها ؛ ــــــــــــــها مسافرة .

١٩- تتناول الكاتبة اللبنانية حنان الشيخ في رواياتها جوانب من المجتمع العربي ــــــــــــــ .

تمرين ٥ **أ ــ اختاروا الكلمة المناسبة :**

١- في الحقيقة لا أرغب في الزواج وأفضّل أن أبقى ــــــــــــــ كل حياتي.

أ. متواضعًا ب. مؤمنًا جـ. ميسورًا د. عازبًا

٢- أي فيلم حصل على ــــــــــــــ الاوسكار لأحسن فيلم هذه السنة؟

أ. جائزة ب. مؤسّسة جـ. شهادة د. شهرة

٣- كتاب «آيات شيطانيّة» لسلمان رُشدي ــــــــــــــ غضب كثير من المسلمين في العالم.

أ. أثار ب. اخترع جـ. وزّع د. أصدر

٤- لم نستطع النوم ليلة أمس بسبب ــــــــــــــ الكبيرة في الشارع.

أ. القضية ب. الدوريّة جـ. الضجّة د. المكانة

٥- تظهر هذه الدراسة أن كثيرًا من اللبنانيين ــــــــــــــ فكرة الفصل بين الدين والدولة ويعتبرونها ضرورية لإنشاء نظام سياسي جديد.

أ. يرفضون ب. يستأنفون جـ. يحدِّثون د. يؤيّدون

٦ـ غضبت كثيراً من كلامه ، ولولا ــــــــ لزوجته التي كانت معه لطلبت منه ان يترك بيتي .

أ. احترامي ب. تشجيعي جـ. انتظامي د. استعدادي

٧ـ ظننت انني ــــــــ نظارتي ولكني اكتشفت بعد يومين انني كنت قد تركتها على احدى الطاولات في المكتبة .

أ. فقدت ب. استخدمت جـ. وجدت د. اِخترت

٨ـ كان محمد علي باشا من الشخصيات السياسية ــــــــ في القرن التاسع عشر.

أ. المعاصرة ب. التالية جـ. البارزة د. السابقة

٩ـ ــــــــني الفيلم جداً من حيث التصوير والمناظر فيه ، أما قصته فكانت عاديّة جداً .

أ. أظهر ب. أنتج جـ. أغضب د. أعجب

١٠ـ نشرت رئيسة الوزراء البريطانية السابقة مارغريت ثاتشر ــــــــ التي تتحدّث فيها عن تجربتها في الحكم وعلاقاتها بقادة الدول الأخرى.

أ. نظريّاتها ب. مذكّراتها جـ. رواياتها د. ذكرياتها

١١ـ على الرغم من ان السينما العربية قد حقّقت تقدماً كبيراً في السنوات الاخيرة فإنها ، حتى الآن ، لم تبلغ ــــــــ العالمي.

أ. المستوى ب. الدور جـ. النظام د. اللقب

١٢ـ نحن ، والحمد لله ، ــــــــ فأهلي يملكون شقتين في طرابلس وثلاثة دكاكين في وسط البلد.

أ. ميسورون ب. عصريّون جـ. عاطفيّون د. متواضعون

١٣ـ كتبت نقداً لروايته الأخيرة لم يعجبه ولذلك فهو يعتبرني الآن ــــــــ له.

أ. عبارة ب. تلميذة جـ. قارئة د. عدوّة

١٤ـ بالرغم من مُضِيّ ثلاث سنوات على وفاتها فستبقى لها دائما ــــــــ خاصة في قلوبنا.

أ. صلة ب. مكانة جـ. خدمة د. عبارة

١٥- يمكنكم أن ________ بنا بالتليفون أو بالفاكس على الرقم ٢٤٦٧٥٨ .

أ. تحاولوا ب. تتّصلوا جـ. تتناولوا د. تواصلوا

ب ـ اختاروا المعنى المناسب للكلمة التي تحتها خط :

١٦- تُوفِّي الأديب اللبناني جبران خليل جبران في مدينة بوسطن في اوائل الثلاثينات .

أ. قتل ب. أقام جـ. مات د. عاش

١٧- كنت ارغب في مواصلة دراستي ولكنني اضطررت الى التوقّف عنها بسبب قطع منحتي .

أ. الاستمرار في ب. التقدُّم في جـ. القيام بِـ د. الانقطاع عن

١٨- استمتعنا كثيراً باجازتنا في روما ولكن المدّة التي قضيناها هناك لم تكن كافية لزيارة كل الأماكن السياحية .

أ. العصر ب. المرحلة جـ. الصلة د. الوقت

١٩- مع أنّ جدي غير متعلّم ولا يحمل أي شهادات فأنا أعدّه اعظم استاذ .

أ. أتبعه ب. أعتبره جـ. أجمعه د. أجعله

٢٠- لم تكن نيّتي أن أبحث هذا الجانب من الموضوع ولكن استاذي المشرف رأى انّ ذلك ضروري .

أ. هدفي ب. قضيّتي جـ. انطباعي د. مظهري

٢١- هذا البرنامج يدور حول «الدين الشعبي» في المغرب ويركّز على الاولياء الذين يؤمن بهم الناس هناك .

أ. يفضّل ب. يثير جـ. يتناول د. يؤيّد

تمرين ٦ أجيبوا عن الأسئلة التالية :

١- هل في بيتك مكان مخصص للدراسة أو للعمل؟ أين ذلك؟ وهل تخصص/ين وقتاً لكل شيء؟

٢- من هو آخر شخص تعرَّفت عليه ؟ ما كان انطباعك الأول عنه/ها؟

٣- الرئيس الأمريكي جون كينيدي له مكانة كبيرة في قلوب كثير من الناس، ما سبب ذلك في رأيك؟

٤- اذكر/ي شخصاً تحترمه/ها كثيراً ، ولماذا ؟

٥- هل أنت من الناس الذين يفقدون الأشياء كثيراً؟ ماذا تفعل/ين عندما تفقد/ين شيئا ؟

٦- ما هي القضايا التي تثير ضجة كبيرة في مجتمعك اليوم؟

٧- ماذا يعجبك في المكان الذي تسكن/ين فيه ؟ وماذا لا يعجبك ؟

٨- هل تحبّ /ين قراءة السِيَر الذاتية للناس المشهورين ؟ لِمَ / لِمَ لا ؟

٩- ما الاشياء التي تشتهر ولايتك/بلدك بإنتاجها ؟

١٠- ماذا تحاول/ين ان تفعل/ي عندما لا تستطيع/ين النوم ؟

١١- هل تؤيد/ين الخدمة العسكرية ؟ لماذا/لماذا لا ؟ هل تؤّيد أنواعاً أخرى من الخدمة؟

١٢- ما هو أهم شيء حققته أو تريد/ين أن تحقّقه/يه في حياتك ؟

عبارات جديدة

أ ـ بشكلٍ (+ صفة) = بصورةٍ (+ صفة) in a ... manner/way

بشكلٍ عام / بصورةٍ عامة / بصورة خاصة / بشكلٍ عنيف / بصورة طبيعية

- أنوي في هذا البحث دراسة الدور الذي لعبه المفكّرون المسيحيون العرب في النهضة العربية **بشكل عام** وفي النهضة الأدبية **بشكل خاص** .

- في السنوات الاخيرة انتشرت أعمال العنف في الجزائر **بشكل خطير** .

- ما يعجبني في فنّها هو أنها دائمًا تستخدم الألوان والأشكال **بصورة معبِّرة** .

ب ـ من خِلال through, by way of, from

- نشأ الحب بينهما **من خلال** زمالة في العمل امتدّت سنوات طويلة.

- تعلّمنا الكثير عن أحوال الشعوب الاسلامية وعاداتها **من خلال** الأوصاف التي قدّمها لنا الرّحالون العرب في العصور الوُسطى.

جـ ـ من ناحيةِ ... / من الناحية الـ ... : with respect to, from a ... standpoint

- الآنسة وفاء، في رأيي، أفضل المعيدين في القسم **من ناحية** الذكاء والتفكير النقدي.

- زميلي جون متخصص في العمارة الاسلامية وهو يعتبر مسجد ابن طولون أجمل مسجد في القاهرة **من الناحيتين** الفنية والجمالية.

د ـ على اختلافِ (+ جمع في إضافة) of all different ..., irrespective of the different ...

- نحن متخصّصون في إصلاح السيارات اليابانيّة والاوروبية **على اختلاف** أنواعها.

- «ديزني وورلد» (عالم ديزني) مكان يقصده الزوّار **على اختلاف** اعمارهم وجنسياتهم.

هـ ـ فيما بعدُ afterward, later

- انا مشغول جدًا الآن ؛ هل يمكنك أن تحضري لرؤيتي **فيما بعد** ؟

- في البداية قرّرت خالتي أن تبيع الدكان الذي تملكه في السوق و لكن يبدو أنها غيّرت رأيها **فيما بعد** .

تمرين ٧ **استخدموا هذه العبارات في جمل.**

ثورة ١٩١٩ :

ثورة قامت في مصر ضد الاحتلال البريطاني وطالبت باستقلال مصر وخروج الجيوش الاجنبية من البلاد. وقد عُرفت بثورة ١٩١٩ مع انّها امتدّت عدة سنوات قبل هذا التاريخ وبعده. وكان قائد هذه الثورة سعد زغلول باشا الذي أخرجه البريطانيون من مصر عدة مرّات ثم أعادوه الى مصر أخيرًا في سنة ١٩٢٣. وقد انتهت هذه الثورة باعتراف الانكليز باستقلال مصر وتأسيس حزب *party* «الوَفد» الذي ترأسه سعد زغلول.

أهل الكَهف *cave* **:**

عنوان واحدة من مسرحيات توفيق الحكيم المشهورة. وقصة المسرحية مأخوذة من قصة أهل الكهف التي جاء ذكرها في القرآن، وتدور حول ثلاثة أشخاص ناموا في أحد الكهوف لمدة ٣٠٠ عام ثم خرجوا من الكهف ليجدوا أنّ كل شيء قد تغيّر. وتتناول المسرحية المشاكل التي واجهتهم في التعامل مع الناس بعد هذا الغياب الطويل.

شَهرَزاد :

هي الشخصية الرئيسية في كتاب «الف ليلة وليلة» . وكان الملك شهريار يأخذ امرأة من افراد شعبه ويقضي معها ليلة ثم يقتلها. ولما جاء بشهرزاد الى قصره بدأت تقص عليه قصة ولكنها لم تكملها وأقنعته بذلك بأن لا يقتلها وان ينتظر الى اليوم التالي. واستمرت شهرزاد على هذا الحال تقص قصة وتتوقّف عن الكلام في الصباح ثم تستأنف الكلام في الليلة التالية إلى ان وقع الملك في حبها.

سلَيمان الحَكيم :

ملك العبرانيين من ٩٧٠ الى ٩٣٠ ق.م. وابن الملك داود وخليفته. جاء ذكره في القرآن كواحد من الأنبياء، ويُقال انه كان يعرف لغة الطيور والحيوانات. وكانت له مراسلات عديدة في ذلك الوقت مع الملكة بلقيس ملكة سَبَأ في اليمن.

دار الكتب المصرية :

هي «المكتبة الوطنية» في مصر. يرجع تاريخ تأسيسها الى أواخر القرن التاسع عشر، وكان اول من اهتمّ بفكرة انشائها علي باشا مبارك وزير المعارف في مصر في ذلك الوقت. وانتقل هذا الاهتمام من علي باشا مبارك الى الخديو اسماعيل حاكم مصر الذي طلب جمع كل الكتب القديمة من المساجد والمدارس ووضعها في مكان واحد لتكون مكتبة عامة لأفراد الشعب. ودار الكتب المصرية اليوم واحدة من أهم مراكز البحث في العالم العربي، وتقصدها اعداد كبيرة من الباحثين والدارسين المصريين والعرب والأجانب على السواء.

تمرين ٨ قبل القراءة

للمناقشة: من هما نجيب محفوظ وطه حسين؟
ما هي الأعمال الأدبية العربية التي قرأتها ، ربما مترجمة إلى الانجليزية؟
ماذا أعجبك / لم يعجبك فيها؟

تمرين ٩ القراءة الأولى

١- ما هي المعلومات التي يقدّمها لنا النص عن :

أ - طفولة توفيق الحكيم ؟

ب - حياته الشخصية *personal* ؟

جـ- تجربته الدراسية ؟

٢- ماذا اكتشف توفيق الحكيم في باريس ؟

٣- ما هي بعض المناصب التي احتلّها توفيق الحكيم ؟

٤- بِأي نوع من الأدب يُعرف توفيق الحكيم أكثر من غيره ؟

٢٦ تموز (يوليو)

وفاة توفيق الحكيم

في مثل هذا اليوم قبل ٥ أعوام ، أي في ٢٦تموز (يوليو) سنة ١٩٨٧ ، توفي في القاهرة الأديب الكبير توفيق الحكيم.

كان توفيق الحكيم أبرز الروائيين وأبرع الكتاب المسرحيين ورواد الحركة الفنية في الأدب الحديث، ومن أوسع الكتاب شهرة في زمانه. ولد في الإسكندرية في ٩ تشرين الأول (اكتوبر) سنة ١٨٩٨ لأسرة ميسورة الحال، وبعد أن درس الحقوق في مصر، سافر إلى باريس لمواصلة دراسته القانونية، فاستهواه المسرح وخصص له معظم وقته واهتمامه، وأعجب بصورة خاصة بمسرحيات ايبسن وبرنارد شو ولويجي بيرانديللو. وعاد إلى مصر سنة ١٩٣٠ بعد أن قضى في باريس أربع سنوات، وقرر أن يكون كاتبا.

وكانت روايته الأولى (عودة الروح) قد جلبت له شهرة فورية، وهي رواية طويلة في جزئين تدور حول سيرته الذاتية وحاول من خلالها وصف تصاعد الروح الوطنية في صفوف الشعب وظهور ثورة سنة ١٩١٩. وقد حققت الرواية نجاحا يعد عظيما بالنسبة لأول إنتاج روائي.

عين توفيق الحكيم بعد عودته من فرنسة وكيلا للنيابة في بعض الأقاليم ، وكتب مذكراته عن حياته وعمله في النيابة في كتاب أدبي بديع هو "يوميات نائب في الأرياف" وأعقبت هذا الكتاب رواية (عصفور من الشرق) التي نشرت في سنة ١٩٣٨ ووصف فيها توفيق الحكيم بعض جوانب حياته الفكرية والثقافية والعاطفية في باريس، وكانت تعبيرا عن انطباعات شاب مصري، ذكي، حسن النية، عند بدء اتصاله بالغرب.

وربما كانت شهرة توفيق الحكيم مع ذلك قائمة بالدرجة الأولى على المسرح أكثر منها على ألوان الأدب الأخرى التي عالجها بقدر كبير من النجاح. فقد كتب عددا كبيرا من المسرحيات التي أظهر فيها براعة عظيمة في الحوار. وكان أول ما نشر منها (أهل الكهف) التي نشرت عام ١٩٣٣ وصوّر فيها صراع الانسان مع الزمن ، ثم (شهرزاد) ، وبعدها نشر مسرحية عن حياة الرسول الأعظم بعنوان (محمد) وهي رواية ناجحة من ناحية الفن المسرحي ومقبولة من الناحية التاريخية، ولكن لا يمكن إخراجها على المسرح بطبيعة الحال. ومن مسرحياته أيضا (بيجماليون) و(سليمان الحكيم)، ومسرحيات اخرى تناول فيها قضايا اجتماعية مصرية مثل (سر المنتحرة) و(رصاصة في القلب). وقد بلغ عدد مسرحياته الخمسين تقريبا، جعل بها توفيق الحكيم للمسرحية مكانة محترمة في الأدب العربي.

تولى توفيق الحكيم بعض المناصب الثقافية ، فعمل في وزارة (المعارف) بين سنتي ١٩٣٤ و١٩٤٣، وفي سنة ١٩٥١ عين مديرا لدار الكتب المصرية ، ثم عضوا للمجلس الأعلى للآداب سنة ١٩٥٦ ومندوبا في منظمة (يونسكو) سنة ١٩٥٩ ، ونال جائزة الدولة قبل ثورة ١٩٥٢.

أيد توفيق الحكيم ثورة ٢٣ يوليو سنة ١٩٥٢، ولكنه عدل عن كثير من أفكاره فيما بعد، وفي سنة ١٩٧٤ أصدر كتابه (عودة الوعي) الذي أثار ضجة كبيرة لما فيه من نقد عنيف لمرحلة عبد الناصر.

ترجمت اعمال توفيق الحكيم الى اللغات الانكليزية والفرنسية والروسية وربما إلى غيرها أيضا، ولعله كان أول كاتب عربي معاصر تترجم أعماله الأدبية الى اللغات الأوروبية .

بقي توفيق الحكيم عازبا لمدة طويلة، وكان في بعض كتاباته يهاجم المرأة حتى لقبه بعضهم (عدو المرأة)، ولكنه تزوج فيما بعد ، وقد توفيت زوجته عام ١٩٧٧، كما أن ابنه قتل في حادث سيارة في السنة التالية. وله أيضا ابنة واحدة.

توفي توفيق الحكيم في مثل هذا اليوم سنة ١٩٨٧ عن ٨٩ عاما ، بعد أن احتل مكانة فريدة في تاريخ الأدب العربي الحديث ، وكان من أهم شخصياته المحبوبة من القراء على اختلاف مستوياتهم وأعمارهم.

نجدة فتحي صفوة

من جريدة «الشرق الاوسط» ١٩٩٢/٧/٢٦

تمرين ١٠ القراءة الثانية

لاحظوا هذه العبارات واقرأوا مرة ثانية :

اِسْتَهوى ، يَسْتَهوي	to attract, entice
جَلَبَت (له)	جاءت بـ (له)
تَصاعَد ، التَّصاعُد	to rise, ascend (in an abstract sense)
وَكيل نِيابة	public prosecutor (similar to district attorney)
إقْليم ج. أقاليم	province
بَديع	marvelous, amazing, unique
أَعْقَبَت	جاءت بعد
قَدْر من الـ ...	(an) amount of ...
بَراعة	skill, talent
فَريد	unique

١ـ ما العلاقة بين حياة توفيق الحكيم وبين بعض الأعمال الأدبية التي كتبها؟
اذكروا عملَيْن على الأقل:

٢ـ كيف تعكس *reflect* أعمال توفيق الحكيم حياة مصر السياسية؟
كيف كانت علاقة توفيق الحكيم بجمال عبد الناصر؟

٣ـ ما علاقة أعمال توفيق الحكيم المسرحية بالتراث العربي الإسلامي؟

٤- في الفقرة *paragraph* قبل الأخيرة خمّنوا معنى فعل «لَقَّبَ» :

«... حتى لقّبه بعضهم (عدو المرأة)» = ________________

لماذا لقّبوا توفيق الحكيم «عدو المرأة» ؟

٥- خمّنوا معاني هذه الكلمات والتراكيب :

أ - كان توفيق الحكيم ... من أوسع كتّاب العربية شهرةً = ________________

ب - شهرة توفيق الحكيم قائمة بالدرجة الاولى على ... = ________________

جـ- نال جائزة الدولة = ________________

د - أيّد توفيق الحكيم ثورة ٢٣ يوليو سنة ١٩٥٢، لكنه عَدَلَ عن كثير من أفكاره فيما بعد. = ________________

تمرين ١١ دراسة القواعد والتراكيب في النص

1. For each pronoun suffix in the following sentences, draw an arrow to show to which noun it refers, then translate the sentences into English:

أ - وربما كانت شهرة توفيق الحكيم قائمة على المسرح أكثر منها على ألوان الأدب الأخرى التي عالجها بقدر كبير من النجاح.

ب - ترجمت أعمال توفيق الحكيم إلى اللغات الانكليزية والفرنسية والروسية وربما إلى غيرها أيضا، ولعله كان أول كاتب عربي معاصر تترجم أعماله إلى اللغات الأوروبية.

جـ- توفّي توفيق الحكيم ... بعد أن احتل مكانة فريدة في تاريخ الأدب العربي وكان من أهم شخصياته المحبوبة من القراء على اختلاف مستوياتهم وأعمارهم .

2. In paragraph 6, find an example of an إضافة in which ن has been dropped. Vowel and translate:

3. In paragraph 2, find and underline two instances of بعد أنْ . What do you notice about the verbs that occur after أنْ ?

You know that أنْ is usually followed by المضارع المنصوب . However, with the phrase بعد أنْ , the tense of the verb depends on the meaning of the sentence. If the action occurred in the past, الماضي is used. If the action has not yet occurred, المضارع المنصوب is used. **Remember,** however, that قبل أن **is always** followed by المضارع المنصوب no matter what the meaning.

4. In paragraph 2, find يكون . The verb كان is not usually used in المضارع : why is it needed here?

Note that يكون must be used in certain grammatical contexts that require a مضارع verb, such as after أنْ , سـ , لم , and لن . Form sentences from the following:

يجب أن + عندك سيارة ⟵ ________________________

من الضروري + معك بطاقة جامعية ⟵ ________________________

5. Learn this construction:

due to what (it) contains in the way of ... لِما فيـ(ـه) مِن . . .

أمثلة: لماذا تحبين روايات نجيب محفوظ ؟ لما فيها [في الروايات] من قضايا إنسانية.

أُعجب ابن بطوطة بالقاهرة لما فيها [في القاهرة] من مناظر وبنايات جميلة.

Copy the answer from the text:

لماذا أثار كتاب (عودة الوعي) ضجة كبيرة ؟ ⟵ لما ________________________

Now answer, using this construction:

لماذا تحبون / لا تحبون المسلسلات التليفزيونية ؟ ________________________

لماذا يقرأ الناس الجرائد والصحف ؟ ________________________

لماذا اخترت هذه الجامعة للدراسة ؟ ________________________

6. Vowel the last three paragraphs in preparation for reading aloud (ignore dates).

القواعد

الوصف والمقارنة: الإضافة غير الحقيقية و«أفعل» التفضيل والتمييز

In this chapter we examine three constructions that are commonly used in description and comparison. The first, الإضافة غير الحقيقية , is a kind of إضافة used to describe personal or physical characteristics. The second, « أفعل » التفضيل , is already familiar to you; here we discuss its case endings and additional constructions in which it occurs. Finally, التمييز is used in expressions of comparison in which the simple « أفعل » التفضيل cannot be formed.

★ الإضافة غير الحقيقية

The إضافة غير حقيقية pairs an adjective with a noun, like English phrases *fair of face*, *quick of wit*, and *small of stature*. In Arabic, this construction is commonly used in descriptions of physical, mental, or ethical characteristics (social behavior, morals, and the like). It is called إضافة غير حقيقية because it does not follow all the rules of "real" idaafas. It consists of only two terms: an adjective followed by a **definite** noun. Following are some examples of إضافات غير حقيقية :

هي كثيرةُ الكلامِ وقليلةُ الفهمِ　　　　مرض الكوليرا لا يزال واسعَ الانتشارِ

You can see from these examples that the adjectives agree in gender with the nouns they describe (**not** the ones that follow them in الإضافة). The case endings follow normal rules for الإضافة : the first word does not take tanwiin, and its case depends on the role it plays in the sentence; the second word takes المجرور ending. The following two examples of الإضافة غير الحقيقية are taken from the text. Read them and determine the meaning and the reason for the agreement and case endings of each. **Note that ة is pronounced as ت** on ميسورة and all مؤنث adjectives in this kind of إضافة, just as it is pronounced in regular idaafas.

وُلد (توفيق الحكيم) ... سنة ١٨٩٨ لأسرةٍ ميسورةِ الحالِ .

... عن انطباعات شابٍّ مصريٍّ ذكيٍّ ، حَسَنِ النيّةِ .

Remember: the first term of الإضافة غير الحقيقية **behaves like an adjective**, and the second term **behaves like any final noun in an** إضافة . The adjective in this إضافة thus takes الـ whenever a simple adjective does. In the first pair below, the adjective is indefinite, whereas in the second pair, the adjecive is definite in both cases. Note the absence of الـ in the first pair and its presence in the second, and the corresponding difference in meaning:

ابني كبيرٌ —> ابني كبيرُ الرأسِ　　　　هي المرأةُ الطويلةُ —> هي المرأةُ الطويلةُ الشعرِ

Study the following examples and determine the reason for the presence or absence of الـ in each case:

(١) ذلك الرجل الأزرق العينين يعجبني!

(٢) من هي المرأةُ الفائقةُ الذكاءِ التي تحدثت في الندوة؟ (فائق = متفوّق)

(٣) تركت زوجها الطيب القلب وتزوجت رجلا طويل اللسان!

تمرين ١٢ الإضافة غير الحقيقية في الوصف

Describe the following people/things using إضافات غير حقيقية . Use adjectives and nouns from these lists or think of some of your own:

أسماء	صفات
حركة مناظر روح أشجار وَجه *face*	حسن جميل طويل كثير خفيف
كلام انتشار لون لسان شَعر *hair*	طيب واسع قليل أزرق بعيد
نظر عينين قلب دم	أصفر سريع ثقيل كبير أسود

١- لا يستطيع أخي أن يجلس في مكان واحد مدة طويلة فهو ______ ______ .

٢- والدتي إنسانة ______ ______ تفكّر دائما في المستقبل .

٣- تعجبني شخصيتها لأنها ______ ______ ولذلك يحبها كل الناس .

٤- من هذا الشاب الطويل الأشقر ______ ______ ؟

٥- من الصعب أن يتعرف عليه الناس لأنه خجول و______ ______ .

٦- هذه منطقة ______ ______ ولذلك إذا نظرت اليها وأنت في الطائرة فسيظهر لك كل شيء فيها أخضر.

٧- الـ«واشنطن بوست» والـ«نيويورك تايمز» من الجرائد ______ ______ .

٨- يبدو أنك تعبان جداً و______ ______ ، هل أنت مريض ؟

٩- هي ______ ______ ، تحب كل الناس وتحاول أن تساعدهم دائما .

١٠- هو شخص ______ ______ لا أستطيع الجلوس معه أكثر من دقيقتين!

تمرين ١٣ نشاط محادثة: الوصف باستخدام الاضافة غير الحقيقية

يطلب من الطلاب وصف شخص/شيء معروف للجميع ويحاول الآخرون تخمينه.

★ «أفعل» التفضيل

You know how to use the « أفعل » adjective in comparisons such as:

(١) رغم أن السعودية أكبرُ من مصر فإن عدد سكانها أقلُّ .

(٢) مشينا ميلاً ، وكنا نريد أن نمشي مسافةً أطولَ ولكننا لم نستطع .

in which « أفعل » functions as an adjective and is usually indefinite. You also know how to use « أفعل » to make superlative statements such as:

(٣) كان من أهمِ شخصياتِ الأدبِ العربي الحديث . . . . *among the most important*

(٤) البحرين أصغرُ دولةٍ عربية. (= أصغرُ الدُوَلِ العربية)

(٥) كان توفيق الحكيم أبرزَ الروائيين في الأدب العربي الحديث. (= أبرزَ روائي)

When « أفعل » is used in superlative constructions such as (٣) , (٤) , and (٥) , it functions like a noun in an إضافة . Note that the underlined constructions in (٤) and (٥) have the same meaning, except that one consists of an indefinite إضافة (٤), and the other, a definite إضافة (٥). The indefinite construction is more emphatic, and the definite construction is most often used in the construction *among the (most)*, as seen in (٣) .

Now study the case endings of the previous examples, paying particular attention to (١) and (٢). Remember that the first term of an idaafa never takes tanwiin. Moreover, adjectives of وزن أفعل **never** take tanwiin, because they belong to the noun-adjective class ممنوع من الصرف (see Chapter 4), which means that they take the following case endings **when they are indefinite:**

المنصوب والمجرور	المرفوع
ـَ	ـُ

Read the following sentences and explain their case endings:

(٦) وجدتُ هذه المعلوماتِ في أكثرَ من مرجع .

(٧) البريد الالكتروني من أحدثِ الاختراعاتِ الحديثة ومن أسرعِ طُرُقِ الاتّصال .

(٨) أشعر أننا نتقدّم بشكلٍ أسرعَ في هذا الفصل الدراسي.

(٩) هل توفيق الحكيم أشهرُ من نجيب محفوظ ؟

(١٠) كان ظهور الطباعة أسبقَ من ظهور الصحافة .

★ وزن «فُعلى»

All of the comparative and superlative constructions you have learned use the « أفعل » وزن, which is grammatically مذكر . There exists a grammatical مؤنث counterpart, فُعلى , which is **limited** in modern usage **to certain fixed words and expressions**, and occurs only as an adjective. The فُعلى words you know are:

أوّل	<—	أولى : الدرجة الأولى
آخَر	<—	أُخرى : مرة أخرى
الأوسَط	<—	وُسطى: العصور الوُسطى
أفصَح *most eloquent*	<—	فُصحى: العربية الفُصحى

Since this وزن ends in a long vowel, ى , it takes no grammatical case endings. Learn the following فعلى adjectives in these contexts:

كُبرى : القاهرة الكبرى *Greater Cairo*   صُغرى : آسيا الصغرى *Asia Minor*

عُظمى : بريطانيا العظمى *Great Britain*

تمرين ١٤   ما أهمية هذه الأشياء؟

Describe the following groups by giving an outstanding characteristic they share:

مثال: جريدتا الشرق الاوسط والحياة من أكبر الجرائد العربية التي تُطبع في أمريكا.

١- السعودية وقطر والكويت ________________________________ .

٢- الـ« أوسكار » والـ« غرامي » والـ« إمي » ________________________ .

٣- الكنافة وقمر الدين والقطايف ___________________________ .

٤- عيد الميلاد وعيد الفصح _______________________________ .

٥- دمشق وبغداد والمدينة المنورة ___________________________ .

٦- توفيق الحكيم ونجيب محفوظ وطه حسين ____________________ .

٧- بنغلاديش وهايتي والصومال _____________________________ .

تمرين ١٥ "أفعل" التفضيل

Use أفعل (or فعلى in applicable contexts) to give distinguishing characteristics of the following and **write all case endings.**

مثال: أطولُ رحلةٍ قمت بها كانت إلى تونس ، وهي من أجملِ البلادِ التي رأيتها .
(رحلة ، طويل) (بلد ، جميل)

١ـ قام ابن بطوطة بـ ______ ______ في تاريخ ______ ______ .
(رحلة ، طويل) (عصر ، أوسط)

٢ـ سوق الحميدية في دمشق من ______ ______ في العالم العربي .
(سوق ، مشهور)

٣ـ جبل «أيفريست» ______ ______ في العالم كله .
(جبل ، عالي)

٤ـ تعتبر الموسيقى من ______ ______ الإنسانية .
(فنّ ، قديم)

٥ـ الزيادة المستمرّة في عدد السكان ______ ______ تواجه العالم في رأيي.
(مشكلة ، خطير)

٦ـ ما هو ______ ______ في تاريخ الإنسانية في رأيك ؟
(اكتشاف ، عظيم)

٧ـ كثير من الناس يعتبرون المحشي من ______ ______ العربية .
(مأكولات ، طيّب)

٨ـ ما هي ______ ______ لك من أيام الطفولة ؟
(ذكرى ، جميل)

٩ـ من الغريب أن نجد أنّ بروناي من ______ ______ العالم ولكن الفليبين
(دولة ، غني)
التي لا تبعد عنها كثيراً من ______ها .
(فقير)

١٠ـ الطريقة «القادرية» من ______ ______ الصوفية في العالم الإسلامي.
(طريقة ، كبير)

★ التمييز *Specification*

You know that التـمـيـيـز is used to ask كم ...؟ , and also to *specify* the item in quantities from 11 to 99:

كم أسبوعًا في السنة الميلادية ؟ — في السنة الميلادية ٥٢ أسبوعًا .

التـمـيـيـز is also used in certain comparative and superlative constructions to specify in what way the decribed entities are to be compared. This kind of تمـيـيـز consists of an **indefinite** noun—often a مـصـدر—with a منـصـوب case ending. Study the following examples:

(١) يُعد نجيب محفوظ من أكثر الأدباء العرب *إنتاجًا* .	*in terms of production*
(٢) هو أكثر منّا رغبةً في السفر.	*in terms of wanting to ...*
(٣) وليد أكثر إخوته حبًا للرياضة .	*with respect to love for ...*
(٤) مجلة «حواء» من أوسع المجلات النسائية *انتشارًا* .	*in terms of circulation*

In each of these examples المصدر المنصوب specifies how the subject is أوسع / أكثر . Note the use of prepositions in (٢) and (٣) to add an object to المصـدر . In (٢), the verb رغب takes the preposition في , while in (٣), لـ is used to specify the direct object of حبًا .

Notice that examples (١)-(٣) above all use the comparative أكـثـر , one of the most commonly used adjectives with التـمـيـيـز . Other commonly used adjectives include:

(٥) أقلّ :   أنا لست أقلَّ منك ذكاءً !!

(٦) أكبر: هل أختك أكبرُ منك عمرًا ؟

(٧) أحسن: هو أحسنهم أخلاقًا .

(٨) أصغر: هو أصغرنا عمرًا.

Remember: التـمـيـيـز is a particularly Arabic mode of expression that tends to be used in formal contexts. Learn to recognize it by looking for (a) comparisons followed by an indefinite noun, or (b) an indefinite مصدر with المنصوب case ending.

تمرين ١٦ | المقارنة باستخدام التمييز

A. Use a تمييز to specify how the following are compared. Remember to use prepositions where needed to add objects to المصدر . **Write in all vowels.**

مثال : اللغة العربية – اللغة الفارسية – الانتشار :

اللغةُ العربيةُ أكثرُ من اللغةِ الفارسيةِ انتِشاراً .

١ـ أوروبا – أمريكا – التقدّم ________________

٢ـ أنا – أصدقائي – الاهتمام بالشرق الاوسط ________________

٣ـ العامية – الفصحى – الاستخدام في الكلام ________________

٤ـ الجزائر – المغرب – إنتاج البترول ________________

٥ـ أمي – أبي – حب السهر ________________

٦ـ السيارات القديمة – السيارات الجديدة – الاتّساع ________________

B. Make comparisons of your own in the following areas:

مثال : الخدمة : الجماعات الإسلامية أكثر المنظمات خدمةً لمجتمعهم .

٧ـ التنقّل : ________________

٨ـ المشاركة في النشاطات الجامعية : ________________

٩ـ الإيمان بالله : ________________

١٠ـ التشجيع : ________________

١١ـ نشر الكتب : ________________

١٢ـ احترام القانون : ________________

١٣ـ صناعة الملابس : ________________

تمرين ١٧ نشاط قراءة

من كتاب « أعلام الادب العربي المعاصر: سير وسير ذاتية »، الأب روبرت ب. كامبل اليسوعي ، المعهد الالماني بيروت ، ١٩٩٦

لاحظوا هذه الكلمات:

غادَرَ	تَرَكَ
حَنان	tenderness, affection
حَنين	longing, yearning
خافَ ، يَخاف ، الخَوف	to fear

تتحدّث الأديبة ديزي الأمير في هذه السيرة الذاتية القصيرة عن بعض الاحداث والاماكن التي لعبت دوراً في تكوين شخصيتها، فما هو عالم ديزي الأمير ؟

١- من هم الاشخاص الذين لعبوا دوراً مهما في حياتها؟

الشخص	علاقته بديزي

٢- ما هي الاماكن التي كوّنت عالمها؟

المكان	طبيعة العلاقة بينها وبينه

٣- ما هي النشاطات التي قامت بها؟

النشاط/العمل	أهميته بالنسبة لها

٤- ما هي الاحداث التي غيّرت حياة ديزي الأمير ؟

الحدث	أهميته بالنسبة لها

ديزي الامير

ديزي مرزا الأمير.

النوع الأدبي: كاتبة قصص.

ولادتها: ١٩٣٥ في الإسكندرية، مصر.

ثقافتها: تعلمت في ابتدائية البتاوين للبنات، في بغداد، في العراق؛ وتلقت علومها المتوسّطة والثانويّة في المركزيّة للبنات، في بغداد؛ انتقلت بعدها الى دار المعلّمين العالية، في جامعة بغداد؛ حائزة على ديبلوم في اللغة الإنكليزية، من جامعة كمبردج في انكلترا؛ وليسانس في اللغة العربيّة، من جامعة كمبردج أيضاً .

السيرة :

الحديث عن الماضي يؤلمني وكم حاولت نسيانه ونجحت الى حدّ ما ولكن لأسباب يستيقظ هذا الماضي وأعود للتغلب عليه فأنيمه مرة اخرى.

ولدت في الإسكندرية في مصر ، هكذا قيل لي لأنّ أهلي غادروا وعمري بضعة أسابيع الى العراق موطن أبي.

أمّي لبنانية من ضهور الشوير وأبي عراقي خرّيج الجامعة الأمريكية في بيروت، طبيب عمل في وزارة الصحّة العراقية.

أمّي رقيقة مثقّفة . أتذكر شاعريتها وجمالها ورهافة حسّها أمّا أبي فأتذكر أنّنا كنّا نخافه . هذه هي العلاقة الوحيدة الراسخة في ذهني عنه .

أختي خرّيجة كلية الحقوق وأخي خرّيج جامعة M.I.T. في أميركا كان يحمل شهادة دكتوراه بامتياز بالكيمياء .

تنقّلنا في مدن العراق بحكم عمل أبي وكانت أمّي خرّيجة ثانوية برمانا المتحضّرة الراقية تتحمّل كل هموم وتخلف المجتمع العراقي آنذاك في الثلاثينات خاصة وأنّنا عشنا خارج بغداد لسنوات.

وفاة أمّي حدث لا يمكن أن أنساه، حتّى وأنا في هذه السن لا ازال أحتاج عطفها ودفء حنانها.

زواج أبي بعد وفاة أمّي بأقلّ من سنة هو السبب المباشر للمباعدة بيننا وبينه.

انتهز أبي فرصة زيارتي لأختي في البصرة ليفاجئني برسالة تقول إنّه سيغادر العراق نهائياً . عدت في اليوم التالي لبغداد لأرى أنّ أملاك أبي كلّها وعيادته قد باعها وأثاث بيتنا اشتراه غرباء . ذهبت إلى البصرة للسكن عند أختي وزوجها . بيتنا في بغداد انتهى وأنا أسكن البصرة في بيت ليس بيتي .

في البصرة درّست اللغة العربية بعد تخرّجي من دار المعلمين العالية في جامعة بغداد.

في العطل الصيفية كنت أذهب إلى لبنان أو أوروبا لأوحي لسكان البصرة بمحيطها الضيّق أنّي قادرة على السفر، والحقيقة التي لم أقلها أنّي كنت أهرب. زياراتي لأوروبا والبلدان العربيّة أذكرها بألف خير ولكن زياراتي للبنان كانت بضعة أيّام مع أبي وزوجته ثمّ السكن مع أقرباء أمّي، خالي، خالتي، وأولادها في ضهور الشوير حيث الحنان والمحبّة .

زوجة أبي نقيض أمّي تماماً . غير متعلّمة، قاسية، مادّية . ولطالما تساءلت كيف استطاعت التأثير على أبي فجعلته وهو الطبيب المعروف الغني أن يترك وطنه ويبيع أملاكه ويسكن لبنان مسجّلاً ما يملك باسمها؟

أخي قرر عدم العودة إلى العراق لأنه لا يريد أن يكون عنوانه في بغداد أحد الفنادق.

سنة ١٩٥٨ ذهبت إلى بريطانيا لدراسة اللغة الإنكليزيّة. أمضيت عطلة الصيف ومددتها بإجازة مرضيّة أشهراً ثلاثة أخرى. الغرفة الواحدة التي سكنتها مع أسرة بريطانيّة كانت أوّل بيت أنا صاحبته، كان بالنسبة لي قصراً أجمل من بيتنا في بغداد ومن بيت أختي في البصرة وبيت زوجة أبي في بيروت.

هذا سرّ حبّي الشديد لبريطانيا وتلك فترة لن أنساها. كنت شابة ... أسكن غرفة هي بيتي الواسع المستقلّ. عدت إلى البصرة وكانت ثورة ١٤ تمّوز قد حدثت ورأيت هناك تغيّرات سياسيّة لم استطع فهمها. بقيت إلى آذار ١٩٥٩ ثمّ غادرت البصرة ثانية إلى البلد الذي أحبّ، إلى بريطانيا لإكمال دراستي وإلى غرفة جديدة، بيت آخر استقلّ فيه .

سنة ١٩٦٠ لم أرد العودة إلى العراق فالوضع السياسي زاد سوءاً ذهبت إلى أميركا لزيارة أخي. أحسست بغربة قاتلة وبحنين موزّع بين العراق وبريطانيا ولكن كان لا بدّ من العودة إلى مكان ما. في طريقي إلى العراق توقّفت في انكلترا شهراً وحينما وصلت بيروت طلب أبي منّي البقاء معه . ولكنّي وجدت بيته فندقاً نزلت فيه.

مرّت الأيّام بي صعبة قاسية ذهبت خلالها مرّة اخرى لكمبردج وإلى غرفة جديدة. والتقيت البروفسور أربري وكان قد قرأ لي قصصاً نشرتها في الآداب فشجّعني على مواصلة الدراسة والحصول على الدكتوراه . سجّلت في جامعة كمبردج وحجزت غرفة جديدة في القسم الداخلي للطالبات واخترت موضوع أدب المرأة العربية بعد الحرب العالميّة الثانية وعدت إلى لبنان للبحث عن مصادر الأطروحة وهنا كالعادة، وقف القدر الممثّل بأبي وزوجته أمامي . قرّرا عدم دفع مصاريف الدراسة . كنت وقتها قد استقلت من الوظيفة ولا دخل لي. وبدأت أفتّش عن عمل. عملت سكرتيرة لسفير العراق في بيروت من ١٩٦٤ إلى ١٩٦٩ . كانت فترة غنيّة على صعيد الوظيفة تعرّفت فيها على كثيرين وأصدرت مجموعتي **البلد البعيد الذي تحبّ** و**ثمّ تعود الموجة** وصار لي عدد كبير من الأصدقاء والأدباء العرب بصورة خاصة ورأيت صوري واسمي وأحاديث عنّي ومعي تنشر في المجلات العربيّة وترجمت أعمالي للغات أجنبيّة .

سنة ١٩٦٩ عيّنت معاونة للمستشار الصحفي في بيروت . أحمل جواز سفر دبلوماسي وسيّارة دبلوماسيّة. وكثر أصدقائي وعاملني المسؤولون العراقيّون أفضل معاملة يمكن أن تحلم بها فتاة وحيدة . الوطن صار أهلي وأسرتي.

قبل ذاك توفّي أبي وبقيت أسكن مع زوجته ولكن وضعي الجديد ساعدني على العيش بأسلوب جيّد . . خارج البيت .

أن أسكن بيتاً مستقلاً خاصاً بي كان حلماً رائعاً لم تعكره الحرب [اللبنانية] كثيراً. بقيت ثماني سنوات الحرب بكل أيّامها . وأتساءل لماذا؟ هل تمسكي بالوظيفة التي أحتاج؟ أم خوفي على بيتي الذي طالما حلمت به؟

أنا الآن [١٩٨٦] مديرة المركز الثقافي العراقي في بيروت وأحبّ لبنان . . . وأبدأ من جديد أحاول الاستقرار وتكوين بيت و . . . وأضيف لبنان إلى قائمة البلدان التي أوزّع الحنين عليها.

وأعود أتساءل، لو لم أفقد أمّي؟ هل كان حدث لي كل هذا؟

مؤلفاتها القصصية:

١ - **البلد البعيد الذي تحب**، بيروت، دار الآداب، ١٩٦٤.

٢ - **ثمّ تعود الموجة**، بيروت، دار الآداب، ١٩٦٩.

٣ - **البيت العربي السعيد**، بيروت، دار العودة، ١٩٧٥.

٤ - **في الدوامة الحب والكراهية**، بيروت، دار العودة، ١٩٧٩.

٥ - **وعود للبيع**، بيروت، المؤسسة العربية للدراسات والنشر، ١٩٨١.

٦ - **على لائحة الانتظار**، بيروت، دار الآداب، ١٩٨٨.

تمرين ١٨ **نشاط استماع**

الجامعة العربية

الجامعة العربية - أو جامعة الدّول العربية كما ________ أيضًا - منظمة ________ تتكوَّن من إحدى وعشرين دولة و ________ ها مدينة القاهرة . وقد ________ الجامعة عام ١٩٤٥ وكان ________ من ________ تشجيع العمل ________ بين ________ العربية وتطوير الـ ________ السياسية والثقافية والاقتصادية بينها ، وكذلك ________ المشاكل التي تقوم بينها عن طريق ________ .

تتكوّن الجامعة من مجلس ________ فيه كل الدول العربية . و ________ مجلس الجامعة عادةً مرتين في السنة ، وهذه الاجتماعات تكون عادة على ________ وزراء الخارجية أو السُّفراء و ________ فيها الملوك والرؤساء حين ________ القضايا المهمة . ويرأس الجامعة أمين عام (سكرتير) تعيّنه الدول الأعضاء ، و ________ هذا المنصب اليوم عصمت عبد المجيد وزير الخارجية المصرية الـ ________ . ومن ________ منظّمات الجامعة المنظمة العربية للتربية والثقافة و ________ ومنظمة ________ العربية .

اهتمّت الجامعة خلال تاريخها بـ ________ الفلسطينية بـ ________ خاصة، وقامت بتقديم ________ ________ العربية في ________ العربي-الاسرائيلي الى ________ الدولي . و ________ ________ من ان الجامعة ________ ايضاً على الجوانب الاقتصادية وحاولت ________ سوق عربية مشتركة فإنّ ________ هذه لم ________ اي نجاح الى الآن.

تمرين ١٩ نشاط قراءة

اقرأوا المقالة التالية وأجيبوا :

١ـ لماذا سميت اللغة العربية بلغة « الضاد » ؟

٢ـ هل تسمية « لغة الضاد » قديمة أو حديثة ؟ كيف نعرف ذلك ؟

٣ـ ما هي العلاقة بين اللغة العربية واللغات الاخرى المذكورة في المقالة ؟

٤ـ لماذا تذكر المقالة صوت « الظاء » ؟

٥ـ اكتبوا معنى هاتين الكلمتين مستخدمين الجذر والقواعد التي تعرفونها :

أ ـ مُماثل = ____________ ما هو الفعل ؟ ____________________

ب ـ موجود = ____________ ما هو الفعل ؟ ____________________

٦ـ ابحثوا في المقالة عن :

أ ـ كلمة تعني sound = ________________

ب ـ فعل بمعنى correspond to = ________________

جـ ـ كلمة تعني to occur : الفعل = ____________ اسم الفاعل = ____________

د ـ ٣ أفعال مبنية للمجهول : ________________

____

____

لماذا سُمّيت اللغة العَربيّة بلغة الضّـاد ؟

تدعى اللغة العربية لغة الضاد لأن هذا الحرف – الضاد – والصوت المقترن به لا يرد في اي لغة اخرى في جميع لغات العالم، ولا سيما في اللغات التي كانت تحيط بالمنطقة التي تتحدث بالعربية في العهود القديمة. وحتى اللغات السامية التي هي شقيقات اللغة العربية لانتمائها الى نفس العائلة من اللغات، لا تعرف اي لغة فيها حرف الضاد وصوته. اذ لا يوجد هذا الصوت (الضاد) لا في العبرية ولا في السريانية او اللهجات الارامية الاخرى في منطقة الهلال الخصيب. كما لم يكن الصوت وارداً في اللغات السامية الاخرى كالاكادية والبابلية والاشورية في العراق القديم ولا في اللغة الحبشية القديمة. والذي حدث هو ان صوت الضاد الذي كان موجوداً في اللغة السامية الام التي نشأت عنها اللغات السامية المختلفة لم يبق حيًا الا في اللغة العربية ، اما في اللغات السامية الاخرى فقد تحول الى صاد. ولذلك تقابل الكلمات العربية المحتوية على الضاد، كلمات مماثلة في اللغات السامية الاخرى، كالعبرية، فيها حرف الصاد. وهكذا تقابل كلمة ارض العربية كلمة «آرصْ» العبرية أما في الأرامية فقد تحولت الضاد الى عين فصارت «ارض» العربية هي كلمة (أرع) السريانية اي الأرض والتي تعرف عادة في صيغة (ارعا) اي مقترنة باداة التعريف الألف في نهاية الكلمة.

هذا الاستعمال قديم وقد ورد في كلام النبي محمد (ص) اذ قال: «انا افصح من نطق بالضاد بيد اني من قريش». ولا شك في ان العرب الاقدمين لاحظوا ان جيرانهم في البلاد المحيطة بهم الذين يستعملون كلمات سامية مماثلة كانوا لا يلفظون الضاد.

ومن المفارقات ان كثيراً من العرب اليوم لا يستطيعون نطق الضاد بالصورة الصحيحة ويلفظونه بالظاء لفظًا وحتى كتابة احيانًا ، رغم انهم يسمون انفسهم الناطقين بالضاد. ويظهر ان هذه ظاهرة قديمة لأن بعض الشعراء وضعوا قصائد تعليمية للحفظ جمعوا فيها كل الكلمات التي تكتب بالظاء لتسهل على من يحفظها ان يميز بين الكلمات التي تكتب بالظاء وتلك التي تكتب بالضاد.

مجلة «اليرموك» ، العدد السادس عشر، ١٩٨٦

تمرين ٢٠ نشاط استماع

من برنامج «كتاب تحت الأضواء»
من التليفزيون السوري

لاحظوا هذه الكلمات:

آثار	monuments
فَصْل ج. فُصول	(also) chapter (in a book)
بَصْمة ج. بَصَمات	imprint

شاهدوا الفيديو وأجيبوا:

١- ماذا يعمل الاستاذان المشاركان في هذا البرنامج؟

٢- يناقش الاستاذان هنا كتاباً كتبته أديبة سورية، ما اسمها وماذا عرفنا عنها؟

٣- ما هو الموضوع الذي يدور حوله الكتاب؟

شاهدوا الفيديو مرة ثانية وأجيبوا:

٤- يتحدَّث البرنامج عن موضوعين اهتمّت بهما الأديبة. ما هذان الموضوعان؟

٥- . من كم فصل يتكوّن كتاب «بصمات عربية ودمشقية»؟

٦- من الموضوعات التي تتناولها فصول الكتاب:

أ -

ب -

جـ -

تمرين ٢١ نشاط محادثة

قدم/ي للصف فكرة عن عمل أدبي تحبه. تحدث/ي عن القصة والمعاني ، واذكر/ي أسباب إعجابك بهذا العمل. وحاول/ي ان تستخدم/ي الإضافة غير الحقيقية والتمييز في وصفك.

عبارات مفيدة:

يتناول/يعالج	بصورة خاصة	صَوَّر	صورة ، صُوَر *image*
يدور حول	يعبّر عن	من حيث	يعجب

تمرين ٢٢ نشاط كتابة

ستصدر قريبا «موسوعة *Encyclopedia* الادب العالمي للشباب» بالعربية، وقد طلب منك محرر الموسوعة ان تكتب/ي مقالة (حوالي ٢٠٠ كلمة) عن أديب/ة يجب ذكره/ها في الموسوعة في رأيك. حاول/ي ان تستخدم/ي الإضافة غير الحقيقية والتمييز في وصفك للشخصية.

عبارات مفيدة:

الإنتاج الأدبي	تُعَدّ / تُعتبر	القرّاء	لعلّ
أثار ضجة / قضية	يشتهر بـ	من خلال	مكانة

٦ ـ من رائدات الحركة النسائية العربية

اعضاء الهيئة التنفيذية للاتحاد النسائى المصرى ١٩٢٩ هدى شعراوى تتوسطهن

في هذا الدرس:

الثقافة: صور اجتماعية سياسية

القراءة: هدى شعراوي

أنس باز

الاستماع: المهاتما غاندي

المرأة العربية والحجاب

التراكيب: أسماء الإشارة

جمع النسبة: الجنسيات والأديان

الحال

الاسم المنقوص

تذكروا ولاحظوا :

الثقافة	<—	مُثقَّف	educated, intellectual, cultured (elite)
ثَورة	<—	ثارَ على ، يَثور على	to revolt against
جلس ، يجلِس ، الجلوس	<—	مَجْلِس (نِيابِيّ)	(representative) assembly,council
جمع ؛ اجتمع	<—	جَمْعِيّة ج. -ات	society, organization
حدث ، يَحدُث ، الحدوث	<—	حَدَث ج. أحداث	event
دَرَجة	<—	تَدريجِيّاً	gradually, by degrees
استمع	<—	سَمِعَ ، يَسْمَع ، السَّماع	to hear
طلب ، يطلُب ، الطَلَب	<—	طالَبَ بِـ	to demand
	<—	مَطالِب	demands
عَلِم ، يعلَم ، العِلم	<—	عَلَّم	to teach, educate
عَمِل ، يعمَل	<—	عامَلَ	to treat (someone)
فَتَح يفتَح ، الفَتح	<—	اِفْتَتَحَ	فتح لأول مرة
ممتع	<—	أمْتَعَ	to give pleasure to
مِثل	<—	مَثَّلَ	to act, act for, represent
نادى ، ينادي ، المُناداة	<—	نادى بِـ	to call for (= دعا إلى)
نِظام	<—	نَظَّمَ	to organize, regulate
هذا ، هذه	<—	هٰؤُلاءِ	those (plural)
مُهِمّ	<—	أهَمِّيّة	importance
وَجَد ، يَجِد	<—	يُوجَد ، الوُجود	is/are found, exist
واحد ؛ (الامم) المتّحدة	<—	اِتِّحاد ج. -ات	union
وطن	<—	مُواطِن ج. -ون	citizen

من القاموس

مُؤْتَمَر ج. ـات	conference
جِنْس	sex, gender
جاهَدَ ، الجِهاد	to struggle or exert oneself for a purpose
جَهْل (جَهِلَ ، يَجْهَل)	ignorance
مَجال ج. ـات	field, area (of inquiry, study, etc.)
حَرَّمَ (ـه) (على)	to forbid (something) (to someone)
حُزْن ج. أحْزان	sadness, sorrow
مَحَطّة ج. ـات (أوتوبيس / قطار / راديو / بنزين ...)	station
حَقّ ج. حُقوق	right(s)
دُهِشَ ، يُدْهَش ، الدَّهْشة	to be amazed
رَفَعَ ، يَرْفَع ، الرَّفْع	to raise (something)
تَساوى ، يَتَساوى ، التَساوي	to be equal
سِوى	except (= إلاّ)
شَديد	strong, severe
شاعِر ج. شُعَراء	poet
صَدْمة ج. صَدَمات	shock
صَوْت ج. أصْوات	voice; sound; vote
صالة ج. ـات	hall, large room
ضَخْم	كبير جداً
ضِدّ	against, anti-
طَلَّقَ ، الطَلاق	to divorce

amendment, modification	تَعْديل ج. ـات
non-, lack of	عدَم **+ المصدر**
to oppose	عارَضَ
member	عُضْو ج. أعْضاء
young woman (unmarried)	فَتاة ج. فَتَيات
effective	فَعّال
might, perhaps	قَد **+ المضارع**
to suggest	اِقْتَرَحَ أنْ
tradition	تَقْليد ج. تَقاليد
traditional	تَقْليديّ
to be convinced (of s.th.)	اِقْتَنَع بـ
nationalism	قَوْمِيّة ج. ـات
to fight, struggle	كافَحَ ، الكِفاح
to rebel (against)	تَمَرَّدَ (على)
activity	نَشاط ج. ـات / أنْشِطة
face, facet	وَجْه ج. وُجوه / أوْجُه
to clarify, explain	أوْضَحَ ، يوضِح ، الإيضاح
clear	واضِح
to be aware, conscious	وَعى ، يَعي ، الوَعْي
to agree with (someone) about; to accept (a proposal)	وافَقَ (ـه) على
position, stance	مَوْقِف ج. مَواقِف
Jew, Jewish	يَهودِيّ ج. يَهود
Judaism	اليَهودِيّة

تمرين ١ أكملوا الجدول التالي بالأفعال الجديدة: Write in all vowels.

المصدر	المضارع	الماضي	الوزن
		حرّم	فعّل (II)
		علّم	
		مثّل	
		طالب	
		عارض	
		عامل	
		وافق	
		أمتع	
		افتتح	
تعديل			
اتّحاد			

تمرين ٢ اكتبوا المعنى بالعربية مستخدمين المفردات الجديدة والقواعد :

1. I agree (use اسم فاعل) = ____________
2. teacher = ____________
3. lack of organization = ____________
4. the opposition = ____________
5. ignorant = ____________
6. rebel = ____________
7. suggestions = ____________
8. divorced = ____________
9. organized = ____________
10. human rights = ____________

تمرين ٣ ما معنى هذا؟

أ ــ اكتبوا كلمة بمعنى مماثل:

١ـ غرفة واسعة كبيرة ≈ ______

٢ـ كافحوا ضدّ أعدائهم ≈ ______

٣ـ لم آكل إلاّ حلويات ≈ ______

٤ـ تمرّدت على أهلها ≈ ______

٥ـ تهتمّ بطرق التدريس ≈ ______

٦ـ دعا الى ثورة ≈ ______

٧ـ قدّم فكرةً ≈ ______

٨ـ شابة مثقفة ≈ ______

ب ــ ما العَكس من :

٩ـ تزوّجت قبل عامين ≠ ______

١٠ـ رفضوا اقتراحاتي ≠ ______

١١ـ العلم والمعرفة ≠ ______

١٢ـ أشعر بسعادة ≠ ______

١٣ـ أنا مع هذا الرأي ≠ ______

١٤ـ مشروع صغير جداً ≠ ______

١٥ـ تفكير عصري ومتطور ≠ ______

١٦ـ أيّدت الفكرة ≠ ______

تمرين ٤ اختاروا الكلمة المناسبة :

١ـ أُسِّست ______ « الصليب الأحمر » في لبنان في الأربعينات من هذا القرن وكان الهدف من تأسيسها تقديم المساعدات الطبية والانسانية .

أ. قوميّة ب. جمعية جـ. مهمَّة د. محطّة

٢ـ « حول العالم » برنامج تليفزيوني اخباري يتناول أهم ______ العالمية التي وقعت خلال الاسبوع .

أ. النشاطات ب. المطالب جـ. المراحل د.الأحداث

٣ـ في سنة ١٧٩٣ ______ الشعب الفرنسي على الملك لويس السادس عشر وقتل هو وزوجته ماري انطوانيت .

أ. نادى ب. مضى جـ. حرَّم د. ثار

٤ـ فقدت احترامي له لأني اكتشفت أنه إنسان ______ .

أ. جاهل ب.مدهش جـ. مثقّف د. متواضع

٥- اليهودية والاسلام ________ أكل لحم الخنزير *pork* .

أ. ينظّمان　　ب. يقترحان　　جـ. يؤيّدان　　د. يحرّمان

٦- نتمنى أن تساعد هذه المشاريع على ________ مستوى الخدمات السياحية في البلاد.

أ. انتاج　　ب. رفع　　جـ. توزيع　　د. تحقيق

٧- صحيح اني بحثت هذا الموضوع معها مرات عديدة ولكن لا يبدو لي انها ________ بكلامي حتى الآن .

أ. اتصّلت　　ب. دُهشت　　جـ. اقتنعت　　د. طالبت

٨- عفواً ! لا أستطيع أن أسمعك . هل يمكنك أن ترفع ________ قليلاً ؟

أ. صوتك　　ب. وجهك　　جـ. جنسك　　د. ضجّتك

٩- قرّر عمّال الشركة تأسيس ________ يحفظ حقوقهم ويعبّر عن وجهة نظرهم .

أ. منصب　　ب. نظام　　جـ. اِتّحاد　　د. مجال

١٠- عندما بلغني خبر وفاة عمّتي شعرت بـ________ شديد .

أ. تمرّد　　ب. حزن　　جـ. عنف　　د. اعجاب

١١- ________ القرآن ، في نظر معظم العرب ، أعلى مستوى فنّي وجمالي للغتهم.

أ. يوافق　　ب. يتبرّك　　جـ. يمتع　　د. يمثّل

١٢- استمر الرئيس الامريكي روزفلت في الحكم سنوات عديدة بفضل التأييد الشعبي ________ له .

أ. الشديد　　ب. الذاتي　　جـ. التقليدي　　د. العنيف

١٣- ________ الشعب الليبي سنوات طويلة ضد الاحتلال الإيطالي .

أ. وافق　　ب. هاجم　　جـ. اقتنع　　د. جاهد

١٤- من ________ المتّبعة في عيد الفصح في لبنان أن يذهب الناس للصلاة في الكنائس في الساعة الخامسة صباحًا .

أ. التقاليد　　ب. المواقف　　جـ. المظاهر　　د. الحركات

تمرين ٥ أكملوا الجمل بالكلمات المناسبة :

تدريجياً دُهشت أُضطررت الحزن تعديل المثقّفون المؤتمر سوى
القوميّة الوعي المواطنين فعّالة أوضح افتتاح صدمة ضد

١ـ انشغل ______ العرب في عصر النهضة بعدة قضايا أهمُّها الإصلاح الاجتماعي والعلاقة بين الشرق والغرب .

٢ـ سيشارك في هذا ______ عدد من الباحثين الذين سيناقشون مشكلات التعليم في المناطق الريفيّة .

٣ـ على الرغم من الضجة الكبيرة التي أثارها قانون الايجارات الجديد بين الناس فإن الحكومة ما زالت ترفض ______هُ .

٤ـ مشكلة التطوّر الاقتصادي في السعودية هي انّه لم يحدث ______ ولكنه حدث مرّة واحدة وفي مدة قصيرة من الزمن .

٥ـ تمّ ______ قناة السويس في عام ١٨٦٧ في احتفال ضخم جداً شاركت فيه وفود من عدة بلدان أوروبية.

٦ـ لم يكن وقت الامتحان كافياً ولذلك لم اكتب ______ سؤالين فقط من الاسئلة الخمسة المطلوبة .

٧ـ عندما بلغني قرار فصلي من الشركة ______ كثيراً لان كل مديريّ كانوا دائمًا يعبرون عن إعجابهم بعملي .

٨ـ لمّا ضربته السيارة وقع على الأرض وفَقَدَ ______ .

٩ـ فكرة ______ العربية تقوم على أنّ العرب كلهم أمّة واحدة يشترك افرادها في نفس اللغة والتاريخ والثقافة .

١٠ـ لعبت البرازيل ______ إيطاليا في المباراة النهائية لكَأس *cup* العالم في كرة القدم لسنة ١٩٩٤ .

١١ـ ______ الملك حسين في حديث خاص لمحطة «سي . إن . إن» أن موقف بلاده من السلام مع اسرائيل لن يتغيّر .

١٢ـ استخدمت طبيبتي طريقة جديدة للعلاج ولكنها لم تكن ______ جداً .

١٣- يجب على كل ـــــــــــ الراغبين في الحصول على جوازات سفر جديدة الحضور الى مكتب الهجرة والجوازات شخصياً .

١٤- وفاة الرئيس جمال عبد الناصر عام ١٩٧٠ كانت ـــــــــــ شديدة للشعوب العربية.

تمرين ٦ أجيبوا عن الأسئلة التالية :

١- ما مجال تخصصك ؟ ما المجالات الاخرى التي تهتمّ/ين بها ؟

٢- كيف تنظّم/ين وقتك ؟ هل تعتبر/ين نفسك إنساناً/ة منظما/ة ؟

٣- ما موقفك من تقديم مساعدات مالية لَمَن يريدون إرسال أولادهم الى مدارس خاصة؟

٤- ما كان أهم حدث في حياتك ؟

٥- أحياناً أشعر بعدم الرغبة في النوم ، هل عندكم أي اقتراحات لمساعدتي ؟

٦- أي نوع من الشِّعر تحب/ين؟ من هو شاعرك المفضّل ؟

تمرين ٧ "إلاّ" و"سِوى" أكملوا الجمل مستخدمين إلا أو سوى :

The particles of exception إلاّ and سِوى are often used in Arabic with a negative to give the kind of emphasis that is conveyed with English *only*:

مثال: لم أسمع إلا أصوات الأولاد. *I heard only the voices of the children.*

هذا لا يمثّل سِوى وجهة نظرها. *This only represents her point of view.*

This kind of construction is considered to be good literary style in Arabic.
Use إلاّ and سِوى to complete the sentences:

١- لم يجدوا في البيت ـــــــــــــــــــــــــــــــ

٢- لن أزور ـــــــــــــــــــــــــــــــ

٣- ليس هذا القانون ـــــــــــــــــــــــــــــــ

٤- لا تتناول هذه المقالة ـــــــــــــــــــــــــــــــ

٥- لم نطالب ـــــــــــــــــــــــــــــــ

عبارات جديدة

أ ـ انتَهَز الفرصة لِـ ... to seize the opportunity to

- **سأنتهز فرصة** وجودي في بيروت **لشراء** بعض المراجع التي احتاج اليها .
- نتمنى ان **تنتهز** دول الشرق الاوسط **الفرصة لتحقيق** سلام كامل في المنطقة .

ب ـ خصوصًا وأنّ ... especially since

- غضبت كثيرًا من تصرّفه **خصوصًا وأنّها** لم تكن المرة الاولى التي يعاملني فيها بهذا الشكل .
- دُهشت عندما رأيت جارنا يقطع الشجرة الكبيرة في حديقتهم **خصوصًا وانّه** اقترح عليّ عدة مرات ان ازرع واحدة مثلها في حديقتنا .

جـ ـ لا/لم/ليس ... فَحَسْب (فقط) بَل ... أيضًا (كذلك) not only ... but (also)

- ... وهذه التغيّرات الاجتماعية **لم تحدث** في المجتمعات المدنية **فحسب بل** امتدت **كذلك** الى المجتمعات الريفية بشكل تدريجي .
- يعتبر الشاعر أدونيس من أبرز المثقفين العرب المعاصرين **لا** بفضل أعماله الشعرية **فحسب بل بفضل** دراساته الفكرية والنقدية **أيضًا** .

د ـ مجرَّد (+ اسم في إضافة) mere, merely

- هذا **مجرد** اقتراح ! أرجو ألا تتسرّعوا وترفضوه على الفور .
- هذه الهدية المتواضعة هي **مجرّد** تعبير بَسيط *simple* عن إعجابي بعملك .

هـ ـ وإنْ (كان) ... even if

- ارجوكم ان تتصلّوا بي فور وصولكم **وإن كانت** الساعة متأخرة .
- سأستمرّ في مهاجمة الحكومة وسياساتها **وإن كان** في ذلك خطر على حياتي .

تمرين ٨ **استخدموا هذه العبارات الجديدة في جمل .**

الثقافة صور اجتماعية وسياسية

الحَريم literally, that which is forbidden to outsiders; refers to women or their quarters in the household, especially in the context of the urban practice of secluding women. The use of the root ح-ر-م to refer to wives (حُرمة = زوجة) comes from the idea that wives are forbidden to other men.

الحِجاب veil or scarf covering the hair; in this text used to refer to the upper-class custom of covering the face as well

مُحَجَّبة امرأة تلبس الحجاب

النِقاب veil that covers the face

قانون الأحوال الشخصية مجموعة القوانين التي تحكم الزواج والطلاق .

شَيخ ج. شُيوخ literally, elder; one who has earned status through age or (religious) learning; chief, master, head of a village, tribe, etc.

ج. مَشايِخ this plural is used only to refer to men of religious learning, especially those who hold office or wield influence

تقسيم فلسطين

في عام ١٩٤٧، قررت الامم المتحدة، بأكثرية ٣/٢ (الثُلثَيْن) من أعضاء الجمعية العامة، تقسيم فلسطين الى دولتين : واحدة يهودية واخرى عربية، وقررت كذلك جعل مدينة القدس منطقة دولية . وكان عدد سكان فلسطين في ذلك الوقت حوالي ١,٢٦٩,٠٠٠ عربي و ٦٧٨,٠٠٠ يهودي . ولكن بريطانيا، التي كانت تحكم منطقة فلسطين في ذلك الوقت، رفضت أن تشرف على التقسيم، لأن أكثرية السكان لم توافق عليه. ورفض الدول العربية لهذا المشروع أدّى الى *led to* وقوع الحرب في عام ١٩٤٨ .

تمرين ٩ قبل القراءة

للمناقشة :

متى بدأت الحركة النسائية في بلدك؟ من بعض النساء اللواتي اشتهرن بنشاطاتهن في هذه الحركة؟

ما هي صورة المرأة العربية في الغرب؟

تمرين ١٠ القراءة الاولى

١ـ اذكروا ما عرفتم عن هدى شعراوي بالنسبة لـ :

الطفولة :

العائلة :

السفر:

الاهتمامات :

الاهداف :

٢ـ ما هي الصدمة الكبيرة التي غيّرت حياة هدى شعراوي ؟

٣ـ من أي طَبَقة *class* اجتماعية كانت هدى شعراوي ؟ كيف نعرف ذلك ؟

هُدى شَعراوي

رائدة الحركة النسائية قبل الثورة

ولدت هدى شعراوي في ٢٣ يونيه ١٨٧٩ . والدها محمد سلطان باشا رئيس أول مجلس نيابي في مصر توفي وهدى في الخامسة من عمرها ، فرعتها والدتها ونشّأتها على حفظ القرآن الكريم ودراسة العلوم والرسم والموسيقى وحب الفنون ، وحرصت على تعليمها الفرنسية والتركية فكان لها من الثقافة ما لم يتح الا للقليلات من بنات جنسها في ذلك العصر الذي كان يحرم تعليم المرأة .

عندما بلغت هدى الثالثة عشرة من عمرها تقدم للزواج منها ابن عمتها علي شعراوي باشا ، ولم تعلم الصغيرة بهذا الزواج الا قبل حدوثه بنصف ساعة فتمردت ، ولكن الفتاة في هذا العصر كان صوتها غير مسموع وحدث الزواج ليكون الصدمة الأولى في حياة هدى شعراوي ، صدمة جعلتها تفكر في مشاكل المرأة.

وكان عام ١٩٢٣ بداية نشاط نسائي ضخم لهدى شعراوي، فقد أسست الاتحاد النسائي المصري يوم ١٦ مارس وكانت العضوات المؤسسات لهذا الاتحاد اثنتي عشرة سيدة فقط في مقدمتهن هدى شعراوي الرئيسة وشريفة رياض نائبة الرئيسة وسكرتيرتان هما احسان القوصي وسيزا نبراوي. ولبت هدى شعراوي دعوة الاتحاد النسائي الدولي وخرجت ثلاث سيدات لأول مرة يمثلن مصر في مؤتمر دولي في روما وهنّ هدى شعراوي ونبوية موسى وسيزا نبراوي. وعندما رأتهن وفود الدول المختلفة دهشن كيف يكون في مصر مثل هؤلاء السيدات المثقفات الواعيات، وكانت فكرتهن عن سيدات مصر أنهن من الحريم، لا عمل لهن سوى امتاع الرجل لا يعرفن شيئا من المشاكل والأحداث العامة.

وبعد هذا المؤتمر عاد الوفد النسائي المصري الى الاسكندرية ، وكان في انتظاره السيدة بثينة شعراوي هي وزوجها محمود سامي باشا . واقترحت سيزا نبراوي على هدى شعراوي أن تنتهز فرصة وصول الوفد الى القاهرة لرفع الحجاب فوافقتها هدى خصوصا وان زوج ابنتها محمود سامي باشا شجعها على ذلك واوضح لها أن الحجاب تقليد لا يستند الى قانون . وفي القطار من الاسكندرية الى القاهرة رفعت هدى شعراوي وسيزا نبراوي الحجاب. وبمجرد وصولهما الى محطة القاهرة خرجتا من القطار سافرتي الوجه ، وتبعتهما في ذلك السيدات المستقبلات. وصدرت الصحف في اليوم التالي بصورهن سافرات وثار كثير من الناس على ذلك ولكن كفاح هدى شعراوي جعل الآباء يقتنعون تدريجيًا برفع الحجاب عن وجه المرأة المصرية .

ولم يكن عام ١٩٢٣ هو عام تحرير المرأة من الحجاب فحسب بل يعتبر بحق عام النشاط النسائي الفعال، فالحجاب قد يكون مجرد مظهر ولكن هدى شعراوي لم تكن تؤمن بالمظاهر بل رأت أن تحرر المرأة من الجهل لا يقل أهمية فطالبت بأن تتساوى المرأة والرجل في حق التعليم. ولم يوجد في ذلك الوقت مدرسة مصرية واحدة للبنات بعد المرحلة الابتدائية سوى المدرسة السَنِيّة وكانت خاصة بتخريج المدرسات. وفي عام ١٩٢٤ افتتحت أول مدرسة ثانوية للبنات وهي مدرسة شبرا الثانوية والتحقت بهذه المدرسة ٣٢ تلميذة للحصول على الثانوية العامة تمهيدا للالتحاق بالجامعة .

وفي عام ١٩٢٦ طالبت هدى شعراوي بتعديل قانون الأحوال الشخصية وكان أهم مطالبها تنظيم تعدد الزوجات والطلاق ولكن معارضة المشايخ حالت دون تحقيق ذلك .

وكان لهدى شعراوي مواقف هامة بالنسبة للقضية الفلسطينية، فقد طالبت بعدم هجرة اليهود الى فلسطين وطالبت العرب بألا يتركوا أراضيهم في فلسطين وأوضحت للعالم كله أن اليهود في مصر يعاملون كإخوة لهم نفس حقوق المواطنين ويعاملون بنفس المعاملة في كل المجالات.

لم تهتم هدى شعراوي بالنشاط السياسي فقط بل اهتمت بالمشاكل الاجتماعية والنشاط الثقافي فأرادت أولا أن ترفع المستوى الثقافي للمرأة ففكرت في انشاء نادٍ ثقافي للمرأة تجد فيه الكتب التي تحبها وتستمع فيه الى الموسيقى وتقابل فيه المثقفين من الكتاب والشعراء والفنانين. ولكن كيف يحدث هذا في الوقت الذي كانت فيه المرأة لا تخرج من البيت الا محجبة لزيارة أقاربها ؟ وكيف تذهب الى النادي وإن كان ناديا ثقافيا ؟ وخرجت من هذا المأزق بأن سمت النادي «جمعية الرقي الأدبي للسيدات» وخصص لها الملك فؤاد صالة في الجامعة المصرية تجتمع فيها النساء.

ومنذ أول برلمان مصري وهدى شعراوي تنادي بحقوق المرأة السياسية وبالقومية العربية وانتهى جهادها في هذا المجال بتأسيس الاتحاد النسائي العربي ١٩٤٤ قبل اقامة الجامعة العربية نفسها.

وتوفيت هدى شعراوي عام ١٩٤٧ بعد خمسة عشر يوما من تقسيم فلسطين وكان حزنها شديدا . توفيت بعد كفاح طويل في السياسة ضد الانجليز وضد المشاكل التي تعوق تقدم المرأة المصرية.

من « هدى شعراوي : رائدة الحركة النسائية قبل الثورة »،
وزارة الشؤون الاجتماعية ، اللجنة القومية للمرأة ،
القاهرة ، بدون تاريخ.

تمرين ١١ القراءة الثانية

لاحظوا الكلمات التالية ثم اقرأوا النص مرة ثانية وأجيبوا عن الأسئلة :

رَعى ، يَرعى ، الرِّعاية	to care for, take charge of
حَرَصَ على	to be keen on
لم يُتَح لِـ (أتاح)	was not granted to (s.o.)
لَبّى دعوة	to accept the invitation of
اِسْتَنَدَ الى	to have a basis in, rest on
سافِرة الوجه	barefaced, unveiled
مَأزِق	predicament, dilemma
حالَ دون	to stand in the way of
تَمْهيداً لِـ	in preparation for

٤- لماذا دهشت النساء الأوروبيات عندما رأين هدى شعراوي وزميلتيها؟

٥- ما هي قصة رفع الحجاب : أين حدث ؟ من كان صاحب الفكرة ؟ من قام به ؟ كيف انتشر الخبر ، وما كان رأي الناس في ذلك ؟

٦- اذكروا نشاطات هدى شعراوي في المجالات المختلفة :

المجال السياسي :

المجال التعليمي :

المجال الاجتماعي :

المجال الثقافي :

٧- من هو الشخص الذي لعب دوراً كبيرا في حياة هدى شعراوي؟ كيف كان ذلك؟

٨ـ من وجهة نظرك ، ما كان أهم نشاط قامت به هدى شعراوي ، ولماذا ؟

٩ـ خمنوا معاني الكلمات التالية :

أ ـ في فقرة *paragraph* ١ : نشّأتها (والدتها) على حب الفنون =

ب ـ في فقرة ١ : تقدّم للزواج منها ابن عمتها =

جـ ـ في فقرة ٣ : نائبة الرئيسة =

د ـ في فقرة ٥ : ١٩٢٣ ... يعتبر بحَقّ عام النشاط النسائي الفعال =

هـ ـ في فقرة ٨ : تقابل فيه المثقفين من الكتّاب والشعراء والفَنّانين =

و ـ في فقرة ١٠ : المشاكل التي تعوق تقدّم المرأة =

تمرين ١٢ دراسة القواعد والتراكيب في النص

١ـ **في فقرة ١** : والدها محمد سلطان باشا ... توفي وهدى في الخامسة من عمرها.

What information does this phrase give? Explain الخامسة : why is it مؤنث ?

Write your age in this way: ______________________ أنا

٢ـ **في فقرة ١** : فكان لها من الثقافة ما لم يُتَح الا للقليلات من بنات جنسها .

In this phrase, من means *in the way of* and ما means *what*. Translate the **general meaning** (not the exact words) of this sentence with the help of the context and the question: How did Huda's education compare with that of her peers?

٣- **في فقرة ٢** : ولكن الفتاة في هذا العصر كان صوتها غير مسموع =

Explain the meaning and derivation of مسموع :

٤- **في فقرة ٤** : وبمجرد وصولهما الى محطة القاهرة خرجتا من القطار سافرتي الوجه

What is the name of this construction? Explain the ي on سافرتي :

٥- **في فقرة ٥** : رأت أنّ تحرر المرأة من الجهل لا يَقِلّ أهميةً .

What does يقلّ mean? (Think of الجذر ; what related words do you know?)
What is the name of the underlined construction? Explain the case ending.

٦- **في فقرة ٨** : المرأة لا تخرج من البيت إلاّ محجبة لزيارة أقاربها

What case ending would you put on محجبة and why?

٧- ترجموا هذه الجمل في النص الى الانكليزية: **Use your dictionary as necessary**

أ - **في فقرة ٣**: وكانت العضوات المؤسسات . . . نبراوي.

ب - **في فقرة ٣** : وعندما رأتهن وفود . . . الواعيات .

جـ - **في فقرة ٨**: وخرجت من هذا المأزق . . . النساء.

8. Vowel paragraph 3 in preparation for reading aloud.

القواعد

★ أسماء الإشارة

Learn these demonstrative pronouns:

	مفرد	مثنى	جمع
مذكر	هـٰذا	هـٰذانِ / هـٰذَيْنِ	هـٰؤُلاءِ
مؤنث	هـٰذِهِ	هاتانِ / هاتَيْنِ	هـٰؤُلاءِ
مذكر	ذٰلِكَ	(*rare*)	أولـٰئِكَ
مؤنث	تِلْكَ	(*rare*)	أولـٰئِكَ

تمرين ١٣ اسماء الاشارة

استخدموا اسم الاشارة المناسب لإكمال الجملة:

١- اشتريت ________ الصورتين من فنان ناشئ في احد شوارع باريس.

٢- . . . وفوق ________ كله، فإن ________ الشعراء يمثّلون حركة التجديد في الشعر العربي المعاصر.

٣- لا بدّ لنا هنا من المقارنة بين ________ النظريات و ________ .

٤- من الاعياد المهمة في لبنان عيد الاستقلال وعيد رأس السنة الميلادية، ويشارك المسلمون والمسيحيون على السواء في ________ العيدين .

٥- مَن ________ الفتاة السوداء الشعر الجالسة بين ________ النساء ؟

★ جمع النسبة : الجنسيات والأديان

You know that النسبة usually takes sound plural endings: ـون/ـين and ـات. However, some *nisbas* that indicate affiliation to a nationality or religious sect take broken plurals. The following list is representative but not exhaustive, so learn to recognize these patterns:

أ ـ جنسيات

عربيّ ج. عَرَب	إنجليزيّ ج. إنْجليز	إفْريقيّ ج. أفارِقة
مَغرِبيّ ج. مَغارِبة	تُركيّ ج. أتْراك	كُرديّ ج. أكْراد
فارِسيّ ج. فُرْس	إسْبانيّ ج. إسْبان	روسيّ ج. روس
أجْنَبيّ ج. أجانِب		

ب ـ أديان ومذاهب دينية

قِبطي ج. أقباط	ماروني ج. مَوارِنة	يَهودي ج. يَهود
شيعي ج. شيعة	سُنّي ج. سُنّة	دُرزي ج. دُروز

تمرين ١٤ نشاط محادثة

ماذا تعرفون عن المجموعات الدينية والجنسيات المذكورة هنا؟
أين يسكن أفرادها؟ بم يؤمنون؟ أي لغات يتحدثون؟ هل لهم صفات خاصة؟
هل توجد صور نمطية *stereotypes* عنهم؟

★ الحال

The حــال clause or جــملة حــال (literally, *state* or *circumstance*) is a construction that describes the state of the subject while she or he performs the action of the main verb. الحال can convey several kinds of descriptions.

One kind of حــال description is often expressed in English with participles (e.g., *sitting, running, sleeping*). Identify the participles in the following sentences:

The students came to class dragging their feet and complaining about the homework.

I walked around the town searching desperately for somewhere to eat.

In these sentences, the clauses containing *dragging, complaining,* and *searching* all carry meanings that may be expressed in Arabic using الحــال. They answer the question كــيف؟, describing how the subject performed the action expressed by the main verb. Note that the actions described by these participles are concurrent with the main verb, that is, they have no tense of their own because they take place at the same time as the main verb.

Another kind of الحــال describes the time or circumstances of the main verb (similar to English *while ...* or *when ...*), as in the following examples:

I studied Latin while I was in high school.

He left school when he was fourteen to go to work.

A third kind of الحال describes the state of the subject while she or he performs an action, such as the following:

She marched into the office with a copy of the letter in her hand.

He sat there with a look of incomprehension on his face.

To express these ideas, Arabic uses three different types of الحال :

‏(١) الفعل المضارع .

‏(٢) اسم الفاعل أو اسم المفعول في المنصوب .

‏(٣) جملة اسمية تبدأ بـ «و» + ضمير *pronoun* .

You have already seen examples of each of these kinds of الحال :

(1) You have learned to use المضارع to express progressive or habitual actions even if they took place in the past. In the Ibn Battuta text, المضــارع was used to describe how he lived during his travels:

‏– عاش ... **يرحل** مـع القوافل و**يقيم** في الزوايا و**يزور** اهل العلم ...

All of the مضــارع verbs in this sentences constitute جــمل حــال , because they describe the action of the main verb, عاش . Identify الحال in the following examples:

– مشى المسحراتي في الشوارع ، ينادي على الناس بأسمائهم .

– جلست بجانب التليفون تفكر في ما ستقوله له .

Remember: these kinds of الحال **do not contain verbs in** الماضي, even though they may describe actions that took place in the past.[1]

(2) You have seen sentences containing اسم فاعل with المنصوب ending, answering the question كيف ؟ :

– خرج ابن بطوطة من طنجة **قاصداً** الحج .

– يمشي الاستاذ في الحوش **باحثاً** عن تلميذه الوحيد .

In the text of this chapter, you saw two other examples:

– خرجتا من القطار **سافرتيْ** الوجه .

– المرأة لا تخرج من البيت إلا **محجَّبةً** لزيارة الأهل ...

All of the اسماء فاعل ومفعول in the sentences above constitute examples of الحال .

(3) Any kind of جملة اسمية that begins with و followed closely by a pronoun can be a حال . The pronoun can be a subject pronoun, such as هو , هي , or أنا , or it can be a possessive pronoun, such as (يد)ها or (مع)ـه . Identify الحال in the following examples, paying special attention to the pronouns:

when I was =	تخرجت من الجامعة **وأنا** في الثانية والعشرين من عمري .
with a (lit., his) foreign wife =	عاد الى بلده **ومعه** زوجته الأجنبية .
with a gift for him in her hand =	انتظرته أمام المكتب **وفي يدها** هدية له .
while watching the news =	لبست ملابسي **وأنا** أشاهد الأخبار في التليفزيون .

This use of و is called واو الحال , and the clause it heads is جملة حال . It is important to recognize this و because of the difference in meaning between its use in الحال and its use as a conjunction (*and*). **The best clue to recognizing** واو الحال **is the pronoun that follows it.**

These three types of الحال can overlap in meaning. Study the following examples and note the different forms that convey similar meanings:

– ب –	– أ –
جلست في غرفتي أفكر في مشكلتي .	جاء إلى الصف يحمل كتبه .
= جلست في غرفتي وأنا أفكر في مشكلتي.	= جاء إلى الصف وهو يحمل كتبه .
	= جاء إلى الصف حاملاً كتبه .

---

[1]There exists one other kind of حال that describes an action that had already taken place before the action of the main verb; you will see that kind of حال later.

You can see from these examples that more than one type of حال can be used to convey a particular meaning. However, keep in mind that المضارع describes progressive actions, such as *reading*, *studying*, and *playing*, while اسم الفاعل/المفعول describes states, such as *sleeping* and *wearing*, and motion, such as *going*. Thus in (أ), the action of *carrying* can be expressed either with المضارع or with اسم الفاعل, because it is a progressive action that also involves motion, while in (ب) the action of *thinking* is usually better expressed with المضارع.

For now, focus on recognizing the different types of الحال, and use the examples above as patterns for forming your own حال clauses.

تمرين ١٥ ابحثوا عن الحال في هذه الجمل :

١- يا استاذ، أمس جلست في الصف ويدي مرفوعة اكثر من خمس دقائق ، لماذا لم تسمح لي بالكلام ؟

٢- جلست في المحطة تنتظر وصول القطار .

٣- تركت بيتها وأهلها وهي في السادسة عشرة من عمرها ، باحثةً عن ذاتها .

٤- واصل الامام محمد عبده نشاطه السياسي ضد الاحتلال الانجليزي وهو في فرنسا .

٥- كتبوا الى رئيس تحرير الصحيفة معبّرين عن رأيهم في المقالة .

٦- جلسوا يناقشون الموضوع حتى ساعة متأخرة من الليل.

تمرين ١٦ ترجمة من الانجليزية الى العربية

1. It was a formal (رَسمي) party, but they came wearing jeans!

2. She called the television station, demanding her right to be heard.

3. Your daughter sat reading a book for two hours!

4. We left the room in a hurry (=hurrying), not saying a word.

تمرين ١٧ استخدام الحال في الوصف :

يطلب من كل طالب أن يجلس في الصف بشكل مختلف، ويقوم الآخرون بوصفه مستخدمين الحال. ثم يطلب من كل واحد أن يخرج ويدخل مرة ثانية بطريقة خاصة، ويصفه الآخرون.

تمرين ١٨ نشاط كتابة

اكتب/ي قصة تصف ما يحدث في هذه الصور، مستخدمًا/ ـــةً فيها الحال:

Remember to connect the sentences to produce a cohesive story.

<u>مثال</u> : جلست في السرير تقرأ كتاب «ألف ليلة وليلة».

الجني
الادب .. ليس له مستقبل!

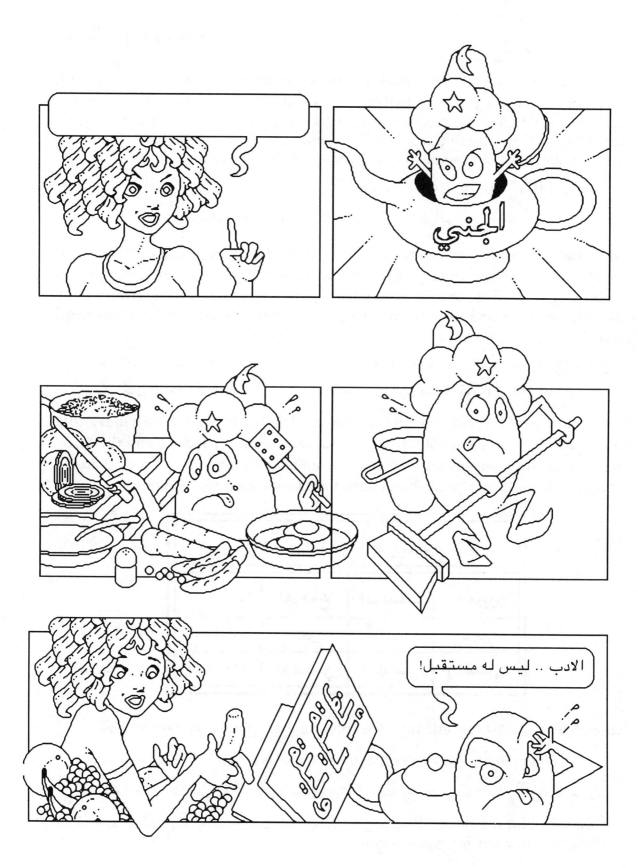

★ الاسم المنقوص

الاسم المَنقـوص refers to certain nouns and adjectives whose جـذر ends with either و or ي , such as العالي: ع-ل-و or الوالي : و-ل-ي . When these roots combine with certain patterns, the resulting nouns take slightly variant forms depending upon whether they are definite or indefinite, and upon their case endings. You have seen a number of these nouns and adjectives in vocabulary lists:

عالٍ (الـ)عالي ج. -ون   نادٍ / (الـ)نادي ج. نوادٍ / (الـ)نوادي

تالٍ / (الـ)تالي ج. -ون   والٍ / (الـ)والي ج. وُلاة

Notice that the words given above are of the derived pattern اسم فـاعل , and that they all have two basic forms: a definite one ending in ي and an indefinite one in which the ي shortens to *tanwiin kasra* when it has certain case endings. Study the following examples and identify the case and definite/indefinite status of the word نادٍ/النادي in its various forms:

١ـ هذا نادٍ معروف.   ٣ـ نادي الزمالك من أشهر النوادي المصرية.

٢ـ كان ناديًا معروفا.   ٤ـ نحن غير مشتركين في هذا النادي .

These examples show that this type of noun retains the final ي : **(a) whenever the noun is definite**—whether with الـ or in an إضافة—as in (٣) and (٤), and **(b) when it has المنصوب ending**, as in (٢). Indefinite nouns in the other two cases retain the ending ـٍ . The following chart shows these forms with their case endings:

الاسم المنقوص في المفرد			
	المرفوع	**المنصوب**	**المجرور**
Indefinite	ماضٍ	ماضيًا	ماضٍ
Definite	(الـ)ماضي	(الـ)ماضيَ	(الـ)ماضي

Remember: المنصوب case ending is the only one that appears on these words.

The feminine and plural forms of the singular nouns follow regular rules:

متساوٍ —> متساوية —> متساوون   مُحامٍ —> محامية —> محامون

Note that the plural forms ending in ـون drop the ي , because formal Arabic does not allow two long vowels in succession.

A few broken plurals (rare) also take these endings, e.g., نـواد ، أهال ، أراضٍ. However, as broken plurals, they are ممنوع من الصرف and do not take *tanwiin fatHa* when they are indefinite. Thus, the indefinite form of these words takes only a single *fatHa* in المنصوب :

وزّعت الحكومة أراضيَ على المزارعين. أنشأوا نواديَ جديدةً .

This chart summarizes the endings for plural nouns that end in ـٍ , which you are expected to **recognize:**

الاسم المنقوص في الجمع			
	المرفوع	المنصوب	المجرور
Indefinite	نَوادٍ	نَواديَ	نَوادٍ
Definite	(الـ)نَوادي	(الـ)نَواديَ	(الـ)نَوادي

Learn to recognize all the plural forms, and to produce the singular forms.

تمرين ١٩ معرفة الاسم المنقوص

Identify, vowel, and explain the form of the اسماء منقوصة in these sentences:

١ـ ذهبت الى السوق لشراء بنطلون جديد لكني وجدت كل شيء غاليا جدا .

٢ـ هل هناك عدد كاف من المقاعد لكل الناس ؟ .

٣ـ شعرت بالغضب عندما رأيته ماشيا مع صديقتي .

٤ـ خرج كل أهالي البلدة لاستقبال الشيخ عند عودته من الحج .

٥ـ هل تظنون أن الإنسان الأسود متساو مع الإنسان الأبيض في معظم بلاد العالم؟

٦ـ بدأ الناس يتركون الأراضي الزراعية ويسافرون للعمل في بلدان الخليج *Gulf*.

٧ـ في أي نواد يشترك الطلاب ؟

٨ـ عندي برد ولا أستطيع أن أتكلم بصوت عال.

تمرين ٢٠ استخدام الاسم المنقوص

اكتبوا الكلمة في الشكل المناسب :

١ـ وصلت المرأة الى مناصب ـــــــــــ في معظم بلاد العالم . (عالٍ)

٢ـ في القرن التاسع عشر، كان يحكم بيروت ـــــــــــ تابع للدولة العثمانية. (والٍ)

٣ـ سأدرس في تونس العام القادم ، ثم سأقضي السنة ـــــــــــ في المغرب. (تالٍ)

٤ـ بدأ يغيب عن العمل كثيرا في الأيام ـــــــــــ . (ماضٍ)

٥ـ بدأت ـــــــــــ الفيديو تنتشر في الشرق الاوسط في السنوات الاخيرة. (نوادٍ)

٦ـ لا يوجد عدد ـــــــــــ من المقاعد في هذه الصالة . (كافٍ)

تمرين ٢١ مراجعة الممنوع من الصرف

You have learned several types of nouns of the category الممنوع من الصرف , nouns that take special case endings when they are indefinite. Broken plurals with three or more syllables, including broken plurals that end in ـاء , and adjectives of the « أفعل » pattern, including أفعل and فَعلاء color patterns, all take these endings. Vowel the following sentences for practice:

١ـ احتلت ديزي الامير عدة مناصب حكومية ساعدتها على التعرف على أدباء آخرين.

٢ـ لعلكم تقرأون أسرع مني ولكن هل تفهمون أكثر ؟

٣ـ كل الناس سواء كانوا أغنياء أو فقراء يستعدون للاحتفال بالعيد.

٤ـ ستوزع جوائز على جميع التلاميذ الذين اشتركوا في مشروع تزيين المدرسة.

٥ـ صديقي سامي أسمر وصديقتي إيمان شقراء .

٦ـ اكتشفت الدكتورة حقائق طبية مهمة لم تذكر في أي مراجع حتى الآن.

٧ـ يتّبع الناس تقاليد يظنون انها إسلامية ولكن لا علاقة لها بالدين في الاصل.

تمرين ٢٢ نشاط استماع

استمعوا الى النص على الشريط واكتبوا الكلمات في الفراغات:

المهاتما غاندي

واحد من ______ القادة الروحيين و______ في العالم في القرن العشرين. ______ طوال حياته لتحرير الشعب الهندي من ______ البريطاني وذلك عن ______ سياسة اللاعنف التي كان ______ بها . يحبّه الهنود كثيراً و______ مؤسّس دولة الهند الحديثة وقد أطلقوا عليه ______ «مهاتما» الذي يعني «______ العظيمة» .

ولد غاندي عام ______ في ولاية «غُجرات» في غرب الهند لعائلة هندوسيّة ، وكان والده ______ سياسية ______ في تلك الولاية . ولما ______ السابعة عشرة من عمره أرسلته عائلته الى لندن لدراسة ______ . وفي لندن تعرَّف غاندي على عددٍ من ______ من ______ وأديان مختلفة شاركوه ______ بفكرة اللاعنف وتركوا أثرًا كبيراً في ______ .

وفي سنة ١٨٩٠ سافر غاندي الى ______ افريقيا حيث كان اخوه يعمل في التجارة . وكانت تجربته في جنوب افريقيا ______ التأثير في حياته ، إذ ______ عينيه على الاحوال المعيشية الصعبة التي كان يعيشها ______ الهنود و______ السّود في جنوب افريقيا . وقد قام غاندي خلال سنوات ______ في جنوب افريقيا ______ عدّة تهدف الى رفع ______ الوعي بين السّود والمهاجرين الهنود .

ولما رجع غاندي الى الهند سنة ١٩١٥ بدأ نشاطه السياسي ______ الوجود البريطاني في الهند ، وقد أدخله البريطانيون السجن *prison* ______ مرات ______ بسبب ______ ـه المعارضة . وبدأ اسم غاندي يبرز ______ في ______ الوطنية الهندية الى ان أصبح ______ لهذه الحركة . وكان غاندي ______ في احاديثه وخطبه على عدم ______ العنف وعلى ضرورة احترام ______ لحقوق الناس جميعًا . وفي سنة ١٩٤٧ حصلت الهند على استقلالها وقُسّمت الى ______ هما الهند والباكستان ، وتبع ذلك أعمال ______ كثيرة بين المسلمين والهندوس . وقد رفض غاندي هذا التقسيم وعبّر عن ______ لفكرة الهند الموحّدة التي يعيش فيها المسلمون والهندوس جنبًا الى جنب في أخوّة وسلام. وفي ______ يناير ______ بدأ صومًا بهدف وقف ______ بين الجانبين ، وقد نجح في ______ هدفه هذا ولكنه ______ بعد ايام قليلة ______ واحد من المتطرفين الهندوس و______ العالم بذلك واحداً من اعظم ______ السّلام .

تمرين ٢٣ نشاط قراءة

لاحظوا هذه الكلمات ثم اقرأوا النص وأجيبوا عن الأسئلة :

مُسْتَشْفى ج. مُستَشفَيات	hospital
شَقيقة	= أخت
اِسْتَدْعى ، يَسْتَدعي	= دعا ، يدعو
طُموح	ambition
تَحَدٍّ ج. تحدّيات	challenge

١- ما الذي جعل أنس باز تقرّر دراسة الطب ؟

٢- يتناول هذا النصّ جوانب من حياة أنس باز ويحدّثنا عن

أ . ______________ د . ______________

ب . ______________ هـ . ______________

جـ . ______________ و . ______________

٣- ما هي «الفرصة» التي ساعدت أنس باز على تحقيق حلمها ؟

٤- من هو زوج الدكتورة أنس؟ ما عمله؟ ما الدور الذي لعبه في حياتها؟

٥- اذكروا ثلاثة من النشاطات غير الطبّية التي قامت بها

أ.

ب.

جـ.

٦- هل نجحت في عملها ؟ كيف نعرف ذلك ؟

٧- خمنوا معاني الكلمات التي تحتها خط :

تتساءل ــــــــــــــــ   عيادة ــــــــــــــــ

تستثني ــــــــــــــــ   استغرقت ــــــــــــــــ

الامراض المزمنة ــــــــــــــــ   موصدة ــــــــــــــــ

أنس باز

«طوباكِ ! لأنكِ فتحت باب التعليم أمام بنات بلادي»

أنس بركات . مولودة سنة ١٨٧٤ . أي في الربع الأخير من القرن التاسع عشر ، من عائلة لبنانية راقية ، هيأت الفرصة لفتياتها كي يتابعن دراستهن الثانوية - ثم العالية .

أنس (ربما اختصار للاسم الروسي انستازيا) طالبة في مدرسة الإنكليز في بيروت . مجتهدة ، وصاحبة طموح لا يعرف حدًا . صديقاتها في المدرسة ، باقة من الصبايا الخجولات . و«علياء» الصديقة المفضلة بينهن .

ذات يوم ، تلاحظ أنس شحوبًا يعلو وجه علياء ، وحزنًا يزنر عينيها . تقترب منها مستفهمة :

- ما بك ، يا صديقتي ؟

ترد الفتاة بأسى :

- أمي مريضة .

- احضروا لها الطبيب .

- الطبيب ؟ ... وهي امرأة ؟ ...

- إذن استدعوا طبيبة .

- وتحسبين أن عندنا طبيبات ؟

تلك الليلة لم تنم الفتاة . قضت ساعات <u>تتساءل</u> :

- لماذا لا يكون عندنا طبيبات ؟

ولكن الفرصة غير مهيأة للمرأة . والجامعة التي تدرّس الطب ، في بيروت ، <u>تستثني</u> الفتيات . الاختلاط بين الجنسين ممنوع ... وكيف السبيل إلى تحقيق الطموح؟

خط قدرها يجيب عن السؤال . ها نحن في العام ١٩٠١ . وأنس في السابعة والعشرين من عمرها . شقيقتها (مرتا) تتسلم رسالة من زوجها (قسطنطين مكنا) المغترب في أميركا ، يستدعيها للذهاب إليه . وتنتهز أنس الفرصة فتسافر ، برفقة شقيقتها ، لتتابع دراستها العليا في الخارج .

فور وصولها ، قبلت في جامعة ديترويت - ميشيغن - وفي كلية الطبّ بالذات . أربع سنوات ، قضتها الصبية ، في دراسة الطب ، مركزة على الطب النسائي . فقد حصلت على منحة ، نظرًا لتفوقها ، كما كانت مندوبة صفها إلى المؤتمرات الطلابية ...

وشاءت أن تتفرد في دراستها ، فتخصصت إلى جانب الطب النسائي ، بمعالجة الأمراض المزمنة . وقبل أن تعود إلى لبنان، عام ١٩٠٧ ، عملت ، مدة سنة في عدة مستشفيات من نيويورك إلى فيلادلفيا ، واكتسبت خبرة هامة ، نقلتها لتخدم بها أبناء وطنها .

ولم يكن صعبًا عليها أن تبدأ ممارسة الطب ، نظرًا لحاجة المجتمع القصوى إلى وجود طبيبة-انثى . وقد تسلمت إدارة مستشفى القديس جاورجيوس طيلة أربع سنوات ، كما أنشأت عيادة خاصة بها .

ذاعت شهرة الطبيبة ، وانتشر نشاطها بين مصر وسوريا والعراق . كذلك اهتمت بالنشاطات الثقافية والاجتماعية ، واشتركت في عدة جمعيات نذكر منها : «جمعية الأطباء والصيادلة» ، «الطبيبة اللبنانية» ، «نقابة أطباء لبنان» و «جمعية مقاومة السل» . وكانت عضوًا في كل من «المجمع العلمي السوري» ، «الهلال الأحمر» و«الأكاديمية الدولية» في سان لان . وهي صاحبة فكرة إنشاء «جمعية الصدق» التي نشرت فروعها في معاهد الفتيات ، لتحث الفتاة على الأمانة وعدم الخوف من مواجهة المواقف الصعبة .

وكان للدكتورة أنس ، اهتمام خاص بمدارس البنات ، جسدتها بتقديم جائزة لكل من مدرسة «نور الحياة» و «مدرسة الروم» و«الثلاثة أقمار» في بيروت ، ومدرسة «الصراط» في عاليه .

ولم تكن تتردد ، في يوم ، عن تلبية دعوات الأندية والجمعيات ، إلى إلقاء المحاضرات ، وتوعية الجمهور، صحيًا وثقافيًا .

وصدف ، اثر عودتها من أميركا ، أن دعيت إلى إلقاء محاضرة في حفلة اقامتها جمعية «شمس البر» وكان الخطيب الآخر في الحفلة الأديب جرجي نقولا باز .

وبعد انتهاء الحفلة ، تقدم الخطيب يهنئ الدكتورة على شجاعتها . وبعد هذا اللقاء ، صار الصحافي ، والأديب ، جرجي ، ينتهز الفرص للاتصال بالطبيبة ، يطلب مساعدتها ، في أمور تتعلق بجمعية «مقاومة السل» التي يرعاها . وتطورت الصداقة ، حتى انتهت بخطبة ، فزواج سنة ١٩١٥ .

كان لقاء هذين الزوجين مثمرًا من عدة وجوه : فالطبيبة تابعت نشاطها العلمي والاجتماعي ، بتشجيع من زوجها الذي نال عن حق لقب "نصير المرأة" . وكانت ثمرة هذا الزواج ولدين هما : اسكندر ونقولا باز.

في العام ١٩٢٣ قامت الطبيبة ، والأم والزوجة ، برحلة دراسية إلى فرنسا ، استغرقت سنة كاملة ، قضتها في متابعة تخصصها في الجراحة النسائية ، وذلك في مستشفى «بروكا» . وكان زملاؤها أطباء من دول أوروبا وآسيا وأميركا اللاتينية ، بينما هي المرأة الوحيدة بينهم .

ولم تتوقف عناية الدكتورة أنس ، على جسم المرأة ، بل كان لها اهتمام بنفسيتها . وتعود جذور هذا الاهتمام إلى سنواتها الدراسية ، إذ أولت دراسة الحالات النفسية لدى المرأة والطفل ، عناية خاصة .

واننا نقدر أهمية الخطوة التي قامت بها هذه المرأة الشجاعة ، حين نعود ، بالذاكرة ، إلى مطلع القرن ، ونتذكر كم أن الأبواب كانت موصدة في وجه المرأة ، مما دفع الرائدات إلى التحدي ، كما دفع الأدباء الواعين إلى دعم هذا التحدي والوقوف في صف المرأة والانتصار لقضاياها .

من كتاب «نساء رائدات : من الشرق ومن الغرب»، لإملي نصر الله
الجزء الأول ، ص. ١٦٣ - ١٦٩ ، مؤسسة نوفل، بيروت، لبنان، ١٩٨٦.

تمرين ٢٤ — نشاط استماع

من محاضرة «المرأة والحجاب في المجتمع العربي»
للاستاذة هناء الكيلاني والدكتورة زينب طه
معهد اللغة العربية بكلية ميدلبري ، ١٩٩٤

لاحظوا هاتين الكلمتين:

خَلْع	taking off (e.g., clothes)
عِلمانيّ	secular

شاهدوا الفيديو وأجيبوا:

١- تناقش المحاضِرتان عدداً من القضايا منها :

أ -　　　　　　　　جـ -

ب -　　　　　　　　د -

٢- ماذا تقول الاستاذة الكيلاني (المحاضِرة الأولى) عن العلاقة بين الحجاب والأديان ؟

٣- تذكر الدكتورة طه (المحاضِرة الثانية) المسيحيين في مصر فتقول إنهم ________ من سكان مصر .

شاهدوا الفيديو مرة ثانية وأجيبوا:

٥- لماذا تذكر الاستاذة الكيلاني أسماء قاسم امين والطهطاوي والزّهاوي؟

٦- تذكر الاستاذة الكيلاني ٣ أنواع من الحجاب الاسلامي هي :

أ .

ب .

جـ .

٧- ما الصورة التي تقدّمها لنا المرأة المحجّبة من وجهة نظر د. طه ؟

٨- ماذا تذكر د. طه عن المرأة في الريف المصري؟

تمرين ٢٥ نشاط قراءة وكتابة

اقرأوا وأجيبوا:

النصف الثاني

F65 الآنسة غ.ل. مغربية من الدار البيضاء ، 23 سنة ، مصممة ازياء ، متوسطة الطول ، مثقفة ، متوسطة الجمال، انيقة ومتواضعة ، ترغب في الزواج من شاب عربي ميسور الحال لايتعدى الخامسة والثلاثين ويفضل ان يكون مقيما في اوروبا او امريكا.

F66 الآنسة ر.م. مغربية من الدار البيضاء ، 27 سنة . سكرتيرة ، محافظة ، طويلة القامة ، بيضاء البشرة ، جميلة ، انيقة ، طيبة القلب ، هادئة الطباع ، ترغب في الزواج من شاب عربي مسلم ميسور الحال ، حسن الاخلاق ، مقبول الشكل ، ولديه رغبة اكيدة في الزواج.

F67 السيدة م.ع. مغربية من الرباط ، 40 سنة ، موظفة ، سمراء البشرة ، متدينة مطلقة ، تريد التعرف على شاب مغربي متدين يقصد الزواج لا يتعدى الثامنة والاربعين.

F68 الآنسة أ.ف. مغربية من مكناس ، 22 سنة ، حلاقة ، مثقفة وربة بيت ، جميلة ، طويلة القامة ، حسنة الاخلاق ، هادئة الطباع ، تريد الزواج من شاب عربي مسلم ميسور له رغبة جادة في تكوين اسرة ولا يتعدى الخامسة والاربعين.

F69 السيد B.M.K. تونسي من القلبية 35 سنة ، موظف حكومي ، طويل القامة ، انيق ، وسيم ، حسن الاخلاق يرغب في الزواج من فتاة او سيدة عربية جميلة ومثقفة ذات اخلاق عالية تحب السفر والرحلات.

F71 السيد ص.أ تونسي من توزر ، 23 سنة ، عامل في فندق ، حسن الخلق اسمر البشرة ، يود التعرف الى فتاة اوروبية او عربية ، بقصد الزواج، على ان تكون مثقفة وجميلة تقدر الحياة الزوجية.

F74 ع.ف مغربي مقيم في هولندا ، 28 سنة ، مستوى جامعي ، هادىء الطباع ، مربي اجتماعي يود الزواج من فتاة عربية مثقفة جميلة لا تفوقه في السن ويفضلها سورية ، او لبنانية او اردنية.

من مجلة الوطن العربي العدد ، ٢٣٤ ١٩٩١/٩/٢٧

١- ابحثوا في النص عن كل الإضافات غير الحقيقية.

٢- كيف يعبّرون عن العمر المطلوب؟ Give two constructions:

٢- لك صديق/ـة خجول/ـة ، اكتبوا إعلانا شخصيا يساعده/ها على البحث عن الحب.

تمرين ٢٦ نشاط محادثة

ما هو موقف الدين من المرأة؟ ناقشوا آراء الأديان المختلفة – الإسلام والمسيحية واليهودية وأي أديان أخرى تعرفون عنها– في حقوق المرأة وواجباتها ومكانتها في المجتمع.

٧ ـ ألف ليلة وليلة

في هذا الدرس:

الثقافة:	أغنية «ألف ليلة وليلة» لأم كلثوم
	سؤال عن النحو من «طبقات النحاة»
القراءة:	ألف ليلة وليلة
	جمال الغيطاني وفن القص العربي
الاستماع:	سيرة بني هلال
	السينما العربية
التراكيب:	الأمر والنهي
المثال:	الفعل الذي يبدأ جذره بـ«و»
	ما التعجبية

تذكروا ولاحظوا :

أتى ، يَأْتي	<—	أتى بـ ، يَأْتي بـ	to bring (= جاء بـ)
أخَذ ، يأخُذ	<—	أخَذَ (في الماضي) + المضارع المرفوع أخذوا يتكلمون ، أخذنا نناقش	to begin (= بدأ)
الأُمَم المتّحدة	<—	أمّة ج. أُمَم	nation
بَقِيَ ، يَبقى ، البقاء	<—	أبْقى ، يُبْقي ، الإبقاء (على)	to keep, let remain
بلَغ ، يبلُغ	<—	بلَغَ (ني) أنّ	(I) heard that, (news) reached me ...
بيت ج. بيوت	<—	باتَ ، يَبيت	to spend the night
تِجارة	<—	تاجِر ج. تُجّار	trader, merchant
تمّ	<—	أتَمَّ	to complete (something)
جمع ، يجمَع ، الجَمع	<—	جَمَعَ بينَ	to combine, link
يخرُج	<—	أُخْرُج!	get out! leave! (imperative for أنتَ)
رِواية ج. ـات	<—	رَوى ، يَروي	to narrate, tell
	<—	راوٍ ج. رُواة	narrator
سيرة ذاتية	<—	سيرة ج. سِيَر	tale, epic, (life) story
صَدَر ، يصدُر ، الصُدور	<—	مَصْدَر ج. مَصادِر	source, primary resource
بالإضافة إلى	<—	أضافَ (إلى) ، يُضيف	to add (to)
عبد الله	<—	عَبْد ج. عَبيد	slave
أُعجِبَ بـ	<—		(also) to be amazed by
	<—	عَجيب	amazing, incredible

introduction	مُقَدِّمة ج. ‐ات <—	قدّم
	مقدِّمة الكتاب ، مقدمة الى علم الفيزياء	
(also) to carry out, finish (e.g., a task)	<—	قضى ، يقضي ، القَضاء <—
to complete, finish	أَكْمَلَ <—	كامل
to move (something); to translate	نَقَلَ ، يَنْقُل ، النَقْل <—	انتقل
sleeping (اسم الفاعل)	نائِم ج. ‐ون <—	نام ، ينام ، النَوم
(also) to set down in writing	<—	وَضَع ، يضَع ، الوَضع
(Classical particle of address)	أيُّها (مؤنث: أيَّتُها) =	يا

من القاموس

أذِنَ لِـ بِـ ، يأذَن ، الإذْن	to permit someone (to)
أمَرَ (بِـ) ، يأمُر ، الأمْر	to order, give someone an order (to)
أمْر ج. أوامِر	order, imperative
بَغْل / ة	mule
جَزّار ج. -ون	butcher
جِنّيّ ج. جانّ	genie
الجِنّ	(collective plural)
حَكى ، يَحْكي ، الحِكاية	to tell, relate (a story)
حِكاية ج. -ات	story, tale
اِحْكي!	speak! tell! (imperative for أنتِ)
حاليّ	present
حالاً ، في الحال	immediately
خَلَّصَ (ـه) من	to save, rescue, rid (someone) of
خانَ ، يَخون ، الخِيانة	to betray
خَياليّ	imaginary
تَرَدَّدَ في **(+ مصدر)**	to hesitate
سَحَرَ ، يَسْحَر ، السِحْر	to put a spell on, to charm (someone)
سِحْر	magic, sorcery
سَكَتَ ، يَسْكُت ، السُكوت	to fall silent
سَلّى ، يُسَلّي ، التَسْلية	to entertain
مُسَلٍّ	entertaining, fun (adj.)
سارَ ، يَسير ، السَّيْر	to walk, march

to become; to begin to; to happen (= أصبح)	صارَ ، يَصير **(من أخوات كان)**
to laugh	ضَحِكَ ، يَضْحَك ، الضَّحِك
to drive out, dismiss, expel, evict	طَرَدَ ، يَطْرُد ، الطَّرْد
to hurry, rush	عَجِلَ ، يَعْجَل ، العَجَلة
bride	عَروس ج. عَرائِس
to be exposed to, to undergo	تَعَرَّضَ لـ
to give	أعْطى ، يُعْطي ، الإعْطاء
to cover	غَطّى ، يُغَطّي ، التَغْطِية
bed (= سرير)	فِراش
to be finished with, free of (= انتهى من)	فَرِغَ من ، يَفْرَغ من ، الفَراغ من
to kiss	قَبَّل
kiss	قُبْلة ج. قُبُلات
= قادم	مُقْبِل
= استطاع	قَدَرَ على ، يَقْدِر على ، القُدْرة على
pride, honor	كَرامة
dog	كَلْب ج. كِلاب
delightful, delicious (of food)	لَذيذ
to forget	نَسِيَ ، يَنْسى ، النِسيان
to take revenge on	اِنْتَقَم من
to give (as a gift), grant	وَهَبَ ، يَهَب
gift, donation	هِبة ج. -ات

تمرين ١ **فعل "أعطى"**

أ ــ أكملوا الجدول التالي: Write all vowels.

أعطى

الضمير	الماضي	المضارع المرفوع	المضارع المنصوب
هو	أَعْطى	يُعْطي	يُعْطِيَ
هما	أَعْطَيا	يُعْطِيانِ	
هم	أَعْطَوا	يُعْطونَ	
هي			تُعْطِيَ
هما	أَعطَتا		تُعْطِيا
هنّ	أَعْطَيْنَ	يُعطينَ	
أنتَ	أَعْطَيْتَ	تُعْطي	تُعْطِيَ
أنتما	أَعطَيْتُما	تُعْطِيانِ	
أنتم		تُعْطونَ	
أنتِ		تُعْطينَ	
أنتما			
أنتنّ		تُعْطينَ	
أنا		أُعْطي	
نحن			

ب ـ أكملوا الجمل مستخدمين الشكل الصحيح لفعل "أعطى" :

Remember to write ى as ا when followed by pronoun suffixes.

١ـ مع أني ــــــــك عدة اقتراحات ، فإنك لم تأخذ بأي منها !

٢ـ في عيد ميلادي ــــــــني أختي كلبًا صغيرًا أحببته من أول نظرة .

٣ـ طلبت من الجزار أن ــــــــني قِطعة لحم كبيرة ولكنه ــــــــني قِطَعًا صغيرة .

٤ـ لماذا ــــــــ قضية حقوق الإنسان كل وقتكِ واهتمامك ؟

٥ـ روايتها الأخيرة ــــــــها شهرة واسعة بين المثقفين .

٦ـ عندما [هم] ــــــــني الهدية ، شعرت بخجل شديد .

٧ـ هل يمكن أن ــــــــنا انطباعاتكم عن البلاد التي زرتموها؟

٨ـ حاولنا أن ــــــــهم فكرة عن نوع النشاطات التي سيقومون بها .

٩ـ الحمد لله! قد ــــــــني المدير إذنًا بالسفر!

١٠ـ في الريف، كان الناس ــــــــ التاجر شيئا من إنتاجهم الزراعي إذا أرادوا شراء شيء ولم يكن عندهم مال.

تمرين ٢ **اسألوا زملاءكم :**

١ـ ماذا سيعطون لأمهم أو أبيهم في عيد الأم أو عيد الأب؟

٢ـ هل يعطون بعض المال للناس الذين يعيشون في الشارع ؟ لِمَ / لِمَ لا؟

٣ـ إذا أعطاهم شخص مئة دولار، فماذا سيفعلون بها ؟

٤ـ ما رأيهم في فكرة اعطاء امتحانات اسبوعية؟

٥ـ هل أعطوا الاستاذ الواجب اليوم ؟

تمرين ٣ وزن "أفعل"

أ ـ لاحظوا العلاقة بين الفعلين في (أ) و(ب) في كل جملة:

١ـ (أ) تمّ تحضيرُ العشاء ، تفضّلوا ! = (preparation)was completed

(ب) أتمَمتُ تحضيرَ العشاء ، تفضّلوا ! = I completed (preparing)

٢ـ (أ) كنت مريضة فبقيت في الفندق كل اليوم . = ____________

(ب) أحب أن أُبقي الشباكَ في غرفتي مفتوحًا عندما أنام. = ____________

٣ـ (أ) صدرت طبعة جديدة للكتاب منذ شهر. = ____________

(ب) أصدرت الكاتبة رواية تاريخية جديدة . = ____________

You can see from these examples that وزن أفعل is the causative of فعل ; that is, it carries the meaning *to cause something to be or to happen*. This وزن almost always takes an object and sometimes takes more than one, as in (٢ ب) : *cause my window to remain open*.

ب ـ والآن خمنوا معاني هذه الافعال:

١ـ الثورة المصرية أخرجت الإنجليز من مصر في عام ١٩٥٢ .

٢ـ الممثل المصري « عادل إمام » يُضحِك كل الناس بمسرحياته الكوميدية .

٣ـ ألبست الأم ابنتَها فستانًا جديدا للعيد .

جـ ـ كوّنوا أفعالا جديدة من وزن "أفعل" وأكملوا بها الجمل :

١ـ ________ني والداي مدرسة خاصة بسبب عدم اقتناعهما بمستوى التدريس في المدارس الحكومية. (دخل)

٢ـ سيارتي عند الميكانيكي ، فهل يمكن أن ________ني الى العمل غدًا ؟ (وصل)

٣ـ أردت أن أتكلم في الندوة ، ولكنهم ________ني ! (سكت)

تمرين ٤ الاسم المنقوص

Remember that the اسم فاعل of verbs whose جذر ends in و or ي belong to the class الاسم المنقوص (see Chapter Six). Identify the derivation and meaning of the following اسماء منقوصة, derived from verbs in this chapter, then complete the sentences by using the correct form of the appropriate word.

مسلٍّ   راوٍ   باقٍ   مغطٍّ   آتٍ

١- شاهدنا أمس المسلسل التليفزيوني الجديد ووجدناه ________اً جدا .

٢- يا الله! أعطيت صاحب الدكان خمسين دولارا ونسيت أن آخذ منه الـ________ .

٣- دور الـ________ في هذه المسرحية مهمّ جدا .

٤- وضعت الكوفية على رأسي ، ________ً وجهي كله .

٥- الصيف ________ ، لذلك يجب أن اشتري بعض الملابس الخفيفة .

تمرين ٥ ما معنى هذا؟

اكتبوا كلمة لها معنى مماثل:

١-سأحكي لك قصة ≈ ________

٢-مشت معي طويلا ≈ ________

٣-أصبحوا مهندسين ≈ ________

٤-جئت بهدية صغيرة ≈ ________

٥-انتهينا من نقل الاشياء ≈ ________

٦-ماذا أستطيع ان افعل؟ ≈ ________

٧-سأرجع على الفور ≈ ________

اكتبوا كلمة لها عكس المعنى:

٨-أخيراً تكلّم ! ≠ ________

٩-حديث مملّ ≠ ________

١٠-أخذ منها الفلوس ≠ ________

١١-تذكّرت الموعد ≠ ________

١٢-قصة حقيقية ≠ ________

١٣-بدأ كتابة البحث ≠ ________

١٤-السّنة الماضية ≠ ________

تمرين ٦ اكتبوا الكلمة المناسبة في الفراغ

العبيد	أمّة	الكلاب	تردّدت	طرد
ينتقم	يخون	الجزّار	وهبت	إذن
إبقاء	السّحر	سيرة	كرامة	الجنّي

١ـ طلبت من ابني أن يمرّ بدكان ________ ويشتري لي بعض اللحم للكباب .

٢ـ أرادت زميلتي الحصول على ________ بالسّفر للمشاركة في المؤتمر ولكن رئيسة القسم لم توافق على سفرها .

٣ـ فكرة القومية العربية تقوم على الإيمان بأن العرب ، على اختلاف جنسياتهم ، هم ________ واحدة .

٤ـ المال هو ما اضطرّه الى أن ________ أهله ووطنه ويساعد جيش العدو.

٥ـ تريدني أن أدخل بيتهم بعد أن طردوني منه؟! لا، ________ي لا تسمح لي بذلك.

٦ـ انتهز فرصة وصوله الى السلطة لـ________ من السياسيين الذين عارضوه .

٧ـ تُستخدم ________ في بعض المطارات للبحث عن المُخَدِّرات *drugs*.

٨ـ « ________ بني هلال » من الحكايات الشعبية التي يرويها الحكواتيون خلال شهر رمضان .

٩ـ قرّرت قيادة الجيش ________ سبعة من الضباط بسبب تمرّدهم على أوامر رؤسائهم .

١٠ـ عندما جاء الاوروبيون الى أمريكا أتوا معهم بأعداد كبيرة من ________ من أفريقيا ليعملوا في الزراعة .

١١ـ ________ « مؤسسة فورد » جامعتنا ٥ ملايين دولار لإنشاء مركز للابحاث عن مرض « الايدز » .

١٢ـ كان الطبّ في الزمن القديم يقوم ، بالدرجة الاولى ، على ________ .

١٣ـ قال ________ لعلاء الدين : أنا عبدك ! وسأحقّق لك كل ما تطلبه .

١٤ـ في البداية، ________ كثيرًا في لبس الحجاب بسبب معارضة أهلي ولكني في النهاية قررت أن أفعل ما أؤمن به .

١٥ـ اضطر الاطباء الى ________ ـه في المستشفى اسبوعًا آخر بسبب خطورة حالته.

تمرين ٧ اختاروا الكلمة المناسبة

١ـ كل الأسماء والشخصيات في هذه الرواية ________ وليس لها اي صلة بالحقيقة.

أ. مسليّة   ب. خيالية   جـ . طبيعيّة   د. حالية

٢ـ الأديان ________ الناس بالايمان وحسن معاملة الآخرين .

أ. تسلّي   ب. تعالج   جـ . تصوّر   د. تأمر

٣ـ خلال زيارتنا لفرنسا زرنا قصرًا ضخمًا ومشهورًا جدًا اسمه ... آه ... ________ اسمه !!

أ. أضفت   ب. فقدت   جـ . دعوت   د. نسيت

٤ـ انا فقير ودكاني الصغير هذا هو ________ رزقي الوحيد .

أ. فراش   ب. مصدر   جـ . منصب   د. مرجع

٥ـ نيويورك مدينة ________ فعلاً ، ترى فيها الناس من كل شكل ولون وجنس .

أ. لذيذة   ب. عجيبة   جـ . عنيفة   د. واضحة

٦ـ القانون اللبناني لا يسمح لموظّفي الحكومة بِـ ________ الوظيفة الرسمية وأي نشاط سياسي .

أ. الجمع بين   ب. التردُّد في   جـ . الانطلاق من   د. التساوي في

٧- صحيح ان هذا المطعم غالٍ ولكن الأكل فيه ________ جداً .

أ. لذيذ　　ب. فعّال　　جـ. مسلٍّ　　د. مقبل

٨- كنّا نظن أن «المترو» سـ________ القاهرة من مشكلات الازدحام الشديد ، ولكن يبدو أن الحال لم يتغيّر كثيراً .

أ. يرفع　　ب. يصير　　جـ. يخلّص　　د. ينظّم

٩- أعتقد انهم استمتعوا بالسهرة ، فقد سمعتهم ________ طوال الليل .

أ. يضحكون　　ب. يزيّنون　　جـ. يبيتون　　د. يصفون

١٠- عندما شاهد كاميرات التلفزيون ________ وجهه حتى لا يراه الناس .

أ. قبّل　　ب. تعرّض　　جـ. أعطى　　د. غطّى

١١- المسارح والمقاهي وصالات السينما من أهم مراكز ________ .

أ. الدّهشة　　ب. التّسلية　　جـ. الخدمة　　د. السكوت

١٢- عندما كنّا صغاراً كنّا دائماً ________ يد جدي وجدتي للتعبير عن حبنا واحترامنا لهما .

أ. نقبّل　　ب. نخلّص　　جـ. نغطّي　　د. نجمع

١٣- تأخرّت كثيراً في العمل على البحث ولذلك اضطررت الى كتابته بـ________ .

أ. قدرة　　ب. تغطية　　جـ. عبارة　　د. عجلة

١٤- <u>أتمّ</u> المجلس النيابي دراسة القانون الجديد ومناقشته .

أ. أعطى　　ب. أضاف　　جـ. أكمل　　د. أظهر

١٥- <u>بلغنا</u> أنّك تفكّرين في تعديل بعض أجزاء المسرحية .

أ. أوضحنا　　ب. سمعنا　　جـ. روينا　　د. اتّصلنا

تمرين ٨ **أجيبوا عن الاسئلة التالية :**

١ـ من كان يحكي لك حكايات وانت صغير/ة؟ اي حكاية تذكر/ين منها؟

٢ـ هل تنسى/ين كثيراً؟ ماذا يساعدك على عدم النسيان؟

٣ـ ما كانت أهم تجربة تعرضت لها في حياتك؟

٤ـ متى فرغت من الدراسة أمس؟

٥ـ كيف تقدر/ين على الجمع بين العمل والدراسة؟

٦ـ ماذا تفعل/ين في وقت الفراغ؟

٧ـ هل تسير/ين من الجامعة الى البيت؟ لماذا؟

٨ـ لو كنت غنياً/ة وقادراً/ة على تقديم هبة كبيرة الى إحدى المؤسسات ، فماذا ستهب/ين، وإلى من؟

٩ـ عندما تقرأ/ين كتاباً ، هل تقرأ/ين المقدّمة أولاً ؟ لم / لم لا؟

١٠ـ هل تتكلم/ين وأنت نائم/ة؟ هل تعرف/ين شخصا يتكلم أو يمشي وهو نائم؟

إذا كان الكلام من فضة، فالسكوت من ذهب!

عبارات جديدة

أ ـ (على) قَدر كبير من (+ مصدر) (having) quite a lot of ... (lit., a large amount of)

- دُهشت عندما سمعت من البعض أن المحاضرة كانت مملّة لأني وجدتها **على قدر كبير من التنظيم** والوضوح .
- لا بدّ لمن يريد الالتحاق بجمعيتنا من أن يكون **عنده قدر كبير من الرغبة في** الخدمة الاجتماعية .

ب ـ على هذه الحال in this manner, fashion

- لست قادرة على الاستمرار في علاقتنا **على هذه الحال** ! أرجو أن تفهم موقفي !
- وجهة نظرها هي أنّ نظام التعليم الحالي في لبنان سيبقى **على هذه الحال** طويلاً .

جـ ـ الى أنْ (+ الماضي أو المضارع المنصوب) = حتّى

- عملت أختي وكافحت سنوات طويلة **الى أن** حقّقت حلمها بتأسيس مكتبها الهندسي الخاص .
- سنواصل المطالبة بحقوقنا **الى ان** نحصل عليها بالكامل .

د ـ وهكذا ، (فـ) ... Thus, ...

- حققت السينما التونسية في السنوات الاخيرة تقدّماً كبيراً من الناحيتين الفنية والتجارية؛ **وهكذا** فإن تونس اليوم تحتل المركز الثاني بعد مصر من حيث الإنتاج السينمائي .
- كان عدد المدعوّين يزيد عن العدد الذي تتّسع له الصالة **وهكذا** فقد اضطررنا الى نقل الاحتفال الى صالة أكبر .

هـ ـ في بادِئ الأمر at first

- **في بادئ الأمر** ظننت انه إنسان متواضع ولكن ظهر لي فيما بعد انه غير ذلك .
- عندما هاجروا الى امريكا كان كل شيء صعبًا **في بادئ الأمر** ولكنهم بدأوا يعتادون على الحياة هنا تدريجيًا .

تمرين ٩ **اكتبوا هذه العبارات الجديدة في جمل.**

تمرين ١٠ قبل القراءة

للمناقشة والتقديم في الصف:

- هل شاهدتم فيلم «علاء الدين»؟ ما هي قصة الفيلم؟ ماذا تعرفون عن علي بابا وسندباد؟
- من هو هارون الرشيد؟ اذهبوا الى المكتبة وابحثوا عن معلومات عنه وقدموها في الصف .
- ماذا تعرفون عن الفاطميين؟ اذهبوا الى المكتبة وابحثوا عن معلومات عنهم .

تمرين ١١ القراءة الأولى : المقدّمة

اقرأوا المقدمة [(أ) من النص] ثم أجيبوا عن الأسئلة:

أ ــ صَواب أم خَطَأ؟ *True or False?* **Correct the false statements to make them true:**

١ـ يعتبر كتاب «ألف ليلة وليلة» من الأعمال الأدبية الشعبية لأن كبار الادباء كتبوه .

٢ـ يرجع أصل القصص في «ألف ليلة وليلة» الى عصر هارون الرشيد في بغداد .

٣ـ صار الملك شهريار يقتل كل النساء لأنه لم يكن يريد ان يتزوج .

٤ـ ترجم الكتاب الى عدد كبير من اللغات العالمية .

٥ـ تزوجت شهرزاد الملك شهريار لأن أباها الوزير أمرها بذلك .

٦ـ كانت شهرزاد تحكي للملك قصة كاملة في كل ليلة .

٧ـ قرّر الملك شهريار عدم قتل شهرزاد لأنها كانت ابنة وزيره .

٨ـ كانت شهرزاد امرأة عادية مثل كل النساء .

ب ــ دراسة القواعد والتراكيب في المقدمة

١ـ ابحثوا عن كل الأفعال المبنية للمجهول في الفقرتين الاولى والثانية .
Write them here, vowel and translate them:

٢ـ استخدموا القواعد التي تعرفونها لتعطوا معنى الكلمات التي تحتها خط .
Identify the grammatical structure or وزن as well:

أـ في فقرة ١ :

... من أشهر أعمال الأدب الشعبي عند العرب وأوسعها انتشارا .

... بلغ عددها مئتين وأربعا وستين قصة وحكاية موزعة على الف ليلة وليلة .

ب ـ في فقرة ٣ : فطلبت منه ابنته شهرزاد ان يزوجها للملك .

جـــ خمّنوا المعنى :

١ ـ في فقرة ٢ : وتوالت بعد ذلك ترجمات اخرى الى أكثر اللغات الحيّة .

٢ـ في فقرة ٣ :

... تروى للملك شهريار على لسان شهرزاد ابنة الوزير.

تردّد في بادئ الامر، إلا انه نزل عند طلبها وتم الزواج .

وأقسم ان ينتقم من جميع النساء بسببها .

٣ـ في فقرة ٤ : علاء الدين والمصباح السحري ، وعلي بابا والأربعين لصًا .

د ــ ابحثوا عن parallelism **في المقدمة .**

Find as many pairs of synonyms, both words and phrases, as you can.

ألف ليلة وليلة

أ ـ المقدّمة

يعتبر كتاب "ألف ليلة وليلة" من أشهر أعمال الأدب الشعبي عند العرب وأوسعها انتشارا. والكتاب يتكون من مجموعة من القصص والحكايات الخيالية التي يرجع أصلها إلى عدة مصادر اهمها: ١) كتاب قصص فارسي من أصل هندي، نقل الى العربية في القرن الثالث الهجري، و ٢) القصص البغدادية التي يبرز فيها الخليفة العباسي هارون الرشيد وعصره، و ٣) القصص والحكايات التي وضعت خلال العصر الفاطمي، و ٤) قصص اخرى أضيفت الى الكتاب حتى بلغ عددها مئتين وأربعا وستين قصة وحكاية موزعة على ألف ليلة وليلة.

وقد اختلف الباحثون على زمن وضع هذه القصص وجمعها ولكن الرأي الغالب هو أن مجموعة «ألف ليلة وليلة» كما هي معروفة الآن لم تأخذ شكلها الحالي إلا بعد القرن الخامس عشر. وقد كتبت بلغة الناس على يد «حكواتيين» ولم تتناولها أقلام كبار الادباء. وقد ترجم الكتاب لاول مرة الى الفرنسية عام ١٧٠٤ على يد المستشرق الفرنسي انطوان جالان وتوالت بعد ذلك ترجمات أخرى الى أكثر اللغات الحية.

وما يجمع بين حكايات ألف ليلة وليلة كلها هو أنها تروى للملك شهريار على لسان شهرزاد ابنة الوزير. وكانت شهرزاد على قدر كبير من العلم والمعرفة، فقد قرأت الكتب والتواريخ وسير الملوك المتقدمين وأخبار الأمم الماضية. وكان الملك شهريار قد تعرض لصدمة شديدة حين اكتشف خيانة زوجته له فقتلها وأقسم ان ينتقم من جميع النساء بسببها فأمر وزيره أن يأتي اليه كل ليلة بعروس ثم يأمر بقتلها بعد الليلة الأولى، واستمر على هذه الحال الى ان جاء يوم لم يجد الوزير فيه بنتا في المدينة فطلبت منه ابنته شهرزاد ان يزوجها للملك، فتردد في بادئ الامر، الا انه نزل عند طلبها اخيرا وتم الزواج. وفي الليلة الأولى بدأت شهرزاد تروي للملك حكاية حتى جاء الصباح وتوقفت عن الكلام فقرر شهريار الابقاء على حياتها ليلة أخرى لتكمل الحكاية. وهكذا أخذت شهرزاد تروي للملك قصة بعد قصة وتسليه بحكاياتها ليلة بعد ليلة حتى نسي رغبته في الانتقام.

ومن أشهر حكايات ألف ليلة وليلة: قصة علاء الدين والمصباح السحري، وحكاية السندباد، وعلي بابا والأربعين لصا وغيرها.

ب ـ حكاية التاجر والجنّي

القصة التالية مأخوذة من «حكاية التاجر والجني» وهي اول حكاية ترويها شهرزاد للملك في كتاب «الف ليلة وليلة». وفي الليلة الأولى بدأت شهرزاد الحكاية قائلة ان تاجرا أغضب جنيا فاراد الجني ان يقتله، ولكن قبل ان يفعل ذلك مر بالمكان ثلاثة شيوخ وحين سمعوا ما اراده الجني تقدم كل واحد منهم وقال للجني انه سيحكي له قصة إن اعجبته يهب له ثلث دم التاجر. فروى الشيخ الأول قصته واعجب بها الجني ووهب له ثلث دم التاجر، ثم حكى الثاني قصته فاعجب بها الجني ووهبه ثلث دم التاجر.

... وفي الليلة الثانية قالت دنيازاد لاختها شهرزاد : يا اختي اتمّي لنا حديثك الذي هو حديث التاجر والجني. قالت: حباً وكرامة إن اذن لي الملك بذلك. فقال الملك: احكي. فقالت: بلغني ايها الملك السعيد ان الشيخ الثالث صاحب البغلة قال للجني: أنا احكي لك حكاية اعجب من حكاية [الشيخين] الاثنين وتهب لي باقي دمه فقال الجني: نعم فقال الشيخ : أيها الملك السلطان ورئيس الجان ان هذه البغلة كانت زوجتي سافرت وغبت عنها سنة كاملة. ثم قضيت سفري وجئت إليها في الليل فرأيت عبداً راقداً معها في فراشي وهما في كلام وضحك وتقبيل، فلما رأتني عجلت وقامت الي بكوز فيه ماء، فتكلمت عليه ورشّتني وقالت: اخرج من هذه الصورة الى صورة كلب فصرت في الحال كلباً ، فطردتني من البيت فخرجت من الباب، ولم أزل سائراً حتى وصلت الى دكان جزار، فتقدمت وصرت آكل من العظام، فلما رآني صاحب الدكان اخذني ودخل بي بيته، فلما رأتني بنت الجزار غطت وجهها مني وقالت: اتجيء لنا برجل وتدخل علينا به؟ فقال أبوها: اين الرجل؟ قالت: ان هذا الكلب سحرته امرأة وانا اقدر على تخليصه، فلما سمع ابوها كلامها قال: بالله عليك يا ابنتي خلصيه، فأخذت كوزاً فيه ماء وتكلمت عليه ورشّت علي منه قليلاً وقالت: اخرج من هذه الصورة الى صورتك الأولى فصرت الى صورتي الاولى فقبلت يدها وقلت لها: اريد ان تسحري زوجتي كما سحرتني، فأعطتني قليلاً من الماء وقالت: اذا رأيتها نائمة فرشّ هذا الماء عليها تصير كما انت طالب، فوجدتها نائمة فرشّيت[1] عليها الماء وقلت: اخرجي من هذه الصورة الى صورة بغلة، وهي هذه التي تنظرها بعينك ايها السلطان ورئيس ملوك الجان، فلما فرغ من حديثه اهتز الجني من الطرب ووهب له باقي دمه.

وادرك شهرزاد الصباح فسكتت عن الكلام المباح. فقالت لها اختها: يا أختي ما أحلى حديثك وأطيبه وألذه. فقالت: وأين هذا مما سأحدثكم به الليلة المقبلة إن عشت وأبقاني الملك. فقال الملك: والله لا اقتلها حتى اسمع حديثها لأنه عجيب . .

من «ألف ليلة وليلة» ، المجلد الأول، الشركة العالمية للكتاب ، بيروت ١٩٩٠

---

[1] رَشَّيت = رَشَشتُ (رشيت تستخدم في العامية فقط).

تمرين ١٢ القراءة الثانية: حكاية التاجر والجني

لاحظوا هذه الكلمات ثم اقرأوا القصة واجيبوا عن الأسئلة :

ثُلْث دم التاجر	= ١/٣ حياة التاجر
رَقَد ، يرقُد	to lie down
كوز	small jug
رَشّ ، يرُشّ	to sprinkle, spray
عِظام	bones
اِهْتَزّ من الطَرَب	to be moved with pleasure
أدْرَكَ	to overtake
مُباح	permitted

١- الشخصيات الرئيسية في القصة هي :

٢- ماذا حكى الشيخان الاول والثاني وما كان رأي الجني في ما قالاه ؟

٣- في قصة الشيخ الثالث، ما كانت المشكلة بينه وبين زوجته؟

٤- كيف خرج الشيخ من مشكلته ؟ ماذا فعل لزوجته ؟

٥- هل سيبقي الجني على حياة التاجر؟ لماذا ؟

٦- خمنوا المعنى : ما أحلى حديثك وأطيبه وألذّه ! (تذكروا «ما أحلى ...!»)

٧- ترجموا الجمل التالية مستخدمين القواعد التي تعرفونها :

أ - وفي الليلة الاولى بدأت شهرزاد الحكاية قائلةً إن تاجرًا أغضب جنيًا .

(Hint: remember نائم <— نام)

ب - اذا رأيتها نائمة فرشّ هذا الماء عليها تصير كما أنت طالب .

تمرين ١٣ دراسة القواعد والتراكيب في القصة

١- ما معنى عبارة «حبًا وكرامةً» التي تقولها شهرزاد لأختها ؟

٢- الشَرط :

You know that the conditional particles in Arabic (إذا ، إن ، لو) are followed by فعل ماض . Find all of the passages containing conditionals in the text and write them here:

(a) Note that the particle إنْ is used rather than إذا in most clauses. إن is more commonly used in القرآن , Classical texts, proverbs, and other texts that show an older style of language.

(b) In the introduction, one sentence contains a جَواب الشَرط (the result clause of *if ... then*) whose verb is not in الماضي but in المضارع المجزوم . Write it here:

The use of المضارع المجزوم with إنْ in conditional clauses tends to be more common in Classical than in modern Arabic, but be prepared to recognize it in both varieties.

٣- ابحثوا عن كل **أسماء الفاعل** في القصة:

Write them out, put the appropriate case ending on them, and translate:

٤- ابحثوا عن كل أفعال الأمر *imperatives* في القصة واكتبوها هنا :

5. Near the end of the text, find two passages that contain rhyming words. Rhymed prose is called in Arabic سَجع , and it is found in the Quran and in Classical works including histories, official documents, and works of أدب .

6. What observations can you make about the use of فـ in this text?

القواعد

★ المِثال: الفعل الذي يبدأ جذره بـ«و»

Most forms of verbs whose جذر begins with و (including their derived forms, such as اسم فاعل and اسم مفعول) behave just like verbs with three-consonant roots, because و functions as a consonant in most cases. For example:

وزن فعل: والد ؛ مَوضوع　　　وزن تفعّل: تولّى ؛ توقّف عن

وزن فعّل: وزّع ؛ موظّف　　　وزن تفاعل: توالى ؛ متواضع

وزن فاعل: واصل ؛ مواطن

In only three of the أوزان does initial و of a جذر affect the behavior of the verb:

(a) وزن فَعَلَ : all « و » initial verbs of this وزن lose the و in المضارع :

(وجب) —> يَجِب　　　وَقَع —> يَقَع　　　وَهَب —> يَهَب

وَضَع —> يَضَع　　　وَجَد —> يَجِد　　　وَصَل —> يَصِل

Remember also that المبني للمجهول of these verbs retains the و :

وُجِدَ —> يُوجَد　　　وُلِدَ —> يُولَد　　　وُضِعَ —> يُوضَع

(b) وزن أفعَلَ : the و remains a consonant in الماضي but becomes a vowel in المضارع :

أوضَحَ —> يُوضِح　　　أوفَدَ —> يُوفِد

(c) وزن افتَعَلَ : In verbs of this type, the و is assimilated into the ت of the وزن, and the ت then becomes doubled. You have learned three verbs of this type:

(و-ح-د) اِتَّحَد ، يَتَّحِد　　　(و-س-ع) اِتَّسع ، يَتَّسِع　　　(و-ص-ل) اِتَّصل ، يَتَّصِل بـ

These verbs are derived as follows:

اِتّحد: (وزن) افتعل + (جذر) و – ح – د —> اِوْتَحَدَ —> وْ + تَ —> تّ —> اِتّحَدَ

Formal Arabic does not allow the combination اِوْ, so the و is assimilated to the ت .

تمرين ١٤ الأفعال التي تبدأ بـ "و"

أ ـ أكملوا الجمل بالشكل المناسب من الفعل :

١ـ قرر توفيق الحكيم أن يترك القانون لـ ________ حياته للكتابة . (وهب)

٢ـ لم يعرف والده ، الذي توفّي قبل أن ________ بشهر. (ولد)

٣ـ لم أسمع شيئا عن أخبارهم وأحوالهم ، ولم ________ ني منهم رسالة منذ سنين. (وصل)

٤ـ المنظر كان عجيباً فعلاً ولا أعرف كيف ________ ه لكم . (وصف)

٥ـ أقترح أن تُؤخذ هذه المصادر القديمة و________ في مكان آخر. (وضع)

٦ـ أين ________ مركز «كينيدي» للفنون ؟ (وقع)

٧ـ أظن أن هذا النوع من الأشجار ________ فقط في الشمال . (وجد)

٨ـ من المهم في أي مجتمع أن ________ المواطنون حقوقهم وواجباتهم . (وعى)

ب ـ خمنوا الجذر والوزن للأفعال التالية :

١ـ يَتَّضِح من هذه الدراسة أن الرواية العربية تطورت كثيراً في السبعينات.

٢ـ تَتَّصِف مدينة باريس بمقاهيها ومتاحفها المشهورة.

٣ـ هل تَسَع سيارتك خمسة أشخاص؟

٤ـ في الصباح، خرجنا من الرباط واتّجهنا شمالاً.

٥ـ اتّفقت الدولتان على إقامة علاقات دبلوماسية بينهما.

★ الأمر *The Imperative*

You have seen and heard many examples of الأمر throughout this book:

أُكتُبوا اِقرَأوا شاهِدوا لاحِظوا تَذَكَّروا تَعَلَّموا اِستَمِعوا

The following chart shows the full conjugation of the imperative for some of these verbs. These imperatives are basically مضارع مجزوم verbs without subject prefixes:

أنتَ	أُكتُبْ	اِقرَأْ	لاحِظْ	تَذَكَّرْ	اِستَمِعْ
أنتِ	أُكتُبي	اِقرَأي	لاحِظي	تَذَكَّري	اِستَمِعي
أنتما	أُكتُبا	اِقرَأا	لاحِظا	تَذَكَّرا	اِستَمِعا
أنتم	أُكتُبوا	اِقرَأوا	لاحِظوا	تَذَكَّروا	اِستَمِعوا
أنتنّ	أُكتُبْنَ	اِقرَأْنَ	لاحِظْنَ	تَذَكَّرْنَ	اِستَمِعْنَ

These imperatives are formed by dropping the prefix from المضارع المجزوم . In the case of أُكتُبْ , اِقرَأْ , and اِستَمِعْ , a short vowel must be added to the beginning of the word. This is because dropping the subject prefix results in a form that begins with two consonants in a row (كْتُبْ–, قْرَأْ–, and سْتَمِعْ–). **Formal Arabic does not allow words to begin with two consonants in succession.** Therefore, a prothetic or helping vowel must be added to the stem. You can predict which أوزان need helping vowels by dropping the prefix and noting whether the resulting stem begins with one or two consonants. Complete the following to find out which أوزان take helping vowels:

Helping vowel?	Drop subject prefix	المضارع المجزوم	الوزن
√	فْعِلْ	(أنتَ) تَفْعِلْ	فعل
X	فَعِّلْ	تُفَعِّلْ	فعّل
______	______	تُفاعِلْ	فاعل
______	______	تُفْعِلْ	أفعل
______	______	تَتَفَعَّلْ	تفعّل
______	______	تَتَفاعَلْ	تفاعل
______	______	تَنْفَعِلْ	انفعل
______	______	تَفْتَعِلْ	افتعل
______	______	تَسْتَفْعِلْ	استفعل

You have discovered that the following أوزان need helping vowels:

-فْعُل (I)　　-فْعِل (IV)　　-نْفعل (VII)　　-فْتعل (VIII)　　-سْتفعل (X)

The helping vowel that is added to the imperatives of these أوزان is always كسرة **except** in two cases:

(1) وزن « فعل » (I) verbs whose stem vowel is ضمّة take a ضمّة helping vowel.

مثال: -كتُب —> اُكتُبْ

(2) وزن « أفعل » (IV) verbs always take أ .

Study the following derivations:

Add helping vowel	<—	Drop subject prefix	<—	المجزوم
اِذهَبْ		-ذْهَب		تذهَبْ
اِرجِعْ		-رْجِع		ترجِعْ
اُخرُجْ		-خْرُج		تخرُجْ
أكمِلْ		-كْمِل		تُكمِلْ
اِنْتَهِزْ		-نْتَهِز		تَنْتَهِزْ
اِستَعِدَّ		-سْتَعِدَّ		تَستَعِدَّ

Note the following:

(1) Verbs of (I) وزن فعل whose جذر begins with و do not need a helping vowel because the و drops in المضارع:　مثال: تَضَع —> ضَع

(2) Verbs of (I) وزن فعل whose جذر begins with أ do not need a helping vowel because the hamza drops in the imperative:

كُلوا	كُلي	كُلْ	<—	(تأكُل)
خُذوا	خُذي	خُذْ	<—	(تأخُذ)

(3) Verbs whose جذر contains medial or final و or ي follow additional rules that you will learn in detail later; for now, **memorize** the following:

قوموا	قومي	قُمْ	<—	(تقوم)
ناموا	نامي	نَمْ	<—	(تنام)
اِحكوا	اِحكي	اِحكِ	<—	(تحكي)
أعطوا	أعطي	أعطِ	<—	(تعطي)

★ النَّهي *The Prohibitive*

The prohibitive or negative imperative (*don't ...!*) is formed with لا + مضارع مجزوم :

لا تأكلْ كثيراً ! / لا تأكلي ! / لا تأكلوا !

لا تتأخّروا في الرجوع إلى البيت ! / لا تتأخّري ! لا تتأخّرْ !

لا تدخلي من هذا الباب ! / لا تدخلْ ! لا تدخلوا !

★ لام الأمر : لِـ / فَلْـ + المضارع المجزوم *Let ...*

The imperative is used only in the second person. Arabic also has a form for urging other people to do something, similar to English *let's ...!* or *let him/her/them ...!* Either لـ or فَلْـ (فـ + لـ) may prefix a verb in مضارع مجزوم to convey this meaning:

أمثلة : قالت ماري أنطوانيت : « ليس عندهم خبز، فَلْيَأكلوا الكعك ! »

ليس عندنا واجبات هذه الليلة ، لِنَذهبْ الى السينما !

لا يريد مساعدة ؟! فَلْيُنظّمْ كل شيء وحده !

تمرين ١٥ كونوا الأمر والنهي من هذه الأفعال :

Give الأمر of each verb, using different pronouns, and use each in a short sentence. Use the verbs you memorized as patterns for verbs whose جذر contains و or ي:

ساعد : ________	شرب : ________	احترم : ________
قدّم : ________	حاول : ________	أحضر : ________
قال : ________	مشى : ________	بحث عن: ________
وضع : ________	ضحك : ________	استخدم: ________
دخّن : ________	انتظر: ________	ناقش : ________
سمع : ________	جلس : ________	استمرّ : ________

تمرين ١٦ "سيمون" يقول

استعدّوا لأن تلعبوا لعبة «سيمون يقول» في الصف، حيث يقوم كل طالب بالدور بإعطاء أوامر الى الآخرين لكنهم لا يفعلون ما يقول إلا إذا قال «سيمون يقول» أولاً . ويمكن أن تستخدموا الكلمات التالية وكلمات اخرى تعرفونها:

رأس	يد	رِجل	عين
تضَع	ترفَع	تُنزِل	تغطّي

واكتبوا هنا بعض الأوامر التي ستعطونها للآخرين :

١-

٢-

٣-

٤-

٥-

تمرين ١٧ نشاط قراءة

اقرأوا النص التالي وأجيبوا عن الأسئلة :

١- ما الاقتراحات التي تقدّم هنا والى من تقدّم؟

٢- هل توافقون على هذه الاقتراحات؟ لِمَ / لم لا؟

٣- ابحثوا عن كل أفعال الأمر في هذه المقالة.

يوم لجمالك

اجعلي من يوم اجازتك يوما لجمالك. ابتعدي عن الأعمال المنزلية الخشنة، وامنحي نفسك يوما للراحة والجمال لتستعيدي حيويتك ونشاطك.

«سيدتي» ـ لندن من ثريا حمدي

• صباحاً:

• الساعة ١٠:

خذي حماما منعشا، ثم اشربي كوبًا من المياه المعدنية المعصور عليها بضع نقاط من الليمون. ولا تنسي شرب حوالي ٨ اكواب من الماء خلال النهار.

• الساعة ١٠,١٥:

الافطار شيء ضروري للاحتفاظ بنشاطك وحيويتك وبالتالي جمالك.

تناولي كوبًا صغيرًا من عصير البرتقال. واملئي طبقًا عميقًا بتفاحة مقشرة وقطّعيها الى قطع صغيرة وموزة صغيرة مع ملعقة كبيرة من اللبن الزبادي، وشريحة خبز «توست» اسمر وفنجان من القهوة او الشاي المضاف اليه ملعقة عسل صغيرة. كلي ببطء واستمتعي بالأكل.

• الساعة ١١:

حاولي التمشي في خطوة سريعة، مع تحريك الذراعين الى الامام والخلف، وتوقفي بعد نصف ساعة.

• الساعة ١١,٣٠:

عودي الى البيت للقيام ببعض التمارين الرياضية.

ـ قفي معتدلة القامة، ارفعي كتفيك الى اعلى ثم اخفضيهما مرة اخرى في حركة دائرية بطيئة، كرّري التمرين ٢٠ مرة.

ـ ضعي يديك في وسطك ثم ميلي ناحية اليسار ثم اليمين، وكرري التمرين ٢٠ مرة.

• ظهراً:

• الساعة ١٢:

تناولي كوبًا من المياه المعدنية. ثم استلقي على الفراش، او اجلسي على كرسي مريح في حالة استرخاء، اغمضي عينيك ثم خذي نفسا عميقا وعدي الى خمسة، ثم اخرجيه مرة اخرى. استمري في حالة الاسترخاء لمدة ١٠ دقائق، ثم اشطفي وجهك بماء بارد.

• الساعة ١٢,٣٠:

حان وقت الوجبة الخفيفة، او مجموعة من الفاكهة تمنحك ما يكفيك من السكر. نسقي شرائح من المانجو والاناناس والموز والخوخ والعنب او اي نوع من الفاكهة، على طبق مع اي نوع آخر من الجبن تفضلينه وشريحة او اثنتين من الخبز الاسمر مع ماء معدني.

• الساعة ١,٣٠

يمكنك عمل حمام بخار في حمامك الخاص، املئي المغطس بماء ساخن فيمتلئ الحمام بالبخار والدفء، ثم ضعي حفنة من الاعشاب في الماء، جربي النعناع الجاف والروزماري واللافندر. لفي شعرك في فوطة قطنية واجلسي على الارض في وضع استرخاء. وبعد ربع ساعة عودي مرة اخرى الى غرفتك واسترخي ربع ساعة على السرير حتى يعود جسمك الى درجة حرارته العادية.

• الساعة ٢,٣٠:

بعد غسل شعرك بالشامبو ضعي الكنديشنر المرطب المناسب، لفي شعرك في فوطة ليظل محتفظا بطراوته..

• الساعة ٤:

تناولي كوبا من المياه المعدنية او عصير البرتقال، او فنجانا من شاي الاعشاب.

• مساء

• الساعة ٦:

حان موعد العشاء مع اطباق خفيفة وشهية، مثل السمك مع بطاطس مشوية بالفرن بالقشور، وخضر محمرة تحميرا سريعا او مجرد مسلوقة او سلطة خضراء، والحلو فاكهة طازجة ولبن زبادي. ويمكنك شرب ما تشائين من المياه المعدنية.

ها قد انتهى اليوم ولا شك انك الآن تحسين بالاسترخاء والراحة، وليس هناك افضل من الذهاب للنوم مبكرا لاستعادة حيويتك ونشاطك من جديد استعدادا ليوم جديد ... واحلام سعيدة ♥

مجلة «سيدتي» العدد ٦٥٨، ١٩٩٣/١٠/٢٢

الثقافة سـؤال فـي الأمر

The following anecdote is taken from a biographical dictionary of grammarians. It reports a grammatical question posed by a specialist to test a وزير who was studying with him. Identify the two parties involved, then look for the question and the humorous answer:

grammarian	نَحْويّ
to invade, raid	غَزا ، يَغزو
atrocious, abominable	شَنيع
problem (= سؤال)	مَسألة
= تبقى ، تجلس (≈ تستقرّ)	تَقِرّ

٢٨

كيف تَأمر المرأةَ بالغزو؟

سأل المنذرُ بن عبد الرحمن النحوي محمد بن مبشِّر الوزير في بعض مجالسه:

كيف تأمر المرأةَ بالغزو من غَزا يغزو؟

فأجال ابن مبشر فكره في المسألة فلم يتجه له جوابها. فقال له:

يا أبا الحكم، ما رأيتُ أشنع من مسألتك! الله يأمرها أن تقرَّ في بيتها، وأنت تريد أن تأمرها بالغزو ؟!

من كتاب «طبقات النحويين واللغويين» للزُبيدي الاندلسي

★ «ما» التعجّبية

In the text, you saw the phrase ! مـا أحلى حـديثك وأطيَـبـه وألَذّه , in which دنيـازاد expresses admiration for her sister's story. In formal Arabic, admiration or astonishment may be expressed using the particle ما followed by a word of the form أفـعَل . This word is formed from an adjective, and it follows the pattern of the « أفعل » التـفـضيل adjectives, but it acts like a verb of « أفعل » وزن in that it takes an object in the المنصوب case. Think of the literal meaning of this construction as *what made ... so ...?!* The following examples will clarify:

What made your speech so beautiful?!, i.e., *How beautiful your speech is!* ! ما أحلى حديثَك

What made this kunafa so delicious?!, i.e., *How delicious this kunafa is!* !ما ألذَّ هذه الكنافةَ

In forming these "adjectival verbs," remember these patterns:

عالٍ ←— أعْلى	غنيّ ←— أغْنى
طويل ←— أطْوَل	لذيذ ←— ألَذّ

تمرين ١٨ **كوّنوا جملاً تعجبية مستخدمين "ما" + وزن "أفعل" :**

مثال : الرطوبة عالية جدا اليوم ! ←— ما أعلى الرطوبة اليوم ! / ما أعلاها !

١- صوته عالٍ جدا ! ←— ________________

٢- أنا سعيد (ة) جدا ! ←— ________________

٣- هذا المنظر جميل جدا ! ←— ________________

٤- عائلتها غنية جدا ! ←— ________________

٥- هذه القصة عجيبة ! ←— ________________

٦- هذه الجامعة غالية جدا ! ←— ________________

٧- المأكولات العربية لذيذة جدا ! ←— ________________

٨- البرد في الجبال شديد جدا ! ←— ________________

تمرين ١٩ | لا أوافق!

Disagree with the following sentences by negating, and **write in all vowels.**
Use as many different types of negation as you can..

١- شكل الناس ولونهم وجنسهم أشياء مهمة .

٢- من أكبر المشاكل في رأي بعض النساء التساوي بين الرجل والمرأة .

٣- ستشارك الدكتورة في المؤتمر لأنه يعارض أهدافها ونشاطاتها .

٤- عملت طوال اليوم لأني كنت اشعر بتعب شديد .

٥- قضى مارتن لوثر كينغ وقتا في السِجن *prison* بسبب تأييده للقوانين التي تفصل بين السود والبيض.

٦- قبّلي طفلك حين يكون عندك برد .

٧- أختلف معك لأني مقتنعة بوجهة نظرك .

٨- يحاول المواطن العادي أن يرفع صوته ضد الحكومة لأنه مشغول بمشاكله الشخصية .

٩- أنتِ شابة مثقفة وواعية ؛ من الضروري أن تحاولي اتّباع والديك في كل شيء .

١٠- إذا أردت أن يحترمك الناس فعاملْهم كما تعامل الاطفال.

١١- ياه! الاكل الذي طبخته منذ خمسة أيام لذيذ جداً !

١٢- الطقس حار اليوم، يجب أن تغطي البنت عندما تنام.

١٣- طلقته زوجته وطردته من البيت لأنه اهتمّ بها كثيراً .

تمرين ٢٠   نشاط استماع

استمعوا الى النص التالي على الشريط واكتبوا الكلمات التي تسمعونها :

سيرة بني هلال

هي قصة شعبية طويلة ذات ______ ______ في كل أنحاء العالم العربي وتعدّ من أغنى ______ ______ التي ما تزال حيّة بين الناس الى يومنا هذا .

تدور السيرة ، كما يدل اسمها، حول بني هلال، احدى القبائل العربية المشهورة و ______ لنا ______ ______ من اليمن الى نجد في الجزيرة العربية ثم الى مصر ابتداءً من ______ ______ للهجرة ، و ______ كذلك ______ الذي قام بينهم وبين الفاطميين في مصر ثم اضطرارهم ______ ______ من مصر الى المغرب ______ ______ ______ وتسمى هذه ______ من تاريخهم بـ «التغريبة» .

و______ ______ لنا ______ ______ ______ بها بنو هلال والحوادث التي ______ لها ______ ______ وتركز بشكل خاص على الصراع الذي قام بينهم وبين الزناتي خليفة حاكم تونس في ______ ______ والذي انتهى بـِ ______ ______ ______ ______ الأمير الهلالي دياب بعد ان ______ ـه ابنته سعدة وساعدت الهلاليين بسبب حبها للأمير دياب.

واذا كانت السيرة ______ أصلاً على ______ ______ ______ فإن ______ ______ ______ قد ______ واضاف اليها الكثير . و ______ ______ ______ ______ الرئيسية لـ ______ الناس بالسّيرة و ______ ______ هو انها ______ ______ ______ الحكاية و ______ والموسيقى وتروى على لسان الحكواتيين والرواة في ______ والاحتفالات والأعياد والمناسبات مما جعلها واحدة من ______ ______ والامتاع .

وللسيرة عدة ______ ______ ومخطوطة و ______ ، وقد ______ ______ ______ والمستشرقون بدراستها و ______ ______ الشفوية وكذلك اقيمت ______ ______ ______ و ______ لبحث مختلف جوانبها الفنية و ______ والأدبية .

تمرين ٢١ نشاط قراءة

لاحظوا هذه الكلمات ثم اقرأوا النص وأجيبوا عن الأسئلة :

تُراث	(literary and cultural) heritage
ظَلَم ، يَظْلِم	to wrong, be unjust to
يَحْتَوي على	contain
على الإطْلاق	at all

١- ماذا يقال في الجامعات عن بداية الرواية العربية؟ وما وجهة نظر جمال الغيطاني في ذلك؟

٢- ماذا يقول عن العلاقة بين الرواية العربية في بداية القرن والرواية الفرنسية؟

٣- لماذا يذكر جمال الغيطاني الخليفة معاوية بن أبي سفيان؟

٤- ماذا يقول عن العلاقة الزمنية بين القصة والشعر؟

٥ لماذا يذكر كتاب «الف ليلة وليلة؟»

٦- ما هي الفكرة الرئيسية في هذه المقالة؟

٧- اكتبوا ثلاث كلمات جديدة استطعتم أن تخمنوا معناها من النص :

للمناقشة في الصف: من هم الكتّاب والادباء القدماء الذين يذكرهم الغيطاني؟

عن تجربته في تأصيل الرواية العربية

جمال الغيطاني: فن القص العربي عمره ١٦ قرنًا فلنعتمده مصدرًا

ندوة

□ القاهرة -
من مساعد عبد العظيم

■ تحدث جمال الغيطاني في الندوة التي اقامتها جمعية «محبي الفنون الجميلة» عن تجربته الخاصة وكيفية الوصول الى فن عربي اصيل، وطالب كتاب الرواية العرب بضرورة اعادة كشف تراثنا القديم لايجاد فن قصصي اصيل .

واوضح الغيطاني: «ان الرواية العربية قديمة قدم اللغة وان عمرها يتجاوز ١٦ قرنا من الزمان، والبداية لم تكن مع محمد حسين هيكل في رواية «زينب» في ١٩١٤، كما تدعي المناهج العلمية التي تدرس في الجامعات العربية والمصرية، واحيانا يقولون ان هناك رواية اخرى تسبقها وهي رواية «عذراء ونشواء» التي صدرت في عام ١٩٠٨ لطاهر حقي، او رواية لعلي باشا مبارك صدرت في اواخر القرن التاسع عشر، كما ان هناك رواية مجهولة صدرت باقلام بعض الكتاب الشوام الذين كانوا يعيشون في مصر في تلك الفترة .

كل هذه الروايات كانت تحاكي وتستوحي شكل الرواية الاوروبية وبالتحديد الرواية الفرنسية، الى درجة ان بعض الكتاب العرب في تلك الفترة كتبوا روايات عربية تدور احداثها في باريس وهم لم يذهبوا الى العاصمة الفرنسية على الاطلاق. وحاولوا تقليد الرواية الغربية من حيث الشكل والمضمون ولكنها اخذت في التطور بشكل كبير من الناحية الفنية وظهر ذلك في «عودة الروح» لتوفيق الحكيم، ثم تاسست الرواية العربية الحديثة على يد نجيب محفوظ الذي يواصل الكتابة والابداع منذ ٦٠ عاما وحتى يومنا هذا.

عمر الرواية ١٦ قرنا

ويتابع الغيطاني قائلا: «اننا نظلم الرواية العربية عندما نقول ان البداية كانت مع «زينب» كأننا بذلك نلغي ١٦ قرنا من العمر الحقيقي لها، ونظلم تراثنا الادبي عندما نقول ان هذا هو عمر الرواية ، بينما فن الرواية او فن القص موجود بالفعل في تراثنا العربي، الشفهي منه والمكتوب، منذ قديم الزمان. هناك الحكايات والملاحم التي كانت تحكى لنا ونحن اطفال، وما زالت تروى حتى الان، وتمثل هذه الملاحم فنا قصصيا خاصا. ومن هذه الحكايات او الملاحم «الهلالية» والتي ما زالت تروى في المقاهي على مدار ثلاثين ليلة او اكثر. و«الف ليلة وليلة» قبل ان تدون في مخطوطات، كانت تروى في المقاهي .

وكل هذه وغيرها تحتوي على قصص واشكال خاصة من القصص لا يوجد مثيل لها في العالم سوى في التراث العربي. فكتاب الف ليلة وليلة يحتوي على جميع اشكال الفن القصصي الحديث: ففيه تيار الوعي والتداخل بين الواقع والخيال، فالجن يعيش مع الانسان في مكان واحد ... وحتى فن القصة القصيرة الذي يعتقد انه فن اوروبي موجود في الف ليلة وليلة، ففيه اكثر من ٢٠٠ قصة قصيرة، خصوصاً في الجزء الثالث، من اجمل ما يمكن ان يبدعه الانسان في هذا الصدد .

القصة اقدم من الشعر

ويضيف الغيطاني: «اذا بحثنا في تراثنا القديم المكتوب سنجد ان الفن القصصي اقدم من الشعر نفسه، فنحن لن نفهم الشعر دون معرفة القصص التي ترتبط بالتراث الشعري: دون معرفة قصة حب عنتر لعبلة لن نفهم ما قاله فيها. ولا نستطيع ان نفهم شعر القدماء الا بعد معرفة الظروف التي قيل فيها. لذلك فان القصة او الرواية سابقة على الشعر. ويستطرد الغيطاني قائلاً: «في العصر الاسلامي قام الخليفة معاوية بن ابي سفيان بانشاء منصب للقصاص او الراوي، وكان هذا الشخص يقوم بقص اخبار الاولين على المسلمين في المساجد. وكان رجل في اليمن اسمه عبيد بن الجرهمي يجلس مع معاوية في الثلث الاخير من الليل ويقص عليه اخبار الاولين من الملوك والامراء .

تراثنا لم يكشف للآن

ويؤكد الغيطاني على ان «تراثنا البلاغي ايضا يحتوي على فن القصة والرواية، فالكتب التي الفها الجاحظ وابو حيان التوحيدي والثعالبي وغيرهم، مليئة بالوان مختلفة من اشكال الرواية، او من القصص، وللاسف لم يكتشف هذا التراث الا في السنوات الاخيرة. وهذه الكتب بما تتضمنه من قصص اعتبرها شكلاً خاصا من اشكال الرواية العربية».

من جريدة « الحياة » ٢٨/١١/٩٠

تمرين ٢٢ نشاط استماع

من برنامج « تاريخ السينما العربية »
انتاج مركز دبي للاعمال السينمائية

تعلموا هذه الكلمات:

سَيْطَرة	control
شِبْه	semi-
لَهْجة ج. لَهَجات	dialect

شاهدوا الفيديو وأجيبوا:

١- الفكرة الأساسية التي يقدّمها البرنامج عن السينما المصرية هي:

٢- ما هو اللقب الذي أعطاه السينمائيون للقاهرة ؟

شاهدوا الفيديو مرة ثانية وأجيبوا:

٣- من الأسباب التي شجّعت على تطوّر السينما المصرية:

أ -

ب -

٤- متى بدأت صناعة السينما في مصر ؟

٥- يتناول البرنامج العلاقة بين السينما المصرية واللهجة المصرية، فماذا يقول ؟

٦- ما المعلومات التي يقدّمها لنا البرنامج عن فيلم « عيون ساحرة » ؟

تمرين ٢٣ نشاط محادثة في مجموعات صغيرة

إعلانات

ربما رأيت إعلانًا مشهورًا لصابون « تايد » يقول:

« صابون تايد يجعل ملابسك أكثرَ بَياضًا » (بَياض *whiteness* ، من أبيض).

ما معنى هذا الاعلان ؟ حاولوا أن تفكروا في أو تبتكروا إعلانات اخرى مثله فيها تمييز.

الثقافة

من أغنية "ألف ليلة وليلة" لأم كلثوم

يا حبيبي . . .
الليل وسَماه
ونجومُه وقَمَرُه
قمره وسَهَرُه
وانتَ وانا
يا حبيبي أنا
يا حياتي أنا
كلنّا . . . كلنّا في الحبّ سَوا
والهَوى . . . آه منُّه الهوى
سهران الهوى
يسقينا الهَنا
ويقول بالهنا :

يا حبيبي
يلّلا نعيش في عيون الليل
ونقول للشمس : تعالي تعالي
بعد سنة
مش قبل سنة
في ليلة حب حلوة
في ألف ليلة وليلة
بكلّ العمر
هو العمر ايه
غير ليلة،
زيّ الليلة . . . زيّ الليلة

كلمات : مرسي جميل عزيز
موسيقى : بليغ حمدي

تمرين ٢٤ نشاط محادثة في مجموعات صغيرة

عن الف ليلة وليلة

في هذا الدرس قرأنا شيئا من كتاب « الف ليلة وليلة ». والمطلوب من كل مجموعة ان تقوم بالبحث عن معلومات إضافية عن الكتاب: عن ترجماته ، عن تأثيره في الأدب الأوروبي، أو عن أية جوانب اخرى من الكتاب، ثم ان تقوم بتقديمها الى الصف.

تمرين ٢٥ نشاط كتابة

كتاب الحكايات

يقوم كل طالب في الصف بكتابة قصة من قصص الأطفال أو القصص الفولكلورية التي سمعها أو قرأها وأحبها. ثم تجمع كل القصص في « كتاب الحكايات » وتوزع على الجميع ليستمتعوا بقراءتها.

٨ ـ من التاريخ الاجتماعي الإسلامي

في هذا الدرس:

الثقافة: من التاريخ الاسلامي

القراءة: من المؤسسات الاجتماعية في الحضارة العربية

البربر

الاستماع: اليهود في الاندلس

دمشق

التراكيب: وزن افتعل

معاني أوزان الفعل

ما ... من

تذكروا ولاحظوا:

أَخَذَ ، يأخُذ ، الأخذ	<—	اتَّخَذَ ، يَتَّخِذ ، الاتِّخاذ	to take up, take on, adopt
		اتّخذ قراراً ، اتّخذ موقفًا ، اتّخذ شكلاً	
بِناية ج. ـات	<—	بَنى ، يَبْني ، البِناء	to build
	<—	مَبْنى ج. مَبانٍ	building (= بناية)
جَيِّد	<—	الجَوْدة / الجودة	(good) quality, goodness
حَمّام ج. ـات	<—	اِسْتَحَمَّ	to bathe
خَيْر	<—	خَيْريّ	charitable, philanthropic
دَخَلَ ، يدخُل ، الدُخول	<—	تَداخَلَ	to overlap
لذلك	=	لِذا	
راحة	<—	اِسْتَراحَ ، يَسْتَريح ، الاِسْتِراحة	to rest, relax
طبيعة	<—	طابَع ج. طوابِع	character
طريق ج. طُرُق	<—	عن طَريق	by way of, by means of
	<—	في طريقـ(ـه) الى	on (one's) way to
ظَهَرَ ، يظهَر ، الظُهور	<—	ظاهِرة ج. ظَواهِر	phenomenon
أُعجِبَ بـ ؛ عجيب	<—	لا عَجَبَ	(it is) no wonder
عَروس ج. عَرائِس	<—	عَريس ج. عِرْسان	bridegroom
عَمِلَ ، يعمَل	<—	عامِل ج. عَوامِل	factor
عِندَما	<—	عِندَئِذٍ	= في ذلك الوقت
قصير	<—	اِقْتَصَرَ على	to be limited to
القَواعِد	<—	قاعِدة ج. قَواعِد	rule
كثير	<—	أَكثَرَ مِن	to do a lot of
كان ، يكون	<—	(المصدر:) الكَوْن	being

noticeable, remarkable	مَلْحوظ	<—	لاحَظَ
	بشكل ملحوظ ؛ بصورة ملحوظة ؛ تقدُّم ملحوظ		
to lodge, room (e.g., in a hotel), live	نَزَلَ في	<—	نَزَل ، ينزِل ، النُزول
house, residence (= بيت); (in Classical texts) a way station	مَنْزِل ج. مَنازِل	<—	
establishment, institution (physical)	مُنْشَأة ، مُنشآت	<—	أنشأَ
to pass on (news), relate, transmit to each other	تَناقَلَ	<—	نَقَلَ ، ينقُل ؛ انتقل
to seek (s.th.) as a goal	اِسْتَهدَفَ	<—	هَدَف
	هامّ	=	مُهِمّ
to be important, of concern to	هَمَّ ، يَهُمّ	<—	
to head in the direction of	اِتَّجَهَ الى ، يَتَّجِه ، الاِتِّجاه	<—	وَجه ج. وُجوه
façade, front	واجِهة ج. -ات	<—	
through, by means of	من وَراءِ	<—	وَراءَ
to possess as a characteristic, be described, characterized by	اِتَّصَفَ بِـ ، يَتَّصِف بِـ	<—	وَصَفَ ، يَصِف ، الوَصف

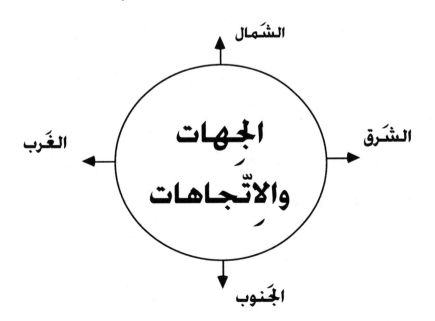

من القاموس 🔘

trace, vestige, mark; (pl.) ruins, monuments	أثَر ج. آثار
to confirm, give assurance, emphasize	أكَّدَ ، يُؤَكِّد ، التَأْكيد (أنّ)
goods, merchandise	بِضاعة ج. بَضائِع
fixed, firmly established, proven	ثابِت
reward from God	ثَواب
= ملابس	ثِياب
foreign community	جاليِة ج. ات
civilization	حَضارة ج. ات
wine	خَمر ج. خُمور
possessing	ذو (ذا ، ذي) ، (مؤنث:) ذات + اسم في إضافة
	هو ذو مالٍ كثير ؛ هي ذات شهرةٍ واسعة
corner, cornerstone, pillar (literal and figurative)	رُكْن ج. أركان
wonderful, awesome	رائِع
wedding celebration	زِفاف
to flourish	ازْدَهَرَ ، يَزدَهِر ، الازدِهار
path, way; public drinking fountain	سَبيل ج. سُبُل / أسْبِلة
to be cured, healed, to recover	شُفِيَ ، يُشفى ، الشِفاء
soap	صابون
health	صِحّة

to include, join together (elements of a whole)	ضَمَّ ، يَضُمّ ، الضَمّ
(social) class	طَبَقة ج. ـات
across, through, by way of	عَبْرَ
scent, perfume	عِطْر ج. عُطور
to announce	أَعْلَنَ
announcement; advertisement, commercial	إعْلان ـات
architecture	(فنّ) العِمارة
to wash	غَسَلَ ، يَغْسِل ، الغَسْل
luxurious, splendid	فاخِر
to embark upon, give one's attention to	أَقْبَلَ على
farthest, utmost, maximum	أَقْصى
	الشرق الأقصى ؛ الى أقصى درجة
community of a religious denomination	مِلّة ج. مِلَل
to mature or ripen	نَضَجَ ، يَنضُج ، النُضْج
mature (people), ripe (food)	ناضِج
cleanliness, tidiness	نَظافة
clean, tidy	نَظيف
sample, model, type	نَموذَج ج. نَماذِج
to provide (in abundance), to make abundant	وَفَّرَ
abundant	وَفير

«النظافة من الإيمان»

تمرين ١ | المفردات الجديدة

أ ــ اسألوا زملاءكم :

١ـ هل استحمّوا اليوم؟ متى يستحمّون عادة؟

٢ـ ما رأيهم في إعلانات التدخين في المجلات والاماكن العامة؟

٣ـ بِمَ تتّصف المدينة التي يسكنون فيها؟ ما أشهر مبنى/ مبانٍ فيها؟
متى بُنِي/ بُنيت؟

٤ـ لو كانوا أغنياء جداً وقرّروا إنشاء مبانٍ تحمل اسماءهم، فماذا سيبنون؟

٥ـ ما الجاليات الأجنبية التي تضمّها مدينتهم؟

٦ـ أين يغسلون ملابسهم عادةً؟ متى يقومون بذلك؟ ما صابونهم المفضّل؟

٧ـ ما الاشياء التي تجعلهم يستريحون بعد يوم طويل من العمل؟

٨ـ إذا كان عندهم اشياء يريدون ان يبيعوها، فكيف سيعلنون عنها وأين؟

٩ـ ما أنواع المأكولات التي يُكثرون من أكلها؟ لماذا؟

١٠ـ لو كانوا سيقضون عطلة «فاخرة» لمدة اسبوع، فإلى أين سيذهبون وماذا سيفعلون؟

١١ـ في رأيهم، ما كان أهم خبر تناقلته الجرائد ومحطات الراديو والتلفزيون أخيراً؟

ب ــ فعل الامر

You have hired someone to help you clean your house. Tell him or her what to do,
and what not to do.

يمكنك ان تستخدم/ي المفردات التالية ومفردات اخرى من عندك:

ينظّف   يغسِل   يرتّب   صابون   ينقُل   يضَع   ينظّم

تمرين ٢ ما معنى هذا؟

اكتبوا كلمة لها معنى مماثل **اكتبوا كلمة لها معنى معاكس**

١ـ غسلت ملابسي ≈ ____________

٢ـ دُعيت الى حفلة زواج ≈ ____________

٣ـ بقوا في البيت ≈ ____________

٤ـ تُعرف بصوتها الجميل ≈ ____________

٥ـ المدينة تتكوّن من أحياء ≈ ____________

٦ـ أقاموا في ذلك الفندق ≈ ____________

٧ـ لها شهرة واسعة ≈ هي ____________ شهرة واسعة

٨ـ رأيه متغيّر ≠ ____________

٩ـ بضاعة عاديّة ≠ ____________

١٠ـ أصبحت مريضا ≠ ____________

١١ـ مصادر قليلة ≠ ____________

١٢ـ أقرب مكان ≠ ____________

١٣ـ تقدُّم غير واضح ≠ ____________

تمرين ٣ استخدم/ي "ما" للتعبير عن التعجب في هذه الحالات :

مثال: رأيت قصر ملك المغرب وقلت في نفسي: ما أروَعَ هذا القصر!

صفات: رائع نظيف فاخر وفير ناضج

١ـ في حفلة الزفاف قال كل الناس:

٢ـ بعد أن استمرّ ثلاث ساعات في غسل السيارة قال في نفسه *said to himself*:

٣ـ إذا نزلت في فندق « ريتز » فربما ستقول:

٤ـ ذهبوا الى المركز التجاري الضخم الجديد وعبّروا عن إعجابهم الشديد قائلين:

٥ـ كل من شاهد المقابلة مع الفتاة التي حصلت على الجائزة قال في نفسه:

تمرين ٤ اختاروا الكلمة المناسبة واكتبوها في الفراغ :

الاستحمام	التّداخل	المبنى	الخمر	يبنى	نموذج
الاعلانات	ملحوظ	خيريّ	الشّفاء	عَبْر	الواجهة
البضائع	العُطور	اتّخذت	صحّة	جودة	العريس

١- بعد موت زوجته الملكة ممتاز محل قرّر الملك الهندي شاه جَهان ان ________ قصر «تاج محل» ليحفظ ذكراها .

٢- ابني الصغير لا يحب ________ لأن الصابون يدخل في عينيه .

٣- مشكلة هذا ________ أنه لا يتّسع لهذا العدد الضخم من الموظفين.

٤- في السنوات الأخيرة ازداد عدد المحجّبات في المجتمعات العربية بشكل ________ .

٥- الزكاة في الاسلام نشاط ________ يُستهدف منه مساعدة الفقراء والمحتاجين.

٦- الفصحى والعامية تمثّلان جانبين من لغة واحدة (وليس لغتين مستقلّتين) بسبب القدر الكبير من ________ الذي نلاحظه بينهما في المفردات والقواعد .

٧- ________ الصينيّة -على اختلاف أنواعها- منتشرة بشكل واسع في اسواق العالم كله .

٨- يحرّم الاسلام شرب ________ في حين أن كثيراً من الاديان تسمح به .

٩- هذا العلاج الجديد لمرض البلهارسيا يساعد على ________ من المرض بسرعة.

١٠- ما يساعدها على البقاء في ________ جيّدة هو انها تُكثر من أكل الخضار والفواكه وتقوم بتمرينات رياضية بانتظام .

١١- ________ الحكومة اللبنانية قراراً بطرد ثلاثة من الديبلوماسيين الايرانيين العاملين في لبنان واعتبرتهم اشخاصاً «غير مرغوب فيهم» .

١٢- تُعد باريس اهم مركز لانتاج ________ في العالم .

١٣- خلال حرب الخليج انقطعت عنا اخبار أهلي في بغداد فاضطررنا الى الاتصال بهم ________ الصليب الأحمر الدولي .

١٤- قصر الحمراء في اسبانيا ــــــــــــ رائع لجمال العمارة الاسلامية .

١٥- يُقبل الناس على شراء البضائع اليابانية لأنها معروفة بِـــــــــــــــها.

١٦- اذا كنت تفكّر في شراء سيارة مستعملة فأقترح عليك أن تنظر في صفحة ــــــــــــ في الجريدة .

تمرين ٥ اختاروا الكلمة المناسبة واكتبوها في الفراغ :

١- كان «البيتلز» يمثّلون ــــــــــــ مهمّة في عالم الموسيقى في الستّينات.

أ . جالية ب . قاعدة جـ . ظاهرة د . طبقة

٢- بالرغم من أخطار التدخين على الصحّة فإن كثيراً من الشباب ما زالوا ــــــــــــ عليه .

أ . يحرّمون ب . يقبلون جـ . يقدرون د . يقتصرون

٣- مدينة استانبول لها ــــــــــــ خاص لأنّها تجمع بين حضارة الشرق وحضارة الغرب بشكل متميّز.

أ . طابع ب . ثواب جـ . ركن د . نموذج

٤- أُخرج المسلمون من الاندلس عام ١٤٩٢ ولكنهم تركوا وراءهم ــــــــــــ عديدة تُظهر عظمة الحضارة التي أسّسوها في اسبانيا.

أ . اتجاهات ب . آثاراً ج . تقاليد د . سُبلاً

٥- أريد أن ــــــــــــ أن موقفي المعارض لا يقوم على أسباب شخصية ولكنه ينطلق من قناعاتي الفكرية والسياسية.

أ . اوفّر ب . أطالب ج . أؤيّد د . اؤكّد

٦- العائلة كانت وما زالت تمثّل ــــــــــــ الاساسي للتنظيم الاجتماعي والاقتصادي في المجتمعات العربية.

أ . الركن ب . الحوار جـ . الحدث د . الأثر

٧ـ صوتها ـــــــــ ـــــــــ فعلاً ! وانا استمتع دائمًا بالاستماع اليه .

أ . خياليّ   ب . مضحك   جـ . رائع   د . نظيف

٨ـ لعب العرب في القرون الوسطى دورًا بارزًا في تطوير ـــــــــ ـــــــــ الانسانية في مجالات الطب والفلسفة والعلوم .

أ . الحضارة   ب . الجودة   جـ . الشخصية   د . النيّة

٩ـ ـــــــــ ـــــــــ المتحف البريطاني مجموعات ضخمة من الآثار الفرعونية والاسلامية .

أ . يبني   ب . يتناقل   جـ . يضمّ   د . يتمّ

١٠ـ يركّز هذا البحث على دراسة الاحوال المعيشيّة لسكان هذه المنطقة ومعظمهم من ـــــــــ ـــــــــ المتوسطة .

أ . الملّة   ب . الطبقة   جـ . القاعدة   د . الجالية

١١ـ تحاول الوزارة تشجيع أبناء الطبقة الفقيرة على مواصلة تعليمهم عن طريق ـــــــــ ـــــــــ المنح والمساعدات المالية لهم .

أ . اِتّخاذ   ب . إيفاد   جـ . توفير   د . ضمّ

١٢ـ انا معجب جدًا بها وبشخصيتها، فمن الواضح أنها انسانة ـــــــــ ـــــــــ فكريًا.

أ . ناضجة   ب . فاخرة   جـ . عازبة   د . نظيفة

١٣ـ صار من اللازم أن أقوم بالغسيل، فليس عندي أي قطعة ثياب ـــــــــ ـــــــــ .

أ . صِحيّة   ب . نظيفة   جـ . فارغة   د . فاخرة

١٤ـ هناك عدة ـــــــــ ـــــــــ جعلتني أتردّد في قبول المنصب وأولها عدم رغبتي في السفر والتنقل من مدينة الى اخرى.

أ . طوابع   ب . قواعد   جـ . عوامل   د . أوجُه

١٥ـ لم ـــــــــ ـــــــــ نشاط هدى شعراوي على المجال الاجتماعي فحسب ولكنه امتدّ ايضًا الى المجالين السياسي والتعليمي .

أ . يتداخل   ب . يزدهر   جـ . يقتصر   د . يُقبل

عبارات جديدة

أ ــ سَواءٌ / سَواءً (+ كان / الماضي) ... أو/أم ...[1] whether ... or ...

– يحتفل الناس في سوريا ولبنان **سواء كانوا** مسلمين **أو** مسيحيين بليلة رأس السنة.

– أحبّه وسأتزوّجه **سواء وافق** أهلي **أم** لم يوافقوا.

أم / أو or

Note that أم is used mainly in direct or implied questions to offer two possibilities only, one of which must be true.

– هل من الأفضل شراء اللحم من دكان الجزّار **أم** من السوبرماركت؟

– لا أعرف إذا كان الفندق الذي سننزل فيه يوفّر لنا الفطور **أم** لا؟

ب ــ من الطِراز الأوّل (of) first-rate, first class (quality)

– خلال المؤتمر قدّمت الدكتورة خالدة بحثًا **من الطراز الأوّل** أظهرت فيه بوضوح قدراتها كناقدة أدبية.

– كان الجنرال ديغول قائدًا عسكريًا وسياسيًا **من الطراز الأوّل** قاد الشعب الفرنسي في كفاحه ضد الاحتلال النازيّ.

جـ ــ فَضلاً عن to say nothing of, let alone, besides

– كانت طفولتنا كلها قصصًا وحكايات، فجدتي كانت تروي لنا حكاياتها المسلّية ووالدتي كانت تقرأ علينا قصة كل ليلة، هذا **فضلاً عن** القصص التي كنا نقرأها أو نسمعها في المدرسة.

– أصدر الدكتور علي الموسوي أربعة كتب تعتبر رائدة في مجال الهندسة الزراعية، **فضلاً عن** العديد من المقالات التي نشرها في المجلات المتخصصّة.

---

[1] سواء can take either المرفوع or المنصوب ending, because it may be analyzed either as a حال or as a خبر .

د ـ في (كل) أنحاء العالم all over the world

- الـ «كوكا كولا» من المشروبات المنتشرة بشكل ملحوظ **في كل أنحاء العالم**.

- حقّق فيلم «صوت الموسيقى» نجاحاً ضخماً **في كل أنحاء العالم** جعله واحداً من أنجح الافلام التي أُنتجت الى الآن.

هـ ـ في حقيقة الأمر = في الحقيقة

- بالرغم من انه يحاول دائماً ان يظهر بمظهر الانسان الليبرالي المتحرّر فإنه، **في حقيقة الأمر**، تقليدي في طريقة تفكيره.

- دُهش الجميع لما سمعوا بخبر طلاقهما ولكني، **في حقيقة الأمر**، كنت انتظر حدوثه.

و ـ على أنّ Nonetheless, ... ; However, ...

- لا اختلف معك في ان بعض المستشرقين قدموا صورة غير حقيقية للحضارة العربية، **على انني** لا أريد لنا ان ننسى الدور الهام الذي لعبه البعض الآخر في حفظ جوانب هامّة من التراث العربي.

ز ـ أشبَه بـ most closely resembling

- الحيّ الذي نشأت فيه هو **أشبه بعالم** صغير مستقل مقطوع الصلة بالعالم الحقيقي.

حـ ـ بِمَثابةِ (+ اسم في إضافة) like, equivalent to, functioning as (= مثل)

- كان طرده من الجيش بعد كل تلك السنوات الطويلة من الخدمة **بمثابة** صدمة جعلته يفقد الرغبة في القيام بأي شيء.

تمرين ٦ استخدام العبارات الجديدة

اكتبوا العبارات (أ) - (هـ) في جمل.

(الله) تعالى *He is exalted above all*

عبارة يستخدمها المسلمون عندما يذكرون اسم اللّٰه.

ابن جبير

رحّالة عربي مشهور، ولد عام ١١٤٥ في مدينة بلنسية في الاندلس وتوفي عام ١٢١٧ في الاسكندرية. يقال انه شرب الخمر صدفة *by accident* فحجّ تكفيرًا *in atonement*، وهكذا بدأت رحلاته. زار الاسكندرية والقاهرة والحجاز والكوفة والموصل وحلب ودمشق وعكا وصقلية. وصف رحلاته في كتاب يعرف بـ«رحلة ابن جُبَير».

تاريخ بغداد

كتاب مشهور كتبه الخطيب البغدادي (ت ١٠٧٢ م)، وهو محدّث ومؤرّخ معروف. ويضمّ الكتاب سِيَر الخلفاء والعلماء والأدباء وغيرهم من أهل بغداد.

حمص (حِمص أو حُمص)

ثالث أكبر المدن السورية، تقع في الجزء الغربي من سوريا في بين دمشق وحلَب *Aleppo*.

الحروب الصليبية

حملات عسكرية قام بها مسيحيو الغرب في القرون الوسطى (١٠٩٧-١٢٩١ م.) للاستيلاء على الاراضي المقدسة. وسميت بهذا الاسم لأن المحاربين كانوا يضعون صورة الصليب على ثيابهم. وانتهت هذه الحروب بطرد الفرنج تمامًا من الأراضي العربية على يد المماليك في أواخر القرن الثالث عشر.

الفرنج

كلمة تستخدم في المصادر العربية لتعني الأوروبيين الغربيين في عصر ما قبل ظهور الدول الحديثة.

الأيّوبيّون

أسرة إسلامية حاكمة (١١٦٩-١٢٥٠ م.) من أصل كردي أسّسها صَلاح الدين *Saladin* وسُمّيَت باسم أبيه أيّوب . أنهت الدولة الفاطمية وحررت القدس من الصليبيين. حكمت مصر وسورية وامتدت سلطتها الى الجزء الجنوبي من الجزيرة العربية.

الناصر محمد بن قلاوون (الملك الناصر)

تاسع سلاطين المماليك البحريين. حكم مصر أكثر من ٣٢ سنة وامتد حكمه الى طرابلس والحجاز والعراق. وترك كثيرًا من الآثار كما اهتم بإصلاح آثار اخرى تركها سابقوه.

تمرين ٧ قبل القراءة

للمناقشة:

- ما هي المؤسسات والمنشآت الاجتماعية ذات الاهمية في عصرنا؟
- ما بعض المؤسسات الخيرية المعروفة في مجتمعك، وما هي النشاطات التي تقوم بها؟
- هل سمعت عن او رأيت (ربما في فيلم) ما يُسَمّى بِ «الحمّام التركي»؟ ما هو؟

تمرين ٨ القراءة الاولى

١ـ المؤسسات والمنشآت المذكورة في هذا النص تضمّ :

أ -

ب -

جـ -

٢ـ الى متى يرجع أصل بعض هذه المؤسسات ؟

٣ـ ما هو الطابع الذي يجمع بين هذه المؤسسات ؟

٤ـ يذكر النص أن في مدينة القاهرة اليوم ________________ .

٥ـ يذكر النص أن مدينتي بغداد ودمشق كانتا تشتهران بـ ________________ .

٦ـ ما هو الخان ؟

٧ـ اذكر/ي شيئا ممتعا تعلمته من هذا النص:

بسم الله الرحمن الرحيم

المؤسسات الاجتماعية في الحضارة العربية

تتصف الحضارة العربية الإسلامية بأنها حضارة إنسانية بلغت الحياة الاجتماعية فيها أقصى ما يمكن أن تبلغه في مجتمع من رقي ونضج. وقد ساعدت على ذلك عدة عوامل منها أن الدولة الاسلامية ضمت بلاداً – مثل مصر والشام وفارس – لها جذورها الحضارية القديمة، وعرفت ألوانًا من النشاط الاجتماعي في تاريخها القديم، شهدت عليه المنشآت الاجتماعية التي رأى العرب كثيراً من بقاياها وآثارها، مثل الحمامات والمسارح وغيرها.

ومن الطبيعي أن تبرز في الدولة الاسلامية مؤسسات ومنشآت ذات صبغة اجتماعية يظهر فيها هذا النشاط الاجتماعي. ومن هذه المؤسسات ما كان ذا صبغة اجتماعية كالحمامات والأسبلة؛ ومنها ما كان ذا صبغة تجارية أو دينية، ولكنه احتوى نشاطًا اجتماعيًا ملحوظًا كالفنادق والخانات والجوامع والمدارس وغيرها. ويلاحظ على هذه المؤسسات أن كثيراً منها اتخذ طابعاً خيرياً، فاستهدف مؤسسوها من وراء إنشائها التقرب الى اللّه تعالى عن طريق فعل الخير. على أن الظاهرة الواضحة في التاريخ الإسلامي هي نجاح المؤسسات الاجتماعية في البقاء طويلاً، وعدم توقفها بعد وفاة مؤسسيها.

ومن المؤسسات الاجتماعية ذات الأهمية البالغة في الحضارة العربية الإسلامية السبل التي قصد بها توفير ماء الشرب للمسافرين وجموع الناس، سواء داخل المدن أو خارجها. والمعروف أن إقامة الأسبلة عادة متبعة عند جميع الملل، ولكنها ازدهرت في ظل الحضارة العربية، إذ وجد المسلمون فيها قدراً كبيراً من حسن الثواب. ولذا كانت الأسبلة التي أقامها الخيّرون بمثابة منشآت كبيرة تخدم أعداداً وفيرة من الناس، ووضعت لها نظم وقواعد تكفل الوقاية الصحية.

وأعظم نماذج الأسبلة في الإسلام كان في مصر، حيث أخذت ظاهرة إنشائها تنتشر منذ القرن السادس الهجري، وأقبل السلاطين والأمراء – ونساؤهم – على إقامتها على الطرق العامة. وما زال كثير من مباني الأسبلة الأثرية قائمًا بالقاهرة، تسترعي النظر بفنها وجمال عمارتها، وما على واجهتها من آيات قرآنية، مثل ﴿ وسَقاهُم ربُّهُم شَرابًا طَهوراً ﴾.

ومن المؤسسات الاجتماعية الهامة التي ذخرت بها مدن العالم الإسلامي في العصور الوسطى الحمامات العامة التي قصدها الناس من مختلف الطبقات رجالاً ونساء للاستحمام. ذلك أن الناس لم يألفوا في تلك العصور الاستحمام في منازلهم، ولم توجد الحمامات الخاصة إلا في قصور الحكام والأمراء. ولما كان الإسلام قد جعل النظافة ركنًا من أركان الإيمان؛ ونادى القرآن الكريم بأن اللّه يحب المُطَّهِّرين [القرآن الكريم ٩ :١٠٨]؛ فإنه صار من الضروري إقامة منشآت عامة يقصدها الناس للاغتسال والاستحمام.

وهكذا انتشرت الحمامات العامة في مختلف مدن العالم الإسلامي، مشرقه ومغربه . وقد جاء في تاريخ بغداد أن تلك المدينة كان بها في القرن الرابع للهجرة عشرة آلاف حمام. أما دمشق التي اشتهرت بصناعة الصابون الممتاز والعطور الطيبة، فقد اتصفت حماماتها بالجودة فضلاً عن العناية بالخدمة. ومن الثابت في المصادر أن حمامات الشام استرعت دهشة الفرنج واعجابهم على عصر الحروب الصليبية، فتردد بعضهم عليها للاستحمام. وعن طريق الفرنج انتقلت هذه الظاهرة الى الغرب الأوروبي.

على أن أهمية الحمام في تلك العصور لم تقتصر على كونه مؤسسة لنظافة الجسم فحسب، وانما كان أيضًا مركزًا اجتماعيًا من الطراز الأول. فالمريض إذا دخل الحمام اعتبر ذلك إعلانًا لشفائه. والعريس أو العروس يتعين على كل منهما أن يدخل الحمام قبل حفل الزفاف، فيعتبر ذلك من الأعياد العائلية الرائعة، ويكون الخروج من الحمام عندئذ أشبه بمظاهرة اجتماعية يحضرها الأهل والأحباب والأصدقاء. وفي الحمام اعتادت أن تجتمع النساء والصديقات فيتناقلن أخبار الناس، ويقصصن على بعضهن كثيراً من أخبارهن المنزلية. وإلى الحمام تتجه المرأة التي لا يراها الناس الا محجبة، وتكون في هذه الحالة قد استصحبت معها أفخر ثيابها لتلبسها بعد الاستحمام، حتى يراها غيرها. لذلك لا عجب إذا أكثر أدباء العصر وشعراؤه من وصف الحبيب في الحمام.

ومثل هذا يقال عن المنشآت والمؤسسات التجارية التي انتشرت في أنحاء العالم الإسلامي، مثل الخانات والفنادق، والتي لم تخل الحياة فيها من جانب اجتماعي. والغالب في الخانات أنها كانت تقام على امتداد الطرق التجارية، مثل خان صلاح الدين الذي نزل به الرحالة ابن جبير في طريقه من حمص الى دمشق، ومثل خان يونس الذي بناه خارج مدينة غزة الأمير يونس النوروزي أحد أمراء الناصر محمد. هذا وان كانت بعض الخانات قد أقيمت في المدن، وهي في حقيقة الأمر أقرب الى الفنادق مثل خان الخليلي الذي أنشأه الأمير جهاركس بن عبد اللّه الخليلي اليبغاوي، أحد أمراء السلطان برقوق.

أما الفنادق، فهي بمعناها العام مؤسسات ومنشآت مخصصة لنزول التجار فيها. وقد مر ابن بطوطة بعدد منها، في طريقه – عبر الصحراء الشرقية – من مصر إلى الشام، فقال إن «بكل منزل منها فندق، وهم يسمونه الخان»، مما يؤكد التداخل بين معنى الفندق ومعنى الخان. وكان التاجر عندما يصل إلى الفندق أو الخان يضع بضائعه وأمواله في المكان المخصص لها، ويتجه هو وأسرته الى المكان المخصص لاقامته ليستريح، ويجد على مقربة منه ما يتوق إليه من طعام وماء للاستحمام والاغتسال ثم الاجتماع بمن يهمه الاجتماع بهم من تجار وغير تجار. فإذا كان الفندق خاصاً بجالية من الجاليات الأجنبية، فإنه كان يسمح لهم باقامة كنيسة صغيرة داخل الفندق، فضلاً عن السماح لهم باستحضار ما يلزمهم من خمور وغيرها، مما يألفه التاجر الأجنبي في بلاده.

من كتاب «موسوعة الحضارة العربية الاسلامية»، .د. سعيد عاشور،
المجلد الثالث، المؤسسة العربية للدراسات والنشر ، بيروت ، ١٩٨٧

تمرين ٩ **القراءة الثانية** **Number the paragraphs in the text before continuing.**

لاحظوا هذه الكلمات ثم اقرأوا النص ثانية وأجيبوا عن الأسئلة :

شَهِدَ على ، يَشْهَد	to attest to
اِحْتَوى	= ضَمّ
صِبْغة	tint, shade, coloring
تَكفُل الوِقاية الصحّية	ensure precautionary measures for public health
تَردَّدَ على (مكان)	to frequent, stop repeatedly at
زُخِرَ بِـ	to be richly supplied with
اِسْتَرْعى ، يَسْتَرعي (النَظَر)	to attract (attention)
مُظاهَرة	(public) demonstration, spectacle
لم تَخْلُ من	was not without, had a certain ...

٨ـ ما هي المؤسسة التي كانت تتّصف بنشاطات اجتماعية واسعة؟
وما كانت تلك النشاطات؟

٩ـ الطبقات الاجتماعية التي كانت تخدمها كل واحدة من هذه المؤسسات:

١٠ـ انتقلت إحدى هذه المؤسسات الى الغرب، أي مؤسسة هي؟ وكيف تمّ نقلها؟

١١ـ لماذا أقبل الناس على إنشاء الأسبلة؟ من أقبل على إنشائها بشكل كبير؟

١٢ـ كيف يختلف الخان عن الفندق؟

١٣ـ ما هي الخدمات التي كانت الفنادق توفّرها للتجّار؟

١٤- خمّن/ي معنى الكلمات التاليـة:

أ - في فقرة ٢ :

فاستهدف مؤسسوها من وراء إنشائها التقرّب الى اللّه تعالى =

ب - في فقرة ٣ :

سواء داخلَ المدن أو خارجها =

كانت الأسبلة التي أقامها الخَيِّرون =

جـ- في فقرة ٤:

ما زال كثير من مباني الأسبلة الأثرية قائمًا بالقاهرة =

د - في فقرة ٥ :

ذلك أن الناس لم يَألَفوا في تلك العصور الاستحمام في منازلهم =

منشآت عامة يقصدها الناس للاغتسال والاستحمام =

هـ- في فقرة ٧:

والعريس أو العروس يتعيّن على كل منهما أن يدخل الحمام قبل حفل الزفاف =

وتكون (المرأة) في هذه الحالة قد استصحبت معها أفخر ثيابها =

و - في فقرة ٩:

ويجد على مقربة منـه ما يتوق إليه من طعام وماء للاستحمام والاغتسال =

السماح لهم باستحضار ما يلزمهم من خمور وغيرها =

ز - في فقرة ٩ أيضا:

ما المعنَيان المختلفان لفعل « أقام ، الإقامة »؟

يتجه هو وأسرته الى المكان المخصص لاقامته ليستريح =

فإنه كان يسمح لهم باقامة كنيسة صغيرة داخل الفندق =

تمرين ١٠ دراسة القواعد والتراكيب

1. The introduction or opening paragraph(s) often consitute the most difficult part of any text, because it is there that the writer attempts to capture the reader's attention by using his or her best style. Study the opening paragraph of the text with the help of the questions below:

أ - تتّصف الحضارة العربية بأنها حضارة إنسانية بلغت الحياة الاجتماعية فيها أقصى ما يمكن أن تبلغه في مجتمع من رُقيّ ونضج.

To understand this sentence you must pay close attention to its structure.

(a) Determine the referents of all verbs and pronouns and draw arrows to show the relationships.

(b) Guess the meaning of رُقيّ . What helped you guess?

(c) Remember that indefinite nouns sometimes give the sense *any* ... Give the meaning of في مجتمع:

(d) Remember that ما ... من , when they occur in the same sentence, combine to mean *what in the way of.* To get at the meaning of this structure, focus on the phrase following من . How does its meaning fit into the rest of the sentence?

(e) Give the general meaning of the sentence (in English):

ب - وقد ساعدت على ذلك عدة عوامل منها أنّ الدولة الاسلامية ضمّت بلادًا ... لها جذورها الحضارية القديمة، وعرفت ألوانًا من النشاط الاجتماعي ... شهدت عليه المنشآت الاجتماعية.

(a) Give the subject of ساعد:

(b) To what does لها refer?

(c) What is the subject of عرفت ?

(d) What is the subject of شهدت ?
(Hint: note that it is not parallel to عرفت because it is not preceded by و). To what does ـه in عليه refer? (Pay attention to gender.)

(e) Paraphrase the meaning of the sentence بالعربية .

2. Vowel and translate the underlined portions, and name the structure they share:

أ - فقرة ٣: ووضعت لها نظم وقواعد تكفل الوقاية الصحية .

ب - فقرة ٧: فالمريض اذا دخل الحمام اعتبر ذلك اعلانا لشفائه .

جـ - فقرة ٨: ومثل هذا يقال عن المنشآت والمؤسسات التجارية.

د - فقرة ٨ : والغالب في الخانات انها كانت تقام على امتداد الطرق التجارية.

هـ - فقرة ٨: هذا وإن كانت بعض الخانات قد اقيمت في المدن.

و - فقرة ٩: فأنه كان يسمح لهم بإقامة كنيسة صغيرة داخل الفندق .

3. Find all of the variations of ذو in the first two paragraphs. Give the reason for the case ending in each case. (Remember: أبو / أبا / أبي ؛ أخو / أخا / أخي)

4. Remember: مـا . . . مـن = *what in the way of.* Give the general meaning of the following sentence with the help of the question: what attracts attention in these buildings?

أ - في فقرة ٤ : تسترعي النظر بـ... ما على واجهتها من آيات قرآنية .

ب - في فقرة ٩: ...ممّا يؤكد التداخل بين معنى الفندق ومعنى الخان.

Note: مـن + مـــا = ممّا . مما often means *(a fact) which ... ,* referring to the immediately preceding sentence. Translate:

جـ - في فقرة ٩: ... ثم الاجتماع بمَن يهمه الاجتماع بهم مِن تجار وغير تجار .

In this sentence, مَن ... مِن means *who in the way of* (parallel to ما ... مِن). Replace مَن with the phrase following مِن and give the general meaning of this sentence with the help of the question: with whom did the (visiting) merchant meet?

5. Vowel paragraphs 4 and 5 in preparation for reading aloud.

القواعد

★ المماثلة *Assimilation* في وزن اِفتَعَل

The following verbs all belong to وزن افتعل . Try to identify الجذر of each:

اِتّحد   اِتّبع   اِزدَحَم (ازدحام)   ازدهر   اصطدم   اضطرّ

These verbs illustrate what happens when certain root letters combine with وزن افتعل . Remember that verbs whose roots begin with و combine with وزن افتعل in such a way that the و is swallowed by the ت , as in اتّحد (و-ح-د) . Similarly, when roots beginning with ت combine with افتعل , the two ت 's are written as one with a شدة , as in اتّبع (ت-ب-ع) .

Other spelling and pronunciation conventions reflect the combination of certain sounds with the ت of افتعل . For example, when the root ز-ح-م combines with افتعل , the voicing of ز carries over to the ت , resulting in the combination ازدحم . (To see why this happens, pronounce ازتحم aloud several times; you will hear ت become د as you say the word quickly.) Similarly, the emphatic sounds ص and ض also affect the sound of ت so that it sounds like and is spelled ط . The following diagram summarizes the derivation of these verbs:[1]

الجذر + افتعل :

ت-ب-ع ← (اِتْتَبَع) ← ت + ت ← تّ : ← اِتَّبَع

ز-ح-م ← (اِزْتَحم) ← ز + ت ← زد : ← اِزدَحَم

ص-د-م ← (اِصتَدَمَ) ← ص + ت ← صط : ← اِصطَدَمَ *to collide*

ض-ر-ر ← (اِضتَرَّ) ← ض + ت ← ضط : ← اِضطَرَّ إلى

Similar shifts also occur in roots that begin with ذ , ط , and ظ (although such combinations are rare):

(ط-ل-ع) اِطَّلَع   (ذ-خ-ر) اِدَّخَر

Learn to recognize these combinations so that you can determine the وزن and جذر of similar verbs.

[1]It so happens that the verb اِتَّخَذَ shows the assimilation of أ with ت ; however, hamza does not usually assimilate in this وزن .

تمرين ١١ معرفة وزن افتعل

Use the dictionary to find the meanings of the underlined words:

١- أحب أن أطّلع على الاخبار يوميًا عن طريق قراءة الصحف .

٢- فقد رِجله في الحرب وهو الآن يمشي على رجل اصطناعية .

٣- في الستينات ، اتَّضَحَ أن التدخين يسبب أمراضًا كثيرة .

٤- اضطَرَبَ عندما عرف بأننا اكتشفنا خيانته .

٥- اتَّفَقت معهم على أن نتقابل أمام الدكان .

★ -ئِذٍ *Expressions of Time with*

The suffix ـئذٍ may be added to words expressing a period of time to give the meaning *at that (time)*, among them:

عِندَئِذٍ = عند ذلك (الوقت)

سَنَتَئِذٍ = في تلك السنة

وَقتَئِذٍ = في ذلك الوقت

ساعتَئِذٍ = في تلك الساعة

حينَئِذٍ = في ذلك الحين (الوقت)

يَومَئِذٍ = في ذلك اليوم

بَعدَئِذٍ = بعد ذلك الوقت

تمرين ١٢ أكملوا الجمل التالية مستخدمين عبارة فيها "ئذ":

١- سيصل صديقي في المساء، وسأتوقف عن العمل ________ .

٢- افتتح هذا المبنى سنة ١٩٧٥ وكنت ________ تلميذًا في المرحلة الاعدادية .

٣- سارت الطائرة باتجاه الشرق حتى قطعت البحر و ________ غيّرت اتجاهها.

٤- وقع الحادث في الساعة العاشرة ليلاً وكنا ________ نائمين في فراشنا.

٥- يجب ان تنتظروا حتى تتوقف الطائرة و ________ فقط يمكنكم أن تقوموا من مقاعدكم .

★ أوزان الفعل

By now you should be able to recognize, derive, and conjugate all of the أوزان الفعل you have studied. You have also learned that some of the أوزان are related in meaning. In particular, you have examined the following relationships:

فعل — أفعل :	بقي — أبقى	صدر — أصدر
فعّل — تفعّل :	طوّر — تطوّر	خرّج — تخرّج

These verb pairs demonstrate that certain أوزان form natural pairs whose meanings are related to each other. We will now examine the relationships of meaning among all of the أوزان . As you learn these meanings, remember that they are best understood in relation to each other, rather than in an absolute sense.

Understanding the relationships of meaning among الأوزان helps you guess the meaning of new verbs in context. Note that the meanings of some verbs can be easily derived from a noun or adjective of the same جذر . For example:

to face or head in the direction of	اتّجه الى	<—	وَجه
to clean	نظّف	<—	نظيف

In addition, knowing the meanings of الأوزان allows you to guess how a certain meaning might be expressed. For example, if you know the verb دخل , and you want to say *to insert*, you can use what you know about the relationship between فعل and أفعل to guess that أدخل might give you the meaning you want. However, you must always check your dictionary: some combinations of وزن and جذر , while theoretically possible, are simply not used.

A useful principle to remember is that the higher the number of the وزن , the more abstract the meaning of the verb. As Arab grammarians have noted:

«زيادة في الوزن = زيادة في المعنى»

Note that a given English verb may not convey all the meanings of a similar Arabic verb; or it may convey several meanings, each of which requires a different وزن in Arabic. For example, English *walk* may be intransitive (*I walk a lot*) or transitive (*I walk **something***, e.g., *my dog*). In Arabic, each of these two different senses is conveyed by a different وزن . When studying the meanings of the أوزان , note which of them take direct objects.

Finally, keep in mind that these relationships of meaning **do not constitute an exact science.** There are exceptions to every rule. However, these few exceptions will not hinder your ability to use these rules to improve your vocabulary and comprehension.

In this chapter, we will examine the basic meaning(s) of each وزن . Most of the أوزان carry several possible meanings; the following are the most common ones, for which you have learned a number of examples. In later chapters, more details of the أوزان will be discussed as you learn a greater number of verbs that carry additional meanings.

وزن فعل

basic meaning of الجذر

In addition to the وزن فعل verbs you know, which carry the basic meaning of their roots, like شرب , كتب , مشى , and so forth, note that most simple adjectives have a corresponding verb and مصدر :

كبير: كَبُرَ ، يكبُر ، الكِبَر to be big	صغير: صَغُرَ ، يصغُر ، الصِغَر
صعب: صَعُبَ ، يصعُب ، الصُعوبة	سهل : سَهُلَ ، يسهُل ، السُهولة
طويل: طالَ ، يطول ، الطول	قصير: قَصُرَ ، يقصُر ، القِصَر
بعيد : بَعُدَ ، يبعُد ، البُعد	قريب : قَرُبَ ، يقرُب ، القُرب

وزن فعّل

to make or cause (someone or something) to do or be فعل

to be near قَرُبَ	<— قرَّبَ (ـه)	to make (s.th.) near(er)
to be easy سَهُلَ	<— سهَّلَ (ـه)	to make (s.th.) easy, to facilitate
to recall ذَكَرَ	<— ذكَّرَ (ه)	to make (s.o.) recall, i.e., to remind (s.o.)
(غَير)	<— غيَّرَ (ه)	to make (s.th.) "other," i.e., to change (s.th.)

وزن فاعل

to do to (someone), to involve (someone) in فعل

عَمِلَ	<— عامَلَ (ـه)	to treat (s.o.)
to be far بَعُدَ	<— باعَدَ (بين)	to separate, put distance between (two parties)
(رسالة)	<— راسَلَ (ـه)	to correspond with (s.o.)
(وجه)	<— واجَهَ (ـه)	to face (s.o.)

وزن أفعل

to make or cause (someone or something) to do or be فعل

to get up, be erect قام	<— أقامَ (ـه)	to make rise, erect; set up (e.g., camp), i.e., dwell, reside, stay
to appear ظَهَرَ	<— أظهَرَ (ه)	to make (s.th.) appear, to show, demonstrate
to laugh ضَحِكَ	<— أضحَكَ (ـه)	to make (s.o.) laugh
to happen حَدَثَ	<— أحدَثَ (ـه)	to cause (s.th.) to happen
to rise up, revolt ثار	<— أثار (ه)	to arouse (s.th.), stir up

You may have noticed that فعّل and أفعل overlap in function to some degree in that both carry causative meanings. The two are often—but not always—distinguished in usage in one of two ways:

(a) فعّل is more commonly used in spoken Arabic, whereas أفعل is more formal; or,

(b) the two may give different shades of meaning derived from the basic وزن فعل.

For example:

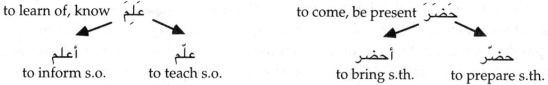

to learn of, know عَلِمَ → أعلم to inform s.o.; علّم to teach s.o.

to come, be present حَضَرَ → أحضر to bring s.th.; حضّر to prepare s.th.

This overlap does not pose a problem in guessing the meaning of new verbs of these أوزان, because the context will clarify the meaning of the وزن used.

وزن تفعّل

reflexive of فعّل (to make oneself فعّل)

to make oneself near, draw near to	تَقَرَّبَ من	<—	to make near(er) قرّب
to change (itself)	تَغَيَّرَ	<—	to change (s.th.) غيّر
to develop (itself)	تَطَوَّرَ	<—	to develop (s.th.) طوّر

This وزن may sometimes be translated into an English passive:

to be established	تَأَسَّسَ	<—	to establish أسّس

In some cases, the meaning of this وزن is close to that of فعل or افتعل, except that it carries a sense of intentionality, urgency, or intensity:

to make oneself absent (intentional absence)	تَغَيَّبَ عن	<—	to be absent غاب عن
to require	تَطَلَّبَ	<—	to request طلب
to move (oneself) around from place to place	تَنَقَّلَ	<—	move (oneself) انتقل
to gather together in a crowd	تَجَمَّعَ	<—	to meet اجتمع

وزن تفاعل

to do between or among each other; reflexive of فاعل

to pass (news) around from one to another	تَناقَلَ	<—	to move s.th. نَقَلَ
to enter into each other, i.e., to overlap	تَداخَلَ	<—	to enter دَخَلَ
to treat, deal with each other	تَعامَلَ (مع)	<—	to treat (s.o.) عامل
to correspond with each other	تَراسَلَ (مع)	<—	correspond with راسل

وزن انفعل

passive of فعل

قَطَعَ to cut	<—	اِنقَطَعَ to become cut off
ضَمّ to include	<—	اِنضَمَّ الى to become included into, i.e., to join

As you know, formal Arabic has a grammatical passive, المبني للمجهول , which is the exact equivalent of the passive voice in English. وزن انفعل is usually translated as a passive as well, but its meaning is that the subject does the action itself, without being acted upon by another (implied) agent. For example, from قَطَعَ *to cut* we can derive قُطِعَ *to be cut (by an implied agent)* and انقطع *to become cut off (no agent).* The electricity might *become cut off* تنقطع for a number of reasons, but if it *was cut off* قُطِعَت , the implication is that someone did the cutting. Because of the specialized meaning of this وزن , it occurs less frequently than others in formal Arabic.

وزن افتعل

to do, act, or have فعل *for oneself, to oneself*

غسل to wash (s.th.)	<—	اِغتَسَلَ to wash oneself
أخذ to take (s.th.)	<—	اِتَّخَذَ to take on, take for oneself
جمع to collect, gather	<—	اِجتَمَعَ to gather together, i.e., to meet
نقل to move (s.th.)	<—	اِنتَقَلَ to move (oneself)
قصر to be short	<—	اِقتَصَرَ على to shorten oneself to, i.e., be limited to

وزن استفعل

1. *to seek, ask for, require* فعل

حَضَرَ to be present	<—	استحضر to seek the presence of, i.e., to send for, procure
خَدَمَ to serve	<—	استخدم to seek the service of, i.e., to use
(هدف)	<—	استَهدَف to seek as a goal
(حمّام)	<—	استحمّ to seek a bath, i.e., to bathe
(صاحب)	<—	استصحب to seek the company of, i.e., to take along

2. *reflexive of* أفعل

أعدّ to prepare	<—	استعدّ to prepare oneself
أمتع to give pleasure	<—	استمتع بـ to enjoy oneself, to find pleasure in

تمرين ١٣ فهم أوزان الفعل

Use what you have learned about the meanings of أوزان الفعل to derive the meaning of the underlined words:

١- استأذنت والديَّ في تنظيم حفلة لزملائي في بيتنا الاسبوع المقبل فوافقا.

٢- تباعدا عن بعضهما البعض وانقطعت كل الصلات بينهما.

٣- سافرت الى باريس بهدف استكمال دراستها هناك.

٤- مَرِضَ أخي ودخل المستشفى وبقي يومين في حالة الخطر الشديد.

٥- حاولنا كثيرا لكننا لم نستطع التوصّل الى اجابة عن سؤالك .

٦- اتّصلت بهم لأستفهم عن رغباتهم ومطالبهم.

٧- ناقشتهم في القضية وتفاهمت معهم حول طريقة معالجتها.

٨- التجارب الصعبة تُبرِز حقيقة الانسان .

٩- شرب الكُحول باستمرار بهذا الشكل سيعرّضك لمشاكل كثيرة.

١٠- الموسيقى الكلاسيكية تُريحني كثيراً.

١١- اندهشت كثيراً عندما أمرتني أن أسكت!

١٢- تعرّفت عليهم وصادقتهم من خلال نشاطنا في الجمعية.

١٣- من المشاكل الاقتصادية الكبيرة التي تُواجِهنا اليوم تَضَخّم الأسعار *prices*.

١٤- لا أحب الخروج من البيت عندما يشتدّ البرد.

١٥- اريد ان انتهز هذه الفرصة الآن لأني متأكّد انها لن تتوفّر لي مرة أخرى.

تمرين ١٤ تكوين أفعال جديدة:

Form verbs using the information given, complete the sentences, and translate:

مثال: من اللازم أن **نكبّر** الصورة حتى نرى من فيها. *to enlarge*

(كبير + **فعّل**)

١- القهوة ________ لكنها قد تكون خطيرة للصحة.

(نشيط + **فعّل**)

٢- موقفها ________ ني وأظهر لي أنها أصبحت إنسانة ناضجة.

(دهش + **أفعل**)

٣- مع أنّ رأيي ________ مع رأيك فإنني أحترم حقك في أن تعبر عنه.

(عارض + **تفاعل**)

٤- ________ الأطبّاء على طريقة جديدة للمعالجة وسيبدأون العمل بها غداً.

(وافق + **افتعل**)

٥- ________ العروس و ________ قبل حفل الزفاف.

(عطور + **تفعّل**) (جميل + **تفعّل**)

٦- خلال أيام الحكم العثماني، ________ المجتمع الى أقسام حسب الملّة.

(قسم + **انفعل**)

٧- ________ نا أن نرى أن علاقتنا وصلت الى هذا المستوى.

(حزن + **أفعل**)

٨- أمره الطبيب بأن ________ عن الحلويات والمأكولات الثقيلة.

(بعيد + **افتعل**)

٩- أتيت اليك لِـ ________ وجهة نظرك في الموضوع.

(واضح + **استفعل**)

١٠- القانون ________ بين جميع المواطنين من حيث الحقوق والواجبات.

(تساوى + **فاعل**)

★ ما ... مِن

When the words ما and مـن occur in the same phrase or sentence, they often combine to form an expression meaning roughly *what in the way of.* This expression is difficult to translate into English because the English equivalent sounds convoluted, whereas the Arabic expression is commonly used and considered to be good style. In the text, you saw the example:

what (is) on its façade in the way of Quranic verses ما على واجهتها من آيات قرآنية

The sense given by this construction might also be rendered *the various Quranic verses on its façade.* Note that ما in this expression serves as a place holder for the noun that follows من , which is the most important part of the phrase for understanding its meaning.

One way to understand ما ... من constructions is to transform them using الذي (التي، الذين) . Change the phrase following من into a definite one and substitute it for ما (من then drops). For example:

ما على واجهتها من آيات قرآنية —> الآيات القرآنية التي على واجهتها

The resulting phrase is much easier to translate.

Another way to understand this construction is to read the phrase following من as *the various ...* and to then substitute it for ما . For example:

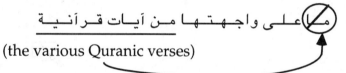

ما على واجهتها من آيات قرآنية

(the various Quranic verses)

تمرين ١٥

Rephrase the following sentences using الذي/التي /الذين as in the example:

مثال : هل فهمت ما درست من قواعد؟ —> هل فهمت القواعد التي درستها؟

١- وصف ابن بطوطة كل ما رأى من مناظر عجيبة.

٢- يجد الزائر في القاهرة كل ما يريده من نشاطات ثقافية.

٣- على الرغم من كل ما أعطيتها من نصائح فإنها فشلت.

٤- تمرّد على كل ما كان أهله يتّبعونه من أفكار وتقاليد.

٥- أُعجبتُ كثيراً بكل ما عندهم من بضائع ومُنتَجات.

| تمرين ١٦ | الوصف باستخدام الحال |

أكملوا الجمل التالية مستخدمين شكلا من أشكال الحال:

١ـ في كل ليلة كان شهريار يجلس امام شهرزاد _____ .

٢ـ اتّجه العمّال الى أعمالهم _____ .

٣ـ دخل العروسان الى الكنيسة _____ .

٤ـ غسلت الثياب ونظفت البيت _____ .

٥ـ تعرّضنا لضربة شمس _____ .

٦ـ نظرت الى الكلب _____ .

| تمرين ١٧ | نشاط استماع 📼 |

استمعوا الى النص التالي على الشريط واكتبوا الكلمات في الفراغات:

اليهود في الأندلس

في شبه جزيرة ايبيريا التي _____ _____ _____ اسبانيا والبرتغال عاش اليهود

_____ _____ قبل الفتح الاسلامي اي قبل عام ٧١١ م . و _____ عددهم

الكبير و _____ _____ _____ في تلك الفترة فانهم كانوا يتعرضون _____ من

الظلم، وكانت _____ في ذلك الوقت _____ _____ الى المسيحية بالطرق السلمية

أحيانا و _____ أحيانا _____ .

ولكن _____ _____ تغير مع قدوم الفتح الاسلامي في _____ _____

ـ ٢٦٠ ـ

ـــــــــ الميلادي ، وتذكر بعض ـــــــــ ـــــــــ ان اليهود ـــــــــ المسلمين في

ـــــــــ للأندلس ورحبوا بمجيئهم. وحين وصل طارق بن زياد ـــــــــ ـــــــــ ـــــــــ

ـــــــــ الى مدينة طليطلة أبقى لمن بقي فيها من المسيحيين على ـــــــــ وحفظ لليهود

معابدهم. وقد وـــــــــ ـــــــــ المسلمون بعده ـــــــــ ـــــــــ ـــــــــ لليهود ـــــــــ

العبادة شرط ان يدفعوا الجزية ، وـــــــــ معاملة المسلمين لليهود بالتساهل على العموم ـــــــــ

في زمن الموحدين والمرابطين الذين ـــــــــ كثيرا في معاملتهم.

وـــــــــ ، فقد وجدت ـــــــــ ـــــــــ في معظم المدن الاندلسية، وقد

ـــــــــ ـــــــــ ـــــــــ فيما بعد وظهرت بينها ـــــــــ ـــــــــ ـــــــــ تولت

ـــــــــ ـــــــــ في الدولة في ذلك الوقت، مثل منصب الوزير ومنصب طبيب القصر ومنصب

ـــــــــ ـــــــــ. وـــــــــ منهم حسراي بن شبروط الوزير الطبيب الذي ـــــــــ

في قرطبة ـــــــــ للدراسات التلمودية، وموسى بن ميمون الطبيب الفيلسوف ـــــــــ

ـــــــــ كتاباته الى ـــــــــ ـــــــــ. وشجعت ـــــــــ ـــــــــ كثيرين من يهود

ـــــــــ وـــــــــ على ـــــــــ الى الاندلس، فاتّجه بعضهم الى التأليف في الفقه

اليهودي وقامت ـــــــــ ـــــــــ مدرسة قرطبة التلمودية ـــــــــ ـــــــــ ـــــــــ مركزا

للدراسات والباحثين في تاريخ اليهود وشريعتهم.

ـــــــــ إذن ـــــــــ ـــــــــ المؤرخ اليهودي فاجولا يقول انه لم يحدث طوال

ـــــــــ ـــــــــ وحتى آخر ـــــــــ ـــــــــ ان حقق اليهود ذاتهم في بيئة غير

يهودية كما فعلوا في اسبانيا ، وـــــــــ ـــــــــ الوزير الاسرائيلي السابق ابا ايبان يذكر انه

على امتداد التاريخ كله لم يعرف اليهود ـــــــــ ـــــــــ ـــــــــ وتحقيق الذات ـــــــــ

ـــــــــ : مرة في الولايات المتحدة الامريكية اليوم ومرة في الاندلس الاسلامية منذ ـــــــــ .

من مجلة «الشرق الأوسط» ، العدد ٢٢٤، اوكتوبر ١٩٩٠،
و«موسوعة الحضارة العربية» ، يوسف فرحات، ج ٦،
دار كلمات للنشر، بيروت ، ١٩٩٥

تمرين ١٨ نشاط قراءة

اقرأوا النص بهدف إكمال الجدول التالي:

البربر	
العَناصِر *ethnic origins* التي يتكون منها البربر	
اختلاف أشكالهم وسبب ذلك	
أسماء البربر	
اللغات/اللهجات	
أماكن الانتشار الرئيسية والأعداد	
أماكن انتشار اخرى	
الدين	
أهمّيتهم في التاريخ الاسلامي	
شخصيات بربرية هامة	

البربر
هم الامازغ والشلوح
وأصولهم قوقازية

السائل بوب احمد سيدي -الجابون
السؤال: من هم البربر، وهل يشكلون امة ؟

يتكون البربر من مجموعة من القبائل التي تعمر مناطق واسعة في افريقيا في المغرب. فضلا عن ذلك فهم يكونون فئات لا يستهان بها من سكان شمال موريتانيا وشمال مالي وشمال دولة النيجر.

وهم من ناحية العرق يعودون الى ما يسمى جنس البحر المتوسط الذي تطور في حوض هذا البحر قبل نحو اربعة عشر الف سنة، ومن فرعه القوقازي الابيض اصلا. ويبدو أن عناصر من مناطق القوقاز هاجرت نحو شمال افريقيا حوالي سنة ٢٠٠٠ قبل الميلاد، فطبعت الاصول الموجودة هناك بطابعها الخاص .

على أن الذي يجب ان يذكر دوما هو ان المنطقة التي تكونت فيها خصائص الشعوب البربرية، اي الشمال الافريقي تعرضت عبر التاريخ الطويل الى عناصر مختلفة هبطتها من جبال الالب، ومن الشعوب السامية بدءا بالفينيقيين وانتهاء بالعرب فاتحين ومن بني هلال، والى عناصر من اواسط افريقيا غلب عليها اللون الاسود . وفي العصور الاحدث عهدا كان هناك تطعيم، ولو ضئيل، من الاتراك والاوروبيين المحدثين. ومن هنا فاننا نجد ان البربر تظهر فيهم صفات طبيعية تبدو متناقضة: فبربر الريف في شمال المغرب وبربر الجبال الجزائرية في لونهم بياض وفي عيونهم زرقة وفي شعورهم شقار. فاذا اتجهت جنوبا وجدت الالوان جميعها تتبدل تدريجيا وتقترب من الافريقية - دون ان تصل الى درجة السواد.

ويرى العلماء ان البربر يتكلمون اصلا لغة واحدة لكن لها ثلاث لهجات اساسية مختلفة هي المسماة باسم القبائل البربرية الرئيسية: مصمودة وصنهاجة وزناته. لكن حتى هذه تفرعت، مع الوقت، الى عشرات من اللهجات.

وقد تأثر البربر بالدول التي استولت على شمال افريقيا وعلى الصحراء، وكان التأثر بالاولى اكبر. فقبسوا من ثقافات تلك الدول وحضارتها. على أن الاثر الاكبر كان للعرب والاسلام، فانتشر هذا بينهم وسادت اللغة العربية دوائر العلم والتعليم بكلتيه عندهم.

وهم مسلمون إلا فيما ندر. ومع انهم يتبعون الشريعة الاسلامية فانهم كانوا، الى بعض الوقت، ولا يزال البعض منهم يفعل ذلك حتى اليوم، يعتبرون الجماعة وهي فئة صغيرة لكل قبيلة أو عشيرة كبيرة هي التي تسن العرف لتصرف القبيلة، وهي التي تتولى القضاء.

وقد ظهر، في الأزمنة القديمة، رجال من البربر كانوا في قمة الفكر، منهم ابوليوس الكاتب الروماني، والقديس اوغسطين من اهل القرن الرابع/ الخامس للميلاد، احد اعمدة الكنيسة المسيحية. ولما انتشر الاسلام بينهم كان منهم عدد كبير من اهل الفقه مثل ابن سحنون، والطب مثل آل الجزار، والادب مثل القيرواني.

وقد كان للبربر دولتان مهمتان بالنسبة للتاريخ والحضارة العربية الاسلامية في الشمال الافريقي هما دولتا المرابطين والموحدين، من دول القرنين الخامس والسادس للهجرة (الحادي عشر والثاني عشر للميلاد). ولعل اكبر اثار هاتين الدولتين مدينة مراكش.

والبربر يسمون انفسهم الامازغ والشلوح، ولا يستعملون كلمة بربر قط. وبهذه المناسبة فليس ثمة من علاقة قط بين اسم البربر كشعوب وبين الأعمال البربرية الوحشية، فهذه التسمية مأخوذة من تصرف قبائل البرابرة الجرمان التي هاجمت الامبراطورية الرومانية بين القرن الثالث والخامس للميلاد.

د. نقولا زيادة

من مجلة « هنا لندن»، فبراير ١٩٩٢

البربر

ويُمكن، بالعودة الى الأعداد والانتشار، أن نشير الى أن البربر، يتواجدون في الدول التالية، كالآتي:

* في ليبيا، حيث ما زال البربر يعيشون في جوار طربلس، وإن كانوا يتكلّمون العربيّة؛ وحيث نجدهم في الواحات ، وكذلك في منطقة برقة، ويُعدُّ هؤلاء بعشرات الآلاف.

* في تونس، حيث ما زال أهالي جزيرة جربة يتكلمون باللهجات البربرية، وكذلك سكان الكهوف من مطماطة وبعض سكان جبل سند وقفصة، وفي جوار تطوين .ويُعدّ هؤلاء بعشرات الآلاف.

* وفي الجزائر، حيث يتجمّع البربر في بلاد القبائل في الشمال والأطلس الصحراوي في الجنوب الغربي؛ ويتواجدون الى الغرب من الجزائر العاصمة . وتقدر نسبة البربر في الجزائر بـ ٢٥٪ من عدد السكّان الإجمالي، فيكون عدد هؤلاء حوالى ٥ ملايين مطلع الثمانينيات، وقد يصل إلى حوالى ١٢ مليوناً مع حلول العام ٢٠٠٠.

* في المغرب، حيث توجد تجمعات البربر الكبرى في الريف، وفي الأطلس الأوسط وإلى الجنوب من فاس، وفي الأطلس والأطلس الداخلي.

ويتمتّع البربر بنسبة مرتفعة جداً من الزيادة السكّانيّة، وقد تجاوز عددهم في مطلع الثمانينيات الـ ١٣ مليون نسمة، وقد يصل مع حلول العام ٢٠٠٠ إلى نحو ٣٣ مليون نسمة ليس بالمستطاع تجاهلهم بعد الآن، أو تغييبهم عن الحياة السياسيّة والاقتصاديّة والاجتماعيّة العامّة، أو المرور مرور الكرام أمام مطالباتهم بهويّة ثقافيّة وحضاريّة مميّزة.

* * *

من: المجموعات العرقية والمذهبية في العالم العربي، اشراف: ناجي نعمان، دار نعمان للثقافة، جونية، لبنان: ١٩٩٠.

تمرين ١٩ نشاط استماع

من برنامج «مخازن التاريخ»
من التليفزيون السوري

لاحظوا هاتين الكلمتين:

مِئْذَنة ج. مآذِن — minaret

مَعْبَد ج. معابِد — temple

شاهدوا الفيديو مرة وأجيبوا:

١- ماذا يخبرنا البرنامج عن تاريخ مدينة دمشق؟

٢- من المعلومات المذكورة عن الجامع الأمويّ أنه:

أ .

ب .

٣- الجزء الأخير من البرنامج يتناول:

شاهدوا الفيديو مرة ثانية وأجيبوا:

٤- يذكر البرنامج أن دمشق كانت مركزًا للآراميين: من هم الآراميون؟
وما الذي ذُكر عن أصلهم ولغتهم؟

٥- ماذا كان الجامع الأموي في الأصل وكيف تغيّرت استخداماته خلال التاريخ؟

٦- ماذا ذُكر في البرنامج عن:
حمّامات دمشق؟

خان أسعد باشا؟

تمرين ٢٠ نشاط محادثة في مجموعات صغيرة

المؤسسات الخيرية

تلعب المؤسسات الخيرية دورا مهما سواء في داخل المجتمع الواحد أو في المجتمع الدولي. في مجموعات صغيرة، قدموا اقتراحات لنشاطات يمكن أن تقوم بها هذه المؤسسات، ذاكرين:

أ - أهداف النشاط وأهميته،
ب - الطبقات الاجتماعية التي يستهدف هذا النشاط مساعدتها،
جـ - كيف يمكن لهذا النشاط ان يساعد هؤلاء الناس،
د - ما هي مصادر تمويل (إعطاء المال لـِ) هذا النشاط؟

تمرين ٢١ نشاط كتابة

ظواهر مهمة في عالمنا المعاصر

في تطور أي مجتمع، تبرز ظواهر جديدة، سواء كانت اجتماعية أو سياسية أو دينية أو فنية. فمن وجهة نظرك، ما هي أهم الظواهر في يومنا هذا؟ اكتب/ي عن هذه الظاهرة من ناحية نشأتها وتطورها وأسبابها.

عبارات مفيدة:

في حقيقة الامر	فضلا عن	ليس ... فحسب، بل ... ايضا	
خصوصا وأنّ	ذو / ذات	من ناحية ... ومن ناحية اخرى	

ولا تنسوا استخدام «و» و«فـ» وأدوات ربط اخرى.

٩- قضية الفصحى والعامية

يحيى حقي
في الصالون الثقافي في الأوبرا

لابد من تقريب المسافة بين العامية والفصحى

في هذا الدرس:

القراءة: الفصحى والعامية

تذكروا ولاحظوا :

أثَر ج. آثار	←	أثَّرَ في/على ، يُؤَثِّر ، التَأثير	to influence, leave a mark on
أساسي	←	أساس ج. أُسُس	basis, foundation
مَجموعة	←	جَماعة ج. -ات	group (of people)
جَواز سفر	←	جازَ ، يَجوز ، الجَواز	to be permissible
حَدَّدَ	←	حَدّ ج. حُدود	limit, border, extent
		الى أقصى حدّ ، الى حدّ كبير	
	←	مَحْدود	limited
حضر ، يحْضُر	←	الحاضِر	the present
يَحتاج الى	←	حاجة ج. -ات	need, necessity
حال ج. أحوال	≈	حالة ج. -ات	state, situation, case
خاص	←	خَصائِص	special characteristics
اِختَلَف	←	خالَفَ	to violate (law), go against
زاد ، يزيد ، الزيادة	←	زادَ ، يَزيد (ه)	to increase, give (s.o.) more of (s.th.)
	←	اِزدادَ ، يَزداد ، الاِزدياد	to increase (itself)
سُؤال	←	تَساءَلَ ، يَتَساءَل ، التَساؤُل	to ask oneself, ponder
	←	مَسألة ج. مَسائِل	problem, question
بسُرعة	←	سَريع	fast, rapid, swift
صحيح	←	صِحّة	correctness, soundness
مطعم ؛ طعام	←	طَعَّمَ بـ	to infuse with
طلب ؛ طالب بـ	←	تَطَلَّبَ	to require

عبّر عن ؛ عِبارة	=	تَعْبير ج. تَعابير	
العربية	<—	عَرَّبَ	to Arabize
عامّ	<—	عامّة الناس	the masses, the general public
	<—	عَمَّمَ	to generalize
	<—	تَعْميم ج. ات	generalization
عمل	<—	عَمَليّ	practical
غَير	<—	من غَيرِ (أنْ)	without (= بدون)
الفصحى	<—	الفَصاحة	eloquence, fluency, purity of language
	<—	فَصيح	eloquent
فقير	<—	اِفْتَقَرَ الى	to lack (s.th.), be in need of (s.th.)
قال ، يقول	<—	(المصدر:) القَوْل	
وجه	<—	تَوَجَّهَ الى	to head toward, turn to
وحدة	<—	وَحْدَ (ه)	alone, by (it)self
صِفة ج. ـات	<—		(also) characteristic
وصل	<—	أَوْصَلَ الى ، يُوصِل ، الإيصال	to take (s.o./s.th.) to
	<—	تَواصَلَ (مع)	to communicate with (each other)
وضع ، يضع	<—	وَضْع ج. أَوْضاع	situation
وقت ج. أوقات	<—	مُؤَقَّت / مُوَقَّت	temporary

«الحاجة أُمّ الاختراع والابتكار»

من القاموس

to lead to	أدّى الى ، يُؤدّي الى
matter, affair, concern	أمْر ج. أُمور
simple, uncomplicated	بَسيط ج. بُسَطاء
environment	بيئة ج. ـات
to clarify, make evident (= أوضح)	بَيَّنَ ، يُبَيِّن أنّ
there is no need to explain that ...	لا حاجةَ للبَيان أنّ
debate	جَدَل
to answer (a question)	أجابَ عن ، يُجيب عن ، الإجابة
to respond positively to	تَجاوَبَ مع
to limit (something) (to)	حَصَرَ (ه) ، يَحصِرُ ، الحَصر (في)
local	مَحَلّيّ
to transform, change into	تَحَوَّلَ الى
to abbreviate, abridge	اِخْتَصَرَ
to speak, address (someone)	خاطَبَ ، الخِطاب
discourse	الخِطاب
colloquial, popular (language)	الدارِجة (اللغة أو اللَهْجة)
impetus, motive	دافِع ج. دَوافِع
to indicate, point to	دَلَّ على ، يَدُلّ
to write down, record (in writing)	دَوَّنَ
structure, (linguistic) construction	تَرْكيب ج. تَراكيب
to strive to, aim for	سَعى الى /وراء ، يَسعى ، السَّعي
style	أُسْلوب ج. أساليب

sound, healthy (of body), correct (=صحيح)	سَليم
to guarantee	ضَمِنَ ، يَضْمَن ، الضَّمان
faction, sect, party	طائِفة ج. طَوائِف
moderate	مُعْتَدِل ج. ـون
complicated (≠ بسيط)	مُعَقَّد
deep	عَميق
to penetrate deeply, go deeply into (s.th.), become absorbed in (s.th.)	تَعَمَّقَ في
difference (= اختلاف)	فَرْق ج. فُروق
detail	تَفْصيل ج. تَفاصيل
to benefit from	اِسْتَفاد من ، يَسْتَفيد من ، الاِسْتِفادة
village	قَرْية ج. قُرى
country (= بلد)	قُطْر ج. أَقْطار
strong	قَوِيّ ج. أَقْوِياء
to utter, pronounce	لفَظ ، يَلْفِظ ، اللَفْظ
dialect	لَهْجة ج. لَهَجات
to hold fast to, stick to, adhere to	تَمَسَّكَ بـ
to be cohesive, cohere, hold or stick together	تَماسَكَ
field , area (= مجال)	مَيْدان ج. مَيادين
to distinguish (s.th. from)	مَيَّزَ (ه عن)
distinguishing, positive feature or aspect	ميزة ج. ـات
toward	نَحوَ
logic	مَنْطِق

تمرين ١ السـؤال باسـتـخدام أ ... ؟

Remember that the particle أ (= هل) may be used with لا , ليس , لم , and لن to ask a negative question to which a positive response is expected, e.g., ألا تحـبّين القـهـوة ؟ . Practice using أ by changing these questions to negative questions:

١ـ هل البحر عميق جدا ؟

٢ـ هل سيكون المستقبل أحسن من الحاضر ؟

٣ـ هل يجوز أن نعبّر عن رأينا ؟

٤ـ هل ناقشتم المسألة ؟

٥ـ هل تتطلب دراسة اللغة وقتا طويلا ؟

تمرين ٢

اكتبوا كلمة لها معنى مماثل:

١ـ يحتاج الى تعديل ≈ ____________

٢ـ أوضحت موقفها ≈ ____________

٣ـ كتبته في ورقة ≈ ____________

٤ـ يهدف الى عمل الخير ≈ ____________

٥ـ سؤال سهل ≈ ____________

٦ـ يتكلّمون العاميّة ≈ ____________

٧ـ ملَل متنوّعة ≈ ____________ دينيّة

٨ـ عدّة مجالات ≈ ____________

٩ـ البلاد العربية ≈ ____________

١٠ـ الأحوال الاقتصادية ≈ ____________

١١ـ اختلاف في اللون ≈ ____________

اكتبوا كلمة لها عكس المعنى:

١٢ـ ذات سُلطة واسعة ≠ ____________

١٣ـ قهوة بحليب ≠ ____________

١٤ـ بشكل دائم ≠ ____________

١٥ـ مَهَمّة بسيطة ≠ ____________

١٦ـ الجوانب النظرية ≠ ____________

١٧ـ عددهم أصبح قليلا ≠ ____________

١٨ـ سأل السؤال ≠ ____________

١٩ـ أسكن مع أصدقاء ≠ ____________

٢٠ـ احترموا القانون ≠ ____________

٢١ـ جريدة محلّية ≠ ____________

تمرين ٣ اقرأوا العبارات في (أ) واختاروا صفة مناسبة من (ب):

أ	ب
١- طقس (غير بارد وغير حار)	قويّ
٢- خمر (مصنوع في هذه المنطقة)	محلّي
٣- شعر (لا يمكننا أن نفهمه بسهولة)	مؤقّت
٤- شخص (يستطيع رفع ٥٠ كيلوغرامًا بيد واحدة)	سليم
٥- سياسي (مواقفه وآراؤه لا تثير ضجّة)	فصيح
٦- بحر (لا نقدر على الوصول الى قاعه *its bottom*)	معتدل
٧- انسان (ليس به أي مرض)	محدود
٨- كلام (يُعجب الناس بجماله ووضوحه)	معقّد
٩- شيء (يمكن تحضيره بسرعة وبسهولة)	معتدل
١٠- تطوُّر (اقتصر على جانب واحد فقط)	عميق
١١- قطار (يقطع الرحلة بين باريس ولندن في وقت قصير)	عمليّ
١٢- جواز سفر (يُستخدم لمدة ٦ أشهر فقط)	سريع

تمرين ٤ **اختاروا الكلمة المناسبة:**

١- ما هو ________ الذي بُنيت عليه هذه النظرية؟

أ . الحدّ   ب . الوضع   جـ . الأثر   د . الأساس

٢- بدأت المناقشة بينهما بشكل عادي ولكنها تطوّرت الى ________ عنيف.

أ . تعبير   ب . جدل   جـ . تداخل   د . تركيب

٣- هي انسانة ذكيّة وواعية وذات قدرات ليس لها ________ .

أ . حدود   ب . حاجات   جـ . اتجهات   د . أُسس

٤- التغيُّرات السياسية التي حدثت في اوروبا الشرقية في التسعينات ________ ظهور دول جديدة.

أ . انتسبت الى   ب . تجاوبت مع   جـ . كافحت ضدّ   د . أدَّت الى

٥- كان الخلاف بينهما في بادئ الأمر مجرّد اختلاف في وجهات النظر ولكنّه، فيما بعد، ________ حرب كلامية على صفحات الجرائد.

أ . تحوَّل الى   ب . تمسّك بـِ   جـ . سعى الى   د . اقتصر على

٦- أكّد وزير المال للوفد التجاري الذي قام بزيارته أمس ان ________ الاقتصادي في البلاد ثابت وسليم.

أ . الدافع   ب . الأسلوب   جـ . الركن   د . الوضع

٧- أدَّت الهجرة العربية الى الولايات المتحدة في العشرين سنة الاخيرة الى ازدياد ملحوظ في عدد افراد ________ العربية في المدن الامريكية الكبرى.

أ . الجاليات   ب . الطوائف   جـ . الاقاليم   د . الأقطار

٨- ما زلت ________ السبب الذي يجعله يعتبرني عدوًّا له!؟

أ . أتوجّه الى   ب . أتساءل عن   جـ . أقبل على   د . أتجاوب مع

٩ـ النظام السياسي في لبنان يقوم على توزيع مقاعد المجلس النيابي (البرلمان) والوظائف الرئيسية في الدولة بين ________ الدينية المختلفة.

أ . الدوافع　　ب . الميادين　　جـ . المنشآت　　د . الطوائف

١٠ـ كلمة «U.N.E.S.C.O.» بالانكليزية تمثّل ________ لاسم «منظمة التربية والعلوم والثقافة التابعة للأمم المتحدة».

أ . اختصاراً　　ب . تعبيراً　　جـ . لفظاً　　د . خطاباً

١١ـ بالاضافة الى قدراته السياسية، فهو متحدّث من الطراز الأول، يعرف كيف ________ الناس ويقنعهم بآرائه.

أ . يخالف　　ب . يخاطب　　جـ . يتّخذ　　د . يشفي

١٢ـ اكتشف البوليس ان الانتقام كان ________ الذي جعله يقتل جاره.

أ . المنطق　　ب . الدافع　　جـ . السّحر　　د . الميدان

١٣ـ إقبال الناس على شراء هذه البضاعة، بالرغم من انها أغلى من غيرها، ________ اهتمامهم بالجودة أولاً.

أ . يتعمّق في　　ب . يتحوّل الى　　جـ . يدلّ على　　د . يؤدّي الى

١٤ـ هذا الكتاب مُعدٌّ للاطفال وهو يضمّ عدداً من قصص الخيال العلمي المكتوبة بـ________ سهل ومسلٍّ.

أ . تركيب　　ب . خطاب　　جـ . منطق　　د . أسلوب

١٥ـ ________ هذا المطعم في رأيي أنه نظيف، والخدمة فيه سريعة.

أ . فرق　　ب . حالة　　جـ . ميزة　　د . واجهة

١٦ـ إذا لم نجد علاجاً للمشكلة في أسرع وقت فإنّ ________ ستخرج من يدنا.

أ . الامور　　ب . الخصائص　　جـ . التفاصيل　　د . الحاجات

تمرين ٥ اكتبوا الكلمة المناسبة في الفراغ:

البيئة التواصل يجوز التعميم ينتسب تعابير جماعة توصل

ضمان التفاصيل يحصر يتمسّك تراكيب يجيب المنطق لفظ

١- حسب القانون لا ـــــــــــ لأي شخص استخدام سيارته الخاصة لنقل البضائع بدون الحصول على إذن رسمي بذلك.

٢- «المِلّة» تضمّ ـــــــــــ من الناس يؤمنون بنفس الدين.

٣- قطع الأشجار وازدياد عدد السيارات يمثّلان خطراً كبيراً على ـــــــــــ .

٤- بعض الناس يظنّون ان صوت «العين» (ع) في العربية صعب ولكننا لا نجد أي صعوبة في ـــــــــــه.

٥- لن يكون هناك وقت كافٍ لكل المشتركين في الندوة، ولذلك سنطلب من كل مشترك أن ـــــــــــ كلامه في عشرين دقيقة فقط.

٦- الهدف الأساسي وراء نظام الـ «tenure» في الجامعات الامريكية هو ـــــــــــ حرية التعبير للاساتذة.

٧- لا عجب في أنّهما قررا الطلاق بعد أن شعرا بعدم القدرة على ـــــــــــ العاطفي والروحي.

٨- اذا مشيت فسأتأخر عن موعدي، هل يمكنك ان ـــــــــــني بالسيارة في طريقك الى المكتب؟

٩- مشكلة هذا البحث هي انّ فيه قدراً كبيراً من ـــــــــــ ، فهو يتناول المجتمع السوري بشكل عام دون اي تركيز على الاختلافات بين الطبقات الاجتماعية المختلفة.

١٠- نشأ علم ـــــــــــ وازدهر على يد الفَلاسِفة الإغريق *Greeks*.

١١- ما يعجبني في وصفها هو اهتمامها بـ ـــــــــــ الصغيرة التي قد لا يهتم بها الناس العاديّون.

١٢ـ بالرغم من ان عدد اعضاء الكونغرس الذين يطالبون بادخال تعديلات على القانون قد ازداد فان الرئيس ما زال ________ بموقفه المعارض لهذه التعديلات.

١٣ـ سيتبع الاجتماع مؤتمر صحفي ________ فيه الرئيسان عن اسئلة الصحفيين ومراسلي الاذاعة والتلفزيون.

١٤ـ هذا النَّص غير مناسب لمستوانا لأنه يضمّ ________ لغوية لم نتعرّض لها من قبل.

١٥ـ ________ معظم افراد الطبقة الحاكمة في السعودية الى الملك سعود بن عبد العزيز مؤسس المملكة العربية السعودية.

تمرين ٦ **أجيبوا عن هذه الأسئلة:**

١ـ من هو الشخص الذي أثّر كثيراً في حياتك؟

٢ـ اذكر/ي تجربة أثّرت في حياتك أو إنساناً/ـة أثّر/ت في تفكيرك بشكل خاص.

٣ـ ما الهدف الذي تسعى/ين اليه في هذه المرحلة من حياتك؟

٤ـ ما الذي يميّزك عن اخوتك او اخواتك؟ (عن اصدقائك إن كنت وحيداً/ة)

٥ـ في رأيك، ما الأشياء التي تفتقر اليها المدينة التي تسكن/ين فيها؟

٦ـ ما بعض النشاطات التي يمكن ان تستفيد منها المدينة لتطوير وضعها؟

٧ـ أي من الموضوعات التي تدرسها يتطلّب اهتماماً خاصاً؟ لماذا؟

٨ـ ما الاشياء التي تساعدك على التواصل مع الآخرين؟

٩ـ ما الأسباب التي جعلتك تتوجّه الى ميدان دراستك الحالي؟

١٠ـ ما الأشياء التي لا تحب/ين أن تقوم/ي بها وحدك؟

تمرين ٧ أوزان الفعل

Use what you have learned about أوزان الفعل to derive the meanings of the underlined words (words you know are given in parentheses):

١- تأكّدت من صحّة الخبر عندما قرأت عنه في الجريدة. (أكّد)

٢- من اللازم أن تبسّط لغتك عندما تتكلم مع الأطفال. (بسيط)

٣- لم يتعرّب تدريس الطب في معظم الجامعات العربية حتى الآن. (عرّب)

٤- تأثر العرب بفكرة القومية وعملوا على تحقيقها. (أثّر في)

٥- يتبيّن من الصور التي نشرت في الصحف أن الحرب لا تزال مستمرة. (بيّن أنّ)

٦- الحادث الذي تعرضت له أفقدَها صحّتها. (فقد)

٧- التكنولوجيا الحديثة تسهّل الحياة من جهة ولكنها أيضا تعقّدها من جهة اخرى.
(سهل، معقّد)

٨- اللغة والتاريخ المشترك من الأشياء التي توحّد الشعوب. (واحد)

٩- بعد انتهاء الحرب الباردة، بدأت روسيا وأمريكا تتعاملان مع بعضهما البعض في ميادين تجارية وعسكرية كثيرة. (عمل / عامل)

١٠- العرب يستخدمون لهجاتهم المحلّية في التخاطب والفصحى في الكتابة. (خاطب)

١١- لا تنحصر ظاهرة ازدياد حالات الطلاق في المجتمعات الغربية فحسب، بل إنها بدأت تظهر في المجتمعات العربية أيضا. (حصر في)

عبارات جديدة

أ ـ خَطَر على بالـ(ـه) (أنْ / أنّ) it occurred to (someone) (to do/that)

- **لم يخطُر على بالي أنّكم** ستكملون المشروع بهذه السرعة.
- هل **خطر على بالك أنْ** تدوّني وجهة نظرك في التجارب التي عشتها في كتاب؟

ب ـ وَلَو if only, even if only

- أتمنى أن يكتب لي أهلي رسالة، **ولو** كلمات بسيطة، حتى أعرف أخبارهم.
- طلبنا منهم أن يعطونا فكرة عن الوضع الحالي في قطاع غزّة، **ولو** بشكل سريع.

جـ ـ على قَدر الإمكان / بقَدر الإمكان as much as possible

- توفّر الحكومة مساكن للفقراء **على قدر الإمكان**، ولكن المشكلة تزداد سنة بعد سنة.
- حاولت أن أختصر بحثي **بقدر الإمكان**، ولكنه لا يزال أطول مما هو مطلوب.

د ـ من جِهة ... ومن جهة اخرى = من ناحية ... ومن ناحية اخرى

- يريد المهاجرون أن يتمسّكوا بعاداتهم **من جهة**، وأن يتعلّموا ثقافة بلدهم الجديد **من جهة اخرى.**
- يدلّ كلامه على ذكائه **من جهة**، وعلى تعمقه في ميدان التاريخ **من جهة اخرى.**

هـ ـ يَجدُر بنا أنْ we should, ought to (lit., it befits us to)

- **يجدر بنا أن** نسعى الى التواصل والتفاهم على كل المستويات.

و ـ واسِع النطاق wide-ranging

- قامت الحكومة بإدخال تعديلات **واسعة النطاق** على نظام الضَمان *security* الاجتماعي.

تمرين ٨ استخدموا العبارات (أ) - (د) في جمل.

ساطع الحصري (١٨٨١-١٩٧٠)

عالم تربية عربي وواحد من أبرز الداعين الى فكرة القومية العربية. ولد في مدينة صنعاء في اليمن حيث كان يعمل والده، وتلقّى تعليمه الثانوي والعالي في المدرسة الملكية في القسطنطينية (استانبول) وبعد ان أكمل تعليمه عمل في مجال التعليم سنوات طويلة. وبعد الحرب العالمية الاولى شغل منصب مدير التربية *education* في سوريا ثم أصبح وزيراً للمعارف فيها.

كان من أشد المؤمنين بفكرة القومية العربية وانشط العاملين على تحقيقها. وكتب حولها الكثير من الكتب من أبرزها «العروبة اولاً» و«آراء واحاديث في القومية العربية» و«ما هي القومية؟» و«محاضرات في نشوء الفكرة القومية.» وقد أثّرت أفكار ساطع الحصري في تكوين فكر بعض الأحزاب *parties* السياسية الداعية الى القومية ومنها حزب البعث الذي يحكم اليوم كلاً من سوريا والعراق.

نشأة علوم اللغة العربية

مع بداية انتشار الاسلام في القرن السابع الميلادي، بدأ العرب والمسلمون غير العرب يهتمون بدراسة اللغة العربية وتدوين قواعدها التي لم تدوّن قبل الاسلام. فقاموا بجمع الشعر القديم ودراسته، وكذلك خرجوا من المدن الى المناطق الصحراوية حيث تعيش القَبائل البَدَوية *Bedouin tribes*، ليسمعوا ما يقوله البدو ويتعلّموا منهم، لأن لغتهم كانت تعتبر أقرب الى لغة القرآن والحديث.

ومن أبرز الباحثين اللغويين القدماء:

* الخليل بن أحمد (ت نحو ٧٨٦) الذي كتب «كتاب العَين» وهو أول قاموس عربي.

* سيبَوَيه (ت نحو ٧٩٦) وهو فارسي الأصل، تعلم على يد الخليل بن أحمد، وكتب أقدم كتاب وصل الينا في النَحو *grammar* ويسمى «الكتاب».

والحقيقة أن علوم اللغة وصلت الى مستوى عالٍ من التطوّر خلال القرون الوسطى، حين تأسست مدرستان مشهورتان في النَحو: واحدة في البصرة والاخرى في الكوفة. ومن أشهر اللغويين في هاتين المدرستين:

* في البصرة: الاصمعي (ابو سعيد عبد الملك) (ت ٨٢٨؟) الذي حفظ لغة البدو.

* في الكوفة: الكِسائي (ابو الحسن علي بن حمزة) (ت نحو ٨٠٥) الذي تعلم في البِصرة على يد الخليل ودرس العربية عند القبائل في الصحراء.

تمرين ٩ قبل القراءة

للمناقشة:

من خلال دراستكم للغة العربية، ماذا أصبحتم تعرفون عن العلاقة بين العامية والفصحى؟

تمرين ١٠ القراءة الاولى

١ـ المشكلة التي يتناولها ساطع الحصري في هذه المقالة هي:

٢ـ الطريقة التي يقترحها لمواجهة هذه المشكلة هي:

٣ـ في رأي الكاتب، ما الذي يجب القيام به حتى يستطيع العرب أن يحُلّوا *solve* مشكلتهم اللغوية؟ وما هي أهم الأسئلة التي تتطلب الإجابة؟

٣ـ ماذا يذكر الكاتب بالنسبة لـ :

خصائص العامية	خصائص الفصحى
أ -	أ -
ب -	ب -
جـ -	جـ -
د -	د -

قضية الفصحى والعامية

ان قضية الفصحى والعامية، من اهم المشاكل التي تثير الجدل والمناقشة بين رجال الفكر والقلم، في مختلف البلاد العربية، منذ مدة غير يسيرة.

ذلك لأن الفصحى لا يعرفها الا المثقفون، ولا يتخاطب بها الا طوائف محدودة من هؤلاء.. واما العامية الدارجة فهي كثيرة الانواع، تختلف اختلافاً بيّناً لا من قطر الى قطر فحسب، بل من مدينة الى مدينة في القطر الواحد ايضاً. حتى انها تختلف بعض الاختلاف من حارة الى حارة، ومن جماعة الى جماعة، في المدينة الواحدة، في بعض الاحيان.

اذن، فنحن – عرب اليوم – بين لغة فصحى، يتفاهم بها بعض الناس في جميع البلاد العربية، وبين لغات عامية عديدة، يتفاهم بكل منها جميع الناس، في بعض المناطق المحدودة من بعض البلاد العربية.

ولا حاجة الى القول بأن هذه الحالة مخالفة لمقتضيات الحياة القومية السليمة، من وجوه عدة:

فأن كل أمة من الامم تحتاج الى لغة «موحِّدة» تزيدها تجاوباً وتماسكاً، فتكون «موحِّدة».

لأن مهمة اللغة في الحياة الاجتماعية المعقدة الحالية، لا تنحصر في ضمان التفاهم بين المتخاطبين الذين يعيشون في قرية واحدة او مدينة واحدة، او قطر واحد، بل هي ضمان التفاهم والتكاتب والتخاطب والتجاوب بين جميع ابناء الامة، على اختلاف مدنهم وأقطارهم.

فنحن العرب نفتقر اليوم الى «لغة» يتفاهم بها جميع الناس، في جميع الاقطار العربية. ولكن، ما السبيل الى ذلك؟

اذا تأملنا في هذا الامر بالمنطق المجرد، خطر على بالنا ثلاثة سبل أساسية:

(أ) السعي وراء نشر وتعميم لغة من اللغات الدارجة، اي لهجة من اللهجات العامية، على جميع البلاد العربية.

(ب) السعي وراء نشر اللغة الفصحى، بين جميع طبقات الشعب، في كل قطر من الاقطار العربية.

(ج) السير على طريقة متوسطة بين الاولى والثانية، على تطعيم اللغات الدارجة باللغة الفصحى.

ولا حاجة للبيان ان الطريقة الاولى – اي طريقة تعميم لغة من اللغات الدارجة على جميع البلاد العربية – غير منطقية وغير عملية. فلا بد من التوجه الى اللغة الفصحى، التي لها جذور عميقة وأسس متينة، وممثلون أقوياء، في جميع البلاد العربية. ولذلك يحسن بنا ان نحصر البحث والنقاش في الطريقتين الاخيرتين وحدهما:

من المعلوم أن قواعد الفصحى في حالتها الحاضرة، معقدة كلّ التعقيد، وصعبة أشد الصعوبة، وبعيدة عن اللهجة الدارجة بعداً كبيراً. فيجدر بنا أن نتساءل: هل من الضروري أن نتمسك بجميع تلك القواعد التي وضعها او دوّنها اللغويون منذ قرون عديدة؟ ألا يمكن أن نختصر ونبسط اللغة الفصحى من غير ان نفقدها ميزتها التوحيدية؟ افلا نستطيع ان نطعّم اللغات الدارجة باللغة الفصحى تطعيماً يوصلنا الى فصحى متوسطة، معتدلة؟ أفلا يحسن بنا ان نلجأ الى هذه الطريقة، ولو بصورة مؤقتة، كمرحلة من مراحل السير والتقدم نحو الفصحى التامة؟

ان الاجابة عن هذه الاسئلة – اجابة صحيحة – تتطلب القيام «بأبحاث علمية» واسعة النطاق، تتناول اللغة الفصحى واللغات الدارجة في وقت واحد، وتدرس القضايا بجميع تفاصيلها، وتقلب المسائل على جميع وجوهها.

أولاً، يجب ان نبحث: ما هي الحدود الفاصلة بين الفصحى وبين العامية ؟ ما هي الفروق التي تميز الاولى عن الثانية، من حيث المفردات وكيفية لفظها من ناحية، ومن حيث التراكيب واسلوب ترتيبها من ناحية اخرى؟

ثانياً: يجب علينا أن ندرس اللغات العامية واللهجات المحلية، المنتشرة في مختلف البلاد العربية: ما هي أنواعها؟ وما هي خصائص كل نوع منها، من حيث الكلمات والألفاظ والتعابير؟ وما هي حدود انتشار كل واحدة من تلك الكلمات والأساليب والتعابير؟ وما هي اسباب اختلاف هذه اللهجات عن الفصحى من ناحية، وبعضها عن بعض من ناحية اخرى؟ ألا يوجد بين اللغات الدارجة صفات واتجاهات عامة ومشتركة؟ ألا تدل هذه الاتجاهات العامة والمشتركة على وجود دوافع عامة وضرورات مشتركة؟ أفلا يجب علينا أن نستكشف هذه الدوافع والحاجات، لكي نستطيع أن نعالجها بأساليب أقرب الى الفصاحة على قدر الامكان؟

إن نظرة فاحصة وسريعة الى ما طرأ من تحولات على اللغة العربية في مختلف البلاد منذ انتهاء الحرب العالمية الاولى تكفي للتأكد من صحة ما قلناه آنفاً: لقد حدثت تطورات كبيرة في لغة الصحف، وفي لغة التخاطب في مختلف البيئات، في جميع البلاد العربية. فقد دخل في كل منها عدد كبير من الكلمات الجديدة، مشتقة من اصول فصيحة، او مقتبسة من اللغات الاجنبية.

ثم ان ازدياد التواصل والتعامل والتزاور بين المدن والارياف من جهة، وبين الاقطار المختلفة من جهة اخرى، أدى الى حدوث تغير محسوس في اوضاع اللهجات المحلية وفي التعابير العامية ايضاً: صارت لهجات بعض العواصم تؤثر تأثيراً كبيراً في اللهجات الفرعية، كما ان عامة الناس ايضاً اخذت تتهذب وتتطور بتأثير انتشار التعليم، وازدهار الصحافة.

ولا نغالي إذا قلنا: انه اخذ يتكون في بيئات المثقفين في جميع البلاد العربية نوع من «لغة التخاطب» اقتبست الشيء الكثير من خصائص الفصحى، وتباعدت عن الكثير من اساليب العامية. فيحسن بنا أن نتعمق ونتوسع في درس هذه التطورات وتدوينها، لنستفيد منها، ونستنير بها.

يتبين من كل ما تقدم، ان الابحاث اللغوية لا يجوز ان تبقى محصورة بين صحائف الكتب والمعاجم المعلومة، بل يجب ان تخرج الى ميادين الحياة الاجتماعية، وتدرس وتسجل ما يشاهد وما يلاحظ في تلك الميادين بصورة فعلية.

ويجب علينا أن لا ننسى ان علماء اللغة القدماء تجولوا بين القبائل ودوّنوا ما سمعوه وما لاحظوه بكل تفصيل واهتمام. فيحسن بنا ان نقتدي بهم: فنلاحظ ونسجل ما نسمعه من خصائص الكلام، في كل مدينة وفي كل بيئة، بين الزراع والعمال، بين البنائين والتجار، في المدن والارياف، بين الرجال والنساء، بين الكهول والاطفال.

من كتاب «في الادب واللغة وعلاقتهما بالقومية»،
ابو خلدون ساطع الحصري،
مركز دراسات الوحدة العربية، بيروت، ١٩٨٥

تمرين ١١ القراءة الثانية

لاحظوا الكلمات التالية ثم اقرأوا النص مرة ثانية وأجيبوا عن الأسئلة:

مُقْتَضَيات	requirements, exigencies
طَرَأَ	to occur (= حدث)
مُشْتَقّ من	derived from
مُقْتَبَس : اِقْتَبَس	to borrow, adopt (a word)
فَرْعيّ	subsidiary; here: regional
تَهَذَّبَ	to become refined, educated
غالى ، يُغالي	to exaggerate
مُعْجَم ج. مَعاجِم	قاموس

Number the paragraphs in the text before answering these questions (do not count the sentences beginning with (أ), (ب), and (جـ) as paragraphs).

٤- ما هي وظيفة اللغة في رأي الكاتب؟ ما هي مشكلة وضع اللغة العربية؟

٥- كيف تغيرت اللغة العربية وتطورت في هذا القرن؟

أ -

ب -

جـ -

٦- (فقرة ١٠) ماذا يقصد الكاتب بـ «فصحى متوسطة، معتدلة» و«الفصحى التامّة»؟

٧- ما هي «لغة التخاطب» التي يذكرها الكاتب؟

٨- للمناقشة في الصف: الى مَن يوجّه الكاتب كلامه؟ إذا كان كلامه يمثل رأيًا مخالفًا لآراء اخرى في هذا الميدان، فماذا نستطيع أن نفهم من هذه المقالة عن تلك الآراء؟

٩ـ خمّنوا معاني الكلمات التي تحتها خط:

أ ـ (فقرة ١) منذ مدة غير يسيرة .

ب ـ (فقرة ٨) (أ) السعي وراء نشر وتعميم لغة من اللغات الدارجة

جـ ـ (فقرة ٩) فلا بد من التوجه الى اللغة الفصحى، التي لها جذور عميقة وأسس
متينة، وممثلون أقوياء، في جميع البلاد العربية.

د ـ (فقرة ١٠) أ(فَـ)لا يحسن بنا أن نلجأ الى هذه الطريقة ؟

هـ ـ (فقرة ١١) تدرس القضايا بجميع تفاصيلها وتقلّب المسائل على جميع وجوهها

و ـ (فقرة ١٧) الابحاث اللغوية لا يجوز ان تبقى محصورة بين صحائف الكتب
والمعاجم المعلومة

ز ـ (فقرة ١٨) فيحسن بنا ان نقتدي بهم

... بين الزرّاع والعمّال، بين البنائين والتجار

(Hint: التجّار can help you with the meaning and form of the others.)

... بين الرجال والنساء، بين الكهول والاطفال.

١٠ـ ترجموا الجمل التالية الى الانجليزية: Use the dictionary only **after** guessing!

أ ـ (فقرة ٨) اذا تأملنا في هذا الامر بالمنطق المجرد، خطر على بالنا ثلاثة سبل
أساسية.

ب ـ (فقرة ١٤) إن نظرة فاحصة وسريعة الى ما طرأ من تحولات على اللغة العربية
في مختلف البلاد منذ انتهاء الحرب العالمية الاولى تكفي للتأكد من صحة
ما قلناه آنفًا ...

جـ ـ (فقرة ١٦) فيحسن بنا أن نتعمق ونتوسع في درس هذه التطورات وتدوينها،
لنستفيد منها، ونستنير بها.

تمرين ١٢ دراسة القواعد والتراكيب في النص

1. Vowel, translate, and explain the grammar of المصدر and اسم الفاعل والمفعول :

فقرة ٥: فإن كل أمة تحتاج الى لغة موحدة تزيدها تجاوبًا وتماسكاً ، فتكون موحدة

2. You know that المنصوب often marks adverbs, and can signal the answer to the question كيف؟ . Study the following passages from the text and note the use of المصدر with المنصوب ending. How might you translate these phrases?

فقرة ٢ : تختلف اختلافًا بيّناً

فقرة ٢ : تختلف بعضَ الاختلاف

فقرة ١٠: معقّدة كلَّ التعقيد

فقرة ١١: إنّ الاجابة عن هذه الاسئلة - اجابةً صحيحةً -

Now find two other examples of this use of المصدر :

أ -

ب -

3. Write here three new words from the text and the meanings you guessed for them using your knowledge of أوزان الفعل :

أ -

ب -

جـ -

4. In paragraph 10, look for the development of the argument by the author. What connectives does he use? In the last two sentences look at the particle فـ : how might you translate these sentences to show the meaning of this connector?

5. Is the text narrative or expository?
How do the connectors indicate the type of language used? Pick out the ones you think are most effective:

What other stylistic feature indicates the expository nature of the text?

6. Vowel the first two paragraphs in preparation for reading aloud.

القواعد

★ «لا» النافية للجنس

لا النافية للجنس, literally, *the* لا *that negates the genus* or *class* (also called the لا of absolute negation), refers to the use of لا to negate a noun in an absolute sense: *(there is) no ...* The noun that is negated with لا must be **singular** and **indefinite**, and it takes المنصوب ending but without *tanwiin*. You have seen several examples of this construction, including:

لا حاجةَ للقول بأنّ ...   لا حاجةَ للبيان أنّ ...

لا عَجَبَ إذا ...

The idiom لا بُدَّ من also belongs to this category:

لا بدَّ من التوجّه الى اللغة الفصحى.

لا بدَّ لك من أخذ اجازة من حين الى آخر.

Other examples:

لا أَحَدَ في البيت.   لا أحدَ يعرف الإجابة عن هذا السؤال.

لا شيءَ يعجبه.   – ماذا قلت؟ – لا شيءَ.

لا رأيَ لي في هذا.   *I have no opinion*

لا حياةَ لِمَن تنادي!   Expression: ≈ *It's like talking to a brick wall.*

تمرين ١٣   أجيبوا عن الأسئلة مستخدمين "لا" النافية للجنس:

١- هل هناك فرق في المعنى بين كلمة «صحيفة» وكلمة «جريدة»؟

٢- هل هناك صعوبة في فهم هذه الجملة؟

٣- هل هناك صوت أجمل من صوت أم كلثوم؟!

٤- هل عندك رغبة في أن تعمل جزّارًا؟

٥- هل هناك أحد منكم يريد امتحانا هذا الاسبوع؟

٦- هل هناك حياة على القمر؟

★ أنواع المفاعيل

(grammatical) object	مَفعول ج. مَفاعيل

You have learned several functions of the المنصوب case: it marks a direct object and it indicates an adverb of time or place. Arabic grammar defines a category of objects called مَفاعيل (plural of مَفعول) that all take المنصوب case ending. المفاعيل include direct objects and various kinds of adverbs. The main types of المفاعيل are:

١ــ المفعول بِه :*direct object* ماذا؟

You know that direct objects take المنصوب :

مثال: قرأت هذا الكتابَ وكتبت بحثًا عنه.

Some verbs can have two objects, both of which take المنصوب :

أمثلة: أعطيت الاستاذَ الواجبَ.

وهبت المؤسسةَ الخيرية كلَّ أموالِها.

٢ــ المفعول فيه: متى؟ أين؟

The مفعول فيه category includes nouns with المنصوب ending that answer the questions متى and أين .[1]

أمثلة: ليلاً نهارًا أحيانًا شرقًا غدًا

Some of the nouns in this category correspond to English prepositions:

أمثلة: فوقَ داخلَ خارجَ بينَ أمامَ

Arabic grammar considers these and similar words to be nouns (not prepositions). They take المنصوب ending, and form إضافة with the noun that follows them.

أمثلة: في رأيها، تأتي البيئة قبلَ كلِ الاعتبارات الثانية.

أنشئت الخانات داخلَ المدنِ وخارجَها.

---

[1]A noun in المنصوب that answers أين or متى is also called ظَرف , *adverb*. Note that this category does not include prepositional phrases, such as في الساعةِ الثالثة , since prepositions require المجرور .

٣ـ المفعول المُطلَق : كيف ؟

The مفعول مُطلَق consists of an **indefinite** مصدر with المنصوب ending. This مصدر is derived from the main verb of the sentence and serves to **emphasize or describe the action of the verb.** For example:

Arabic dialects differ clearly/obviously تختلف اللهجات العربية اختلافًا بيّنًا

In the example above, note that المصدر (اختلافاً) is derived from the verb (تختلف). Note also that المصدر is further modified by the adjective بيّنًا, which specifies the kind of emphasis given by المصدر (think of المصدر as giving the emphasis and the adjective giving the meaning). This construction is best translated into English as an adverb, e.g., *clearly*. Further examples:

I slept deeply. نمت نوماً عميقاً .

expressed ... clearly and beautifully عبّرتْ عن أفكارها تعبيرًا واضحًا جميلاً .

You are expected to understand and produce this kind of المفعول المطلق.

Occasionally, المفعول المطلق takes slightly more complex forms, examples of which are found in the text of this chapter:

(١) قواعد الفصحى ... معقّدةٌ كلَّ التعقيد، وصعبةٌ أشدَّ الصعوبة .

The grammar of formal Arabic is utterly complicated and intensely difficult.

(٢) أفلا نستطيع أن نطعّم اللغات الدارجة باللغة الفصحى تطعيمًا يوصلنا الى فصحى متوسطة؟

Can we not infuse the Arabic dialects with FusHa in such a way as to bring us to a moderate FusHa?

In (١), the two examples of المفعول المطلق emphasize the adjectives معقدة and صعبة respectively. However, in each of these cases المصدر is the second term of an إضافة and takes المجرور ending. Thus the entire إضافة functions as المفعول المطلق, and the adverbial meaning given by المنصوب is on the words كل and أشد. Example (٢) contains the most sophisticated type of المفعول المطلق. In this sentence, the indefinite المفعول المطلق is described by a جملة صفة beginning with the verb يوصلنا. You are expected to recognize and understand these complex types of المفعول المطلق.

Remember that المفعول المطلق is easy to recognize in all of its manifestations because of the repetition of المصدر of the same جذر as the main verb or adjective that precedes it. This repetition serves to emphasize and/or describe the action of the main verb and is considered to be good style in expository writing.

٤ـ المفعول لأجْله :purpose لماذا ؟

An **indefinite** مصدر with المنصوب ending can also answer the question لماذا ؟, giving the meaning *for the purpose of, out of, in ... for.* In this case المصدر is called المفعول لأجله (أجْل = *purpose*). This construction resembles المفعول المطلق (above) **in form** in that both consist of an indefinite مصدر with المنصوب ending. However, المفعول لأجله differs in meaning in that it gives a reason for the action of the main verb. You have seen several examples of this construction, among them:

(أ) النساء يقمن بعمل الحلويات استعدادًا للعيد. *in preparation for the celebration*

(ب) وقالت دنيازاد لأختها شهرزاد: يا أختي أتمّي لنا حديثك الذي هو حديث التاجر والجني، فقالت شهرزاد، حبًا وكرامةً . *(I will,) out of love and honor (for you)*

In (ب), *for you* is understood; however, in most sentences, a prepositional phrase is used to give similar information, such as للعيد in (أ). Here are more examples:

out of love for him	تركت بلدها وانتقلت مع زوجها الى بلد آخر حبًا له.
in search of knowledge	كان العلماء المسلمون يسافرون كثيرا طَلَبًا للعلم.
out of desire to marry	نشر إعلانا في المجلة رغبةً في الزواج.

You can see in these examples that the preposition لـِ usually gives the information *for whom/what.* Note that لـِ is used **except** if the verb has its own preposition, as in the last example, رغبة في.

تمرين ١٤ استخدام المفعول لأجله

Use these phrases as مفعول لأجله in sentences of your own.

مثال: تأكيداً لـ : نشرت الجرائد الخبر على الصفحة الاولى تأكيداً لصحّتها وأهمّيتها.

١ـ بحثاً عن : ______________________

٢ـ سعياً وراء : ______________________

٣ـ احتراماً لـ : ______________________

٤ـ تأييداً لـ : ______________________

٥ـ احتفالاً بـ : ______________________

In the following sentences, (a) identify the constructions that give the following information: أين - متى - ماذا - كيف- لماذا and (b) write the appropriate case ending.

١- كلامها يدلّ دلالة واضحة على أنها ليست مقتنعة بالقرار الذي اتّخذته.

٢- نحاول أن نستخدم المفردات والقواعد في الكتابة استخداما صحيحا.

٣- في الماضي كان الأولاد يقبّلون أيدي آبائهم وأمهاتهم احتراما لهم.

٤- أعجبني الفيلم لأنه صوّر الحياة والمشاكل اليومية تصويرا رائعا.

٥- أعطى المدير يوم عطلة لكل الموظفين احتفالا بنجاح الشركة.

٦- تختلف الحياة في المدينة عنها في الريف اختلافا واضحا.

٧- كتبت رسالة الى رئيس تحرير الجريدة تعبيرا عن غضبها من المقالة الاخيرة.

٨- شاركت النساء والفتيات الجزائريات في الثورة مشاركة فعالة.

٩- قضى حياته يتنقل من مدينة إلى اخرى بحثا عن منصب عالٍ ومال وفير.

١٠- أثرت أمه في حياته وطريقة تفكيره تأثيرا عميقا.

١١- غدا ، سأكون موجودة في مكتبي طوال اليوم.

١٢- التحق بالجيش وعمل فيه أربع سنوات خدمة لوطنه.

١٣- انتظرها أمام باب مكتبها أكثر من ساعة رغبة في مقابلتها.

١٤- احتل الاوروبيون البلاد العربية طلبا لأسواق جديدة لبضائعهم.

تمرين ١٦ أكملوا هذه الجمل مستخدمين المصدر للاجابة عن لماذا/كيف:

١ـ انتشرت اللغة العربية ______________________________.

٢ـ صديقتي زينب تحجّبت وبدأت تصوم وتصلّي ____________________.

٣ـ قدّموا له جائزة ______________________________.

٤ـ ازداد ______________________________.

٥ـ تأثّرت بـ ______________________________.

٦ـ استفدنا من ______________________________.

٧ـ قبّلته ______________________________.

تمرين ١٧ أجيبوا عن هذه الأسئلة مستخدمين أنواع المفاعيل المختلفة:

١ـ كيف نمت ليلة أمس؟

٢ـ ما هو أكلك المفضل؟ كم تحبه؟

٣ـ لماذا يخرج الناس في يومي الجمعة والسبت عادة؟

٤ـ متى تغسل ثيابك عادة؟

٥ـ لماذا يؤسس الخيّرون مؤسسات خيرية ويهبون لها أموالهم؟

٦ـ كيف تَقدَّم زملاؤك وزميلاتك في الصف في قدراتهم اللغوية؟

٧ـ أين تحب/ين أن تجلس/ي في الصف؟

٨ـ ماذا أعطيت أختك/أخاك في عيد ميلادها/ه؟

★ الفعل الأجوف

الفعل الأجوَف *the hollow verb* is one of the names for verbs whose جذر contains و or ي as the middle radical. You have learned many of these verbs and know the basics of conjugating them. The chart below summarizes what you already know:

اسم الفاعل	المصدر	المضارع	الماضي: أنا	الماضي: هو	الوزن
كائِن	الكَوْن	يَكوْن	كُنْتُ	كانَ	فَعَلَ
زائِد	الزِّيادة	يَزيد	زِدْتُ	زادَ	
نائِم	النَّوْم	يَنام	نِمْتُ	نامَ	
مُكَوِّن	التَّكْوين	يُكَوِّن	كَوَّنْتُ	كَوَّنَ	فَعَّلَ
مُمَيِّز	التَّمْييز	يُمَيِّز	مَيَّزْتُ	مَيَّزَ	
مُحاوِل	المُحاوَلة	يُحاوِل	حاوَلْتُ	حاوَلَ	فاعَلَ
مُثير	الإثارة	يُثير	أَثَرْتُ	أَثارَ	أَفْعَلَ
مُتَغَيِّر	التَّغَيُّر	يَتَغَيَّر	تَغَيَّرْتُ	تَغَيَّرَ	تَفَعَّلَ
مُتَجاوِب	التَّجاوُب	يَتَجاوَب	تَجاوَبْتُ	تَجاوَبَ	تَفاعَلَ
مُنْقاد	الانْقِياد	يَنْقاد	اِنْقَدْتُ	اِنْقادَ	اِنْفَعَلَ
مُحْتاج	الاِحْتِياج	يَحْتاج	اِحْتَجْتُ	اِحْتاجَ	اِفْتَعَلَ
مُسْتَفيد	الاِسْتِفادة	يَسْتَفيد	اِسْتَفَدْتُ	اِسْتَفادَ	اِسْتَفْعَلَ

We have included in this chart models for each type of conjugation and both stems of الماضي. In studying the chart, note the following:

(1) To conjugate verbs of وزن فعل , you must memorize the vowels of الماضي and المضارع for each verb. As you can see in the chart, there are three main types of these verbs. The most common of them is the كان – يكون type, in which the vowel of المضارع is و and the short stem of الماضي has a corresponding ضمّة : كُنْـ . Less common are verbs of the زاد – يزيد type, in which the vowel of المضارع is ي and the short stem of الماضي has corresponding كسرة : زِدْ . Verbs of the نام – ينام –نِمـ type, which take كسرة only in the short stem of المَاضي , are rare.
(2) You can see that و and ي behave as consonants in several of the أوزان . The chart contains examples of both radicals for وزن فعّل so that you can see how they work; similar patterns also occur in فاعل , تفعّل , and تفاعل .
(3) Note and memorize the vowel patterns of أفعل , انفعل , افتعل , and استفعل . These patterns are fixed whether the middle radical is و or ي . Use the verbs in the chart as models for deriving other verbs of this type.

تمرين ١٨ اكتبوا الأفعال التي تعرفونها في المكان المناسب:

Put these verbs in the correct column of the chart: medial و , like كان , or ي , like زاد .

سار   عاش   ثار   باع   جاء   قام

قال   جاز   عاد   صام   صار   بات

كان	كُنتُ	يكون	زاد	زِدتُ	يزيد
مثال: قال	قُلت	يقول			

تمرين ١٩ أكملوا الجمل بالشكل الصحيح للفعل/المصدر:

١- إذا حصلت على الشهادة إن شاء الله و_______ طبيبة فأريد أن أعمل في مجال الطب النسائي.
(صار)

٢- أتمنى _______ جدتي سنوات طويلة حتى ترى أولادي إن شاء الله.
(عاش)

٣- لا _______ أن نضمن لك وصول الرسالة الى أوروبا في أقل من يومين.
(استطاع)

٤- آه ! أردت _______ الليلة ولكن يبدو أن هذا غير ممكن.
(استراح)

٥- ما هي القضايا التي _______ها رجال السياسة كثيرا في خطاباتهم؟
(أثار)

٦- _______ على اسلوب تدريس الاستاذ الآن وبدأنا نشعر بالراحة معه.
(اعتاد)

٧- لم يستطيعوا _______ عن السؤال الأخير.
(أجاب)

٨- لا _______ أن تقاطع الآخرين وهم يتكلمون.
(جاز)

٩- من الصفات التي لا أحبها في نفسي عدم قدرتي على _______ الاشياء.
(اختار)

١٠- بدأ التجّار يعارضون المشروع حين اكتشفوا أنهم لن _______ منه شيئا.
(استفاد)

١١- _______ سنة في القاهرة قبل أن ننتقل الى البحرين.
(أقام)

١٢- قررت _______ انطباعاتي عن رحلاتي في كتاب.
(دوّن)

١٣- _______ أن نبقى يوما آخر ولكننا لم نجد مكانا _______ فيه.
(أراد) (بات)

١٤- إذا لم _______ أحوال الطقس خلال الأربع والعشرين ساعة القادمة فلن نذهب.
(تغير)

تمرين ٢٠ أوزان الفعل

A. Use your knowledge of الأوزان and الفعل الأجوف to identify the meaning and وزن of the underlined words, then try to guess their meaning:

١ـ لا يُفيدنا ان نقرأ النص إذا لم ندرس المفردات أولا .

٢ـ يجب أن أُعيد هذا الكتاب الى المكتبة لأن شخصا آخر يحتاج اليه.

٣ـ التعايُش بين جميع الطوائف ضروري لبقاء لبنان واستمراره.

٤ـ تناول وجبة كبيرة من الطعام وقت الغداء ينوّمني.

٥ـ الخروج من الغرفة خلال الامتحان غير جائز.

B. Form new verbs from the جذر given to complete the sentences. You should be able to guess the meaning of the new verbs.

٦ـ سيحضر أهلي لزيارتي، ولذا من اللازم أن ________ غرفة الجلوس الى

(تحول + **فعّل**)

غرفة نوم إضافية .

٧ـ كانت المحاضرة مملة ، فالمحاضر ________ الكلام في التفاصيل غير المهمة.

(طويل + **أفعل**)

٨ـ ________ كتابات الدكتور طه حسين باسلوب أدبي عالٍ .

(ميّز + **افتعل**)

٩ـ ________ المحاضرة جدا ليلة أمس، فنمت فيها!

(طويل + **فعل**)

١٠ـ لا يستطيع صديقنا محمد أن يشاركنا في الغداء اليوم لأنه ________ .

(الصوم + **اسم فاعل**)

تمرين ٢١ اسألوا زملاءكم :

١- على أي أساس يختارون أصدقاءهم؟

٢- هل يستريحون خلال اليوم ؟ أين ومتى؟

٣- إذا استطاعوا أن يغيّروا شيئا في حياتهم، فماذا سيغيرون؟

٤- هل ينامون جيّداً عندما يبيتون في مكان غريب أو جديد؟

٥- الى كم ساعة نوم يحتاجون يوميا؟

إذا ناموا أقلّ من ذلك ، فكيف يصيرون في اليوم التالي؟

٦- من سيجيء لزيارتهم قريبا؟

٧- إذا كانوا يقومون بأي تمرينات رياضية؟ متى يقومون بها؟

٨- ما الاشياء التي تثير غضبهم؟

٩- إذا حاولوا أن يقوموا بشيء مرةً وفَشِلوا، فماذا يفعلون؟

١٠- عندما يواجهون سؤالا ذا صلة بحياتهم الشخصية، هل يجيبون عنه؟ كيف؟

تمرين ٢٢ نشاط استماع

استمعوا الى النص التالي على الشريط واكتبوا الكلمات في الفراغات:

القومية العربية

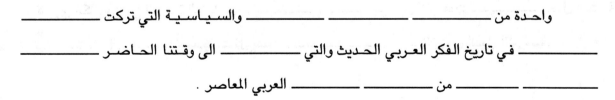

واحدة من ______ ______ ______ والسياسية التي تركت ______

______ في تاريخ الفكر العربي الحديث والتي ______ الى وقتنا الحاضر ______

______ ______ من ______ ______ ______ العربي المعاصر .

وعلى الرغم من ـــــــــ ـــــــــ ـــــــــ ـــــــــ حول تاريخ حركة القومية العربية و

ـــــــــ ـــــــــ ـــــــــ ـــــــــ عبر التاريخ ـــــــــ بدأت تظهر كحركة فكرية وسياسية

ـــــــــ ـــــــــ ـــــــــ في بدايات القرن العشرين وارتبطت ـــــــــ ـــــــــ ـــــــــ

ـــــــــ عن الدولة العثمانية و ـــــــــ ـــــــــ دولة عربية ـــــــــ . وفي فترة ما بعد

الحرب العالمية الثانية ـــــــــ ـــــــــ ـــــــــ ـــــــــ واصبحت من ـــــــــ

ـــــــــ في الفكر العربي وساعدها في ذلك ـــــــــ ـــــــــ في مقدمتها حركة

ـــــــــ ـــــــــ في عدد من الأقطار العربية التي ـــــــــ ـــــــــ ضد الاستعمار وكذلك

ـــــــــ التي ـــــــــ ـــــــــ الى قضية قومية عربية . وساعد الحركة على الانتشار

ـــــــــ ـــــــــ من المفكرين القوميين كميشيل عفلق وصلاح الدين البيطار وساطع الحصري الذين

ـــــــــ ـــــــــ الجوانب النظرية لفكرة القومية . وقد بلغت الحركة القومية أقصى

درجات ـــــــــ في ـــــــــ والستينات مع ظهور الرئيس جمال عبد الناصر ـــــــــ ـــــــــ

ـــــــــ بـ "بطل القومية العربية" وكذلك ـــــــــ حزب البعث الى ـــــــــ ـــــــــ في كل من سوريا

والعراق . وفي عام ـــــــــ ـــــــــ جرت اول ـــــــــ ـــــــــ لتطبيق فكرة ـــــــــ عن طريق

انشاء الجمهورية العربية ـــــــــ ـــــــــ ، ولكن الخلافات بين المسؤولين المصريين والسوريين ـــــــــ

ـــــــــ فشل هذه المحاولة .

وقد ـــــــــ الحركة القومية خلال ـــــــــ ـــــــــ ـــــــــ ـــــــــ الى أزمات عديدة

ادت الى اضعافها ومن هذه الأزمات هزيمة ـــــــــ ـــــــــ ثم ـــــــــ عبد الناصر وحرب الخليج عام

ـــــــــ وما تبعها من ـــــــــ عربية وأخيراً الحركات الاسلامية ـــــــــ ـــــــــ ـــــــــ بالاسلام

لأي ـــــــــ ـــــــــ فكري او سياسي . وقد ـــــــــ لنا ـــــــــ ـــــــــ فكرة

القومية اليوم ـــــــــ على ـــــــــ ـــــــــ بين العرب لا على ـــــــــ ـــــــــ اذ

لا يرى الكثيرون في الوحدة السياسية ـــــــــ ـــــــــ وإن كان هناك ـــــــــ حول امكانية

ـــــــــ الى وحدة اقتصادية بشكل يشبه ـــــــــ ـــــــــ الآن بين الدول الأوروبية.

تمرين ٢٣ نشاط قراءة

لاحظوا المفردات التالية ثم اقرأوا النص وأجيبوا عن الأسئلة:

زَحْف	advance, march (e.g., of an army)
مُتَزَمِّت	narrow-minded, intolerant
تَصلُح لـ	is suitable for
استَوعَب	to assimilate, absorb
تَمَرُّس	mastery, excellent command of (a field)
جيل ج. أجيال	generation
اصْطِلاح = مُصْطلَح ج. -ات	(technical) terminology
صَمَدَ	to persevere

معلومات ثقافية:

بَيْرَم التونسي (مصري)، سَعيد عَقْل (لبناني)	= شاعران مشهوران كتبا بالعامية
محمّد عبد الوَهّاب	موسيقار مصري مشهور جدا
زَجَل ج. أزجال	kind of poetry with special form and meter sung in colloquial
الإغريق	Ancient Greeks
مَجمَع اللغة العربية	Arabic language academy (there exist several)

أسئلة:

١- الموضوعان اللذان يتناولهما الكاتب هنا هما :

أ -

ب -

٢- ما رأي الكاتب في استخدام العامية في الأدب والفن؟ وما هي المجالات التي يجوز فيها استخدام العامية في رأي الكاتب؟ من بعض الأدباء الذين استخدموا العامية في كتاباتهم؟

٣ـ ما هو الخطر في استخدام العامية من وجهة نظر الكاتب؟

أ ـ

ب ـ

٤ـ ماذا يقول الكاتب في صَلاحية suitability اللغة العربية للعلم؟

٥ـ لماذا يذكر الكاتب حضارات الاغريق والفرس والهنود هنا؟

٦ـ يقارن الكاتب وضع اللغة العربية بوضع لغتين اخرَيَين: ما هما ولماذا يقارن بهما؟

أ ـ

ب ـ

٧ـ لماذا لا تستخدم العربية لتدريس العلوم في الجامعات العربية في رأي الكاتب؟

٨. ماذا يقول الكاتب عن تدريس الطب في الجامعات العربية في الماضي والحاضر؟

اللغة بين بطء التعريب وزحف العامية

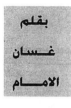

بقلم
غسان الامام

... اللغة العربية تواجه تحديات كثيرة لعلها لا تقل أهمية عن تحدي اللغة والثقافة الأجنبية لها. انها تواجه زحف اللهجات واللغات المحلية المحكية التي اصبحت لغة الخطاب السياسي حينا، ولغة التدريس والحوار الشفهي في الجامعات والندوات والمؤتمرات حينا، والتي ثبتت اقدامها في المسرح والاذاعة والتلفزيون والأغنية، وبنوع ما في القصة.

لست متزمتا. فربما تأتي اشكال من الأدب والفن في اطار لوحات فنية جمالية بلهجة محلية. ازجال بيرم التونسي وسعيد عبده من هذا القبيل. أغنية «يا ورد مين يشتريك» لمحمد عبد الوهاب فيها من المعاني واللوحات التصويرية ما يفوق أية قصيدة مماثلة بالفصحى. وربما يقتضي المسرح في اقترابه من حياة الناس اليومية ان يكون بالعامية، وحتى الحوار بالعامية في روايات نجيب محفوظ وقصص يوسف ادريس لم يكن هدفا في حد ذاته، وانما يأتي تكملة للصورة والمخيلة الشعبية والحياة اليومية.

لكن الخطر يتمثل في ان تصبح العامية بلهجاتها المتعددة والمحلية جدا هي القاعدة لا الاستثناء في هذا الزحف على الفصحى، تماما كما حلت اللغات الأوروبية الحالية محل اللاتينية، الخطر يتجسد في الدعوة ولأغراض سياسية او طائفية للكتابة بالمحلية، كما حاول الشاعر سعيد عقل في لبنان، وكما زايد عليه لويس عوض في مصر بالكتابة باللهجة المصرية وبدعوته الى العودة الى القبطية.

والخطر يتمثل في الدعوة للكتابة بأحرف لاتينية. واكتفي هنا بالاشارة الى ان تركيا التي فعلت ذلك بعد سقوط الخلافة العثمانية فقدت ذاكرتها. فالجيل التركي الجديد اليوم لا يستطيع ان يقرأ تاريخه المكتوب بحرف عربي. انه لأمر مخيف ان تصبح اللبنانية المحكية او المصرية الدارجة مثلا لغة "فصيحة" لغة الصحافة والأدب. فاللغة العربية الفصحى اليوم الحصن الاخير الباقي للأمة العربية تعبيرا عن وحدتها، ووحدة ثقافتها وفكرها ومشاعرها السياسية.

اترك الصراع بين الفصحى والعامية عند هذا القدر، لأطرح موضوعا آخر:

–هل العربية تصلح لأن تكون لغة للعلم الحديث؟

كلنا تأخذنا العاطفة فنجيب بصوت واحد:

–نعم. نعم. نعم ...

لكن كم منا يعرف ان ربع الجامعات العربية فقط يدرس مادته العلمية والانسانية بالعربية؟ ثم من يصدق ان كلية واحدة من اصل ٣٣ كلية طب في العالم العربي تدرس مادتها العلمية بالعربية؟

اذا سألت من المسؤول يأتيك الجواب علنا او تلميحا من الاطباء والعلماء في المشرق والمغرب:

–العربية ليست لغة علم.

كيف استوعبت اللغة العربية، إذن، فكر وثقافات الاغريق والفرس والهنود؟ وبالمقارنة كيف تكون اللغة العبرية لغة الطب والعلم في الجامعات الاسرائيلية، ولا تكون كذلك العربية في جامعاتنا؟

لا شك ان التقصير ليس في اللغة وانما في علمائنا وأطبائنا ومدرسينا الذين يتجنبونها.

وقد يقول قائل ان التقصير عائد الى المجامع العلمية واللغوية، ربما ذلك بعض الحقيقة، لكن الحقيقة بكاملها ان الاستاذ والعالم والطبيب يترددون في تقديم المفردات والمصطلحات المترجمة باجتهاد شخصي منهم الى طلبتهم. ترجمة المصطلحات العلمية تمهد لفرض اللغة العربية كلغة اكاديمية علمية. الصحافة مثال عملي. الصحفيون لا ينتظرون السادة اعضاء مجامع اللغة ولكنهم، تحت الحاح الضرورة، يدخلون يوميا اصطلاحات مترجمة كثيرة والحاجة أم الاختراع والابتكار. نعم، اللغة العلمية اصعب، لكن هي ايضا لا تستطيع انتظار اللغويين. انها تنتظر من العلماء انفسهم القيام بالترجمة والنقل، ثم يأتي اللغوي ليعترض او يوافق.

ذلك كله يتطلب تمرسا باللغة العربية، اتقان اللغة كاتقان العلم، والعربية ليست لغة أدب فحسب. هناك قواعد سهلة للاشتقاق، وعبرها دخلت الاف الاشتقاقات والاصطلاحات الأدبية والعلميّة، لكن عجز الجيل الجديد من العلماء والأطباء العرب بسبب ضعف الأساس اللغوي يجعلهم لا يجرؤون على ممارسة ترجمة المصطلحات وتعريب كليات الطب والعلوم، وفرض العربية كلغة علم عربي حديث.

ولعل كثيرين من علمائنا واطبائنا لا يعرفون ان تعليم الطب في مصر ولبنان بدأ في القرن الماضي باللغة العربية، ثم تحول مع الاستعمار الى اللغات الأجنبية بسكوت اجيال واجيال من العلماء والأطباء العرب. وأسمح لنفسي هنا بأن اذكر بأن تدريس الطب في جامعة دمشق منذ عام ١٩١٩ باللغة العربية صمد بفضل مثابرة علماء وأطباء كانوا متمكنين من لغتهم تمكنهم من علمهم وطبهم. وصمدت معهم اللغة العربية وبرهنت على انها لغة علم بقدر ما هي لغة أدب وشعر وفكر.

من جريدة «الشرق الاوسط» ١٩٨٩/١٠/١٧

تمرين ٢٤   نشاط استماع

من حديث للاستاذ فاروق شوشة حول
« تعدّد اللهجات العربية » ، برنامج
« لكل سؤال جواب » ، راديو لندن،BBC

لاحظوا الكلمات التالية:

نَتيجةً لِـ — as a result of

استمعوا إلى البرنامج مرة وأجيبوا:

١ـ ما اللغات التي كانت موجودة في مصر وقت الفتح العربي لها ؟

٢ـ كيف كانت كل واحدة من هذه اللغات تُستخدم؟

٣ـ في رأي الاستاذ شوشة، العامية المصرية مَزيج *mixture* من عدة لغات، منها:

أ ـ　　　ب ـ　　　جـ ـ　　　د ـ　　　هـ ـ

استمعوا إلى البرنامج مرة ثانية وأجيبوا

٣ـ ما الرأي الذي يقدّمه الاستاذ شوشة عن استخدام مفردات الفصحى في الحديث اليومي بالعامية المصرية؟

٤ـ اذكروا بعض الكلمات التي ذكرها الاستاذ شوشة ؟ هل تعرفون أصل بعضها؟

٥ـ ما كان سبب نشوء العاميات العربية في رأي الاستاذ شوشة؟

تمرين ٢٥	نشاط محادثة

دراسة اللغات الاجنبية

يؤمن بعض الناس بأنّ تعليم اللغـات الأجنبيـة يجب أن يبدأ في المدرسـة الابتدائية في حين يعارض البعض الآخر هذا الرأي. ناقشوا هذين الموقفين. (يقسم الصف الى مجموعتين متعارضتين يقوم بينهما جدل حول هذه القضية.)

تمرين ٢٦	نشاط محادثة

الانكليزية كلغة رسمية

في السنوات الأخيرة ظهرت في بعض الولايات دعوات لاتّخاذ اللغة الانكليزية لغةً رسمية لها ، فما هي أسباب هذه الدعوة ؟ وهل تؤيد/ين هذه الحركة ؟ ناقش/ي الموضوع مع زملائك.

تمرين ٢٧	نشاط كتابة

آراء في اللغة العربية

كما رأينا في هذا الدرس، فإن قضية الفصحى والعامية تمثل بالنسبة للعرب قضية خطيرة. ولكن المقالة التي قرأناها ذكرت رأياً واحدا فقط، فالمطلوب منكم أن تتعرفوا الى بعض الآراء الاخرى حول هذه القضية. تحدثوا مع أشخاص عرب تعرفونهم واسألوهم عن آرائهم في هذا الموضوع، ثم اكتبوا مقالة تعرضون فيها المعلومات التي حصلتم عليها.

١٠ - زواج الجيل الجديد

في هذا الدرس:

الثقافة: **الزواج والعائلة**

أساليب عامّية

القراءة: **زواج الجيل الجديد**

البنت لابن عمها

قصة من كتاب "الفَرَج بعد الشِّدّة"

الاستماع: **الزواج والطلاق في رأي نوال السعداوي**

التراكيب: **الفعل الناقص**

"كاد" وأخواتها

تذكروا ولاحظوا :

يبدو أنّ	<—	بَدا ، يَبدو	to seem, appear
بلغ انّ	<—	أَبْلَغَ (ـه) بـ	to inform someone of
جميل	<—	مُجامَلة	flattery, insincere praise
حسن	<—	أَحْسَنَ	to do well, be good at
خاص	<—	خاصّ بـ	of special concern to (someone)
خُطِب لـ	<—	خُطوبة	engagement
دخل	<—	دَخْل	income
دخّن	<—	دُخان	smoke
رئيس ج. رؤساء	<—	رَأَسَ ، يَرْأَس ، الرِّئاسة	to preside over
سنة	<—	ج. سِنون / سِنين	= سنوات
سهل	<—	المصدر: السُّهولة	
شجّع	<—	تَشَجَّعَ	to find courage, be encouraged
صغير	<—	المصدر: الصِّغَر	
طلّق ؛ انطلق	<—	أَطلَقَ	release, let go
فتاة ج. فتيات	<—	فَتى ج. فِتيان	young man
الفصحى (lit., clear language)	<—	أفصَحَ عن	to state or announce clearly
فعل	<—	فِعليّ	actual
فلوس	<—	فِلْس ج. -ات	unit of currency (≈ one penny)
قطع ، انقطع	<—	قاطَعَ	to cut s.o. off; interrupt
قال ، يقول	<—	قالَ بـ (انّ)	to assert, maintain (opinion)
متوسط	<—	وَسَطَ	amidst, in the middle of

من القاموس

أبَداً (with negative)	(not) at all, (n)ever
لا تعجبني الأفلام العنيفة أبداً .	لم يدخّن في حياته أبداً .
مُؤَهِّلات	credentials, especially academic degrees
بَكى ، يَبْكي ، البُكاء	to cry, weep
جَدْوَل	chart, table, schedule
جدول أعمال	agenda
جَدْوى	use, worth
جيل ج. أجْيال	generation
حادّ (المصدر: الحِدّة)	sharp
حَسَمَ ، يَحْسِم ، الحَسْم	to decide once and for all, settle (e.g., a question)
حَظّ	luck
حَفيد/ة ج. أحْفاد	grandchild
حَلّ ج. حُلول	solution (to a problem)
حَماة ج. حَمَوات	mother-in-law
حَمٌ (حَمو + إضافة)	father-in-law
خَطَأ ج. أخْطاء	error, mistake
رَسَبَ ، يَرْسُب ، الرُسوب	to fail (e.g., in an examination)
سُخْرِيّة	sarcasm
ساخِر ج. ـون	sarcastic, mocking
اِسْتَسْلَمَ لِـ	to surrender to

to be or go bad, get worse	ساءَ ، يَسوء ، السّوء
to harm, wrong (someone)	أساءَ الى ، يُسيء ، الإساءة الى
bad	سَيِّء ج. -ون
honor	شَرَف
counsel, advice	مَشورة
to insist on	أصَرَّ على
to become lost	ضاعَ ، يَضيع ، الضَّياع
hospitality	الضِّيافة
guest	ضَيْف ج. ضُيوف
emergency	طارِئ ج. طَوارِئ
party (e.g., to an agreement, dispute, etc.)	طَرَف ج. أطْراف
to poll, survey, ask for an opinion	اِسْتَطلَعَ (رأيًا)
to remain, continue, keep (doing)	ظَلَّ ، يَظَلّ **(من أخوات كان)**
battle	مَعْرَكة ج. مَعارِك
storm	عاصِفة ج. عَواصِف
opposite, reverse	عَكْس
to depend on	اِعْتَمَدَ على
fault, shortcoming; shame, disgrace	عَيْب ج. عُيوب
= ترك	غادَرَ
happiness, happy occasion	فَرْحة

to impose (something) on someone	فَرَضَ (ـه) على ، يَفْرِض ، الفَرْض
to appreciate, esteem, estimate, value, evaluate	قَدَّرَ
to repeat	كَرَّرَ (المصدر: التَّكرار)
to be on the verge of, to almost	كادَ ، يَكاد **(+ فعل مضارع)**

to barely . . . — لا يَكاد

أبي لا يكاد يرى بدون نظارته. لا تتكلم بسرعة! لا أكاد أفهم كلمة مما تقول.

tendency, inclination, leaning, bent	مَيْل ج. مُيول (الى)
to save, rescue	أَنْقَذَ
to whisper	هَمَسَ ، يَهْمِس ، الهَمْس
let, leave (imperative only)	دَعْ (دَعي ، دَعوا)

دعني أتكلم! دعيه يختار الشيء الذي يريده. لقد تأخرنا – دعونا نمشي.

to accuse (someone) of	اِتَّهَمَ (ـه) بـ

التَكرار يعلّم الشُطّار!

تمرين ١ **اختاروا الكلمة المناسبة:**

كاد	تعتمد على	الطوارئ	استطلاع	دخل
ظلّ	الدخان	جدول أعمال	اتهمت	فرض
دع	الأطراف	الاستسلام	معارك	الأجيال
ميْل	الضيافة	مقاطعة	إنقاذ	تقديرًا

١ـ أعلن رئيس الحكومة في خطابه أن الدولة ستسعى الى زيادة ______ها السنوي من السياحة .

٢ـ أعطته الشركة ساعة ذهبية ______ له بعد ثلاثين سنة من الخدمة.

٣ـ سيقتصر ______ المؤتمر على مناقشة القضايا ذات الطابع الاقتصادي فحسب.

٤ـ السؤال الذي يواجهنا هو: كيف نصل الى سلام يضمن حقوق كل ______ في الشرق الاوسط؟

٥ـ في بداية الدعوة الاسلامية وقعت عدة ______ بين النبي محمد وأعدائه من قبيلة قريش وغيرها من القبائل.

٦ـ ما يميّزها عن إخواتها هو أنها تحب دائما أن ______ نفسها في كل ما تقوم به.

٧ـ المصانع الكثيرة في هذه المنطقة تمثل خطرًا كبيرا على الصحة والبيئة بسبب ______ الذي يخرج منها.

٨ـ ساءت حالته كثيرا خلال الليل وارتفعت حرارته فاضطررنا الى أن نأخذه الى قسم ______ في المستشفى.

٩ـ ______ السلطات اللبنانية أحد الديبلوماسيين العراقيين بمحاولة قتل زميل له في السفارة واتخذت قرارا بطرده من لبنان فورا.

١٠ـ إذا استمررت في ______ رأيك على أولادك فستفقد احترامهم وقد يثورون عليك في يوم من الايام.

١١ـ من اللازم أن نسعى جميعنا للمحافظة على البيئة والموارد الطبيعية لتستفيد منها _____ التي ستأتي بعدنا.

١٢ـ قامت الحكومة القطرية ببناء قصر ضخم لـ _____ في الدوحة سيخُصّص لاستخدام كبار الزوار من ملوك ورؤساء.

١٣ـ أرجوك، _____ زميلك يكمل كلامه من غير مقاطعة !

١٤ـ تعرّضت أختي لحادث سيارة عنيف _____ يؤدي الى موتها ولكن الأطباء تمكّنوا ، والحمد لله، من _____ حياتها.

١٥ـ بالرغم من المعارضة الشديدة التي واجهها وزير الخارجية فقد _____ متمسكًا بموقفه.

١٦ـ من المعروف أن رفع العَلَم flag الأبيض يدلّ على الرغبة في _____ .

تمرين ٢   اختاروا الكلمة المناسبة:

١ـ عيّن في هذا المنصب على الرغم من انه يفتقر الى _____ اللازمة.

  أـ الميول   بـ الأطراف   جـ العيوب   دـ المؤهلات

٢ـ أبوك ، والله، طباخ من الطراز الاول، وهذه ليست _____ .

  أـ سخرية   بـ مجاملة   جـ مشهورة   دـ ضيافة

٣ـ يتناول برنامج «Saturday Night Live» الأحداث السياسية والاجتماعية المعاصرة ويعالجها بطريقة _____ .

  أـ فعلية   بـ طارئة   جـ ساخرة   دـ حادة

٤- ما زلت غير مقتنعة بـ ـــــــــــــــ هذا الاسلوب في المطالبة بحقنا.

أ - جدوى　　ب - حل　　جـ - ميْل　　د - مظهر

٥- تعرضت المناطق الجبلية الى ـــــــــــــــ ثلجية شديدة أدت الى قطع الطرق وموت ثلاثة من الأهالي.

أ - مسألة　　ب - معركة　　جـ - عاصفة　　د - قرية

٦- . . . وأنتهز هذه الفرصة لأعبّر لكم عن شكري العميق لاختياركم لي لهذا المنصب الذي أعتبره ـــــــــــــــ عظيما لي.

أ - خطأ　　ب - شرفا　　جـ - عيبا　　د - حظا

٧- تردّد كثيراً قبل أن يخبرها برغبته في بيع الارض لأنه كان يخاف أن ترفض الفكرة ولكنه أخيراً ـــــــــــــــ وعبّر لها عن رأيه.

أ - أحسَنَ　　ب - تشجّع　　جـ - ضاع　　د - رسب

٨- لا تضع رجلك على الطاولة وأنت جالس مع الناس فهذا ـــــــــــــــ كبير!

أ - عيب　　ب - شرف　　جـ - مظهر　　د - ميْل

٩- أعتقد أننا ناقشنا الموضوع بشكل كافٍ وبحثناه من كل الجوانب وجاء الآن وقت ـــــــــــــــ واتخاذ القرار.

أ - المشورة　　ب - الحسم　　جـ - المنطق　　د - الاستطلاع

١٠- لم يخطر على بالي أبداً أنكم سوف ـــــــــــــــ في الطريق الى بيتي، فليست هذه أول مرة تأتون فيها الى عندي!

أ - تضيعون　　ب - تبلغون　　جـ - تكررون　　د - تبكون

تمرين ٣ ما معنى هذا؟

أ ـ اكتبوا كلمة لها معنى مماثل لما تحته خط :

١ـ شاب صغير ≈ ____________________

٢ـ متى تركتم البيت؟ ≈ ____________________

٣ـ يظهر على وجهها التعب ≈ ____________________

٤ـ شيء غير صحيح ≈ ____________________

٥ـ تمسكت برأيها ورفضت تغييره ≈ ____________________

٦ـ الأعياد مصدر سعادة كبيرة للأولاد ≈ ____________________

٧ـ هل أخبركم بخبر طلاقه؟ ≈ ____________________

٨ـ أريدك أن تعبّر لي عن رأيك بوضوح ≈ ____________________

٩ـ أولاد أولادي ≈ ____________________

١٠ـ والدة زوجي ≈ ____________________

ب ـ اكتبوا كلمة لها عكس معنى ما تحته خط:

١ـ أجاب عن السؤال بصعوبة ≠ ____________________

٢ـ نجحت في الامتحان ≠ ____________________

٣ـ تحسنت صحته كثيرا ≠ ____________________

٤ـ الفيلم جعلني أضحك ≠ ____________________

٥ـ قرأ الجملة مرة واحدة فقط ≠ ____________________

٦ـ تحدث بصوت عالٍ في أذني ≠ ____________________

٧ـ كافحوا ضد العدو ≠ ____________________

٨ـ عاملونا بشكل جيد ≠ ____________________

تمرين ٤ توسيع المفردات

أ ـ كيف نقول؟

1. an opinion poll = ______________________
2. I solved the problem = ______________________
3. self-dependency = ______________________
4. the accused = ______________________
5. lack of appreciation = ______________________
6. to make (someone) cry = ______________________
7. host and hostess = ______________________
8. guest of honor = ______________________
9. I am lost! = ______________________
10. we lost our way = ______________________
11. they are insistent = ______________________

ب ـ ما معنى هذا؟

٨ـ عندك امتحان؟ حظاً سعيداً!!! = ______________________

٩ـ لِحُسن الحظ ، كان الطقس جميلا يوم الرحلة. = ______________________

١٠ـ لسوء الحظ ، نسيت الفلوس في البيت! = ______________________

١١ـ لست غاضبة ؛ بالعَكس، أنا سعيدة بالخبر. = ______________________

١٢ـ أخطأت عندما أخذت السيارة بدون إذن، ولن أكرر الخطأ. = ______________________

١٣ـ لقد شرّفتموني كثيراً بحضوركم الحفلة في بيتي! = ______________________

١٤ـ حاولت أن أقنعهم برأيي ولكن، بدون جدوى . = ______________________

عبارات جديدة

أ ـ من المستحيل (انْ) — it is impossible to

- الصورتان متشابهتان الى درجة انه **من المستحيل** أن نميّز الواحدة منهما من الاخرى.
- أعلن قائد المعارضة انه **من المستحيل** الابقاء على الوضع الحالي لأن ذلك سيؤدي الى أزمة اقتصادية خطيرة.

ب ـ ومع ذلك فـ — nonetheless, however

- لا أحد يتحدث بالعربية الفصحى في الحياة اليومية، **ومع ذلك فان** لها اهمية ثقافية بالغة عند العرب .

جـ ـ لا علاقة لـ بـ — has no relation to, has nothing to do with

- **لا علاقة لدخل** الانسان **بمستوى** ثقافته وأخلاقه.
- ما قلتِه **لا علاقة له بالموضوع** الذي نتكلم فيه!

د ـ بكامل (في اضافة) — in/with complete

- وافقت عليه وتزوجته **بكامل إرادتها.**
- تدل تصرفات جدي على أنه لا يزال **بكامل وعيه** وعقله وأنه ليس مريضا كما يقولون.

هـ ـ بَينَما — while

- هل سمعت؟ تعرض المدير لأزمة قلبية **بينما** كان في المطعم فنقلوه الى المستشفى!
- قوموا أنتم بترتيب غرفة السفرة **بينما** أبدأ أنا بإعداد العشاء .
- لن نصل الى اتفاق ، فهي لا تريد أن تبيع البيت **بينما** رأيي أنا هو العكس.

و ـ لا (تفعلْ) . . . وإلا (فـ) . . . — do not . . . or else

- **لا** تعتمدي على الآخرين **وإلاّ فلن** تحققي ما تريدين.
- **لا** تخاطبْ أولادك بهذه الطريقة **وإلا فسوف** يخاطبونك بنفس الطريقة.

ز ـ في يوم من الايام — one day, some day

- **في يوم من الأيام** ستفهم موقفي وتقدّر ما عملته لأجلك.

تمرين ٥ **استخدموا العبارات الجديدة في جمل أو قصة.**

الثقافة

الزواج والعائلة

«العمّ» = الحَمو	father-in-law

The custom of marriage between first cousins is a cultural ideal whose practice varies in frequency among social classes and groups. In the eastern part of the Arab world, this ideal is reflected in the use of the word عمّ to address or refer to a father-in-law. Terms for mother-in-law vary among social classes from طَنط (from French *tante*) to حَماتي to امرأة عمي (= زوجة عمي).

صِهْر ج. أصْهار	husband of daughter or sister, son-in-law or brother-in-law
كَنّة ج. كَنائِن	daughter-in-law
نَسيب/ة ج. أنْسِباء	general term for in-laws

Quran 18:46 «المالُ وَالبَنون زينَةُ الحَيوٰةِ [الحياة] الدُنيا» (بَنون = أبناء)

In the text you are about to read, the phrase المال والبنون refers to this آية .

أساليب عاميّة

في درس ٩، قرأتم عن استخدام بعض الكتّاب للعامّية في كتاباتهم وخاصة في الحوار. وهذه بعض العبارات التي استخدمها كاتب القصة التي ستقرأونها:

«حَبَّك بورْص!»	May a lizard fall in love with you! (sarcastic response to "I love you")
الله يبارِك فيك	God bless you (response to مَبروك! *congratulations*)
الله يحفَظك (= شكراً)	God preserve/keep you
سَلامِتْها! (سَلامِة قلبها!)	May she get well soon!
يا دوبَك	barely (= لا يكاد)
يا عالَم اِتْكَلّموا !	= يا ناس تكلّموا !
ما لُه؟ (ما لِك؟ ما لْهُم؟)	what's wrong with him? (you? them? etc.)

تمرين ٦ قبل القراءة

١- ما هي الصورة النَمَطية *stereotype* للعلاقة بين الكَنّة *daughter-inlaw* والحماة؟

٢- كيف تُتّخذ القرارات المهمة في عائلتك؟ من يشترك في اتّخاذ هذه القرارات؟

٣- ما هي بعض العادات الاجتماعية المرتبطة بالزواج وما الهدف منها؟

تمرين ٧ القراءة الأولى

١- مَن في هذه العائلة؟ ارسموا شجرة للعائلة:

٢- ما موضوع اجتماع الاسرة؟ ما رأي كل فرد من افراد الاسرة في هذا الموضوع؟

٣- كيف انتهى الاجتماع؟

بقلم
محسن محمد

زواج الجيل الجديد

♥ اجتمع مجلس الاسرة بكامل اعضائه .

ورئاسة المجلس الشرفية والمظهرية للأب، اما الرئاسة الفعلية فهي للحماة . ومجلس الاسرة لا يجتمع الا في الملمات واحوال الطوارئ .

والموضوع الوحيد في جدول الاعمال زواج البنت الوحيدة.. الحفيدة . وهي مسألة لا تحتاج الى طوارئ. فالزواج حدث سعيد يمكن ان يتم وسط فرحة جماعية .

ولكن في الزواج طرفان. واختيار الطرف الثاني هو المشكلة التي دعت الى هذا الاجتماع الطارئ.

افتتحت الرئيسة الاجتماع بكلمات حادة اتهمت فيها زوج ابنتها بانه لا يتكلم، ولا يعلن رأيا، ولا يتخذ موقفا، بينما الموضوع خاص بحفيدتها وابنتها الوحيدة ويجب ان يكون له رأي محدد .

قـال: منذ اليـوم الاول لزواجي قـبل سنوات بعيدة، ورأيي مرفوض. ما من شيء قلته واخذتم به، ولذلك اعتدت الموافقة على ما تقولون، هذا اذا كان هناك اهتمـام في يوم من الايام باستطلاع رأيي.

قالت الحماة : هذا غير صحيح. انا أؤمن بالمشورة طول حياتي.

قال زوج البنت والد الفتاة التي ستتزوج: تكلم يا عمي.

.. يقصد حماه.

قال العم وهو يبتسم: اعلنت رأيي منذ البداية.

لم يفصح العم العزيز عن رأيه . فموقفه لا يختلف عن موقف زوج ابنته، وهو انه بلا رأي. وظل طوال الاجتماع يلهو باشعال الغليون، ولا يفتح فمه الا لاطلاق الدخان.

واخيرا تشجع والد الفتاة : من حق ابنتي ان تختار زوجها. هي ترى انه سيكون زوجا ناجحا، وابا بارا لاولادها، ورجلا تستطيع الاعتماد عليه ويوفر لها الحياة المناسبة.

قالت الحماة: انها تحمل شهادة عالية، وتدرس للماجستير. وهو راسب في الثانوية العامة . اين التكافؤ؟ اين الميول المشتركة؟

قال الاب: اعرف ان ابنتي تحسن الاختيار. اردنا ان نفرض عليهـا نوع الدراسة، فـأبت واختارت الكلية التي تريدها، وتفوقت فيها و . .

قالت الحمـاة : ارجوك لا تفتح صفحـات الماضي، والا ضاع الوقت كله في تاريخك وتاريخ ابنتك. انها مثل امها.

رفض الاب ان يتطرق الى معارك جانبية. تريد القول بان ابنتها اساءت اختيار الزوج، والحفيدة تكرر الخطأ مرة ثانية بعد عشرين سنة.

ولكن الاب لم يستسلم بسهولة. قال: انا احمل شهادات عليا، وابنتك «يا دوبك تفك الخط». ومع ذلك عشنا سعيدين.

قالت الحماة: تريد ان تعايرنا الان بعد كل هذه السنين الطويلة. ومن الذي ارغمك على الزواج من ابنتي؟ اتنسى توسلاتك ؟

قال الاب: مـا نسيت شيئا. ولو عادت بنا السنون لتوسلت مرة اخرى لاتزوجها.

فتحت الزوجة فمها لاول مرة: انت حبيبي .

قالت الحماة: حبك «بورص»، وهل هذا وقته! انا لا اوافق ابدا على ان تتزوج حفيدتي من شاب لا يحمل مثل مؤهلاتها. اذا كان الزوج هو الذي يحمل شهادات عليا فهذا هو الوضع الطبيعي، والمنطق يقول بذلك. فـان الفتاة في كل مكان

تأخرت في الالتحاق بالمدارس، وسبقها الفتى لاسباب كثيرة، ولكن اذا حدث العكس، فهذا امر غير طبيعي، ولا يجب ان يكون.

قال الاب: نسأل البنت.

قالت الحماة: لا يجب ان يكون لها رأي.

قال الاب: هي التي ستتزوج لا نحن. حياتها هي.

ثم اخذ يصرخ: يا عالم اتكلموا.

قالت الزوجة هامسة: انت تعرف حالة ماما الصحية. قلبها.

قال الاب ساخرا ويهمس ايضا: سلامة قلبها!

قالت الحماة: بهذه الطريقة لن نصل الى حل.

قال الاب: الحل موجود. البنت اختارت زوجها.

قالت الحماة: هذا هو المنطق المعكوس، منذ متى تختار البنت الزوج؟ هو الذي يختار وهي توافق او ترفض .

قال الاب: انها تعرفه منذ الصغر. وقد نجحت في التعليم، ونجح هو فيما يفضله ويتقنه.

قالت الحماة: مبروك عليه وعليك .

قال الاب: الله يبارك فيك ويحفظك يا حماتي الغالية.

قالت الحماة: دخلنا في مرحلة السخرية .

قال الاب: لم يخطر لي ذلك على بال. نحن كلنا نقدرك ونحبك ونحترمك ونأخذ بمشورتك.

قالت الحماة: لا يبدو ذلك واضحا.

قال الاب: هذا هو الجيل الجديد. انه يختار بطريقته واسلوبه. لا نستطيع ان نعيش زماننا وزمانه. اصبح من المستحيل ان نفرض عليه رأينا.

قالت الحماة: عشت طول حياتي اقرر للاسرة. انظر الى ابنائي اخترت لهم زوجاتهم واخترت لابنائهم وبناتهم ايضا.

قال الاب: وكم عدد حالات الطلاق بينهم ؟

قالت الحماة: سوء حظ.

قال الاب: و..

قالت الزوجة هامسة ومقاطعة: ارجوك، دع العاصفة تمر.

قالت الحماة: اكمل حديثك ومجاملاتك. اننا في بيتك وهذا جزء من كرم الضيافة.

قال الاب: هذا الموضوع لا علاقة له بالمجاملات. انه المستقبل، مستقبل ابنتي .

قالت الحماة: وما الذي دعاني لمغادرة سرير المرض الا مستقبل البنت؟ جئت لانقذها.

قال الاب: لتزوجيها بحفيد شقيقتك.

قالت الحماة: يعني عارف؟

قال الاب: وهل تخفى الحقيقة على احد!

قالت الحماة: وما له الشاب؟ شهادته عالية مثلها.

قال الاب: ودخله فلسات محدودة.

قالت الحماة : انت تبحث عن المال.

قال الاب: المال ليس عيبا، المال والبنون.

قالت الحماة : ما اروعك .

قال الاب: ابنتي بكت واصرت.

قالت الحماة: ابنتي بكت اكثر منها ..

قال العم بصوت لا يكاد يسمعه احد الا صهره: كلكن تملكن هذا المطر الذي ينزل حسب الطلب.

قالت الام: لنحسم الامر.

قال الاب: لقد حسمناه.

قالت الزوجة : ارجوك. كفى.

قالت الحماة: وكيف تم الحسم؟

قال الاب: ابلغت الشاب اني موافق على زواجه من ابنتي. وابلغت ابنتي بذلك.

قالت الحماة: وما جدوى اجتماعنا إذن؟

قال الاب: لتشهدوا حفل الخطوبة الليلة.

قالت الحماة بصوت بدا ضعيفا واهنا تلاشت حدته: قلبي ..آه يا قلبي ♡

مجلة «سيدتي» ١٩٨٩/٧/٣١

تمرين ٨ | القراءة الثانية *Use your dictionary as necessary*

لاحظوا هذه الكلمات:

غَلْيون	pipe
التَكافُؤ	mutual compatibility
أبى	رفض
تَطَرَّق الى	to go into (a subject)
مَعارِك جانِبيّة	i.e., secondary or unimportant issue
عايَرَ	to find fault with
تَلاشى (= أصبح « لا شيء »)	to vanish

أجيبوا عن الأسئلة التالية:

١ـ كيف شارك الجد (العم العزيز) في الاجتماع؟ ما رأيه في مسألة الزواج؟

٢ـ لماذا وقفت الجدة ضد زواج الحفيدة؟ اعطوا ٣ اسباب:

٣ـ ما هو الاتّهام الذي وجّهته الحماة ضد صهرها؟ وكيف دافع الصهر عن نفسه؟

٤ـ أين نجد سخرية في هذا النص؟

٤ـ ما هي الصورة التي يرسمها الكاتب لدور الحماة في العائلة المصرية؟

٥ـ ما رأيك في موقف الحماة وآرائها في الزواج؟

تمرين ٩   دراسة القواعد والتراكيب في النص:

1. Find and list all examples of independent (subject) pronouns (أنا، هي ...) you can find in the text. Try to explain the reason for the use of the pronoun in each case: Where does the pronoun function as المبتدأ ? Where does it separate المبتدأ and الخبر ? Can you find examples in which it gives contrastive emphasis?

2. Note the word order of the following, taken from the text:

لم يخطر لي ذلك على بال	اخترت لهم زوجاتهم
يجب ان يكون له رأي محدد	رجلا ... يوفر لها الحياة المناسبة

What conclusion can you draw about the position of *pronoun* + لـ in sentences?

3. Look at paragraph 6 and find ما من شيء قلته واخذتم به . Remember that one of the meanings of ما is a negative. In this sentence, the grammatical clue that helps you identify the meaning of ما as a negative is the phrase من شيء immediately following it:

ما مِن + *indefinite noun* = ليس هناك .

Now translate the entire paragraph hint: one of the sentences contains الحال «و»):

4. In the middle of the last column, find: قالت الجدة: ما أروعك! . What is this grammatical structure? Give the derivation and translate:

5. Translate into English, using your dictionary as necessary:

أ ـ الفقرة الاولى في العمود *column* الثاني [وأخيرا تشجع . . .] :

ب ـ الحوار التالي (last column in text) :

قالت الحماة: وما الذي دعاني لمغادرة سرير المرض الا مستقبل البنت؟ جئت لانقذها.
قال الاب: لتزوجيها بحفيد شقيقتك.
قالت الحماة: يعني عارف؟
قال الاب: وهل تخفى الحقيقة على احد!
قالت الحماة: وما له الشاب؟ شهادته عالية مثلها.
قال الاب: ودخله فلسات محدودة.

6. Find all occurrences of الأمر in the text. List, vowel, and give the verb from which it is derived:

7. Find all جمل الحال in the text. List, vowel, and translate:

8. Vowel paragraph 5 [افتتحت] in preparation for reading aloud.

القواعد

★ «كاد» وأخواتها

The category of verbs called كاد وأخواتها includes verbs that mean *to almost, to be on the verge of,* and *to begin.* These verbs function like كـان وأخـواتهـا, that is, their sentences are جـمل اسـميـة consisting of اسم وخـبـر . The most commonly used verbs in this category are:

began to: بدأ ؛ أخذ ؛ جعل

to almost ... :   كاد ، يكاد

Remember that the verbs جعل and أخذ are **only** used with this meaning in الماضي .

The most important thing to remember about these verbs is that their خـبـر consists of a جـملة فعلية beginning with a فعل مضارع :

أمثلة: شعرت بغضب شديد الى درجة أنها **كادت تضربه.**   *she almost hit him*

جعل الطفل يبكي حين لم يجد أمه بجانبه.   *he began to cry*

تقابلنا في رحلة صيفية، **وأخذنا نتراسل.**   *we began to correspond*

Arabic grammars note that the verb كاد may be also be used with أنْ ; this usage appears to be less common.

«كاد» وأخواتها	تمرين ١٠

ماذا كادوا يفعلون؟ ماذا بدأت (/جعلت/أخذت) تفعل/ين؟ أكمل/ي الجمل:

١ـ شعرت بسعادة كبيرة لدرجة انها _____ .

٢ـ عندما رأى كل هؤلاء الناس أمامه _____ .

٣ـ الاسبوع الماضي _____ .

٤ـ _____ منذ _____ .

٥ـ _____ .

★ الفعل الناقص *Weak verbs*

The term فعل ناقص refers to verbs whose final root consonant is و or ي . You know many أفعال ناقصة . Study the following lists and see what patterns of ماضي and مضارع vowels you can find. How can الماضي help you anticipate the vowel shift in المضارع? Identify the vowel patterns in derived أوزان (II-X).

(١)	(٢)	(٣)	(٤)
بَنى يَبني	سَعى يَسعى	دَعا يَدعو	بَقِيَ يَبقى
حَكى يَحكي	تَمَنّى يَتَمَنّى	بَدا يَبدو	نَسِيَ يَنسى
مَشى يَمشي	تَوَلّى يَتَوَلّى	صَحا يَصحو	
سَلّى يُسَلّي	تَساوى يَتَساوى	رَجا يَرجو	
صَلّى يُصَلّي			
نادى يُنادي			
أبقى يُبقي			
أعطى يُعطي			
اِشتَرى يَشتَري			
اِنتَهى يَنتَهي			
اِستَدعى يَستَدعي			

You can see that these verbs follow four different conjugation patterns, depending on their وزن , and that the most common of these is the مشى يمشي type. Note the correspondence of vowels between الماضي and المضارع in columns (٣) and (٤): while verbs of this type are less common than the مشى يمشي type, their conjugations are predictable. Finally, note the patterns of the derived أوزان (II-X): these patterns are predictable as well. Knowing these patterns allows you to derive new verbs from any جذر ending in و or ي .

Memorize these patterns by choosing a verb you know well of each وزن and using it to serve as your model for others. Use these model verbs to complete the following chart. Remember that اسم الفاعل of these verbs belong to the category الاسم المنقوص (Chapter 6).

تمرين ١١ الفعل الناقص

Choose a فعل ناقص you know to serve as a model for each وزن and complete the chart:

الفعل الناقص				
الوزن	الماضي	المضارع	المصدر	اسم الفاعل
فعّل				
فاعل				
أفعل				
تفعّل				
تفاعل				
افتعل				
استفعل				

تمرين ١٢ استخراج أفعال من القاموس

Expand your vocabulary: look up the following جذور in the dictionary, and make a chart for each جذر that includes all the أوزان given and الماضي and المضارع stems for each verb. Include the meaning of each verb.

١- د - ع - و

٢- خ - ف - ي

٣- ع - ل - و

٤- ن - س - ي

٥- ن - هـ - ي

تمرين ١٣ اكتبوا الافعال الناقصة بالشكل الصحيح لإكمال الجمل:

نادى	اشترى	قضى	دعا	بكى	سلّى
مشى	بقي	انتهى	نسي	تمنّى	تساوى

١ـ على رغم الازدحام الدائم في شوارع مدينتنا فإنّ اختي ترفض أن ـــــــــــ وتفضّل استخدام السيارة في تنقلاتها.

٢ـ جمال عبد الناصر من القادة العرب الذين ـــــــــــ الى الوحدة بين البلدان العربية.

٣ـ لم ـــــــــــ شيئًا من السوق مع أنَّهم ـــــــــــ ما يزيد عن أربع ساعات هناك.

٤ـ قرَّرت كليّة العلوم السياسية ان ـــــــــــ عددًا من كبار الصحفيين للمشاركة في الندوة التي ستقيمها تحت عنوان «حرية الصّحافة في لبنان : إلى اين؟»

٥ـ كبرت والدتي وأصبحت ـــــــــــ الاسماء، فبدأت ـــــــــــ ني باسم خالتي.

٦ـ عندما اقترب الكلب من الاولاد شعروا بالخوف وبدأوا ـــــــــــ .

٧ـ ـــــــــــ في باريس خمس سنوات ـــــــــــ خلالها من كتابة رسالة الدكتوراه.

٨ـ أنا فعلا أشعر بالخجل منهم ، فقد ـــــــــــ ني لزيارتهم عدة مرات ولكني ما ـــــــــــ هم الى بيتي حتى الآن.

٩ـ ـــــــــــ منذ طفولتها أن تغادر تلك القرية الفقيرة الى المدينة الكبيرة.

١٠ـ هل يجب أن ـــــــــــ الرجل والمرأة في كل الحقوق والواجبات؟

١١ـ التليفزيون ـــــــــــ ني كثيرا وخاصة في الليالي التي لا استطيع النوم فيها.

تمرين ١٤	ما السبب؟

أكملوا الجمل التالية مبيّنين السبب باستخدام المفعول لأجله:

١- تقوم الجرائد والمجلات أحيانًا باستطلاع آراء القرّاء ــــــــــــــــــــ

ــ .

٢- كانت شهرزاد تحكي للملك شهريار قصة كل ليلة ــــــــــــــــــــ

ــ .

٣- قمنا بتزيين شجرة الميلاد ووضع الزينات والأنوار ــــــــــــــــــــ

ــ .

٤- كان الجميع يتحدثون ويتهامسون، ولكن حين بدأ المحاضر يخاطبهم سكتوا

ــ .

٥- قرّرت كتابة سيرتها الذاتية ــ

٦- قدّموا لها جائزة ــ .

تمرين ١٥	الى أي حدّ؟

```
(المفعول المطلق)    الى حدّ كبير    الى حدّ ما    (النفي + أبداً)
```

اسألوا زملاءكم عن هذه الأشياء ، الى أي حدّ :

١- استفادوا من تجربة العمل في الصيف الماضي؟

٢- يستخدمون «الإينترنيت»؟

٣- يؤثر الأصدقاء في تكوين أفكارهم؟

٤- هم مقتنعون بما يفعلونه في حياتهم الآن؟

٥- يرغبون في التخرج وبدء حياتهم العملية؟

٦- يعبّر السياسيون عن آراء الناس، في رأيهم؟

تمرين ١٦ نشاط قراءة ومراجعة قواعد

لاحظوا هذه الكلمات:

اِسْتَعْمَرَ	to colonize
أَطْلَقَ (اسماً) على	= سمّى
دوق	duke

اقرأوا النص مرة وأجيبوا:

١- تتحدث هذه المقالة عن الصراع على نيويورك، بين أي دول أوروبية؟

٢- كم مرة تغير اسم نيويورك؟ ما هي الاسماء المختلفة التي أطلقت عليها؟

٣- الشيء الجديد الذي تعلمته من هذه المقالة هو ____________________..

اقرأوا النص مرة ثانية وأجيبوا:

4. This is a test of your grammatical skill. Using your knowledge of الأوزان , other grammatical knowledge, context, and the vocabulary given above, write out all the underlined structures in the text, vowel and translate.

5. Find at least three أفعال مبنية للمجهول , vowel, and translate:

هذا اليوم في التاريخ

٩ نوفمبر (تشرين الثاني) ١٦٧٤

نيويورك تصبح مستعمرة بريطانية

في مثل هذا اليوم من عام ١٦٧٤ م. وبموجب اتفاقية وستمنستر اصبحت غالبية مستعمرة نيو نيذرلاند (أو هولندا الجديدة) الامريكية خاضعة للسلطة البريطانية، واستعادت اسم «نيويورك» الذي كان قد اطلق عليها عام ١٦٦٤.

قصة نيويورك، ولاية ومدينة، قصة طويلة. والمعروف ان اراضي المدينة وضواحيها كانت مسكونة منذ عصور بعيدة وانها قبل الاستيطان الأوروبي كانت غالبية السكان فيها من قبائل الالجونكوين الهندية الحمراء.

أول أوروبي دخل خلجان ما يعرف اليوم بمدينة نيويورك ومضائقها المستكشف الايطالي جيوفاني دي فيرازانو عام ١٥٢٤ م. وذلك في رحلة تبناها ملك فرنسا فرنسيس الأول. وكانت النتيجة اكتشاف جزيرة مانهاتن قلب مدينة نيويورك.

عام ١٦٠٩ زار المنطقة الرحالة هنري هدسون وأبحر على طول النهر الذي يحمل اليوم اسمه، باسم الشركة الهولندية لجزر الهند الشرقية.

عام ١٦١٤ اطلق الهولنديون اسم «نيو نيذرلاند» على المستعمرة الجديدة، وعام ١٦١٩ وصل أول العبيد الزنوج الى نيويورك (ومن قبيل المصادفة التاريخية انه بعد مرور ٣٧٠ سنة تمامًا يتولى ديفيد دينكينز منصب عمدة مدينة نيويورك ويصبح أول زنجي ينتخب لهذا المنصب الرفيع).

في الفترة اللاحقة تزايد توافد الهولنديين على المستعمرة، وعام ١٦٢٥ تأسست أول مستوطنة دائمة اطلق عليها اسم «نيو امستردام» (امستردام الجديدة). وخلال عام واحد اشترى بيتر مينويت جزيرة منهاتان من سكانها الهنود الحمر بما يعادل ٢٤ دولارًا.

عام ١٦٣٩ استقر الدنماركي يوهان برونك عبر نهر هارلم، في المنطقة التي هي اليوم حي «البرونكس» وعام ١٦٤٣ بنيت أول مستوطنة دائمة في ما هو اليوم حي كوينز.

عام ١٦٥٣ أصبح بيتر ستايفسنت عميدًا للمستوطنين ومديرًا لشؤونهم، وبمرور ٧ سنوات اصبحت المستوطنة مدينة لها دستورها بصورة رسمية، وقام ستايفسنت ببناء جدار لحمايتها في مكان ما يعرف الآن بشارع المال والاعمال «وول ستريت» (شارع الجدار). وفي العام التالي بدأ اليهود استيطانهم لامريكا في المستوطنة.

عام ١٦٦٤ تفجر الصراع على المستوطنة والمستعمرة بين القوى الاوروبية لاسباب تجارية، واستولى البريطانيون على مستوطنة نيو امستردام وسموها «نيويورك» تكريمًا لدوق يورك شقيق الملك شارل الثاني.

في عام ١٦٦٧ وقعت معاهدة بريدا بهولندا فوضعت حدًا للصراع البريطاني ـ الهولندي على المستعمرات الامريكية وأكدت السيطرة البريطانية على نيو نيذرلاند مقابل احتفاظ الهولنديين بمستعمرة جيانا الهولندية (سورينام حاليًا)، واصبحت الانجليزية اللغة الرسمية في مدينة نيويورك بدلاً من الهولندية.

مع ذلك استعاد الهولنديون المستعمرة وسموها «نيو أورانج» (أورانج الجديدة) عام ١٦٧٣، قبل ان تعود مجددًا الى البريطانيين في مثل هذا اليوم من العام التالي بموجب معاهدة وستمنستر وتصبح اليوم مع لندن أكبر تجمعين مدنيين ناطقين بالانجليزية.

من جريدة «الشرق الاوسط» ٨٩/١١/٩

تمرين ١٧ نشاط قراءة

تعلموا هاتين الكلمتين ثم اقرأوا النص وأجيبوا عن الأسئلة:

شَرْط ج. شُروط — condition

مَظْلوم — treated unfairly, unjustly blamed

١- ما هي المعلومات التي تقدمها البنت عن نفسها؟

٢- ماذا نعرف عن عائلتها؟

٣- ما هي صورة الأب كما ترسمها لنا البنت ؟

٤- ما كانت الدوافع التي جعلت أخت البنت ترفض الزواج من ابن عمها؟

٥- كيف تطورت العلاقة بين البنت وابن عمها؟

٦- ما هو الشرط الذي وضعته البنت للزواج من ابن عمها؟

٧- تقول البنت إنها مظلومة — لماذا؟

تمرين ١٨ نشاط كتابة:

اكتبوا رسالة نصيحة الى "م. أ." تقترحون فيها حلاً لمشكلتها.

البنت لابن عمها

نافذة خاصة جدًا
لقاء اسبوعي
مع فوزية سلامة

من مجلة «سيدتي»
١٩٨٨/٦/١٣

سيدتي
مشكلتي قديمة جديدة في نفس الوقت . فرغم تغير الدنيا والتقدم الذي طرأ على حياتنا ، الا ان هناك بعض الناس الذين ما زالوا يقولون البنت لازم تتزوج ابن عمها.

انا فتاة ابلغ من العمر ٢٢ عاما . لي ثلاث اخوات: واحدة متزوجة وواحدة اكبر مني وواحدة اصغر مني بسنتين. وانا تقريبا الوسطى بينهن. ولقد حباني الله بقسط كبير من الجمال.

نعود الان الى المشكلة وهي انه لي ثلاثة اعمام جميعهم لهم اولاد ذكور تتراوح اعمارهم بين ١٨ و٢٥ عاما ، ولي ١٦ ابن عم. ارأيت هذا العدد الهائل من ابناء العم ؟! ورغم ذلك فان المشكلة ليست بكثرة عدد ابناء العم . منذ الصغر واهلي وبيت عمي يقولون هذه البنت لابن عمها فلان،

وهذه البنت لابن عمها فلان. وهكذا كنت صغيرة ولا ادرك معنى كلامهم ، بل اصدقك القول حين اقول انني كنت افرح واسعد حينما يقولون ذلك، وينتهي الامر وانسى الموضوع. وتمر السنين وتكبر البنات، ويكبر الاولاد ويصبحون رجالا في سن الزواج. ويأتي الخطاب يطرقون باب بيتنا لخطبة البنات (نحن) انا واختي الاكبر مني . وفي كل مرة كان الاهل يقولون البنات لاولاد العم، ويأتي اناس اخرون... ودائما الجواب نفسه. هل تصدقين انه كان يأتي ناس لخطبتنا ويتحدثون مع اهلنا دون ان نعرف نحن شيئا ، وفي النهاية نفس الجواب ويذهبون.

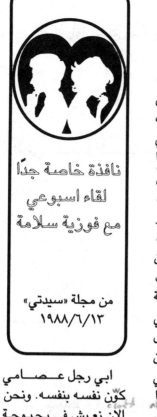

ابي رجل عصامي كوّن نفسه بنفسه. ونحن الان نعيش في بحبوحة من العيش والحمد لله. كل رجال العائلة يحبون ابي. ورغب عدد كبير منهم في مصاهرتنا ولكنهم طبعا سمعوا ان اولاد عمنا يريدوننا، فذهبوا اليهم وقالوا لهم اذا لم تقوموا بخطبة البنات فنحن عندنا من

يريد الزواج. فجاء عمي وطلب اختي التي تكبرني بسنة، فرح ابي وأمي جدا وقالا لعمي نحن ما عندنا مانع ولكن لازم نسأل البنت. وسألا اختي ورفضت الزواج من ابن عمي. ابي رجل ديمقراطي لا يرغمنا على فعل شيء لا نريده وخاصة موضوع الزواج. وانتهى الموضوع بسلام. وكانت اسباب رفض اختي لابن عمي عديدة منها انه غير متعلم وهي متعلمة، وانه انسان بلا شخصية وهي ذات شخصية قوية، وانها تريد ان تعمل اولا ثم تفكر في الزواج بعد ذلك. هنا تنتهي مشكلة اختي وتبدأ مأساتي.

قلت لك انهم منذ الصغر كانوا يقولون لي انت لابن عمك فلان، وكبرت وانا اعرف اني لابن عمي فلان. ولكني كنت اخذ الموضوع بالمزاح واقول لهم اني موافقة. ابن عمي هذا يشبهني. منذ ان تجاوزت سن الطفولة وبدأت علامات الانوثة في الظهور بدأت الاحظ ان ابن عمي هذا ينظر الي خفية دون ان يدع احدا يراه او يلاحظ ذلك. وكبرت وكبرت معي افكاري واحلامي وامالي. وبعد دخولي الكلية اصبحت اتخيل

صورة فتى الاحلام وزوج المستقبل ولكني كنت دائمة التفكير في ابن عمي المرشح لان يكون زوجا لي.

ابن عمي حصل على الثانوية العامة ولم يكمل تعليمه لان والده توفي. وكان لا بد ان يعمل ليعاون اخوته. وفعلا عمل في مجال البناء وعمله مربح جدا ويكسب منه الكثير. حاليا يعيش مع امه لا يوجد لديه البيت الذي يمكن ان نسكن فيه، الا انني افضله على الجميع ربما لانني احبه...نعم احبه من زمن طويل، ولكني لم ادرك ذلك الا عندما كبرت. افرح حينما يذكرونه امامي. افكر فيه. احلم انني وهو في بيتنا وحدنا. احلم اننا نحيا حياة سعيدة.

وهو يحبني ايضا. لقد قالها لي عندما طلب ان يخطبني من ابي وسألني ان كنت موافقة، قلت له لماذا انا دون سائر البنات؟ قال: لاني احبك منذ كنت صغيرة. لا يمكن ان تتصوري السعادة والفرحة التي احسست بها عندما عرفت ان حبي له يقابله حبه لي. لقد كنت اعرف انه يحبني من نظراته ومن اهتمامه بي... الى هنا تسير الامور بطريقة جيدة.

وافقت على الزواج ولكني اشترطت عليه شرطا وهو الا يطلب مني ان اعيش مع امه في بيت واحد. يجب ان يكون لي بيت مستقل. فأمه، رغم انها زوجة عمي، الا انها سيدة متسلطة جدا. وكان ذلك شرطي الوحيد، ووافق على ذلك. وجاء عمي الاخر ليطلبني من ابي له، فطلب ابي ان يعطوه فرصة ليسألني، وفعلا سألني ابي فاخبرته اني موافقة وقلت له عن شرطي الوحيد. وسألني اذا كان ابن عمي قد وافق على هذا الشرط فاجبته بالايجاب. وعادوا بعد يومين فقال لهم ابي اني موافقة ولكني اريد بيتا مستقلا فما رأيكم؟ فقالت زوجة عمي: الامر يعود لابني اسأله بنفسك. فسأله ابي. فقال: انا لا استطيع ان اوفر البيت الان. وانكر انه تحدث معي بهذا الخصوص وانه وافق على ان نستقل في المعيشة. لا يمكن ان تتصوري الألم الذي شعرت به وانا اسمع انكاره. تصورت ان يحدث اي شيء في العالم الا هذا الشيء لم اكن اتصوره ابدا ان يحدث. عندها قال له ابي ان البيت المستقل هو الشرط الاساسي لإتمام الزواج، وذهبوا بعد ذلك الى بيتهم وانتهى الموضوع عند هذا الحد. واعتبر اهلي الامر منتهيا ولم يفكروا بمشاعري. لا استطيع سيدتي ان اصف لك مشاعري في تلك اللحظة، احسست ان الدنيا سوداء، احسست اني مظلومة..نعم مظلومة..لقد ظلمني اهلي وظلمتني الظروف وظلمني ابن عمي منذ صغري يقولون لي سنزوجك ابن عمك وعندما كبرت استمروا في هذه الاقاويل. وعندما جاء ليخطبني منهم سألني ابي رأيي واخبرته اني موافقة ولكن في تلك الليلة صارحتني امي ان ابي غير موافق ولا يعتبر ان ابن عمي هو الشخص المناسب، وان اخي ايضا غير مرتاح لذلك الارتباط.

ما زال ابن عمي واخواته يزوروننا بحكم القرابة. ولكن منذ وقوع تلك الاحداث اصبحت اتحاشى مقابلته. مرة واحدة التقت عيناي بعينيه فرأيت نفس النظرة التي تعودت ان اراها منذ صغري..نظرة شوق ومحبة. وعلمت فيما بعد انه فاتح امه بخصوص استقلالنا في المعيشة فرفضت قائلة انها غير مستعدة لان تفقد ابنها وذكرته بمسؤوليته نحو اخواته. لقد طلب من ابي ان يمهله عاما او عامين ولكن ابي غضب ولم يوافق.

لقد مضت اربعة شهور. لقد ذهب غضبي منه وبقي الحب. لا يمر يوم دون ان افكر فيه، واحلم به. اني متعلقة به جدا ولا اتصور الزواج بغيره. انا متأكدة انه يحبني واني احبه ولا اريد ان افقده.

افكر في الاتصال به ولكني اخشى ان افقد كرامتي واحترامي لنفسي اذا بدأت بطلب اللقاء. اخشى ان افقد احترامه ايضا. ماذا يمكنني ان افعل؟

الحائرة

م. أ

تمرين ١٩   نشاط قراءة ثقافية

تعلموا هذه المفردات:

طالِق	مطلّقة
فَقيه ج فُقَهاء	jurisprudent, legal scholar
فَتْوَى	legal decision or ruling
الفَرَج	release (e.g., from hardship)

مفردات كلاسيكية:

بَعْض	أحد
أَحْسَن من	أجمل من (حَسَن = جميل)
غَدا الى	ذهب الى
أَصْبَحَ	قام في الصباح

الثقافة:

قَمَر	شيء جميل جدا جدا
المَنْصور	الخليفة العبّاسي الثاني
أبو حَنيفة	founder of one of the four Sunni schools of law, the Hanafi school

The following oaths function like English *I swear to God (I'll . . .) (if . . .)*

زوجتي طالق إنْ / إذا . . .

واللهِ . . .

وحياتِك . . .

The « و » in oaths is called « و » القَسَم (of swearing) and is followed by اسم مجرور .

«الفَرَج بعد الشِدّة»

كتاب للقاضي التنوخي (ت. سنة ٣٨٤ هـ)، جمع فيه قصصا كثيرة تحكي عن ناس وقعوا في مشاكل صعبة ثم تمّ «الفرج» منها ، أو حلها ، بفضل الله .

Read the story carefully (including the footnotes). You will need to use your dictionary and pay close attention to sentence structure and who is doing what. The following questions will help you by prompting you to figure out some of what is implied but not directly said.

١ـ أين وجد الراوي narrator هذه القصة؟

٢ـ لماذا قال عيسى بن موسى لزوجته « أنت طالق إن لم تكوني أحسن من القمر »؟

٣ـ لماذا ظنّت زوجته أنه قد طلّقها؟ هل كان يريد أن يطلقها؟

٤ـ « بات بليلة عظيمة » : هل هذا يعني ليلة ممتازة أو العكس؟ كيف عرفت ذلك؟

٥ـ الى من ذهب عيسى بن موسى ليساعده في حلّ المشكلة؟

٦ـ لماذا أحضر الخليفة المنصور الفُقَهاء؟ ما هي المسألة التي بحثوها؟

٧ـ ماذا قال الفقيه الحَنَفي (من أصحاب أبي حنيفة)؟ لماذا قال هذا؟

٨ـ كيف انتهت القصة؟

من كتاب: "الفرج بعد الشدّة" للقاضي ابي علي المحسن بن علي التنوخي

٤٨٠

أنت طالق إن لم تكوني أحسن من القمر

ووجدت في بعض الكتب :

أنّ عيسى بن موسى[١] ، كان يحب زوجته حبًّا شديداً ، فقال لها يوماً : أنتِ طالق ، إن لم تكوني أحسن من القمر .

فنهضت ، واحتجبت عنه ، وقالت : قد طلقتني ، فبات بليلة عظيمة .

فلمّا أصبح غدا الى المنصور ، وأخبره الخبر ، وقال : يا أمير المؤمنين ، إن تمّ طلاقها ، تلفت نفسي غمًّا ، وكان الموت أحبّ إليّ من الحياة .

وظهر للمنصور منه جزع شديد ، فأحضر الفقهاء ، واستفتاهم ، فقال جميع من حضر ، قد طلّقت ، إلاّ رجلاً من أصحاب أبي حنيفة ، فإنّه سكت .

فقال المنصور : ما لك لا تتكلم ؟

فقال : ﴿ **بسم الله الرحمن الرحيم * والتين والزيتون * وطور سنين * وهذا البلد الأمين * لقد خلقنا الإنسان في أحسن تقويم** ﴾[٢] ، فلا شيء أحسن من الإنسان .

فقال المنصور لعيسى بن موسى : قد فرّج الله تعالى عنك ، والأمر كما قال ، فأقم على زوجتك .

وراسلها أن أطيعي زوجك ، فما طلقت .

---

[١] أبو موسى عيسى بن موسى بن محمد (١٠٢–١٦٧ هـ) : ابن أخ للسّفاح الخليفة العباسي الأول، أمير ، من الولاة القادة .

[٢] القرآن الكريم، سورة التين ، ٩٥ : ١–٤ .

تمرين ٢٠ نشاط استماع

من كتاب «دراسات عن المرأة والرجل في المجتمع العربي»، للدكتورة نوال السعداوي ، المؤسسة العربية للدراسات والنشر، بيروت ، ١٩٩٠

لاحظوا هذه الكلمات:

عَدْل	justice
شُرْطة	بوليس
الطّاعة	obedience
قاضٍ	judge

استمعوا الى الشريط مرة وأجيبوا:

١- ما موقف علماء الدين الاسلامي من قضية «تعدّد الزوجات» في رأي د. السعداوي؟

٢- ما هي الدول العربية التي تذكرها د. السعداوي في كلامها؟

٣- ما رأي د. السعداوي في قانون الزواج والطلاق في مصر بالمقارنة الى البلاد العربية الاخرى التي ذكرتها؟

استمعوا مرة ثانية وأجيبوا :

٤- الى متى يرجع تاريخ قانون الزواج والطلاق في مصر ؟

٥- كيف تصف د. السعداوي قانون «بيت الطاعة»؟

٦- ما هو السبب في عدم وجود العدل في قوانين الزواج والطلاق في رأي الدكتورة ؟

تمرين ٢١ نشاط استماع

والآن استمعوا الى هذه الفقرات من النص مرة ثانية واكتبوا الكلمات في الفراغ:

______ في الدين الاسلامي حول موضوع كتعدد الزوجات مثلا

______ علماء الدين ______ ، فريق من هؤلاء

يرى أن ______ يمنع *prevents* ______ ، ويستند في ذلك الى

______ في سورة ______ «فانكحوا ما طاب لكم من النساء

مثنى وثلاث ورباع فإن خفتم ألا تعدلوا فواحدة » ويقول هؤلاء إن ______

______ لانها تشترط العدل بين الزوجات ______

______ لأن معنى التعدد هو ______ ، تفضيل الزوجة اللاحقة على

______ ، ويكفي هذا التفضيل انه ______ على اي رجل.

______ في الدين الاسلامي ______ في الاسلام

ليس حقا مطلقا *absolute* للزوج ______ معظم البلاد العربية ومنها

مصر، وانه ______ الزوج الى القاضي .

وفي ضوء ما سبق ______ من اكثر القوانين

تخلفا في البلاد العربية ______ ، هذا القانون الذي صدر في سنة

______ ، أي ______ و ______ يتحكم في

مصائر النساء .

ـــــــــــــ في قانون الزواج والطلاق في مصر وعدد من البلاد

العربية ـــــــــــــ «بيت الطاعة» و ـــــــــــــ تطلق

على الزوجة احيانا وهي «النشوز».

ان قانون الزواج والطلاق في ـــــــــــــ

بقايا قوانين الاقطاع الأبوية التي ـــــــــــــ كقطعة ـــــــــــــ يمتلكها

الرجل ملكية تامة ويفعل بها ما يشاء . ولست اظن ان الزوجة العربية ـــــــــــــ

ـــــــــــــ في ـــــــــــــ ما دام المجتمع العربي

ـــــــــــــ . إن ـــــــــــــ هي احدى المؤسسات اللازمة

هذا المجتمع الطبقي الأبوي ـــــــــــــ .

| تمرين ٢٢ | نشاط محادثة في مجموعات صغيرة |

مشاكل وحلول

في مجموعات من اثنين: تقوم كل مجموعة بعرض برنامج راديو حول المشاكل العائلية، فيقوم واحد بالاتصال بالبرنامج والكلام عن مشكلة يواجهها ، بينما يقوم الثاني بدور مُضيف host البرنامج الذي يحاول تقديم نصائح للسائل .

تمرين ٢٣ نشاط كتابة (داخل الصف)

اقرأوا هذا النص ثم أكملوه باستخدام أدوات الربط *connectors* **المناسبة من:**

و أو وكذلك وبالاضافة الى ذلك ومن جهة أخرى

فـ لِذا ولذلك كما أنّ بينما وفوق هذا كله

يشهد الوطن العربي منذ فترة غير يسيرة تحوّلات مهمة امتدت الى مختلف مجالات الحياة ـــــــ مظاهرها ـــــــ تركت أثرا واضحا في المؤسسات الاجتماعية خصوصا . ـــــــ الأسرة هي احدى المؤسسات التي اصبحت ميدانا لبروز الظواهر الجديدة ـــــــ انتشارها .

لقد أخذت سلطة الاب في الأسرة تتراجع ، ـــــــ انتشرت روح التمرد على الأسرة بين الأبناء ـــــــ بدأت تضعف صلاتهم بأفراد العائلة الآخرين كالأعمام ـــــــ الأخوال ـــــــ غيرهم . ـــــــ خرجت المرأة الى سوق العمل ، ـــــــ غيّرت بذلك صورتها التقليدية كـ "سيدة بيت" ، ـــــــ بدأت تشارك في تحمّل تكاليف معيشة الأسرة من دخلها الشخصي من العمل ، ـــــــ ضربت بذلك نظرية اعتمادها على الرجل . ـــــــ المرأة بدأت تناقش زوجها في مختلف القضايا ـــــــ المواضيع التي تؤثر على حياتهما المشتركة .

ـــــــ أصبح الحب ـــــــ العاطفة يشكلان الأساس الذي يقوم عليه الزواج بعدما ظلّ لوقت طويل قائماً على الترتيبات ـــــــ الرغبات العائلية ـــــــ قلّت نسبة الزواج من أبناء الأعمام ـــــــ ازدادت نسبة الزواج المختلط . ـــــــ فقد أدت الأوضاع الاقتصادية الى تأخير سن الزواج بشكل ملحوظ ـــــــ خاصةً في المدن ، فـ ـــــــ كان الشاب في الماضي يقبل على الزواج في سن السابعة عشرة ـــــــ

الثامنة عشرة صرنا نجده اليوم غير قادر على الزواج قبل سن الرابعة والعشرين على الأقل . ـــــــــ ازدادت حالات الطلاق بين الأزواج ـــــــــ أصبحت الخلافات بينهم بينة ظاهرة للآخرين بعد ان كانت تبقى محصورة في نطاق ضيق .

ـــــــــ بدأت علاقات جديدة كالمساواة والديمقراطية والحوار تحاول فرض نفسها على العلاقة بين مختلف أعضاء الأسرة .

أمام هذه التغيرات التي أصابت مؤسسة الأسرة في بنيتها وشكلها وحجمها ومشاكلها ظهرت كتابات كثيرة حاولت ان تتناول هذه القضايا ـــــــــ الأمور ـــــــــ تعالجها .

ـــــــــ الحقيقة ان الدارس لأوضاع الأسرة العربية بشكل عام ، يجد ان الدراسات التي تتناول الأسرة العربية متأثرة الى حد بعيد بالقوانين ـــــــــ التنظيمات الاسلامية . ـــــــــ قد لجأ معظم هذه الدراسات الى الدين ليظهر خطأ التطور الذي تعرضت له الأسرة ـــــــــ ليبين ان ما أدى الى هذا كله هو ابتعاد المسلمين عن الدين في حياتهم .

ـــــــــ يلاحظ الدارس قلة عدد الأبحاث التي قام بها علماء الاجتماع ـــــــــ علماء النفس الاجتماعيون ـــــــــ الانثروبولوجيون العرب في هذا المجال . ـــــــــ مثل هذه الدراسات ، اذا توفرت، يمكنها ان تساعد على بلوغ فهم أعمق ـــــــــ أشمل للتحولات التي تعرضت لها الأسرة العربية .

ـــــــــ فإننا نقدم هذا الكتاب كمحاولة متواضعة منا لرفع مستوى الوعي الاجتماعي للأسباب الحقيقية التي أدت الى حدوث هذه التحولات .

من مقدمة كتاب "تطور بنى الأسرة العربية" (بتصرف)
تأليف : د. زهير حطب ، معهد الانماء العربي ، بيروت ، ١٩٨٣

تمّ

بحمد الله

قاموس عربي-إنجليزي
Arabic-English Glossary

أ

interrogative particle used to introduce a yes/no question	أ
interrogative particle used to introduce a question to which a positive answer is expected	ألا
(not) at all, (n)ever	*(with negative)* أبَدًا
father	أب ج. آباء
to refuse	أبى ، يَأْبى
to come	أتَى ، يَأتي ، الإتيان
to bring	أتى بـِ
to be influenced by	تَأثَّرَ بـِ ، يَتَأثَّر ، التَّأثُّر
to influence, leave a mark on	أثَّرَ في/على ، يُؤَثِّر ، التَّأْثير
mark, trace; *(plural)* antiquities, ancient monuments	أَثَر ج. آثار
to rent	اِسْتَأْجَرَ ، يَسْتَأْجِر ، الاِسْتِئْجار
rent	إيجار ج. -ات
one (of)	أحَد ، مؤنث: إحدى
Sunday	الأحَد
brother	أخ ج. إخْوة
sister	أُخْت ج. أخَوات
to take	أخَذَ ، يَأْخُذ ، الأخْذ
to begin	أخَذَ **(في الماضي) + المضارع المرفوع**

to take up, take on, adopt	اِتَّخَذَ ، يَتَّخِذ ، الاتِّخاذ
to delay	أخَّرَ ، يُؤَخِّر ، التَّأْخير
to be late, fall behind	تأخَّرَ ، يَتَأَخَّر ، التَأَخُّر
last, last ones (e.g., years or days)	آخِر ج. آخِرون/ أواخِر
other	آخَر ج. آخَرون ، (مؤنّث : أُخرى ج. أُخريات)
final, latest, latter	أخير
finally, at last	أخيرًا
late	متَأَخِّر ج. ـون
literature	أدَب ج. آداب
litterateur, writer	أديب ج. أُدَباء
connectors	أدَوات الرَبْط
to lead to	أدّى الى ، يُؤَدّي
because, since	إذْ
if	إذا + **الماضي**
to permit someone (to)	أذِنَ لـ(ـه) ، يأذَن ، الإذْن (بـ/في)
minaret	مِئْذَنة ج. مَآذِن
date; history	تاريخ ج. تَواريخ
rice	أرُزّ
earth, land, ground	أرْض ج. أراضٍ/ الأراضي
predicament, dilemma	مَأزِق ج. مآزِق
to found, establish	أسَّسَ ، يُؤَسِّس ، التَّأسيس
to be founded, established	تَأَسَّسَ ، يَتَأَسَّس ، التَّأَسُّس
basis, foundation	أساس ج. أُسُس
basic	أساسيّ
foundation, establishment, commercial firm	مُؤَسَّسة ج. ـات
professor, teacher	أُسْتاذ ج. أساتِذة
family	أُسْرة ج. أُسَر

descent, origin	أَصْل ج. أُصول
the ancient Greeks	الإغْريق
to confirm, give assurance, emphasize	أكّد (أنّ) ، يُؤَكّد ، التأكيد
to eat	أكَلَ ، يأكُل ، الأكْل
food	مأكول ج. -ات
not to	ألاّ (أنْ + لا)
except	إلاّ
do not . . . or else	لا (تفعلْ) . . . وإلا (فـ) . . .
which *(feminine)*	الّتي ج. اللّواتي / اللاّتي
which *(masculine)*	الّذي ج. الّذينَ
thousand	ألْف ج. آلاف / أُلوف
until	الى أنْ **+ الماضي أو المضارع المنصوب**
or	أم
mother	أُمّ ج. أُمّهات
nation, people	أُمّة ج. أُمَم
United Nations	الأُمَم المُتّحِدة
in front of, before	أمامَ
(prayer or religious) leader	إمام
as for ...	أمّا ... فَـ ...
to order, give an order to	أمَرَ (بـ) ، يأمُر ، الأمر
matter, affair, concern	أمْر ج. أُمور
at first	في بادِئ الأمر
in truth, in reality	في حقيقة الأمر
order, command	أمْر ج. أوامِر
imperative	(فعل) الأمْر
commander	أمير ج. أُمَراء
conference	مُؤْتَمَر ج. -ات

yesterday	أَمْسِ
to believe in/that	آمَنَ (بِـ/ أَنَّ) ، يُـؤمِن ، الإيمان
not to	أَلّا (أَنْ + لا)
although, despite the fact that ..., ...	مـع أَنَّ ... (فَـ/فإِنَّ) ...
Nonetheless, ... ; However, ...	عَلى أَنَّ
if	إِنْ
even if	وإِنْ (كان) ...
feminine	مُؤَنَّث
English	إِنْجليزي (إِنكليزي) ج. إِنْجليز (إِنكليز)
people	نـاس
human being	إِنْسان/ة
Miss	آنِسة ج. –ات
to resume	اِسْتَأْنَفَ ، يَسْتَأْنِف ، الاسْتِئْناف
people (of); family	أَهْل ج. أهالٍ /(الـ)أهالي
credentials, especially academic degrees	مؤَهِّلات
first (*masculine*), first ones (often: years or days)	أوَّل ج. أوَل /أوائِـل
first (*feminine*)	أُولى ج. أولَيات
(of) first-rate, first class (quality)	مِن الطِراز الأوَّل
now	الآن
verse (of the Quran)	آيَة ج. –ات
i.e.	أَيْ
which ...?	أَيّ ...؟
any	أَيّ/أَيّة
to support	أَيَّد ، يُؤَيِّد ، التَأْيِيد
also	أَيْضًا
Classical particle of address (vocative)	أَيُّها (مؤنث : أَيَّتُها)

ب

to look for, search for	بَحَثَ عن ، يَبْحَث ، البَحث
research	بَحْث (علمي) ج. أبحاث
sea	بَحْر ج. بِحار /بُحور
it is necessary, inevitable that	لا بُدَّ (من) أنْ
to begin	بَدَأ ، يَبْدَأ ، البَدْء
beginning	بِداية ج. -ات
primary	ابْتِدائي
subject of a nominal clause	مُبْتَدَأ
at first	في بادِئ الأمر
marvelous, amazing, unique	بَديع
to exchange	تَبادَلَ ، يَتَبادَل ، التَّبادُل
suit	بَدلة ج. بَدَلات /بِدَل
fat	بَدين
to appear, seem that	بَدا ، يَبْدو أنَّ
see د-و-ن	بِدون
cold *(noun)*	بَرْد
cold *(adjective)*	بارِد
mail, post	بَريد
to come out, appear	بَرَزَ ، يَبْرُز ، البُروز
prominent	بارِز ج. -ون
skill, talent	بَراعة
to seek the blessings of (someone/something holy)	تَبَرَّكَ بـ ، يَتَبَرَّك ، التَّبَرُّك

blessings	بَرَكة ج. -ات
congratulations!	مَبْروك
program	بَرْنامَج ج. بَرامِج
game, match	مُباراة ج. مُبارَيات
simple, uncomplicated	بَسيط ج. بُسَطاء
good news	بِشارة
onions	بَصَل
imprint, impression	بَصْمة ج. بَصَمات
goods, merchandise	بِضاعة ج. بَضائِع
ticket, card	بِطاقة ج. -ات
belly, stomach	بَطن ج. بُطون
mission, delegation, group of exchange students	بَعْثة ج. -ات
after	بَعدَ أنْ **+ الماضي/المضارع المنصوب**
(a day/a week/a year) after	بعد ... بـ(يوم /أسبوع /سنة ...)
afternoon	بَعْدَ الظُّهْر
afterward, later	فيما بعدُ
far, distant (from)	بَعيد (عن)
some of	بَعْض
each other	بعضـ ... البعض/بعضاً
mule	بَغْل ج. بِغال
to remain, to keep on	بَقِيَ ، يَبْقى ، البَقاء
to make stay, to retain, to preserve, to keep, let remain	أبْقى (على) ، يُبْقي ، الإبْقاء
the rest, remainder of	بَقِيّة
bachelor's degree	بَكالورْيوس
to originate, create	ابْتَكر ، يَبْتَكِر ، الابْتِكار
to cry, weep	بَكى ، يَبْكي ، البُكاء
country	بَلَد ج. بِلاد/بُلدان

small town	بَلْدة
to reach, attain (number, place)	بَلَغَ ، يَبلُغ ، البُلوغ
(I) heard that, (news) reached me that ...	بَـلَـغَـ(ني) أنّ
having reached the age of ... (lit., his age having reached ...)	وقد بلغ عمرُه ...
to inform someone of	أبلَغَ (ـه) بـ ، يُبْلِغ ، الإبْلاغ
son	اِبْن ج. أبْناء
daughter	اِبنة ج. بَنات
girl, daughter	بِنْت ج. بَنات
brown	بُنّيّ
(a pair of) pants	بَنْطَلون ج. بَنْطَلونات
purple	بَنَفْسَجِيّ
to build	بَنى ، يَبْني ، البِناء
building	بِنايَة ج. -ات
building	مَبْنى ج. مَبانٍ / المباني
door	باب ج. أبْواب
doorman	بَوّاب ج. -ون
environment	بيئة ج. -ات
to spend the night	باتَ ، يَبيت ، المَبيت
house	بَيْت ج. بُيوت
permissible	مُباح
white	أبْيَض ج. بيض (مونّث : بَيْضاء ج. بَيْضاوات)
whiteness	بَياض
to clarify, make evident	بَيَّنَ (أنّ) ، يُبيِّن ، التَّبيين
between	بَيْنَ
while	بَيْنَما
clear, obvious	بَيِّن

ت

to follow (e.g., someone), pursue, be attached to	تَبِعَ ، يَتْبَع ، التَّبَع
to follow (something) with (something)	أَتْبَعَ(ـه) بـ ، يُتْبِع ، الإتْباع
to follow (e.g., instructions)	اِتَّبَعَ ، يَتَّبِع ، الاتِّباع
commerce, trade	التِّجارة
commercial	تِجاريّ
merchant, trader	تاجِر ج. تُجّار
below	تَحْتَ
museum	مَتْحَف ج. مَتاحِف
see و-ر-ث	تُراث
to translate	تَرْجم ، يُترجِم ، التَرْجَمة
translator	مُتَرْجِم ج. -ون
to leave (something)	تَرَكَ ، يَتْرُك ، التَّرْك
Turk, Turkish	تُركِيّ ج. الأتراك
tired	تَعْبان ج. -ون
that *(demonstrative pronoun, feminine)*	تِلْكَ ج. أولـئِكَ (مذكّر: ذلِك)
pupil, student	تِلْميذ ج. تَلاميذ / تَلامِذة
following	تالٍ /(الـ)تالي
to be completed	تَـمَّ ، يَتِمّ ، التَّمام + **المصدر**
to complete (something)	أتمَّ ، يُتِمّ ، الإتمام
completely	تَماماً
to grant (something) to (someone)	أتاحَ (ـه) لِـ ، يُتيح ، الإتاحة

ث

fixed, firmly established, proven	ثابِت
to prove	أثْبَتَ ، يُثْبِت ، الإثْبات
culture	الثّقافة
educated, intellectual, cultured (elite)	مُثقَّف ج. -ون
heavy (in weight or density)	ثَقيل
one-third	ثُلْث
Tuesday	الثُّلاثاء
snow, ice	ثَلْج
snowy	مُثْلِج
then	ثُمَّ
Monday	الاثْنَيْن
second	ثانٍ /الثاني
secondary	ثانَويّة
Baccalaureate	الثانَويّة العامَّة
the dual	المُثَنّى
reward from God	ثَواب
clothes	ثِياب
like, equivalent to, functioning as	بِمَثابةِ **+ اسم في إضافة**
to revolt against	ثارَ (على) ، يَثور ، الثَّورة
to stir up, arouse	أثارَ ، يُثير ، الإثارة
revolution	ثَوْرة ج. -ات
garlic	ثوم

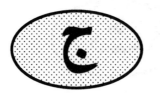

ج

mountain	جَبَل ج. جِبال
grandfather	جَدّ ج. جُدود / أجداد
grandmother	جَدّة ج. جَدّات
very	جِدّاً
new	جَديد ج. جُدُد
we should, we ought to (lit., it behooves us to)	يَجدُر بنا أنْ
debate	جَدَل
chart, table, schedule	جَدْوَل
agenda	جَدوَل أعمال
use, worth	جَدْوى
root	جَذر ج. جُذور
genitive case *(of nouns)*	المَجْرور
experience	تَجْرِبة ج. تَجارِب
mere	مجرَّد **+ اسم في إضافة**
newspaper	جَريدة ج. جَرائِد
to run; happen	جَرَى ، يَجْري ، الجَري
part of	جُزْء (من) ج. أجْزاء
butcher	جَزّار ج. ـون
island	جَزيرة ج. جُزُر
jussive mood *(of verbs)*	المَجزوم
body	جِسم ج. أجسام

to cause, make (someone/something)	جَعَلَ ، يَجْعَل ، الجَعْل
to begin	جَعَلَ **(في الماضي) + المضارع المرفوع**
magazine, journal	مَجَلّة ج. -ات
to bring	جَلَبَ ، يَجْلِب ، الجَلْب
traditional gown-like garment worn by both men and women	جَلاّبيّة ج. -ات
to sit	جَلَسَ ، يَجْلِس ، الجُلوس
gathering	جَلْسة ج. -ات
(representative) assembly	مَجلِس (نِيابي) ج. مَجالِس
evacuation (by an occupying force)	الجَلاء عن
foreign community	جالية ج. -ات
to gather, collect (something)	جَمَعَ ، يَجْمَع ، الجَمع
to link, bring together	جَمَعَ بين ، يَجمَع ، الجَمْع
to gather together, gather	تَجَمَّعَ ، يَتَجَمَّع ، التَّجَمُّع
to convene, meet (with)	اِجْتَمَعَ (مع) ، يَجْتَمِع ، الاِجْتِماع
plural	جَمْع
Friday	الجُمْعة
society, organization	جَمْعيّة ج. -ات
group (of people)	جَماعة ج. -ات
all; everyone	جَميع ؛ الجَميع
together, altogether	جَميعًا
sociology	(عِلْم) الاِجْتِماع
social	اِجْتِماعيّ
mosque	جامِع ج. جَوامِع
university	جامِعة ج. -ات
group	مَجْموعة ج. -ات
society	مُجْتَمَع .ج. -ات
sentence, clause	جُمْلة ج. جُمَل

beauty	جَمال
aesthetics	عِلم الجَمال
beautiful	جَميل
flattery, insincere praise	مُجامَلة ج. -ات
genie, demon	جِنّيّ ج. جانّ
genies *(collective plural)*	الجِنّ
paradise	جَنّة ج. -ات
south	جَنوب
side, aspect	جانِب ج. جَوانِب
next to	بِجانِب
foreign, foreigner	أَجْنَبيّ ج. أَجانِب
sex, gender; class, genus	جِنس
nationality	جِنْسِيّة ج. جِنْسِيّات
to struggle, to exert oneself for a purpose	جاهَدَ ، يُجاهِد ، الجِهاد
to be ignorant of	جَهِلَ ، يَجْهَل ، الجَهْل
weather	جَوّ ج. أَجْواء
to answer (a question)	أَجابَ (عن) ، يُجيب ، الإجابة
to respond positively to	تَجاوَبَ (مع) ، يَتَجاوَب ، التَّجاوُب
good	جَيِّد ج. -ون /جِياد
(good) quality, goodness	الجودة
neighbor	جار ج. جيران
to pass, be permissible	جازَ ، يَجوز ، الجَواز
passport	جَواز سَفَر ج. جَوازات سَفَر
vacation, leave of absence	إجازة ج. -ات
prize	جائِزة ج. جَوائِز
to roam around in, circulate	تَجَوَّلَ (في) ، يَتَجَوَّل ، التَجَوُّل
field, area (e.g., of inquiry, study)	مَجال ج. -ات

جاءَ ، يَجيء ، المَجيء	to come
جاءَ بِـ	to bring
جَيْش ج. جُيوش	army
جيل ج. أجْيال	generation

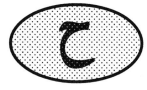

ح

أحَبَّ ، يُحِبّ ، الحُبّ	to love
حَتّى	until
حَتّى + **المضارع المنصوب**	so as to
الحَجّ	the pilgrimage to Mecca
حاجّ ج. حُجّاج	pilgrim (especially one who has performed pilgrimage to Mecca)
الحِجاب	veil or scarf covering the hair
حَدَّدَ ، يُحَدِّد ، التَّحْديد	to determine, set (e.g., a time or limit)
حَدّ ج. حُدود	limit, border, extent
الى أقصى حَدّ ، الى حدّ كبير	to the greatest extent; to a large extent
الى حَدٍّ ما	to some extent
حادّ (المصدر: الحِدّة)	sharp
مَحْدود	limited
حَدَثَ ، يَحْدُث ، الحُدوث	to happen
حَدَّثَ ه ، يُحَدِّث	to speak to someone
تَحَدَّثَ (عَن ، مع) ، يَتَحَدَّث ، التَحَدُّث	to talk, speak (about, with)
حَدَث ج. أحْداث	event
حَديث ج. أحاديث	speech; Prophetic tradition
حَديث	modern, new

conversation	مُحادَثة ج. -ات
accident	حادِث ج. حَوادِث
garden, park	حَديقة ج. حَدائِق
challenge	تَحَدٍّ/التَحَدّي ج. تَحَدِّيات
(pair of) shoes	حِذاء ج. أَحْذِية
hot	حارّ
freedom	حُرِّيّة ج. -ات
editing, writing; liberation	التَّحْرير
to be keen on	حَرَصَ (على) ، يَحْرِص ، الحِرْص
movement, motion	حَرَكة ج. -ات
to forbid (something) (to someone)	حَرَّمَ (ـه) (على) ، يُحَرِّم ، التَّحْريم
to respect	اِحتَرَمَ ، يَحْتَرِم ، الاِحْتِرام
wife	حَرَم
women or their (secluded) quarters	الحَريم
unlawful (from a religious or moral standpoint)	حَرام
(political) party	حِزْب ج. أَحْزاب
sadness, sorrow	حُزْن ج. أَحْزان
to calculate	حَسَبَ ، يَحْسُب ، الحِساب
to decide once and for all, settle (e.g., a question)	حَسَمَ ، يَحْسِم ، الحَسْم
to do well, be good at	أَحْسَنَ
good	حَسَن
best	أَحْسَن
to limit (something) to	حَصَرَ (ـه) في ، يَحصِر ، الحَصْر
to get, obtain	حَصَلَ على ، يَحْصُل ، الحُصول
to come (to), attend	حَضَرَ (إلى) ، يَحْضُر ، الحُضور
to prepare (e.g., food, a lesson)	حَضَّرَ ، يُحَضِّر ، التَّحْضير
the present	الحاضِر

civilization	حَضارة ج. ـات
lecture	مُحاضَرة ج. ـات
large city	حاضِرة ج. حَواضِر
station	مَحَطّة ج. ـات (أوتوبيس ، قِطار ، راديو ، بنزين ...)
luck	حَظّ
grandchild	حَفيد/ة ج. أحْفاد
to memorize; to keep, preserve	حَفِظَ ، يَحْفَظ ، الحِفْظ
province	مُحافَظة ج. ـات
to celebrate	اِحْتَفَلَ بـ ، يَحْتَفِل ، الاِحْتِفال
party	حَفلة حَفَلات
concert	حفلة موسيقيّة
to realize, achieve	حقَّقَ ، يُحَقِّق ، التَحْقيق
right(s)	حَقّ ج. حُقوق
law	الحُقوق
truth, reality	حَقيقة ج. حَقائِق
actually, in truth	في الحَقيقة
in truth, in reality	في حقيقة الأمر
real, actual	حَقيقِيّ
to rule	حَكَمَ ، يَحْكُم ، الحُكْم
government	حُكومة ج. ـات
to tell, relate (a story)	حَكى ، يَحْكي ، الحِكاية
story, tale	حِكاية ج. ـات
professional storyteller	الحَكَواتي ج. ـون
to solve	حَلَّ ، يَحُلّ ، الحَلّ
to occupy	اِحْتَلَّ ، يَحْتَلّ ، الاِحتِلال
solution (to a problem)	حَلّ ج. حُلول
place	مَحَلّ ج. ـات

local	مَحَلّيّ
milk	حَليب
to dream of	حَلَمَ بِـ ، يَحْلُم ، الحُلْم
dream	حُلْم ج. أحْلام
sweet	حُلْو
desserts	حَلَويّات
how beautiful is ... !	ما أحْلى ... !
to bathe	اِسْتَحَمَّ ، يَسْتَحِمّ ، الاِسْتِحمام
bathroom	حَمّام ج. -ات
swimming pool	حَمّام سِباحة
red	أحْمَر ج. حُمْر (مؤنّث : حَمْراء)
carry	حَمَلَ ، يَحْمِل ، الحَمْل
offensive, campaign	حَمْلة ، ج. حَمَلات
carrier	حامِل ج. -ون /حَمَلَة
father-in-law	حَمٌ (حَمو + **إضافة**)
mother-in-law	حَماة ج. حَمَوات
lawyer	مُحامٍ /(الـ)مُحامي ج. مُحامون
tenderness, affection	حَنان
longing, yearning	حَنين
shop	حانوت ج. حَوانيت
Eve	حَوّاء
to need, be in need of	اِحْتاجَ (الى) ، يَحْتاج ، الاِحْتِياج
need, necessity	حاجة ج. -ات
in need of	بِحاجة إلى
neighborhood; small street	حارة ج. -ات
dialogue	حِوار ج. -ات
courtyard	حَوْش

ocean; environment	مُحيط ج. ـات
to stand in the way of	حَالَ (دون) ، يَحول ، الحَيْلولة
to try, attempt	حاوَلَ ، يُحاوِل ، المُحاولة
to transform, change into	تَحَوَّلَ (الى) ، يَتَحوَّل ، التَّحوُّل
state, condition	حال ج. أحْوال
in this manner, fashion	على هذه الحال
state, situation, case	حالة ج. ـات
presently, immediately	حالاً ، في الحال
present	حاليّ ج. ـون
roughly, around	حَوالى
impossible	مُسْتَحيل
to contain	اِحتَوى (على) ، يَحتَوي ، الاِحتِواء
quarter (of a city)	حَيّ ج. أَحْياء
life	الحَياة
where *(not a question)*	حَيْثُ
in terms of, regarding	من حيثُ
when *(not a question)*	حينَ
whereas	في حين
sometimes	أَحْيانًا

خ

to inform (someone) of (news)	أَخْبَرَ (ـه) (بـ) ، يُخْبِر ، الإخْبار
news; predicate of a nominal clause	خَبَر ج. أَخْبار
experience	خِبْرة ج. ـات

bread	خُبْز
shyness, abashment	الخَجَل
shy, abashed	خَجول ج. ـون
drugs	مُخَدِّرات
to serve	خَدَمَ ، يَخْدِم ، الخِدمة
to use	اسْتَخدَمَ ، يَسْتَخْدِم ، الاِسْتِخْدام
to go out	خَرَجَ ، يَخْرُج ، الخُروج
to graduate (someone)	خَرَّج ، يُخَرِّج ، التَّخريج
to cause to go/come out, produce	أَخْرَجَ ، يُخْرِج ، الإخْراج
to graduate	تَخَرَّجَ ، يَتَخَرَّج ، التَخَرُّج
(a) graduate (of)	خِرّيج ج. ـون
outside	خارِجَ
to invent	اِخْتَرَعَ ، يَخْتَرِع ، الاِخْتِراع
fall, autumn	الخَريف
to set aside, designate	خَصَّصَ ، يُخَصِّص ، التَّخْصيص
to specialize	تَخَصَّصَ ، يتَخَصَّص ، التَّخَصُّص
special characteristics	خَصائِص
special; (its) own, private	خاصّ
of special concern to (someone)	خاصّ بِـ
especially	خاصّةً
specializing, specialist in	مُتَخَصِّص في ج. ـون
especially since	خُصوصًا وأنّ ...
to abbreviate, abridge	اِخْتَصَرَ ، يَخْتَصِر ، الاِخْتِصار
vegetables	خُضار
green	أَخْضَر (مؤنث : خَضْراء)
error, mistake	خَطَأ ج. أَخْطاء
to become engaged	خَطَبَ ، يَخْطُب ، الخُطْبة/الخُطوبة

to speak, address (someone)	خَاطَبَ ، يُخَاطِب ، الخِطَاب
discourse	خِطَاب
it occurred to (e.g., of an idea)	خَطَرَ على بالِـ(ـه) ، يَخْطُر
dangerous, serious	خَطِر / خَطِير
light (in weight or density)	خَفِيف
during	خِلالَ
through, by way of, from	مِن خِلال
(Arabian/Persian) Gulf	الخَلِيج (العَرَبي/الفارِسي)
to save, rescue, rid (someone) of	خَلَّص (ـه) (مِن) ، يُخَلِّص ، التَّخْلِيص
to take off (clothes)	خَلَعَ ، يَخْلَع ، الخَلْع
to succeed, be a successor of	خَلَفَ ، يُخْلُف ، الخِلافة
to violate (law), go against	خَالَفَ ، يُخَالِف ، المُخَالفة
to differ from	اِخْتَلَفَ (مِن /عَن) ، يَخْتَلِف ، الاِخْتِلاف
to disagree on, about	اِخْتَلَفَ على
irrespective of the difference ..., of all different ...	**على اخْتِلاف + اسم في إضافة**
caliph, successor (*masculine*)	خَلِيفة ج. خُلَفاء
caliphate	الخِلافة
background	خَلْفِيّة ج. -ات
different (from)	مُخْتَلِف (عن) ج. -ون
morals	أَخْلاق
to be empty of	خَلا (مِن) ، يَخْلو ، الخُلُوّ
wine	خَمْر ج. خُمور
Thursday	الخَمِيس
to guess	خَمَّنَ ، يُخَمِّن ، التَّخْمِين
pig, pork	خِنْزِير ج. خَنازِير
to fear, be afraid (of)	خَافَ (مِن) ، يَخَاف ، الخَوْف
scared	خَائِف ج. -ون

uncle (maternal)	خال ج. أخْوال
aunt (maternal)	خالة ج. -ات
to betray, to cheat, to be disloyal	خانَ ، يَخون ، الخِيانة
to choose	اِخْتارَ ، يَخْتار ، الاخْتِيار
well, fine (said of people only)	بِخَيْر
charitable, philanthropic	خَيْريّ
imagination	خَيال
imaginary	خَيالِيّ

د

chicken *(collective)*	دَجاج
to enter	دَخَلَ ، يَدْخُل ، الدُّخول
to overlap with each other	تَداخَلَ ، يَتَداخَل ، التَّداخُل
income	دَخْل
to smoke	دَخَّنَ ، يُدَخِّن ، التَّدْخين
smoke	دُخان
degree; class, rate (e.g., first, second, etc.)	دَرَجة ج. -ات
colloquial, popular (language)	الدّارِجة (اللغة أو اللَهْجة)
gradually, by degrees	تَدْريجِيّاً
to study	دَرَسَ ، يَدْرُس ، الدِّراسة
to teach	دَرَّسَ ، يُدَرِّس ، التَّدْريس
lesson	دَرْس ج. دُروس
study (of), studies	دِراسة ج. -ات
school	مَدْرَسة ج. مَدارِس
to overtake; realize	أَدْرَكَ ، يُدرِك ، الإدْراك

to call for; invite (someone) to	دَعا الى ، يَدعو ، الدَعْوة
to call or send for someone, summon	اِسْتَدْعى ، يَسْتَدْعي ، الاِسْتِدْعاء
invitation; call	دَعْوة ج. دَعَوات
copybook, notebook	دَفْتَر ج. دَفاتِر
impetus, motive	دافِع ج. دَوافِع
cannon	مِدْفَع ج. مَدافِع
minute	دَقيقة ج. دَقائِق
doctor	دُكتور/ة ج. دَكاتِرة
Ph.D.	الدُّكْتوراه
store, shop	دُكّان ج. دَكاكين
to indicate, point to	دَلَّ (على) ، يَدُلّ ، الدَّلالة
blood	دَم ج. دِماء
the world	الدُّنْيا
to be amazed	دُهِشَ ، يُدْهَش ، الدَّهْشة
to revolve (around)	دارَ (حَول) ، يَدور ، الدَّوَران
house	دار ج. دُور
Casablanca	الدّار البَيْضاء
role	دَوْر ج. أدوار
periodical	دَورِيّة ج. -ات
business administration	إدارة الأعْمال
director	مُدير ج. -ون /مُدَراء
nation, state	دَولة ج. دُوَل
international	دَوْليّ /دُوَليّ
always	دائِماً
to write down, record (in writing)	دَوَّنَ ، يُدَوِّن ، التَّدْوين
without	دونَ / بِدونِ

roar, reverberation	دَوِيّ
religion	دين ج. أدْيان

ذ

to be richly supplied with	ذَخَرَ بِـ
that *(demonstrative pronoun, masculine)*	ذٰلِكَ ج. أولـٰئِكَ (مؤنّث : تِلْكَ)
also, likewise	كَذٰلِكَ
so, thus	لِذٰلِكَ
so, thus	لِذا
moreover, ...	وفوق ذلك (هذا) كلّه (فـ/فإنّ) ...
nonetheless, nevertheless, in spite of that,	ومع ذلك (فـ/فإنّ)
to recall; mention	ذَكَرَ ، يَذْكُر ، الذِّكْر
to remind (someone) (of)	ذَكَّرَ (ـه) (بـ) ، يُذَكِّر ، التَّذْكير
to study, review lessons, do homework	ذاكَرَ ، يُذاكِر ، المُذاكَرة
to remember	تَذَكَّرَ ، يَتَذَكَّر ، التَّذَكُّر
memory	ذِكرى ج. ذِكْرَيات
masculine	مُذَكَّر
memoirs, notes	مُذَكِّرات
smart, intelligent	ذَكِيّ ج. أذْكِياء
to go	ذَهَبَ ، يَذْهَب ، الذَّهاب
to take (someone)	ذهب بِـ
gold	ذَهَبِيّ
possessing	ذو (ذا ، ذي) ، (مؤنث:) ذات
self, same	ذات ج. ذَوات

ر

to preside over	رَأَسَ ، يَرْأَس ، الرِّئاسة
presidency	رِئاسة ج. -ات
head	رَأس ج. رُؤوس
president	رَئيس ج. رُؤَساء
to see	رأى ، يَرى ، الرُّؤْية
opinion	رَأْي ج. آراء
God, Lord	(الـ)رَبّ
perhaps	رُبَّما
one-quarter	رُبْع ج. أرْباع
Wednesday	الأرْبِعاء
spring	الرَّبيع
education	التَّرْبِية
to arrange, prepare	رَتَّبَ ، يُرَتِّب ، التَّرْتيب
to return	رَجَعَ ، يَرْجِع ، الرُّجوع
to review	راجع ، يَراجع ، المُراجعة
reference work	مَرْجِع ج. مَراجِع
man	رَجُل ج. رِجال
foot	رِجْل ج. أرجُل
to hope; to wish (for someone) to	رَجا (أنْ) ، يَرْجو ، الرَّجاء
to welcome	رَحَّبَ (بِـ) ، يُرَحِّب ، التَّرْحيب
to travel, to set out, depart	رَحَلَ ، يَرْحَل ، الرَّحيل /التَّرحال
trip, journey, flight	رِحْلة ج. -ات

great traveler, explorer	رَحّالة (مذكر و مؤنث) ج. رَحّالون
level, stage, phase	مَرْحَلة ج. مَراحِل
deceased	مَرْحوم ج. ـون
cheap, inexpensive	رَخيص
to hesitate in (doing)	تَرَدَّدَ في ، يَتَرَدَّد ، التَرَدُّد **+ مصدر**
to frequent, stop repeatedly at	تَرَدَّدَ على (مكان)
livelihood, "daily bread" (provided by God)	رِزْق ج. أرْزاق
to fail (e.g., in an examination)	رَسَبَ ، يَرْسُب ، الرُسوب
to correspond, exchange letters	راسَلَ ، يُراسِل ، المُراسَلة
to send	أرْسَلَ ، يُرْسِل ، الإرْسال
letter	رِسالة ج. رَسائِل
prophet, messenger	رَسول ج. رُسُل
to draw	رَسَمَ ، يَرْسُم ، الرَّسْم
official; formal	رَسْميّ
to sprinkle, spray	رَشَّ ، يَرُشّ ، الرَّشّ
humidity	رُطوبة
to care for, take charge of	رَعى ، يَرْعى ، الرِّعاية
to attract (attention)	اِسْتَرْعى ، يَسْتَرْعي (النَّظَر)
to want, have a desire to	رَغِبَ في ، يَرْغَب ، الرَغْبة
despite	بالرَّغْم من / على الرَّغْم من ... (فـ / فإنّ) ...
to refuse	رَفَضَ ، يَرْفُض ، الرَّفْض
to raise (something)	رَفَعَ ، يَرْفَع ، الرَفْع
indicative mood *(verbs)*, nominative case *(nouns)*	المَرفوع
dancing	الرَّقْص
to lie down	رَقَدَ ، يَرْقُد ، الرُّقود
number	رَقْم ج. أرْقام
structure, (linguistic) construction	تَرْكيب ج. تَراكيب

boat, ship	مَرْكَب ج. مَراكِب
to concentrate, focus (on)	رَكَّزَ (على) ، يُرَكِّز ، التَّرْكيز
center	مَرْكَز ج. مراكِز
corner, cornerstone, pillar (literal and figurative)	رُكْن ج. أرْكان
grey	رَمادِيّ
Ramadan (month during which Muslims fast)	رَمَضان
to rest, relax	اِسْتَراحَ ، يَسْتَريح ، الاِسْتِراحة
comfort, ease	راحة
spirit, soul	روح ج. أرْواح
spiritual	روحيّ
to want to	أرادَ (أنْ) ، يُريد ، الإرادة
leader, pioneer	رائِد/ة ج. رُوّاد
wonderful, awesome	رائِع ج. -ون
sports	الرِّياضة
to narrate, tell, relate; to irrigate	رَوى ، يَرْوي ، الرِّواية
relator, narrator, storyteller	راوٍ/(الـ)راوي ج. رُواة
novel	رِوايَة ج. -ات
novelist	رِوائي ج. -ون
countryside, rural area	ريف ج. أرْياف

ز

type of poetry/song in colloquial	زَجَل ج. أزْجال
advance, march (e.g., of an army)	زَحْف
to be (over)crowded	اِزْدَحَمَ ، يَزْدَحِم ، الاِزْدِحام

to plant, sow	زَرَعَ ، يَزْرَع ، الزِّراعة
agriculture	زِراعة
agricultural	زِراعِيّ
blue	أَزْرَق ج. زُرْق (مؤنّث : زَرْقاء)
wedding celebration	زِفاف
alms (one of the five pillars of Islam)	الزَّكاة
skiing	التَزَلُّج
narrow-minded, intolerant	مُتَزَمِّت ج. ـون
classmate; colleague	زَميل/ة ج. زُمَلاء
collegiality	زَمالة
time (abstract)	الزَّمَن / الزَّمان
to flourish	اِزْدَهَر ، يَزْدَهِر ، الازْدِهار
pink	زَهْرِيّ
to get married	تَزَوَّجَ ، يَتَزَوَّج ، الزَّواج
husband	زَوْج ج. أَزْواج
wife	زَوْجة ج. ـات
married	مُتَزَوِّج ج. ـون
to visit	زارَ ، يَزور ، الزِّيارة
to continue to, still (lit., to not cease)	ما زالَ ، لا يَزال + **المضارع المرفوع /اسم**
corner; headquarters of a Sufi order	زاوِية ج. زَوايا
clothes	أَزْياء
oil	زَيْت ج. زُيوت
olives	زَيْتون
to be or become more (than)	زادَ (عن) ، يَزيد ، الزِيادة
to increase, give (someone) more of (something)	زادَ ، يَزيد (ـه)
to increase *(intransitive)*	اِزدادَ ، يَزْداد ، الازْدِياد
to decorate	زَيَّنَ ، يُزَيِّن ، التَّزْيين

س

(future marker)	**سـَ + المضارع المرفوع**
to ask oneself, ponder	تَساءَلَ ، يَتَساءَل ، التَّساؤل
question	سُؤال ج. أَسْئِلة
problem, question	مَسأَلة ج. مَسائِل
because of, on account of	بِسَبَب **+ اسم في إضافة**
Saturday	السَّبْت
swimming	السِّباحة
swimming pool	حَمّام سِباحة
week	أُسْبوع ج. أَسابيع
previous to, earlier than	أَسْبَق من
previous, former	سابِق
path, way; public water fountain	سَبيل ج. سُبُل / أَسْبِلة
mosque	مَسْجِد ج. مَساجِد
to record	سَجَّلَ ، يُسَجِّل ، التَّسْجيل
prison	سِجْن ج. سُجون
to put a spell on, to charm (someone), enchant	سَحَرَ ، يَسْحَر ، السِّحْر
magic, sorcery	السِّحْر
meal eaten before dawn during Ramadan	السَّحور
one who wakes people up for the سُحور	المُسَحَّراتي /المُسَحِّر
bed	سَرير ج. أَسِرّة
theater	مَسْرَح ج. مَسارِح
play	مَسْرَحِيّة ج. ـات

sarcasm	سُخْرِيّة
facetious, sarcastic	ساخِر ج. ـون
speed	سُرْعة
quickly	بِسُرْعة
fast, rapid, swift	سَريع
in a hurry, quickly	مُسْرِع ج. ـون
to help (in, with)	ساعَدَ (في ، على) ، يُساعِد ، المُساعَدة
happy	سَعيد ج. سُعَداء
price	سِعْر ج. أسْعار
to strive, aim to/after	سَعى (الى /وراء) ، يَسْعى ، السَّعي
to travel	سافَرَ ، يُسافِر ، السَّفَر
ambassador	سَفير ج. سُفَراء
barefaced	سافِرة الوَجْه
to fall silent	سَكَتَ ، يَسْكُت ، السُّكوت
sugar	سُكَّر
to live, reside	سَكَنَ ، يَسْكُن ، السَّكَن
inhabitant	ساكِن ج. سُكّان
style	أُسْلوب ج. أساليب
series, serial	مُسَلْسَل ج. ـات
power	سُلْطة ج. سُلُطات
salad	سَلَطة ج. ـات
sultan	سُلْطان ج. سَلاطين
behavior, manners, way of acting	سُلوك
to surrender to	اِسْتَسْلَمَ لِـ ، يَسْتَسْلِم ، الاِسْتِسْلام
peace	سَلام
safety, well-being	سَلامة
sound, healthy (of body), correct	سَليم

to entertain, amuse	سَلَّى ، يُسَلِّي ، التَّسْلِيَة
entertaining, fun	مُسَلٍّ
name, noun	اِسْم ج. أَسْماء
see و-س-م	سِمَة
to permit (someone) to do (something)	سَمَحَ (لِـ ... بِـ ...) ، يَسْمَح ، السَّماح
dark-complexioned	أَسْمَر ج. سُمْر (المؤنّث : سَمْراء ج. سَمْراوات)
to hear	سَمِعَ ، يَسْمَع ، السَّماع
to listen to	اِسْتَمَعَ (إلى) ، يَسْتَمِع ، الاِسْتِماع
fish *(collective)*	سَمَك
to name	سَمَّى ، يُسَمِّي ، التَّسْمِيَة
year	سَنَة ج. سَنَوات / سِنون
to have a basis in, rest on	اِسْتَنَدَ (الى) ، يَسْتَنِد ، الاِسْتِناد
to stay up late	سَهِرَ ، يَسْهَر ، السَّهَر
easy	سَهْل
ease	سُهولة
to be or go bad, get worse	ساءَ ، يَسوء ، السّوء
to harm, wrong (someone)	أساءَ الى ، يُسيء ، الإساءة
bad luck	سوء حَظّ
bad	سَيِّء ج. -ون
open square, space, courtyard	ساحة ج. -ات
tourism	السِّياحة
black	أَسْوَد ج. سود (مونّث : سَوْداء ج. سَوْداوات)
Mr., sir	سَيِّد ج. سادة
Mrs., lady	سَيِّدة ج. -ات
chapter of the Quran	سورة ج. سُوَر
hour; o'clock; clock	ساعة ج. -ات

(future marker)	سَوْف + **المضارع المرفوع**
driver	سائِق ج. -ون
market, marketplace	سوق ج. أسْواق
to be equal	تَساوى ، يَتَساوى ، التَّساوي
except	سِوى
alike	على السَّواء
whether ... or ...	سَواء + **كان/الماضي** ... أو / أم ...
level	مُسْتَوى ج. مُسْتَوَيات
to walk, march	سارَ ، يَسير ، السَّيْر
tale, epic, biography	سيرة ج. سِيَر
autobiography	سيرة ذاتِيّة ج. سِيَر ذاتِيّة
car	سَيّارة ج. -ات
politics	السِّياسة
political; politician	سِياسيّ ج. -ون
to control	سَيْطَرَ على ، يُسَيْطِر ، السَّيْطَرة
cinema, theater	سينما

ش

Damascus; Greater Syria	الشّام / بِلاد الشّام
tea	شاي
young man	شابّ ج. شُبّان
youth *(abstract or collective)*	الشَّباب
window	شُبّاك ج. شَبابيك

semi-	**شبْه + اسم في إضافة**
most closely resembling	أشْبَه بـ
winter	الشِّتاء
trees *(collective)*	شَجَر ج. أشْجار
to encourage (to), cheer (on)	شَجَّعَ (على) ، يُشَجِّع ، التَّشْجيع
to find courage, be encouraged	تَشَجَّعَ ، يَتَشَجَّع ، التَشَجُّع
person	شَخْص ج. أشْخاص
personal	شَخْصِيّ
personality, character	شَخْصِيّة ج. -ات
strong, severe	شَديد ج. أشِدّاء
to drink	شَرِبَ ، يَشْرَب ، الشُّرْب
sweet drink made from fruit syrup, served on special occasions	شَراب
drink	مَشْروب ج. -ات
soup	شوربة
condition	شَرْط ج. شُروط
police	شُرْطة
tape, cassette	شَريط ج. شَرائِط
Islamic law	الشَّريعة
street	شارِع ج. شَوارِع
project, plans	مَشْروع ج. -ات / مَشاريع
honor	شَرَف
to supervise	أشْرَفَ (على) ، يُشْرِف ، الإشْراف
to study the Orient	اِسْتَشْرَقَ ، يَسْتَشْرِق ، الاِسْتِشْراق
east	شَرْق
Near East	الشَّرق الأدْنى
Middle East	الشَّرْق الأوْسَط

orientalist, one who studies the Middle East	مُسْتَشرِق ج. -ون
to join (someone) in, share with (someone)	شارَكَ (في) ، يُشارِك ، المُشارَكة
to have in common	اِشْتَرَكَ (في) ، يَشْتَرِك ، الاِشْتِراك
company	شَرِكة ج. -ات
to buy	اِشْتَرى ، يَشْتَري ، الشِّراء
chess	الشَّطَرَنْج
(a) people	شَعْب ج. شُعوب
popular	شَعْبيّ
to feel (e.g., an emotion)	شَعَرَ بِـ ، يَشْعُر ، الشُّعور
hair	شَعْر
poetry	شِعْر ج. أَشْعار
feelings	مَشاعِر
poet	شاعِر ج. شُعَراء
to occupy, preoccupy	شَغَلَ ، يَشْغُل ، الشُّغْل
to be occupied, preoccupied (with)	اِنْشَغَلَ (بِـ) ، يَنْشَغِل ، الاِنْشِغال
work	شُغْل ج. أَشْغال
busy with	مَشْغول بِـ ج. -ون
too busy for	مَشْغول عَن ج. -ون
to be cured, healed, to recover	شُفِيَ ، يُشْفى ، الشِّفاء
hospital	مُسْتَشفى ج. مُستَشفَيات
derived from	مُشْتَقّ من
apartment	شَقّة ج. شِقَق
sister	شَقيقة ج. -ات
blond, fair-skinned	أَشْقَر ج. شُقْر (مؤنّث: شَقْراء ج. شَقْراوات)
form, shape	شَكْل ج. أَشْكال
in a ... manner/way	بِشكلٍ + **صفة**
problem	مُشْكِلة ج. -ات / مَشاكِل

sun	شَمْس
sunny	مُشْمِس
candles	شُموع
north	شَمال
atrocious, abominable	شَنيع
to witness	شَهِدَ ، يَشهَد ، الشَّهادة
to attest to	شَهِدَ على
to watch	شاهَدَ ، يُشاهِد ، المُشاهَدة
degree, diploma	شَهادة ج. -ات
fame	الشُّهْرة
to be famous for; known as	اِشْتَهَرَ (بـ) ، يَشْتَهِر ، الاِشْتِهار
month	شَهْر ج. أَشهُر /شُهور
fame	شُهْرة
famous	مَشْهور ج. -ون
counsel, advice	مَشورة
thing	شَيْء ج. أَشْياء
grey/white-haired	أَشْيَب ج. شيب (مؤنّث : شَيْباء)
elder; chief, head, religiously learned or aged man	شَيخ ج. شُيوخ
men of religious learning *(plural)*	مَشايِخ

ص

hall, large room	صالة ج. -ات
to reach a state	أَصْبَحَ ، يُصْبِح
morning	صَباح

tint, shade, coloring	صِبْغة
soap	صابون
correctness, soundness; health	صِحّة
true, correct	صَحيح
friend, boyfriend; owner, possessor, holder of	صاحِب ج. أصْحاب
deserves the most credit for	صاحِب الفَضْل الأوَّل في ...
the Companions of the Prophet	الصَّحابة
desert	صَحْراء ج. صَحارٍ / صَحارى
desert *(adjective)*	صَحْراويّ
newspaper	صَحيفة ج. صُحُف
(the) press; journalism	الصِّحافة
to wake up	صَحا ، يَصْحو ، الصَّحْو
to come out, be issued or published	صَدَرَ ، يَصْدُر ، الصُّدور
to publish	أصْدَرَ ، يُصْدِر ، الإصْدار
source, point of origin, verbal noun	مَصْدَر ج. مَصادِر
headache	صُداع
friend	صَديق ج. أصْدِقاء
friendship	صَداقة ج. -ات
to collide with	اِصْطَدَم ، يَصْطَدِم ، الاِصْطِدام
shock	صَدْمة ج. صَدَمات
to insist on	أصَرَّ على ، يُصِرّ ، الإصْرار
action *(i.e.: way of acting)*, behavior	تَصَرُّف ج. -ات
struggle, conflict	صِراع ج. -ات
hard, difficult	صَعْب
to rise, ascend (in an abstract sense)	تَصاعَدَ ، يَتَصاعَد ، التَّصاعُد
small	صَغير ج. صِغار
smallness	صِغَر

English	Arabic
class, classroom; rank, file, line	صَفّ ج. صُفوف
page	صَفْحة ج. صَفَحات
yellow	أَصْفَر ج. صُفْر (مؤنّث: صَفْراء)
see و–ص–ل	صِلة
to be proper, suitable for	صَلَحَ (لِ) ، يَصْلُح ، الصَّلاح
to repair	أَصْلَحَ ، يُصْلِح ، الإصْلاح
suitability, properness	صَلاحِيّة
technical term	اِصْطِلاح ج. -ات
technical term	مُصْطَلَح ج. -ات
bald	أَصْلَع ج. صُلْع
to pray	صَلَّى ، يُصَلّي ، الصَّلاة
prayer	صَلاة ج. صَلَوات
a special set of prayers performed after the evening prayer	صَلاة التَّراويح
to persevere	صَمَدَ ، يَصْمُد ، الصُّمود
to make, produce	صَنَعَ ، يَصْنَع ، الصُّنْع
production, industry	صِناعة ج. -ات
industrial	صِناعِيّ
husband of daughter or sister, son-in-law or brother-in-law	صِهْر ج. أَصْهار
voice; sound; vote	صَوْت ج. أَصْوات
to depict, illustrate; film, take pictures	صَوَّرَ ، يُصَوِّر ، التَّصْوير
picture; (literary) image	صورة ج. صُوَر
stereotype	صورة نَمَطِيّة ج. صُوَر نَمَطِيّة
in a ... manner/way	بِصورةٍ **+ صفة**
photography	التَّصْوير
Sufis, Muslims who practice mystical Islam	الصوفيّة (م. صوفيّ)
to fast, abstain	صامَ ، يَصُوم ، الصَّوْم /الصِّيام

to become; to begin to; to happen	صارَ ، يَصير **(من أخوات كان)**
summer	الصَّيْف
China	الصّين

ض

officer	ضابِط ج. ضُبّاط
noise, outcry; controversy	ضَجّة
to laugh	ضَحِكَ ، يَضْحَك ، الضَّحِك
very large, huge	ضَخْم ج. ضِخام
against, anti-	ضِدَّ
to be forced to	اُضْطُرَّ إلى ، يُضْطَرّ ، الاِضْطِرار
necessary	ضَروريّ
to hit, strike	ضَرَبَ ، يَضْرِب ، الضَّرْب
present/incomplete tense	المُضارِع
weak	ضَعيف ج. ضُعَفاء /ضِعاف
double, multiple (of a number)	ضِعْف ج. أضْعاف
doubled	مُضَعَّف
to contain, comprise	ضَمَّ ، يَضُمّ ، الضَّمّ
pronoun	ضَمير ج. ضَمائِر
to guarantee	ضَمِنَ ، يَضْمَن ، الضَّمان
to become lost	ضاعَ ، يَضيع ، الضَّياع
to add to, to attach, to connect	أضافَ إلى ، يُضيف ، الإضافة
guest	ضَيْف ج. ضُيوف
hospitality	الضِّيافة

iDaafa, possessive construction	الإضافة
in addition to	بِالإضافة إلى

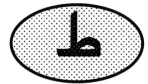

ط

medicine	الطِّبّ
to cook	طَبَخَ ، يَطْبُخ ، الطَّبْخ
kitchen	مَطْبَخ ج. مَطابِخ
to print	طَبَعَ ، يَطْبَع ، الطِّباعة
of course, naturally	طَبْعًا
printing, edition	طَبْعة ج. طَبَعات
nature	طَبيعة
natural	طَبيعيّ
character	طابَع ج. طَوابِع
print shop, printing press	مَطْبَعة ج. مَطابِع
impression	اِنطِباع ج. -ات
(social) class	طَبَقة ج. -ات
floor, story	طابِق ج. طَوابِق
drum	طَبْلة ج. -ات
to occur	طَرَأَ ، يَطْرَأ
emergency	طارِئ ج. طَوارِئ
to drive out, dismiss, evict	طَرَدَ ، يَطْرُد ، الطَّرْد
(of) first-rate, first class (quality)	من الطِراز الأوَّل
party (e.g., to an agreement, dispute, etc.)	طَرَف ج. أطْراف
to go into (a subject)	تَطَرَّقَ الى ، يَتَطَرَّق ، التَّطَرُّق

road	طريق ج. طُرُق /طـرُقات
way, path (abstract)	طَريقة ج. طُرُق
by way of, by means of	عَن طَريق
on (one's) way to	في طَريقـ(ـه) إلى
a Sufi order	طَريقة صوفيّة
to infuse (something) with	طَعَّمَ (ـه) بـِ ، يُطَعِّم ، التَّطْعيم
restaurant	مَطْعَم ج. مَطاعِم
child	طِفْل ج. أطْفال
childhood	طُفولة
weather	طَقْس
to ask	طَلَبَ ، يَطْلُب ، الطَّلَب
to demand	طالَبَ (بـ) ، يُطالِب ، المُطالَبة
to require	تَطَلَّبَ ، يَتَطلَّب ، التَطَلُّب
demand(s)	مَطْلَب ج. مَطالِب
student	طالِب /ة ج. طُلّاب / طَلَبة
sought, asked for, in demand	مَطْلوب
to poll, survey, ask for an opinion	اِستَطلَعَ (رأيًا)
beginning	مَطْلَع
to divorce	طَلَّقَ ، يُطَلِّق ، الطَّلاق
to release, let go	أطْلَقَ ، يُطْلِق ، الإطْلاق
to name, give a name to	أطلَقَ (اسماً) على
to take off, start off, go off	اِنطَلَقَ ، يَنْطَلِق ، الاِنطِلاق
divorced (of a woman)	طالِق
ambition	طُموح ج. ـات
tomatoes	طَماطِم
to develop (something)	طَوَّرَ ، يُطَوِّر ، التَّطْوير

to develop *(intransitive)*	تَطَوَّرَ ، يَتَطَوَّر ، التَطَوّر
to be able to	اِسْتَطاعَ ، يَسْتَطيع ، الاِسْتِطاعة
obedience	طاعة
faction, sect, party	طائِفة ج. طَوائِف
table	طاوِلة ج. -ات
height, length	طول ج. أَطْوال
throughout	طولَ
during, throughout	طوالَ
long, tall	طَويل ج. طِوال
delicious (of food); good-hearted (of people)	طَيِّب ج. -ون
flying	طَيَران
airline	شَرِكة طَيَران
airport	مَطار ج. -ات
airplane	طائِرة ج. -ات

ظ

to remain, continue, keep (doing)	ظَلَّ ، يَظَلّ **(من أخوات كان)**
to wrong, be unjust to	ظَلَم ، يَظْلِم ، الظُّلْم
treated unfairly, unjustly blamed	مَظْلوم ج. -ون
to think that, consider	ظَنَّ (أنَّ) ، يَظُنّ ، الظَنّ
to appear	ظَهَرَ ، يَظْهَر ، الظُّهور
to reveal, demonstrate	أظْهَر ، يُظْهِر ، الإظهار
noon	ظُهْر

appearance; *(plural)* manifestations	مَظْهَر ج. مَظاهِر
phenomenon	ظاهِرة ج. ظَواهِر
(public) demonstration, spectacle,	مُظاهرة ج. -ات

ع

burden	عِبْء ج. أعْباء
slave, servant	عَبْد ج. عَبيد
temple	مَعْبَد ج. مَعابِد
across	عَبْرَ
to express	عَبَّرَ (عن) ، يُعَبِّر ، التَعْبير
to consider	اِعْتَبَرَ ، يَعْتَبِر ، الاِعْتِبار
expression, idiom	عِبارة ج. -ات
expression, idiom	تَعْبير ج. -ات / تَعابير
genius	عَبْقَريّ ج. عَباقِرة
to stumble upon, find	عَثَرَ (على) ، يَعْثُر ، العُثور
to please (someone)	أعجَبَ (ـه) ، يُعجِب ، الإعْجاب
to be pleased with, to admire, like	أُعْجِبَ بـ
amazing, incredible	عَجيب
(it is) no wonder (that)	لا عَجَبَ (أنْ / أنّ)
to hurry, rush	عَجِلَ ، يَعْجَل ، العَجَلة
dictionary	مُعْجَم ج. مَعاجِم
to count, reckon, consider	عَدَّ ، يَعُدّ ، العَدّ
to prepare, make	أعَدَّ ، يُعِدّ ، الإعْداد

to prepare (for)	اِسْتَعَدَّ (لِـ) ، يَسْتَعِدّ ، الاِسْتِعْداد
several	عِدّة + جمع indefinite
number	عَدَد ج. أعْداد
preparatory (school, ≈ junior high)	إعْداديّ
in preparation for	اِسْتِعْداداً لِـ
prepared, ready	مُسْتَعِدّ
justice	عَدْل
amendment, modification	تَعْديل ج. -ات
moderate	مُعْتَدِل ج. -ون
non-, lack of	عَدَم + المصدر
enemy	عَدُوّ ج. أعداء
to Arabize	عَرَّبَ ، يُعَرِّب ، التَّعْريب
Arab, Arabic	عَرَبِيّ ج. عَرَب
bride	عَروس ج. عَرائِس
the bride and groom	العَروسان
bridegroom	عَريس ج. عِرسان
to oppose	عارَضَ ، يُعارِض ، المُعارَضة
to be exposed to, to undergo, to resist	تَعَرَّضَ (لِـ) ، يَتَعَرَّض ، التَعَرُّض
to know	عَرَفَ ، يَعْرِف ، المَعْرِفة
to get to know	تَعَرَّفَ (على) ، يَتَعَرَّف ، التَعَرُّف
to get to know each other	تَعارَفَ ، يَتَعارَف ، التَّعارُف
battle	مَعرَكة ج. مَعارِك
dear	عَزيز ج. أعِزّاء
bachelor	عازِب /أعْزَب ج. عُزّاب
military (adjective)	عَسْكَرِيّ
dinner	عَشاء
age, era	عَصْر ج. عُصور

the Middle Ages	العُصور الوُسْطى
modern, contemporary	عَصْريّ
contemporary	مُعاصِر ج. -ون
storm	عاصِفة ج. عَواصِف
capital (city)	عاصِمة ج. عَواصِم
member	عُضْو ج. أعْضاء
scent, perfume	عِطْر ج. عُطور
thirsty	عَطْشان ج. -ون
affection, tender emotion	عاطِفة ج. عَواطِف
emotional, romantic	عاطِفيّ
vacation	عُطْلة ج. -ات / عُطَل
to give	أعْطى ، يُعْطي ، الإعْطاء
bone	عَظْم ج. عِظام
great	عَظيم ج. عُظَماء / عِظام
most of	مُعْظَم
to come after	أعْقَبَ ، يُعْقِب
complicated	مُعَقَّد
to reflect	عَكَسَ ، يَعْكِس ، العَكْس
opposite, reverse, antonym	عَكْس
perhaps	لَعَلَّ **(من أخوات إنّ)**
to treat (subject; disease)	عالَجَ ، يُعالِج ، المُعالَجة
treatment	عِلاج
relationship; *(plural)* relations	عَلاقة ج. -ات
has no relation to, has nothing to do with	لا عَلاقةَ لـ بـ
to learn of, find out about	عَلِمَ (بِـ) ، يَعْلَم ، العِلْم
to teach, educate	عَلَّمَ ، يُعلِّم ، التَّعْليم
to learn	تَعَلَّمَ ، يَتَعَلَّم ، التَعَلُّم

science, knowledge, learning	العِلْم ج. العُلوم
anthropology	عِلْم الإنْسان
sociology	عِلم الاجْتِماع
psychology	عِلم النَّفْس
political science	العُلوم السِّياسيّة
flag	عَلَم ج. أعْلام
the world	العالَم
secular	عِلْمانيّ
learned person, scientist	عالِم ج. عُلَماء
information	مَعْلومات
to announce	أعْلَنَ ، يُعْلِن ، الإعْلان
announcement, advertisement	إعْلان ج. -ات
nonetheless; however	على أنّ
high	عالٍ /(الـ)عالي
He is exalted above all	(الله) تَعالى
uncle (paternal)	عَمّ ج. أعْمام
general, public	عامّ
the masses, the general public	عامّة النّاس
colloquial or spoken Arabic	العامِّيّة
to generalize	عَمَّمَ ، يُعَمِّم ، التَّعْميم
generalization	تَعْميم ج. ات
to depend on	اِعتَمَدَ على ، يَعْتَمِد ، الاعْتِماد
to colonize	اِسْتَعْمَرَ ، يَسْتَعْمِر ، الاِسْتِعْمار
age	عُمْر ج. أعْمار
architecture	(فنّ) العِمارة
to go deeply into, become absorbed in	تَعَمَّقَ (في) ، يَتَعَمَّق ، التَّعَمُّق
deep	عَميق

to work	عَمِلَ ، يَعْمَل ، العَمَل
to treat (someone)	عامَلَ ، يُعامِل ، المُعامَلة
currency	عُمْلة ج. -ات
practical	عَمَليّ
worker	عامِل ج. عُمّال
factor	عامِل ج. عَوامِل
blind	أعْمى ج. عُمْي / عُمْيان (مؤنّث : عَمْياء)
at (place, time); in the view, practice of	عِنْدَ
when *(not a question)*	عِنْدَما + **فعل**
at that time	عِنْدَئِذٍ
violence	عُنْف
violent	عَنيف
address; title (e.g., of a book)	عُنْوان ج. عَناوين
to mean	عَنى ، يَعْني
meaning	مَعْنى ج. معانٍ / (الـ)مَعاني
to return	عادَ ، يَعود ، العَوْدة
to get used to	اِعْتادَ (أنْ) ، يَعْتاد ، الاِعْتِياد
custom, habit	عادة ج. -ات
usually	عادةً
normal, usual, ordinary	عاديّ
graduate fellow, teaching assistant	مُعيد ج. -ون
(extended) family	عائِلة ج. عائِلات
year	عام ج. أعْوام
fault, shortcoming; shame, disgrace	عَيْب ج. عُيوب
holiday, feast-day, day of celebration	عيد ج. أعْياد
birthday	عيد ميلاد
Christmas	عيد الميلاد

to find fault with	عايَرَ ، يُعايِر ، المُعايَرة
to live, be alive	عاشَ ، يَعيش ، العَيْش / المَعيشة
to appoint (someone)	عَيَّن ، يُعَيِّن ، التَّعْيين
eye	عَيْن ج. عُيون /أعيُن

غ

to leave (e.g., a place)	غادَرَ ، يُغادِر ، المُغادَرة
tomorrow	غَدًا
lunch	الغَداء
west	غَرْب
feeling of alienation, not belonging	الغُرْبَة
room	غُرْفة ج. غُرَف
to invade, raid	غَزا ، يَغزو ، الغَزْو
to wash	غَسَلَ ، يَغسِل ، الغَسْل
to get angry	غَضِبَ ، يَغْضَب ، الغَضَب
to cover	غَطَّى ، يُغَطّي ، التَّغْطِية
to overcome, prevail, defeat (e.g., in a game)	غَلَبَ ، يَغْلِب ، الغَلَبَة
prevailing, dominant	غالِب
to exaggerate	غالى ، يُغالي ، المغالاة
expensive	غالٍ /(الـ)غالي
pipe	غَليون
to sing	غَنّى ، يُغَنّي ، الغِناء
rich	غَنِيّ ج. أغنياء
song	أُغْنِية ج. أغانٍ/(الـ)أغاني

to be absent	غابَ ، يَغيب ، الغِياب
to be absent from, miss	تَغَيَّبَ (عن) ، يَتَغَيَّب ، التَّغَيُّب
to change (something or someone)	غَيَّرَ ، يُغَيِّر ، التَّغْيير
to change *(intransitive)*	تَغَيَّر ، يَتَغَيَّر ، التَّغَيُّر
other than ...; not, non-/un-	غَير **+ صفة**
others (other than those)	غَير ذلك
without	من غَيرِ
cloudy, overcast	غائِم

ف

thus, so	فَـ ...
to open	فَتَحَ ، يَفْتَح ، الفَتْح
to inaugurate, initiate	اِفْتَتَحَ ، يَفْتَتِح ، الاِفْتِتاح
young man	فَتى ج. فِتيان
young woman (unmarried)	فَتاة ج. فَتَيات
legal decision or ruling	فَتْوَى ج. فَتاوى / فَتاوٍ
luxurious, splendid	فاخِر
happiness, happy occasion	فَرْحة
individual	فَرْد ج. أَفْراد
unique	فَريد
singular	المُفْرَد
Persian	فارِسيّ ج. فُرْس
bed, blanket, cushion	فِراش
furnished	مَفروش

opportunity	فُرْصة ج. فُرَص
to seize the opportunity to	انتَهَزَ الفُرْصة لـ ...
to impose (something) on someone	فَرَضَ (ـه) على ، يَفرِض ، الفَرض
subsidiary, secondary	فَرعيّ
to be finished with, free of	فَرِغ من ، يَفْرَغ ، الفَراغ
(blank) space, emptiness	فَراغ ج. ـات
to be dispersed, scattered	تَفرَّقَ ، يَتَفَرَّق ، التَّفَرُّق
difference	فَرق ج. فُروق
dress	فُسْتان ج. فَساتين
to fail	فَشِلَ ، يَفْشَل ، الفَشَل
to state or announce clearly	أَفْصَحَ عن ، يُفْصِح ، الإفْصاح
formal or written Arabic	الفُصْحى
eloquence, fluency, purity of language	الفَصاحة
eloquent	فَصيح ج. فُصَحاء
to dismiss, fire (from a job)	فَصَلَ ، يَفْصِل ، الفَصْل
class, classroom; season	فَصْل ج. فُصول
comma; decimal point	فاصِلة ج. فَواصِل
detail	تَفْصيل ج. تَفاصيل
silver *(noun)*	فِضّة
silver *(adjective)*	فِضّيّ
to prefer (something/someone) over	فَضَّل (ـه) على ، يُفَضِّل ، التَّفْضيل
thanks to	بِفَضْل + **اسم**
deserves the most credit for	صاحِب الفَضْل الأوّل في ...
favorite	مُفَضَّل
not to mention	فَضلاً عن
to eat breakfast	فَطَرَ ، يَفْطُر ، الفُطور
to break fast	أَفطَرَ ، يُفطِر ، الإفطار

breakfast	الفُطور
meal in evening to break Ramadan fast	الإفْطار
to do	فَعَلَ ، يَفْعَل ، الفِعل
verb	فِعْل ج. أفْعال
category of verbs whose final radical is و or ي	الفِعْل الناقِص
category of verbs whose medial radical و or ي	الفِعْل الأجْوَف
really!, indeed	فِعْلاً
actual	فِعْليّ
effectively	بصورة فِعْلية
effective	فَعّال
subject *(grammatical)*	فاعِل
object *(grammatical)*	مَفْعول ج. مَفاعيل
direct object	المَفْعول بِهِ
adverb of time/place	المَفْعول فيهِ
accusative of purpose	المَفْعول لأجْلِه
cognate accusative	المَفْعول المُطْلَق
to lose	فَقَدَ ، يَفقِد ، الفَقْد
deceased	فَقيد ج. فُقَداء
to lack, be in need of	اِفْتَقَرَ (الى) ، يَفْتَقِر ، الاِفْتِقار
poor	فَقير ج. فُقَراء
paragraph	فِقْرة ج. -ات
only	فَقَط
jurisprudent, legal scholar	فَقيه ج فُقَهاء
to think about, ponder	فَكَّرَ (في /بِـ) ، يُفَكِّر ، التَّفْكير
thought (abstract)	الفِكْر
idea, thought	فِكْرة ج. أفْكار
fruit	فاكِهة ج. فَواكِه

unit of currency (≈ one penny)	فِلْس ج. ـات
money	فُلوس
philosophy	الفَلْسَفة
to do (something) in an artistic or creative way	تَفَنَّنَ (في) ، يَتَفَنَّن ، التَّفَنُّن
art	فَنّ ج. فُنون
artist	فَنّان ج. ـون
hotel	فُنْدُق ج. فَنادِق
to understand	فَهِمَ ، يَفْهَم ، الفَهْم
understood; concept	مَفْهوم ج. مَفاهيم
immediately	فَوْراً /على الفَوْر
immediate, instant	فَوْريّ
towel	فوطة ج. فُوَط
above	فَوْقَ
furthermore, moreover	وفَوقَ هذا /ذلك كلّه
superior, outstanding	مُتَفَوِّق ج. ـون
due to what (it) contains in the way of ...	لِما فيـ(ـه) مِن ...
to benefit from	اِستَفادَ (من) ، يَستَفيد ، الاِستِفادة

ق

to borrow, adopt (a word)	اِقْتَبَسَ ، يَقْتَبِس ، الاِقْتِباس
to kiss	قَبَّل ، يُقَبِّل ، التَّقْبيل
to meet (formally or for the first time)	قابَلَ ، يُقابِل ، المُقابَلة
interview	مُقابَلة ج. ـات
to embark upon, give one's attention to	أقبَلَ (على) ، يُقْبِل ، الإقبال

to receive, welcome	اِسْتَقْبَلَ ، يَسْتَقْبِل ، الاِسْتِقْبال
kiss	قُبْلة ج. قُبُلات
(a day a week/a year) before	قَبْلَ ... بـ (يوم /أسبوع /سنة ...)
previously, before (now)	مِن قَبْل
admissions	قُبول
tribe	قَبيلة ج. قَبائِل
coming, next	مُقْبِل
acceptable, passing	مَقْبول
future	المُسْتَقْبَل
to kill	قَتَلَ ، يَقْتُل ، القَتْل
particle that emphasizes that action has taken place	**قَد + الماضي**
might, perhaps	**قَد + المضارع**
to be able to	قَدَرَ على ، يَقْدِر ، القُدْرة
to appreciate, estimate, value, evaluate	قَدَّرَ ، يُقَدِّر ، التَّقْدير
(an) amount of	قَدْر مِن الـ ...
(having) quite a lot of ...	على قَدْر كَبير من ...
as much as possible	على قَدْر الإمْكان /بِقَدْر الإمْكان
(comprehensive) evaluation, grade	تَقْدير ج -ات
Jerusalem	القُدْس
to present, offer	قَدَّمَ ، يُقَدِّم ، التَّقْديم
to advance, progress; to precede, come before	تَقَدَّمَ ، يَتَقَدَّم ، التَقَدُّم
old, ancient (not used for human beings)	قَديم
coming, next	قادِم ج. -ون
advanced; preceding	مُتَقَدِّم ج. -ون
introduction	مُقَدِّمة ج. -ات
to decide	قَرَّرَ ، يُقَرِّر ، التَّقْرير

to stabilize, become settled	اِسْتَقَرَّ ، يَسْتَقِرّ ، الاِسْتِقْرار
decision	قَرار ج. ـات
seat, headquarters	مَقَرّ ج. مَقار
continent	قارّة ج. ـات
to read	قَرَأَ ، يَقْرَأ ، القِراءة
the Holy Quran	القُرآن الكَريم
reader	قارِئ ج. قُـرّاء
close	قَريب ج. ـون
family relative	قَريب ج. أَقارِب /أَقْرِباء
approximately	تقريباً
to suggest	اِقتَرَحَ (أنْ) ، يَقْتَرِح ، الاِقتِراح
suggestion	اِقْتِراح ج. ـات
century	قَرْن ج. قُرون
to compare	قارَنَ ، يُقارِن ، المُقارَنة
comparative	مُقارَن
village	قَرْية ج. قُرى
department	قِسْم ج. أَقْسام
to divide, partition	قَسَّمَ ، يُقَسِّم ، التَّقْسيم
story	قِصّة ج. قِصَص
to mean, intend, aim at (a meaning or place)	قَصَدَ ، يَقْصِد ، القَصْد
economics	الاقْتِصاد
to be limited to	اِقْتَصَرَ (على) ، يَقْتَصِر ، الاِقْتِصار
palace	قَصْر ج. قُصور
short	قَصير ج. قِصار
farthest, utmost, maximum	أَقْصى
to spend, pass (time); to carry out (a task)	قَضى ، يَقْضي ، القَضاء
issue	قَضِيّة ج. قَضايا

قاضٍ / (الـ)قاضي ج. قُضاة	judge
مُقْتَضَيات	requirements, exigencies
قُطْر ج. أقْطار	country
قِطار ج. -ات	train
قَطَعَ ، يَقْطَع ، القَطْع	to cut, cut across
قاطَعَ ، يُقاطِع ، المُقاطَعة	to cut (someone) off; interrupt
اِنْقَطَعَ ، يَنْقَطِع ، الاِنْقِطاع	to be cut off
قِطْعة ج. قِطَع	piece
قافِلة ج. قَوافِل	caravan
مَقْعَد ج. مَقاعِد	seat
قاعِدة ج. قَواعِد	rule
القَواعِد	(rules of) grammar
اِسْتَقَلَّ ، يَسْتَقِلّ ، الاِسْتِقْلال	to become independent
قَليل ج. قَلائِل	little; the least
قَليلاً	a little
على الأقَلّ	at least
قَلْب ج. قُلوب	heart
تَقْليد ج. تَقاليد	tradition
تَقليديّ ج. -ون	traditional
قَلَم ج. أقْلام	pen
إقليم ج. أقاليم	province, district
قَمَر الدين	a dessert made from apricots
قاموس ج. قَواميس	dictionary
قَميص ج. قُمْصان	shirt
قانون ج. قَوانين	law, statute
اِقْتَنَعَ (بـ) ، يَقْتَنِع ، الاِقْتِناع	to be convinced (of)
قَناة ج. قَنَوات	channel, canal

coffee	قَهْوة
cafe	مَقْهَى ج. مَقاهٍ /(الـ)مَقاهي
to lead; to drive, fly (e.g., car, plane)	قادَ ، يَقود ، القِيادة
leader	قائِد ج. قادة
say	قالَ ، يَقول ، القَوْل
to assert, maintain (opinion)	قالَ بـ (أنّ)
article (e.g., in a newspaper)	مَقالة ج. ـات
to get up	قامَ ، يَقوم ، القِيام
to undertake, carry out	قامَ (بـِ)
to be based on	قامَ (على)
to reside; to set up, put on (e.g., a celebration)	أقامَ ، يُقيم ، الإقامة
nationalism	قَوميّة ج. ـات
strong	قَويّ ج. أقْوِياء
size, measurement (e.g., of clothing)	مَقاس ج. مَقاسات

ك

like, as	**كَـ + اسم**
as if	كَأَنَّ **+ جملة اسمية**
also, likewise	كَذٰلِك
like, as	كَما **+ فعل**
as also, just as, in addition	كَما أنّ **+ جملة اسمية**
glass, cup	كَأْس ج. كُؤوس
to enlarge	كَبَّرَ ، يُكَبِّر ، التَّكْبير
important, powerful; big; old (of people)	كَبير ج. كِبار

to write	كَتَبَ ، يَكْتُب ، الكِتابة
book	كِتاب ج. كُتُب
Quran school for young children	كُتّاب ج. كَتاتيب
office	مَكْتَب ج. مَكاتِب
library	مَكْتَبة ج. -ات
writer, author	كاتِب ج. كُتّاب
to do a lot of	أكْثَرَ (من) ، يُكْثِر ، الإكْثار
much, many	كَثيراً
to repeat	كَرَّرَ ، يُكَرِّر ، التَّكْرار
chair	كُرْسي ج. كَراسٍ /(الـ)كَراسي
honor, pride	كَرامة
basketball	كُرة السَّلّة
volleyball	الكُرة الطّائِرة
soccer	كُرة القَدَم
to discover	اكْتَشَفَ ، يَكْتَشِف ، الاكْتِشاف
to explore	اسْتَكشَفَ ، يَسْتَكشِف ، الاسْتِكْشاف
mutual compatibility	التَكافُؤ
to fight, struggle	كافَحَ ، يُكافِح ، الكِفاح
to ensure, guarantee	كَفَل ، يَكْفُل ، الكَفالة
to suffice	كَفَى ، يَكفي ، الكِفاية
enough	كافٍ /(الـ)كافي
all	كُلّ + **اسم جمع** definite
each, every	كُل + **اسم مفرد** indefinite
college, school (in a university)	كُلِّيّة ج. -ات
dog	كَلْب ج. كِلاب
to speak	تَكَلَّمَ ، يَتَكَلَّم ، الكَلام

word	كَلِمة ج. -ات
to complete, finish	أكْمَل ، يُكْمِل ، الإكمال
entire, whole	كامِل
in/with complete	بكامِلِ + **اسم في إضافة**
daughter-in-law	كَنّة ج. كَنائِن
a kind of pastry often made with cheese	كُنافة
name formed with name of eldest son (أبو ... / أُمّ ...)	الكُنْية
electrical	كَهْرَبائِيّ
small jug	كوز ج. أكْواز
to be	كانَ ، يَكون ، الكَوْن
to form, make, create	كَوَّن ، يُكَوِّن ، التَّكْوين
to consist of	تَكَوَّنَ (مِن) ، يَتَكَوَّن ، التَّكَوُّن
place	مَكان ج. أماكِن / أمْكِنة
position, status	مَكانة ج. -ات
in order to	كَيْ / لِكَيْ + **المضارع المنصوب**
to be on the verge of, to almost	كادَ ، يَكاد + **المضارع المرفوع**
to barely	لا يكاد + **المضارع المرفوع**

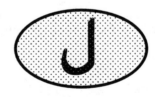

ل

for, belonging to	لِـ + **اسم**
in order to	لِـ + **مصدر / المضارع المنصوب**
emphatic particle	لَـ
not only ... but (also)	لا/لم/ليس ... فَحَسْب (فقط) بَل ... أيضًا (كذلك)

because	**لأنَّ + جملة اسمية**
due to what (it) contains in the way of ...	لِما فيـ(ـه) مِن ...
to wear; get dressed	لَبِسَ ، يَلْبَس ، اللُّبْس
clothes	مَلابِس
yoghurt; milk (*Egypt*)	لَبَن
to accept (an invitation or request)	لَبَّى ، يُلَبّي ، التَّلْبِية
to notice	لاحَظَ ، يُلاحِظ ، المُلاحَظة
noticeable, remarkable	مَلحوظ
to enroll, enlist in (e.g., school or army)	اِلْتَحَقَ بِـ ، يَلْتَحِق ، الاِلْتِحاق
meat	لَحْم ج. لُحوم
delicious (of food); delightful	لَذيذ
necessary	لازِم
tongue	لِسان ج. أَلْسِنة /أَلْسُن
to vanish	تَلاشى ، يَتَلاشى ، التَّلاشي
nice, kind, pleasant	لَطيف ج. لِطاف ، لُطَفاء
to play	لَعِبَ ، يَلْعَب ، اللَّعِب
language	لُغة ج. ـات
to utter, pronounce	لَفَظَ ، يَلْفِظ ، اللَفْظ
nickname or title based on a personal characteristic or achievement	لَقَب ج. أَلْقاب
bite (of food)	لُقْمة ج. لُقَم
a small bite of food	لُقَيْمة ج. ـات
to meet, encounter	اِلْتَقى ، يَلْتَقي ، الاِلْتِقاء
past negation particle	**لَمْ + المضارع المجزوم**
when *(not a question)*	**لَـمّا + الماضي**
to hint	لَمَّحَ ، يُلَمِّح ، التَّلْميح
future negation particle	**لَنْ + المضارع المنصوب**

dialect	لَهجة ج. لَهَجات
if ... then *(hypothetical)*	لَوْ ... لَـ ... + **الماضي**
if not for ... (then) ...	لَولا ... لَـ ... + **الماضي**
color; type, kind, "flavor"	لَوْن ج. أَلْوان
is not	لَيْسَ
night	لَيْلة ج. لَيالٍ /(الـ)لَيالي
New Year's Eve	ليلة رَأس السَّنة
27th of Ramadan, the night on which God revealed the Quran	ليلة القَدْر

م

what? *(in questions without verbs)*	ما؟ + **اسم**
what; whatever	ما + **فعل**
past negation particle	ما + **الماضي**
what? *(in questions using verbs)*	ماذا + **فعل**
why?	لِماذا؟
still, continue to (lit., to not cease)	ما زالَ /لا يَزال + **المضارع المرفوع /اسم**
what's wrong with (him)?	ما لـ(ـه)؟
master's degree	الماجِسْتير
hundred	مِئة (مائة) ج. مِئات
to give pleasure to	أَمْتَعَ ، يُمْتِع ، الإِمْتاع
to enjoy	اِسْتَمْتَعَ بِـ ، يَسْتَمْتِع ، الاِسْتِمْتاع
fun	مُمْتِع
when?	مَتى؟
like, equivalent to, functioning as	بِمَثابةِ + **اسم في إضافة**
to act, act for, represent	مَثَّل ، يُمَثِّل ، التَّمْثيل

like, similar to	مِثْل + **إضافة**
for example, for instance	مَثَلاً
example	مِثال ج. أَمثِلة
category of verbs whose first radical is و	المِثال
assimilation *(grammatical)*	المُماثَلة
similar, resembling	مُماثِل
to erase	مَحا ، يَمْحو ، المَحو
to extend, stretch (for a distance or period of time)	امْتَدَّ ، يَمْتَدّ ، الامْتِداد
period (of time)	مُدّة ج. مُدَد
city	مَدينة ج. مُدُن
to pass (of time); to pass by/through	مَرَّ (بـ) ، يَمُرّ ، المُرور
to continue	اسْتَمَرَّ ، يَسْتَمِرّ ، الاسْتِمْرار
once, (one) time	مَرّة ج. مَرّات
woman	امْرَأة / المَرْأة ج. نِساء
to rebel	تَمَرَّدَ ، يَتَمَرَّد ، التَمَرُّد
mastery, excellent command of (a field)	تَمَرُّس
sick	مَريض ج. مَرْضى
drill	تَمْرين ج. تَمارين
mixture (of)	مَزيج (مِن)
evening	مَساء
to hold fast to, stick to, adhere to	تَمَسَّكَ (بـ) ، يتمسَّك ، التَّمسُّك
to be cohesive, cohere, hold or stick together	تَماسَكَ ، يَتماسَك ، التَّماسُك
to walk	مَشَى ، يَمْشي ، المَشْي
Egypt	مِصْر
Egyptian	مِصْرِيّ ج. مِصْرِيّون
to pass (said of time)	مَضى ، يَمضي ، المُضِيّ

to pass (since)	مَضَى (على)
past, last; the past tense	مَاضٍ / (الـ)مَاضي
rain	مَطَر ج. أَمطار
rainy, raining	مُمْطِر
together	مَعًا
nonetheless, however	ومع ذلك فـ
see ك-و-ن	مكان
it is possible to	أَمْكَنَ (أَنْ) ، يُمْكِن ، الإمْكان
possible	مُمكِن
as much as possible	على قَدْر الإمْكان /بِقَدْر الإمْكان
community of a religious denomination	مِلّة ج. مِلَل
boring	مُمِلّ
to own, possess	مَلَكَ ، يَمْلِك ، المُلْك
king	مَلِك ج. مُلوك
Mamelukes	الـمَماليك (م. مَملوك)
sheet	مِلاية ج. –ات
among	مِن + الجمع
through, by way of, from	مِن خلال
scholarship award, grant	مِنْحة ج. مِنَح
since; ago	مُنْذُ
to hope, wish that	تَمَنَّى (أَنْ) ، يَتَمَنَّى ، التَّمَنّي
in preparation for	تَمهيدًا لـ
work, occupation	مِهْنة ج. مِهَن
to die	مَاتَ ، يَموت ، المَوْت
music	الموسيقى
money	مَال ج. أَموال
water	ماء ج. مِياه

مائِدة ج. مَوائِد	table
مَيْدان ج. مَيادين	field, domain
مَيَّزَ (ـه) عن/من ، يُمَيِّز ، التَّمْييز	to distinguish (something) from
مُمْتاز	excellent
ميزة ج. -ات	distinguishing, positive feature or aspect
مَيْل ج. مُيول (الى)	tendency, inclination, leaning, bent

ن

ناس	*see* أ-ن-س
النُبوغ	giftedness, exceptional talent
نَبِيّ ج. أَنْبِياء	prophet
أَنْتَجَ ، يُنْتِج ، الإنْتاج	to produce
نَتيجةً لِـ	as a result of
نَجَحَ (في) ، يَنْجَح ، النَّجاح	to succeed, pass
نَحيف ج. نِحاف	thin
النَّحْو	grammar, syntax
نَحْوَ	toward
نَحْويّ ج. -ون /نُحاة	grammarian
في (كل) أَنْحاء العالَم	all over the world
من ناحية ... /من الناحية الـ ...	with respect to, from a ... standpoint
نادى (بـ) ، يُنادي ، المُناداة /النِداء	to call (for), to call, call out
نَدْوة ج. نَدَوات	seminar, symposium
نادٍ /النّادي ج. نَوادٍ /النّوادي	club
نَزَلَ (من) ، يَنْزِل ، النُّزول	to descend

to lodge, room, stay (e.g., in a hotel)	نَزَلَ في
house, residence	مَنْزِل ج. مَنازِل
to be related to, belong to	اِنْتَسَبَ (الى) ، يَنْتَسِب ، الاِنْتِساب
nisba adjective; percentage, proportion	نِسْبَة
for, in relation to	بِالنِّسْبَة لِـ
appropriate, suitable	مُناسِب
women	نساء (م. اِمْرَأة ، المَرْأة)
to forget	نَسِيَ ، يَنْسى ، النِّسْيان
to grow up	نَشَأَ ، يَنْشَأ ، النُّشوء
to found, establish, erect	أَنْشَأَ ، يُنشِئ ، الإِنْشاء
establishment, institution (physical)	مُنْشَأة ، مُنشَآت
to publish	نَشَرَ ، يَنْشُر ، النَّشْر
to spread	اِنْتَشَرَ ، يَنْتَشِر ، الاِنْتِشار
activity	نَشاط ج. ـات / أنشِطة
text	نَصّ ج. نُصوص
position, job	مَنْصِب ج. مَناصِب
subjunctive mood *(verbs)*, accusative case *(nouns)*	المَنْصوب
(piece of) advice	نَصيحة ج. نَصائِح
to be in the middle	اِنْتَصَفَ ، يَنْتَصِف ، الاِنتِصاف
half	نِصْف
middle, mid-way	مُنْتَصَف
to mature or ripen	نَضَجَ ، يَنْضُج ، النُّضج
mature (of people), ripe (of food)	ناضِج
logic	مَنْطِق
area, region	مِنْطَقة ج. مَناطِق
wide-ranging	واسع النِّطاق
to look (at)	نَظَرَ (الى) ، يَنْظُر ، النَّظَر

to wait for	اِنْتَظَرَ ، يَنْتَظِر ، الاِنْتِظار
point of view	وِجْهة نَظَر ج. وِجْهات نَظَر
theory	نَظَرِيّة ج. -ات
(pair of) eyeglasses	نَظّارة ج. -ات
view	مَنْظَر ج. مَناظِر
cleanliness, tidiness	نَظافة
clean, tidy	نَظيف ج. نِظاف
to organize, regulate	نَظَّمَ ، يُنَظِّم ، التَّنْظيم
system, order	نِظام ج. أنْظِمة / نُظُم
regularity, orderliness	اِنْتِظام
same; self	نَفْس ج. أنْفُس
negation	النَّفْي
veil that covers the face	نِقاب
to criticize	نَقَدَ ، يَنْقُد ، النَّقْد
to save, rescue	أنْقَذَ ، يُنْقِذ ، الإنْقاذ
to discuss	ناقَشَ ، يُناقِش ، المُناقَشة
discussion	نِقاش / مُناقَشة ج. -ات
to move (something); to translate	نَقَلَ ، يَنْقُل ، النَّقْل
to move around	تَنَقَّلَ ، يَتَنَقَّل ، التَنَقُّل
to pass on (news), relate, transmit to each other	تَناقَلَ (الخبر) ، يَتَناقَل ، التَّناقُل
to move (to)	اِنْتَقَلَ (إلى) ، يَنْتَقِل ، الاِنْتِقال
to take revenge on	اِنْتَقَم (مِن) ، يَنْتَقِم ، الاِنْتِقام
stereotype	صورة نَمَطِيّة
sample, model, type	نَموذَج ج. نَماذِج
daytime	نَهار
to seize (the opportunity to)	اِنْتَهَزَ (الفرصة لِـ) ، يَنْتَهِز ، الاِنْتِهاز
rebirth, renaissance	نَهْضة ج. -ات

to finish	اِنْتَهَى (مِن) ، يَنْتَهي ، الاِنْتِهاء
negative imperative	النَّهي
to be of various kinds, types	تَنَوَّعَ ، يَتَنَوَّع ، التَنَوُّع
type, kind, variety	نَوْع ج. أَنْواع من
various	مُتَنَوِّع
to take, have (a meal); to take up, treat (a topic)	تَناوَلَ ، يَتَناوَل ، التَّناوُل
within reach of	في مُتَناوَل
to sleep, go to sleep	نامَ ، يَنام ، النَّوْم
sleeping	نائِم ج. –ون
to intend to	نَوَى (أَنْ) ، يَنْوي ، النيّة
intention	نِيّة ج. –ات /نَوايا
parliamentary	نِيابيّ

هـ

thus, so, in this way, that way	(و) هٰكَذا (فـ)
telephone	هاتِف
to emigrate	هاجَرَ ، يُهاجِر ، الهِجْرة
year of Islamic calendar	(سنة) هِجْرِية (هـ.)
to attack	هاجَمَ ، يُهاجِم ، الهُجوم /المُهاجَمة
to aim to	هَدَفَ (لِـ/إلى) ، يَهدُف ، الهَدْف
to seek (something) as a goal	اِسْتَهدَفَ ، يَسْتَهْدِف ، الاِسْتِهداف
goal, aim	هَدَف ج. أَهْداف
gift, present	هَدِيّة ج. هَدايا

this *(masculine)*	هٰذا ، هٰذانِ / هٰذَيْنِ ج. هٰؤُلاءِ
this *(feminine)*	هٰذِهِ ، هاتانِ / هاتَيْنِ ج. هٰؤُلاءِ
to become refined, educated	تَهَذَّبَ ، يَتَهَذَّب ، التَّهَذُّب
to be moved; tremble, shake	اِهْتَزَّ ، يَهْتَزّ ، الاِهْتِزاز
crescent moon *(after new moon)*	هِلال
to be important, of concern to	هَمَّ ، يَهُمّ
to be interested in	اِهْتَمَّ (بِـ) ، يَهتَمّ ، الاِهْتِمام
more or most important	أهَمّ
importance	أهَمِّيّة
mission, function, important task	مَهَمّة ج مَهامّ
important	هامّ ج. ـون
important, momentous	مُهِمّ ج. ـون
to whisper	هَمَسَ ، يَهمِس ، الهَمْس
there; there is/are	هُناك
Indian (Asian or Native American)	هِنديّ ج. هُنود
engineering	الهَنْدَسة
engineer	مُهَنْدِس ج. ـون
to fascinate, enthrall; to attract, entice	اِسْتَهْوى ، يَسْتَهْوي ، الاِسْتِهْواء
hobby	هِواية ج. ـات

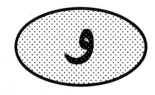

و

(in oaths): (I swear) by ...	**و + اسم مجرور**
by God! I swear to God!	واللهِ

if only, even if	وَلَو
it is necessary to *(impersonal)*	يَجِب أنْ
meal, main dish	وَجْبة ج. وَجَبات
duty; homework	واجِب ج. -ات
to find	وَجَدَ ، يَجِد ، الوجود
to head toward, turn to	تَوَجَّهَ (الى) ، يَتَوَجَّه ، التَّوَجُّه
to head in the direction of	اتَّجَهَ (الى) ، يَتَّجِه ، الاتِّجاه
face; facet, aspect	وَجْه ج. وُجوه / أَوْجُه
facade, front	واجِهة ج. -ات
point of view, opinion	وِجْهة نَظَر ج. وِجْهات نَظَر
direction	اتِّجاه ج. -ات
side, direction	جِهة ج. -ات
on one hand ... and on the other hand	مِن جِهة ... ومِن جِهة أُخْرى
to unite	اتَّحَدَ ، يَتَّحِد ، الاتِّحاد
union	اتِّحاد ج. -ات
unity	وَحْدة
alone, by (one's) self	وَحْدَ (ه)
only; lonely	وَحيد ج. -ون
let, leave (imperative only)	دَعْ (دَعي ، دَعوا)
(literary and cultural) heritage	تُراث
paper	وَرَق ج. أَوْراق
behind	وَراءَ
through, by means of	مِن وَراءِ
minister	وَزير ج. وُزَراء
ministry	وِزارة ج. -ات
to distribute	وَزَّعَ ، يُوَزِّع ، التَّوْزيع
morphological pattern, verb form	وَزْن ج. أَوْزان

amidst, in the middle of	وَسَطَ
intermediate	مُتَوَسِّط
to extend (something) to someone	وَسَّعَ (ـه) على ، يُوَسِّع ، التَّوْسيع
to be wide enough for	اِتَّسَعَ (لـِ) ، يَتَّسِع ، الاتِّساع
wide, spacious	واسِع
encyclopedia	مَوْسوعة ج. ـات
characteristic	سِمة ج. ـات
to describe	وَصَفَ ، يَصِف ، الوَصْف
to possess as a characteristic, be described by	اِتَّصَفَ (بـِ) ، يَتَّصِف ، الاتِّصاف
description	وَصْف ج. أَوْصاف
adjective; characteristic	صِفة ج. صِفات
to arrive	وَصَلَ ، يَصِل ، الوُصول
to continue	واصَلَ ، يُواصِل ، المُواصَلة
to make reach, bring/take to	أَوْصَلَ ، يُوصِل ، الإيصال
to communicate with (each other)	تَواصَلَ (مع) ، يَتَواصَل ، التَّواصُل
to contact, get in touch with	اِتَّصَلَ (بـِ) ، يَتَّصِل ، الاتِّصال
connection, link, tie, bond	صِلة ج. ـات
to clarify, explain	أَوْضَحَ ، يُوضِح ، الإيضاح
clear	واضِح
to put, place; to set down in writing	وَضَعَ ، يَضَع ، الوَضْع
situation, position	وَضْع ج. أَوْضاع
subject, topic	مَوْضوع ج. ـات /مَواضيع
modest, humble	مُتَواضِع ج. ـون
homeland	وَطَن ج. أَوْطان
native; patriotic	وَطَنيّ
citizen	مُواطِن ج. ـون
work, position	وَظيفة ج. وَظائِف

employee	مُوَظَّف/ة ج. ـون
to assimilate, absorb	اِسْتَوْعَبَ ، يَسْتَوْعِب ، الاِسْتِيعاب
appointment	مَوْعِد ج. مَواعيد
to be aware, conscious	وَعى ، يَعي ، الوَعْي
to send, dispatch (a delegation)	أَوْفَدَ ، يوفِد ، الإيفاد
delegation	وَفْد ج. وُفود
to provide (in abundance), to make abundant	وَفَّرَ ، يُوَفِّر ، التَّوْفير
abundant	وَفير
to agree with (s.one) about; to accept (e.g., a proposal)	وافَقَ (ـه) على ، يُوافِق ، المُوافَقة
passed away	تُوُفِّيَ
death	وَفاة ج. وَفَيات
time	وَقْت ج. أَوْقات
temporary	مُؤَقَّت
to fall; happen, occur, be located	وَقَعَ ، يَقَع ، الوُقوع
to stop	تَوَقَّفَ ، يَتَوَقَّف ، التَوَقُّف
position, stance	مَوقِف ج. مَواقِف
to take precautionary measures to protect	وَقى ، يَقي ، الوِقاية
public prosecutor (similar to district attorney)	وَكيل نِيابة ج. وُكَلاء نِيابة
to be born	وُلِدَ ، يولَد ، الوِلادة
son, boy; child	وَلَد ج. أَوْلاد
father	والِد ج. والِدون
mother	والِدة ج. ـات
birth	ميلاد
year in Christian calendar	(سنة) ميلاديّة (م.)
to undertake, assume (e.g., a duty or position)	تَوَلّى ، يَتَولّى ، التَّولّي
to follow each other in succession	تَوالى ، يتوالى ، التَّوالى
holy person, popular saint	وَلِيّ ج. أَوْلِياء

ruler, governor	والٍ / (الـ) والي ج. وُلاة
state, province	وِلاية ج. ـات
to give (as a gift), donate, grant	وَهَبَ ، يَهَب ، الوَهْب
present, donation, gift	هِبة ج. ـات
to accuse (someone) of	اِتَّهَمَ (ـه) بـ يَتَّهِم ، الاتِّهام

ي

Japan	اليابان
hand	يَد ج. أيادٍ /الأيادي
at the hands of	على يَد / أيْدي
left (side/direction)	يَسار
comfortable, well-off	مَيْسور
to wake (someone) up	أيْقَظَ ، يوقِظ ، الإيْقاظ
right (side/direction)	يَمين
Jew, Jewish	يَهودِيّ ج. يَهود
Judaism	اليَهوديّة
day	يَوْم ج. أيّام
in those days	أيّامَـها
today	اليَوْمَ

أوزان الفعل

الوزن	الماضي	المضارع	المصدر	اسم الفاعل	اسم المفعول
I	فَعَلَ / فَعُلَ / فَعِلَ	يَفْعَل / يَفْعُل / يَفْعِل	(varies)	فاعِل	مَفْعول
II	فَعَّلَ	يُفَعِّل	تَفْعيل	مُفَعِّل	مُفَعَّل
III	فاعَلَ	يُفاعِل	مُفاعَلة	مُفاعِل	مُفاعَل
IV	أَفْعَلَ	يُفْعِل	إِفْعال	مُفْعِل	مُفْعَل
V	تَفَعَّلَ	يَتَفَعَّل	تَفَعُّل	مُتَفَعِّل	مُتَفَعَّل
VI	تَفاعَلَ	يَتَفاعَل	تَفاعُل	مُتَفاعِل	مُتَفاعَل
VII	اِنْفَعَلَ	يَنْفَعِل	اِنْفِعال	مُنْفَعِل	مُنْفَعَل
VIII	اِفْتَعَلَ	يَفْتَعِل	اِفْتِعال	مُفْتَعِل	مُفْتَعَل
IX	اِفْعَلَّ	يَفْعَلّ	اِفْعِلال	مُفْعَلّ	مُفْعَلّ
X	اِسْتَفْعَلَ	يَسْتَفْعِل	اِسْتِفْعال	مُسْتَفْعِل	مُسْتَفْعَل

الفعل المضارع		
المجزوم	**المنصوب**	**المرفوع**
النَهْي *negative imperative* **المضارع الذي يجيء بعد :** لَمْ إنْ (especially in Classical texts)	**المضارع الذي يجيء بعد :** أنْ لَنْ لِـ ، لِكيْ حَتّى (= لِـ)	default form of المضارع **المضارع الذي يجيء بعد :** سَـ / سوف

حروف النفي

الحرف	ماذا ينفي؟	المعنى
ما	الفعل الماضي	نفي الماضي
لا	المضارع المرفوع	نفي المضارع
لن	المضارع المنصوب	نفي المستقبل
لم	المضارع المجزوم	نفي الماضي
ليس	جملة اسمية	is/are not
غير	صفة (في إضافة)	not, non-, un-
عَدَم	مصدر (في إضافة)	non-, lack of
لا النافية للجِنس	اسم مفرد indefinite منصوب بفتحة واحدة	there is/are no

إعراب الاسم

المرفوع	المنصوب	المجرور
المبتدأ	المفعول به *direct object*	بعد حَرف جَرّ *preposition*
الخبر	المفعول فيه *adverb of time/place*	الكلمة الثانية/الأخيرة في الإضافة
الفاعل *subject of verb*	اسم «إنّ وأخواتها»	
خبر إنّ وأخواتها	خبر «كان وأخواتها»	
اسم كان وأخواتها	اسم «لا النافية للجنس»	
	التَمييز	
	المفعول المُطلَق : كيف؟	
	المفعول لأجله : لماذا؟	
	اسم الفاعل/المفعول في «الحال»	

الإعراب: أنواع الأسماء

١ـ الاسم

الاسم المفرد والجمع العادي			
	المرفوع	المنصوب	المجرور
Definite	ـُـ	ـَـ	ـِـ
Indefinite	ـٌـ	ـًا	ـٍـ

٢ ـ المثنّى

المثنّى			
	المرفوع	المنصوب	المجرور
	ـ انِ	ـ ـَيْنِ	ـ ـَيْنِ

٣ـ جمع المذكّر السالم

جمع المذكّر السالم			
	المرفوع	المنصوب	المجرور
	ـ ونَ	ـ ينَ	ـ ينَ

٤ـ جمع المؤنث السالم

جمع المؤنّث السالم			
المجرور	المنصوب	المرفوع	
اتِ	اتِ	اتُ	Definite
اتٍ	اتٍ	اتٌ	Indefinite

٥ـ الاسم المنقوص (مفرد)

الاسم المنقوص			
المجرور	المنصوب	المرفوع	
ـي	ـيَ	ـي	Definite
ـٍ	ـيًا	ـٍ	Indefinite

٦ـ الممنوع من الصرف* *Indefinite only*

الممنوع من الصرف			
المجرور	المنصوب	المرفوع	
ـَ	ـَ	ـُ	Indefinite

*Broken plurals with 3 or more syllables, adjectives of patterns « أَفْعل » و « فَعْلاء » .

الجملة الاسمية

الجملة الاسمية				
الجملة	Subject		Predicate	
	Name	Case Ending	Name	Case Ending
الجملة الاسمية	المُبْتَدَأ	مَرفوع	الخَبَر	مَرفوع
كان وأخواتها	اسم «كان»	مَرفوع	خبر «كان»	مَنصوب
أنّ وأخواتها	اسم «إنّ»	مَنصوب	خبر «إنّ»	مَرفوع

كان وأخواتها
كانَ يَكون
أَصْبَحَ ، يُصْبِح
ما زالَ لا يَزال
صارَ يَصير
ظَلَّ يَظَلّ
لَيْسَ

إنّ وأخواتها
إِنَّ
أَنَّ
لأِنَّ
لكِنَّ
كَأَنَّ
لَعَلَّ

Demonstrative Pronouns

اسم الإشارة				
جمع	مثنى مرفوع	منصوب/مجرور	مفرد	
هٰـؤُلاءِ	هٰـذَيْنِ	هٰـذانِ	هٰـذا	مذكر
هٰـؤُلاءِ	هاتَيْنِ	هاتانِ	هٰـذِهِ	مؤنث
أولٰـئِكَ	ذَيْنِكَ	ذانِكَ	ذٰلِكَ	مذكر
أولٰـئِكَ	تَيْنِكَ	تانِكَ	تِلْكَ	مؤنث

Relative Pronouns

الاسم الموصول				
جَمع	مُثَنّى منصوب ومجرور	مرفوع	مُفرَد	
الَّذينَ	اللَّذَيْنِ	اللَّذانِ	الَّذي	مذكر
اللَّواتي/ اللائي	اللَّتَيْنِ	اللَّتانِ	الَّتي	مؤنث

تصريف الفعل المضعَّف

مَرَّ (بـ)

الوزن: فَعَلَ — **المصدر : المُرور**

الضمير	الماضي	المضارع المرفوع	المضارع المنصوب	المضارع المجزوم	الأمر
هو	مَرَّ	يَمُرُّ	يَمُرَّ	يَمُرَّ	
هما	مَرَّا	يَمُرَّانِ	يَمُرَّا	يَمُرَّا	
هم	مَرُّوا	يَمُرُّونَ	يَمُرُّوا	يَمُرُّوا	
هي	مَرَّتْ	تَمُرُّ	تَمُرَّ	تَمُرَّ	
هما	مَرَّتَا	تَمُرَّانِ	تَمُرَّا	تَمُرَّا	
هنّ	مَرَرْنَ	يَمْرُرْنَ	يَمْرُرْنَ	يَمْرُرْنَ	
أنتَ	مَرَرْتَ	تَمُرُّ	تَمُرَّ	تَمُرَّ	مُرَّ
أنتما	مَرَرْتُمَا	تَمُرَّانِ	تَمُرَّا	تَمُرَّا	مُرَّا
أنتم	مَرَرْتُمْ	تَمُرُّونَ	تَمُرُّوا	تَمُرُّوا	مُرُّوا
أنتِ	مَرَرْتِ	تَمُرِّينَ	تَمُرِّي	تَمُرِّي	مُرِّي
أنتما	مَرَرْتُمَا	تَمُرَّانِ	تَمُرَّا	تَمُرَّا	مُرَّا
أنتنّ	مَرَرْتُنَّ	تَمْرُرْنَ	تَمْرُرْنَ	تَمْرُرْنَ	اُمْرُرْنَ
أنا	مَرَرْتُ	أَمُرُّ	أَمُرَّ	أَمُرَّ	
نحن	مَرَرْنَا	نَمُرُّ	نَمُرَّ	نَمُرَّ	

الفعل الأجوف
في الأوزان المختلفة

الوزن	الماضي: هو	الماضي: أنا	المضارع	المصدر	اسم الفاعل
فَعَـلَ	كانَ	كُنْتُ	يكوْن	الكَوْن	كائِن
	زادَ	زِدْتُ	يَزيد	الزِّيادة	زائِد
	نامَ	نِمْتُ	يَنام	النَّوْم	نائِم
فَعَّلَ	كَوَّنَ	كَوَّنْتُ	يُكَوِّن	التَّكْوين	مُكَوِّن
	مَيَّزَ	مَيَّزْتُ	يُميِّز	التَّمْييز	مُمَيِّز
فاعَلَ	حاوَلَ	حاوَلْتُ	يُحاوِل	المُحاوَلة	مُحاوِل
أفْعَلَ	أَثارَ	أَثَرْتُ	يُثير	الإِثارة	مُثير
تَفَعَّلَ	تَغَيَّرَ	تَغَيَّرْتُ	يَتَغَيَّر	التَّغَيُّر	مُتَغَيِّر
تَفاعَلَ	تَجاوَبَ	تَجاوَبْتُ	يَتَجاوَب	التَّجاوُب	مُتَجاوِب
انْفَعَلَ	انْقادَ	انْقَدْتُ	يَنْقاد	الانْقِياد	مُنقاد
افْتَعَلَ	احْتاجَ	احْتَجْتُ	يَحْتاج	الاحْتِياج	مُحتاج
اسْتَفْعَلَ	اسْتَفادَ	اسْتَفَدْتُ	يَسْتَفيد	الاسْتِفادة	مُسْتَفيد

تصريف الفعل الأجوف

قال

الوزن: فَعَلَ — المصدر : القَوْل

الضمير	الماضي	المضارع المرفوع	المضارع المنصوب	المضارع المجزوم	الأمر
هو	قالَ	يَقولُ	يَقولَ	يَقُلْ	
هما	قالا	يَقولانِ	يَقولا	يَقولا	
هم	قالوا	يَقولونَ	يَقولوا	يَقولوا	
هي	قالَت	تَقولُ	تَقولَ	تَقُلْ	
هما	قالَتا	تَقولانِ	تَقولا	تَقولا	
هنّ	قُلْنَ	يَقُلْنَ	يَقُلْنَ	يَقُلْنَ	
أنتَ	قُلْتَ	تَقولُ	تَقولَ	تَقُلْ	قُلْ
أنتما	قُلْتُما	تَقولانِ	تَقولا	تَقولا	قولا
أنتم	قُلْتُم	تَقولونَ	تَقولوا	تَقولوا	قولوا
أنتِ	قُلْتِ	تَقولينَ	تَقولي	تَقولي	قولي
أنتما	قُلْتُما	تَقولانِ	تَقولا	تَقولا	قولا
أنتنّ	قُلْتُنَّ	تَقُلْنَ	تَقُلْنَ	تَقُلْنَ	قُلْنَ
أنا	قُلْتُ	أَقولُ	أَقولَ	أَقُلْ	
نحن	قُلْنا	نَقولُ	نَقولَ	نَقُلْ	

الفعل الناقص
في الأوزان المختلفة

الوزن	الماضي: هو	الماضي: أنا	المضارع	المصدر	اسم الفاعل
فَعَـلَ	مَشى	مَشَيْتُ	يَمْشي	المَشْي	ماشٍ
	دَعا	دَعَوْتُ	يَدعو	الدَّعْوة	داعٍ
	نَسِيَ	نَسيتُ	يَنْسى	النِّسْيان	ناسٍ
فَعَّلَ	غطّى	غَطَّيْتُ	يُغَطّي	التَّغْطِية	مُغَطٍّ
فاعَلَ	نادى	نادَيْتُ	يُنادي	المُناداة	مُنادٍ
أَفْعَلَ	أَعطى	أَعْطَيْتُ	يُعْطي	الإعْطاء	مُعْطٍ
تَفَعَّلَ	تَمَنّى	تَمَنَّيْتُ	يَتَمَنّى	التَّمَنّي	مُتَمَنٍّ
تَفاعَلَ	تَساوى	تَساوَيْتُ	يَتَساوى	التَّساوي	مُتَساوٍ
اِفْتَعَلَ	اِنْتَهى	اِنْتَهَيْتُ	يَنْتَهي	الاِنْتِهاء	مُنْتَهٍ
اِسْتَفْعَلَ	اِسْتَدْعى	اِسْتَدْعَيْتُ	يَسْتَدْعي	الاِسْتِدْعاء	مُسْتَدْعٍ

تصريف الفعل الناقص

أعطى

الوزن: أفْعَلَ **المصدر : الإعطاء**

الضمير	الماضي	المضارع المرفوع	المضارع المنصوب	المضارع المجزوم	الأمر
هو	أَعْطى	يُعْطي	يُعْطِيَ	يُعطِ	
هما	أَعْطَيا	يُعْطيانِ	يُعْطِيا	يُعْطِيا	
هم	أَعْطَوا	يُعْطونَ	يُعْطوا	يُعْطوا	
هي	أَعْطَت	تُعْطي	تُعْطِيَ	تُعْطِ	
هما	أَعْطَتا	تُعْطِيانِ	تُعْطِيا	تُعْطِيا	
هنّ	أَعْطَيْنَ	يُعْطِينَ	يُعْطِينَ	يُعْطِينَ	
أنتَ	أَعْطَيْتَ	تُعْطي	تُعْطِيَ	تُعْطِ	أَعْطِ
أنتما	أَعْطَيْتُما	تُعْطِيانِ	تُعْطِيا	تُعْطِيا	أَعْطِيا
أنتم	أَعْطَيْتُم	تُعْطونَ	تُعْطوا	تُعْطوا	أَعْطوا
أنتِ	أَعْطَيْتِ	تُعْطِينَ	تُعْطي	تُعْطي	أَعْطي
أنتما	أَعْطَيْتُما	تُعْطِيانِ	تُعْطِيا	تُعْطِيا	أَعْطِيا
أنتنّ	أَعْطَيْتُنَّ	تُعْطِينَ	تُعْطِينَ	تُعْطِينَ	أَعْطِينَ
أنا	أَعْطَيْتُ	أُعْطي	أُعْطِيَ	أُعْطِ	
نحن	أَعْطَيْنا	نُعْطي	نُعْطِيَ	نُعْطِ	

الفعل المبني للمجهول
في الأوزان المختلفة

الفعل	المبني للمجهول	
	الماضي	المضارع
نَشَرَ	نُشِرَ	يُنْشَر
وَجَدَ	وُجِدَ	يُوجَد
قالَ	قيلَ	يُقال
بَنى	بُنِيَ	يُبْنى
أَسَّسَ	أُسِّسَ	يُؤَسَّس
شاهَدَ	شوهِدَ	يُشاهَد
أَنْشَأَ	أُنْشِئَ	يُنْشَأ
أَعْطى	أُعْطِيَ	يُعْطى
اِعْتَبَرَ	أُعْتُبِرَ	يُعْتَبَر
اِخْتارَ	أُخْتيرَ	يُخْتار
اِسْتَخْدَمَ	أُسْتُخْدِمَ	يُسْتَخْدَم
تَرْجَمَ	تُرْجِمَ	يُتَرْجَم

COMPONENTS OF THE *AL-KITAAB* LANGUAGE PROGRAM

BOOKS
Alif Baa, Introduction to Arabic Letters and Sounds
224 pp. ISBN 0-87840-273-X paperback with 3 audio CDs bound in
Al-Kitaab fii Ta ᶜallum al-ᶜArabiyya
A Textbook for Beginning Arabic: Part One
544 pp. ISBN 0-87840-291-8 paperback
Al-Kitaab fii Taᶜallum al-ᶜArabiyya
A Textbook for Arabic: Part Two
448 pp. ISBN 0-87840-350-7 paperback
Al-Kitaab fii Taᶜallum al-ᶜArabiyya
A Textbook for Arabic: Part Three
480 pp. ISBN 0-87840-272-1 paperback

VIDEOCASSETTES
Alif Baa
One videocassette:
NTSC ISBN 0-87840-264-0
PAL ISBN 0-87840-266-7
Al-Kitaab, Part One
One videocassette:
NTSC ISBN 0-87840-263-2
PAL ISBN 0-87840-265-9
Complete set of videocassettes for **Alif Baa** and **Al-Kitaab: Part One:**
Set of two videocassettes, total:
NTSC ISBN 0-87840-294-2
PAL ISBN 0-87840-296-9
An accompanying videocassette for **Al-Kitaab, Part Two** is available exclusively by contacting Professor Al-Batal,
by phone: 404-727-6438; by fax 404-727-2133; or by email: albatal@emory.edu.

AUDIO CDs
Al-Kitaab, Part One, Set of four audio compact disks
ISBN 0-87840-358-2
Al-Kitaab, Part Two, Set of four audio compact disks:
ISBN 0-87840-271-3
Al-Kitaab, Part Three, Set of five audio compact disks:
ISBN 00-87840-875-4

FREE ANSWER KEYS shipped with audio CDs or videocassettes:
Answer Key to Alif Baa
12 pp., ISBN 0-87840-297-7
Answer Key to Al-Kitaab, Part One
28 pp., ISBN 0-87840-298-5

FREE ANSWER KEYS shipped with audio CDs only
Answer Key to Al-Kitaab, Part Two
13 pp. ISBN 0-87840-270-5

For price and ordering information, call 800-537-5487 or visit our website at www.georgetown.publications/gup.

For more information on the Al-Kitaab language program, visit wcw.emory.edu/Al-Kitaab/index.htm.

45